国富論 ㊤

国の豊かさの本質と原因についての研究

アダム・スミス
山岡洋一＝訳

日経ビジネス人文庫

AN

INQUIRY

INTO THE

NATURE AND CAUSES

OF THE

WEALTH OF NATIONS.

BY

ADAM SMITH, LL.D.

AND F. R. S. OF LONDON AND EDINBURGH:
ONE OF THE COMMISSIONERS OF HIS MAJESTY'S CUSTOMS
IN SCOTLAND;
AND FORMERLY PROFESSOR OF MORAL PHILOSOPHY
IN THE UNIVERSITY OF GLASGOW.

IN THREE VOLUMES.

VOL. I.

THE SIXTH EDITION.

LONDON:
Printed for A. STRAHAN; and T. CADELL, in the Strand.
MDCCXCI.

原著第6版第1巻扉

カバー図版：Robert Batty / Edinburgh from the Calton Hill (oil on board)
提供：Bridgeman Images / アフロ
口絵写真撮影：林 朋彦

国富論㊤　目次

第二編　資本の性格、蓄積、利用

中巻目次

下巻目次

凡例

一　本書はアダム・スミス著『国富論』の全訳である。底本には原著第六版（一七九一年）を用い、グラスゴー版とモダン・ライブラリー版（キャナン版）を参照した。原著にごく少数ある原注のうち、訳書の読者にとって意味があると思われるものは、本文中か段落の後に記し、それ以外のもの（大部分が出典）は翻訳しない方針をとった。第一編第十一章付表は本文の該当箇所にグラフで示した。グラスゴー版とキャナン版には、各版の異同、原著の誤植や明らかな間違いなど、原著を研究対象とする研究者のための情報が多数盛り込まれている。訳書は本来、原著を研究対象とする研究者に向けたものではないので、各版の異同は割愛し、誤植や明らかな間違いは、原著者が指摘を受けていれば訂正したと思われるものに基づいて訳した。

二　既訳のある古典を翻訳する際には、既訳を参照し継承するのが翻訳者の使命である。以下を参照したが、とくに竹内訳、氣賀訳、大内訳に学ぶ点が多かった。

竹内謙二訳『國富論』（改造文庫、一九三一〜三三年）
竹内謙二訳『国富論』（東京大学出版会、一九六九年）
氣賀勘重訳『國富論・上巻』（岩波文庫、一九二六年）
青野季吉訳『國富論』（春秋社、一九二八年）

大内兵衛訳『國富論』（岩波文庫、一九四〇～四四年）
大内兵衛・松川七郎訳『諸国民の富』（岩波文庫、一九五九～六六年）
水田洋訳『国富論』（河出書房新社、一九七〇年）
大河内一男監訳『国富論』（中公文庫、一九七八年）
水田洋監訳・杉山忠平訳『国富論』（岩波文庫、二〇〇〇～〇一年）
水田洋監訳・杉山忠平訳『国富論（一）』（岩波文庫、二〇〇二年改訂版）

三　原語と訳語を一対一対応させる方法はとっていない。アダム・スミスが用語を多様な意味で使っていることはよく知られているし、ひとつの概念をいくつもの同義語で言い換えて表現する方法も多用している。一対一対応の方法をとったのでは無用の混乱を招くと判断した。金額、度量衡など、読者にとって馴染みの薄いものはなるべく、括弧内に換算した数値を示す方法をとった。また、国王名で時期を示している部分では、括弧内に西暦年を示す方法をとった。法律名を国王治世第何年第何号という形で表記してある部分は、国王名と西暦年を示す方法をとった。

四　アダム・スミスは十八世紀のイギリスという歴史的な背景と制約のなかで、職業、人種、国籍、性などによる差別に強く反対する姿勢をとっている。翻訳にあたつては、差別に強く反対する考えを表現している文脈で、今日では差別的と受け取られかねない言葉を使わざるをえなかつた場合がある。

年表（関連する主な年代と動き）

年	主な歴史的出来事	国王と在位期間	主な著作物の刊行
一〇六六年	ノルマン人の征服	ウィリアム一世（～八七）	
一〇八七年		ウィリアム二世（～一一〇〇）	
一一五四年		ヘンリー二世（～八九）	
一一九九年		ジョン（～一二一六）	
一二一五年	マグナ・カルタ		
一二一六年		ヘンリー三世（～七二）	
一二七二年		エドワード一世（～一三〇七）	
一二九五年	マルコ・ポーロ中国より帰国		
一三二七年		エドワード三世（～七七）	
一三五〇年	労働者法		
一三七七年		リチャード二世（～九九）	
一三九九年		ヘンリー四世（～一四一三）	
一四五五年	バラ戦争（～八五）		
一四六一年		エドワード四世（～七〇、七一～八三）	

	主な歴史的出来事	国王と在位期間	主な著作物の刊行
一四八五年		ヘンリー七世（〜一五〇九）	
一四九二年	コロンブスが西インド諸島に到達		
一五〇九年		ヘンリー八世（〜四七）	
一五一七年	宗教改革開始		
一五三一年	ピサロがペルーに侵攻		
一五四五年	ポトシ銀山の発見		
一五四七年		エドワード六世（〜五三）	
一五五三年		メアリ一世（〜五八）	
一五五八年		エリザベス一世（〜一六〇三）	
一五六二年	徒弟法		
一六〇〇年	英東インド会社設立		
一六〇一年	救貧法		
一六〇三年		ジェームズ一世（〜二五）	
一六〇九年	アムステルダム銀行設立		
一六二五年		チャールズ一世（〜四九）	
一六四二年	清教徒革命		
一六五一年	航海法		ホッブズ『リバイアサン』

一六五二年	第一次英蘭戦争（〜五四）		
一六五三年		クロムウェル護民官（〜五八）	
一六六〇年	王政復古	チャールズ二世（〜八五）	
一六六三年	貿易奨励法で植民地貿易を独占		
一六六四年			マン『貿易によるイングランドの財宝』
一六六五年	第二次英蘭戦争（〜六七）		
一六七二年	第三次英蘭戦争（〜七四）		
一六八五年		ジェームズ二世（〜八八）	
一六八八年	名誉革命、穀物輸出奨励金制度		キング『イングランドの状況』
一六八九年		ウイリアム三世（〜一七〇二）	
一六九〇年			ロック『人間悟性論』
一六九二年	土地税		
一六九四年	イングランド銀行設立		
一六九六年	銀貨改鋳		
一七〇二年	スペイン継承戦争（〜一三）	アン女王（〜一四）	
一七〇三年	英葡通商条約		

	主な歴史的出来事	国王と在位期間	主な著作物の刊行
一七〇七年	イングランドとスコットランドの合併		
一七〇八年	英の新旧東インド会社合併		
一七一四年		ジョージ一世（～二七）	
一七一五年	ジャコバイトの反乱	ジョージ二世（～六〇）	
一七二三年	アダム・スミス生誕		
一七二七年			
一七三六年	スペイン王国が銀の税率を十％に引き下げ		
一七三九年	スペイン戦争		
一七四〇年	オーストリア継承戦争（～四八）		
一七四五年	ジャコバイトの再反乱		
一七四八年			モンテスキュー『法の精神』
一七五二年			ヒューム『政治経済論集』
一七五五年			カンティロン『商業の本質』
一七五六年	七年戦争（～六三）		
一七五七年	パン法定価格法		

一七五八年			ケネー「経済表」
一七五九年			スミス『道徳感情論』
一七六〇年		ジョージ三世（〜一八二〇）	
一七六四年	ジェニー紡績機発明		バーン『救貧法史』『治安判事』
一七六七年			スチュアート『政治経済原理』
一七七二年	ポーランドの第一次分割		
一七七四年	金貨改鋳		
一七七五年	アメリカ独立戦争		
一七七六年	アメリカ独立宣言		スミス『国富論』
一七八九年	フランス革命		
一七九〇年	アダム・スミス死去		

換算表

通貨

1ポンド＝20シリング＝240ペンス
1シリング＝ 12ペンス
1ペニー＝4ファージング
1ギニー＝21シリング＝1.05ポンド
1クラウン＝5シリング＝0.25ポンド

金額の目安になる価格

下層労働者の賃金と収入（ロンドンの場合）
1日当たり18ペンス、週当たり約10シリング
月当たり約2ポンド、年当たり約25ポンド
金価格
1トロイ・オンス当たり3.894ポンド
小麦生産者価格
1ブッシェル当たり約3.5シリング、10キロ当たり約15ペンス
『国富論』初版の定価
1ポンド16シリング（1.8ポンド）

重量(常衡)

1ポンド＝16オンス＝0.454キログラム

重量(貴金属)

1タワー・ポンド＝0.350キログラム
1トロイ・ポンド＝12トロイ・オンス＝0.373キログラム
1トロイ・オンス＝31グラム

容積(穀物)

1クォーター＝8ブッシェル*＝約290リットル
＝約1.5石＝約4俵
1俵＝60キログラム（米の場合）
1ブッシェル＝4ペック＝35リットル
＝約2斗＝約27キログラム（麦の場合）
1ペック＝約9リットル＝約5升

＊ウィンザー市場では、1クォーター＝9ブッシェル

液量

1クォート＝2パイント＝約1リットル

面積

1エーカー＝約4050平方メートル＝約40.5アール＝約1230坪

国富論

国の豊かさの本質と原因についての研究 ㊤

序論と本書の構成

どの国でも、その国の国民が年間に行う労働こそが、生活の必需品として、生活を豊かにする利便品として、国民が年間に消費するもののすべてを生み出す源泉である。消費する必需品と利便品はみな、国内の労働による直接の生産物か、そうした生産物を使って外国から購入したものである。

このため、国内の労働の生産物かそれを使って外国から購入したものの量が、それらを消費する国民一人当たりでみて多いか少ないかによって、その国の国民が求める必需品と利便品が十分に供給されているかどうかが決まる。

この量はどの国でも、二つの要因に左右されるはずだ。第一の要因は、労働の際に使われる技能や技術の全体的な水準である。第二の要因は、役に立つ労働を行っている人の数と役に立つ労働を行っていない人の数の比率である。国にはそれぞれ土壌、気候、広さに違いがあるが、それぞれの条件のもとで年間に供給される必需品や利便品が豊富かどうかは、以上の二つの要因に左右されるはずである。

年間の供給が豊富かどうかは、この二つのうち、第二の要因よりも第一の要因に大きく左右されるようだ。狩りと漁で生活している未開の民族では、働ける人はみな、多かれ少なかれ役立つ労働を行っており、自分自身のために、そして家族や部族のなかで歳を取りすぎているか、幼すぎるか、身体が弱いかで狩りにも漁にも行けない人のために、生活の必需品と利便品を手に入れようと懸命に働いている。それでも悲惨なほど貧しく、ものが足りないという理由で、幼児や老人や長患いの人を殺すか、原野に放置して飢え死にしたり動物に殺されたりするに任せるしかなくなることが多い。少なくとも、そうするしかないと考えるようになることが多い。これに対して繁栄している文明国では、労働をまったくしていない人がきわめて多いのに、その多くは労働をする人の大部分とくらべて、労働の生産物を十倍も、ときには百倍も消費する。それでも、社会全体の労働の生産物がきわめて多いので、誰でもものを豊富に供給されていて、最下層の貧しい労働者でも、倹約し勤勉に働いていれば、未開の民族では考えられないほど大量に、必需品と利便品を手に入れることができる。

　このように労働の生産性が向上してきたのはどのような要因があったからなのか、社会のさまざまな階層に労働生産物が分配されていくときの自然な秩序はどのようなものなのかが、本書第一編の主題である。

　ある国で労働の際に使われる技能や技術が実際にどのような水準にあっても、その水準が変わらないのであれば、年間に供給されるものが豊富かどうかは、役立つ労働を行っている人の数と行っていない人の数の比率によって決まるはずである。後に明らかにするように、役に立つ生産的な労働を行っている人の数は、どの国、どの地域でも、そうした人が働けるようにするために使われている資本の量に比例し、資本の使い方に左右されるようだ。このため、本書第二編では、資本がどのような性格をもち、どのように蓄積され、資本の使い方によって、雇用される労働の量にどのような違いがあるのかを扱う。

労働の際に使われる技能や技術がかなり発達している諸国では、労働を全体的にどの方向に導くのかについて、国によって大きく違う政策をとってきた。どの政策をとっても、労働生産物の増加に同じように有利な状況が作られてきたわけではない。農村の産業をとくに奨励する政策をとってきた国もあれば、都市の産業をとくに奨励する政策をとってきた国もある。どの産業も平等に扱ってきた国はまずない。ローマ帝国が崩壊して以来、ヨーロッパでは都市の産業である商工業を、農村の産業である農業より優遇する政策がとられてきた。どのような状況を背景にこの政策が生まれ確立したとみられるのかを、本書第三編で説明していく。

これらの政策はおそらく、当初はある階層の私利と偏見によって作られたのであり、その際に、社会全体の幸福と利益にどのような影響を与えるかは考えられていなかったし、まして見通されてはいなかっただろう。しかしその後、これらの政策から経済政策に関して、大きく違う理論がいくつか生まれてきた。そのなかには、都市の産業の重要性を誇張している理論もあり、農村の産業の重要性を誇張している理論もある。これらの理論は識者の意見に大きな影響を与えているだけでなく、国王や国の政策にも大きな影響を与えている。本書第四編では、これらの理論を、さらにはこれら理論がさまざまな時代にさまざまな国に与えた影響を、できるかぎり十分に明確に説明するようにつとめる。

以上のように本書の第一編から第四編までは、国民全体の収入を生み出しているのが何であり、それぞれの時代にそれぞれの国で、年間に消費されるものを供給してきた源泉がどのような性格をもっているのかを説明することを目的としている。これに対して最後の第五編では、主権者か国の収入を扱う。第五編で示そうとしているのは以下の点である。第一に、国王または国が必要とする経費は何なのか、この経費のうち社会全体が負担すべき部分がどれで、社会のなかの一部だけ、または社会の一部の人だけが負担すべき部分はどれなのかである。第二に、社会全体が負担すべき経費を賄うために、社会全体で拠出する方法にはどういうものがあり、それぞれの方法の主要な利点と欠点は何なのかである。最後に第三の点として、近代のほとんどの政府が税収の一部を担保にして資金を借り入れるようになったが、その理由と原因はどこにあり、この債務が社会の真の富、つまり社会の土地と労働による年間生産物にどのような影響を与えてきたのかである。

第一編

労働の生産性の向上をもたらす要因と、各階層への生産物の分配にみられる自然の秩序

第一章　分業

労働の生産性が飛躍的に向上してきたのは分業の結果だし、各分野の労働で使われる技能や技術もかなりの部分、分業の結果、得られたものだと思える。

分業の効果は社会全体にみられるが、それを理解するには、一つか二つの製造業を例にとって、分業がどのように行われているかをみていく方が良い。分業がとくに進んでいるのは、ごく小規模な産業だといわれている。しかしおそらく、小規模な産業の方がもっと重要な産業とくらべて、実際に分業が進んでいるわけではない。小規模な産業は少数の人の小さな需要を満たすだけのものなので、そこに働く人数も少ないはずである。このため、分業によっていくつにも分かれた部門をすべて一つの作業場に集めることができ、一度に見渡せるようになっている場合が少なくない。これに対して大規模な産業は、多数の人の大きな需要を満たすものなので、分業によっていくつにも分かれた部門のそれぞれで多数の人が働いており、全部門を一つの作業場に集めることはできず、複数の部門の作業を一度に観察できることはめったにない。このため、大規模な産業では小規模な産業にくらべて、実際にははるかに多数の部門に作業工程が分かれているとしても、分業が進んでいる事実はそれほど目につきやすいわけではなく、観察されることも少なかったのだ。

そこで、きわめて小規模ではあるが、分業が注目されてきた産業を例にとってみよう。ピン、つまり裁縫用の待ち針を作る製造業の例である。ピンの製造は分業の結果、独立した職種になり、おそらくやはり分業の結果、専用の機器や道具が発明されてきたのだが、この職種の技能を身につけておらず、専用の機器や道具の使い方も知らない人なら、懸命に働いてもたぶん、一日に一本を作ることもできず、二十本を作ることはとてもできない。ところが現状をみると、ピン製造が一つの職種になっているうえ、いくつもの部門に分かれていて、そのかなりの部分がやはり独立した職種になっている。一人目が針金を引き伸ばし、二人目が真っ直ぐにし、三人目が切り、四人目が先をとがらせ、五人目が先端を削って頭がつくようにする。頭を作るのも、二つか三つの作業に分かれている。頭をつけるのも一つの作業だし、ピンを磨いて光らせるのも一つの作業である。できあがったピンを紙に包むことすら、一つの作業になっている。このようにして、留め針製造の仕事が十八ほどの作業に分かれている。十八の作業のすべてにそれぞれ人を割り当てている作業場もあるし、一人がときには二つか三つの作業をこなすようにしている作業場もある。わたしは小さなピン製造所をみたことがある。そこで働いていたのは十人なので、何人かは二つか三つの作業をこなしていた。とても貧しい作業場で、必要な機器も最低限のものしか揃っていなかったが、それでも懸命に働けば、一日に約十二ポンド（約五・四キログラム）を製造できた。一ポンド（約〇・四五キログラム）には、中型のピンなら四千本以上あるので、この十人で一日に四万八千本以上を製造でき、一人当たりにすれば、一日に四千八百本を製造できる計算になる。しかし、十人がそれぞれ一人で働くとすれば、そして、ピン製造の技能を身につけていないとすれば、一日に二十本を作ることはとてもできないし、おそらく一本を作ることすらできないだろう。つまり、作業を適切に分割し組み合わせたためにできていることの二百四十分の一はできるはずがないし、おそらく四千八百分の一すらできないはずである。

ピンの製造はごく小さな産業だが、他の産業でも分業の効果はこれに似ている。もっとも、たいていの産業では仕事をここまで細かく分けることはできず、作業をここまで単純にすることもできない。しかしどの産業でも、分業が可能であり実際に進んでいれば、その程度に応じて労働の生産性が向上している。産業が分化し、職種が細かく分かれてきたのは、この利点のためだと思える。そして、分業がとくに進んでいるのは通常、産業と社会がとくに発達している国である。未開の社会で一人がこなしている仕事が、発達した社会では何人もの仕事に分かれている。発達した社会では、農民は普通、農業以外の仕事はしない。製造業で働くものは、製造業の仕事しかしない。そして、一つの製品を作るのに必要な労働がほとんどの場合、多数に分割されており、それぞれを別の人が担うようになっている。たとえば亜麻布《リンネル》や毛織物が生産されるまでに、原料の亜麻《あま》や羊毛の生産にはじまり、亜麻布の漂白や伸《の》し、衣服の染色や仕立てまで、どれほど多数の職種が関与しているかをみてみればいい。農業はその性格上、製造業のように労働を細かく分割することができないし、仕事を完全に分離することもできない。牧畜の仕事と穀物生産の仕事を完全に分離するのは不可能であり、大工の仕事と鍛冶屋《かじや》の仕事とが通常分かれているようにはいかない。紡績と織布を同じ人が行うことはめったにない。だが、鋤《すき》で耕す作業、鍬《くわ》でならす作業、種をまく作業、穀物を刈り入れる作業は、すべて同じ人が行うことが多い。これらの作業はどれも、四季のなかで必要になる時期が違っているので、一人がどれか一つの作業を年間を通して続けることはできない。農業ではこのように、それぞれの作業を完全に分離するわけにいかない点がおそらくは原因になって、労働の生産性が製造業と同じ程度に向上するとはかぎらなくなっている。豊かな国では、農業も製造業も近隣の国より発達しているものだが、農業より製造業の方が、近隣の国との差がはっきりしているのが普通だ。豊かな国では近隣の国にくらべて、土地がよく耕されているし、農地に投じられている労働と費用も多く、農地の面積と本来の地味《ちみ》の割に収穫が多い。だが、収穫量に差があるといっても、投じられた労働と費用の差をはるかに上回ることはまれである。農業では、豊かな国が貧しい国にくらべて、労働の生産性がはるかに高いとはいえない。少なくとも、製造業で普通にみられるほど差があるわけではない。このため、豊かな国の穀物は、品質が同程度の場合に、貧しい国の穀物より安い価格で市場に出回るとはかぎらない。ポーランドでは穀物は、品質が同程度の場合、価格もフランスと変わらないが、豊かさと社会の進歩の面ではフランスの方が勝《まさ》っている。フランスの穀倉地帯では、穀物はイングランドと品質が変わらないし、ほとんどの年には価格もほぼ変わらないが、豊かさと社会の進歩の面では、おそらくイングランドの方が勝っている。しかし、イングランドではフランスにくらべて、農地の耕作がはるかに進んでおり、フランスではポーランドにくらべて、農地の耕作がはるかに進んでいるといわれている。このように、貧しい国は耕作の面では遅れていても、穀物の価格と品質で豊かな国にある程度まで対抗できるが、製造業では豊かな国にとても対抗できない。少なくとも、土壌、気候、状況の点で豊かな国に適した製造業では対抗できない。フランスの絹織物はイングランドの絹織物とくらべて品質が高く価格が低いが、これは少なくとも生糸の輸入関税が高い現状では、イングランドが気候の面でフランスほどには絹の生産に適していないからである。だが、金属製品と低価格の毛織物では、イングランドはフランスと比較にならないほど優れており、品質が同程度であれば、価格もはるかに低い。ポーランドには製造業はほとんどないといわれている。素朴な家内工業はあるが、これはどの国でも国民の生活に不可欠なものである。

分業によって同じ人数が働いたときの生産量が大幅に増加するのは、三つの要因のためである。第一に、個々人の技能が向上する。第二に、一つの種類の作業から別の種類の作業に移る際に必要な時間を節減できる。第三に、多数の機器が発明されて仕事が容易になり、時間を節減できるようになって、一人で何人分もの仕事ができるようになる。

第一の要因についていうなら、技能が向上すれば、一人がこなせる仕事の量は当然増加する。そして分業が進めば、各人が単純な作業を一つだけ担うようになり、その作業を一生の仕事にするようになるので、技能がかならず大幅に向上する。普通の鍛冶屋であれば、ハンマーを使いなれていても、釘《くぎ》作りになれていない場合、何らかの必要に迫られて釘を作ることになったとすると、一日に二百本から三百本を超える釘を作ることはまずできないし、作った釘も品質がきわめて悪いものにしかならないという。釘作りになれている鍛冶屋でも、釘作りを専門とはしておらず、主な仕事にもしていない場合、懸命に働いても一日に八百本から一千本を超える釘を作ることはまずできない。わたしが実際に見た例では、二十歳にならない数人の少年が釘を製造していた。誰も釘作り以外に仕事の経験はなかったが、この数人が懸命に働くと、一日一人当たり二千三百本以上の釘を作ることができた。だが、釘作りの仕事はとくに単純なわけではない。ふいごを吹き、必要に応じて火を起こし燃料を加え、鉄を熱し、釘の各部分を鍛《きた》える作業を一人でこなしている。釘の頭を鍛える仕事でも、一人でいくつもの道具を使いわける。ピンや金属ボタンを作る場合には、仕事がもっと細かく分割されていて、それぞれの作業がはるかに簡単であり、各人は一つの作業だけを一生の仕事にしているので、技能もはるかに高いのが通常である。これらの作業場では、作業がきわめて手際よく進められており、その様子を見たことがなければ、人間の手でそこまでのことができるとは、とても想像できないほどである。

　第二の要因、つまり一つの種類の作業から別の種類の作業に移る際に無駄にする時間を節減できる利点は、たいていの人がまず想像するよりはるかに大きい。働く場所も違えば使う道具もまったく違う場合には、一つの作業から別の作業にすばやく移ることはできない。たとえば、農村の織工が小さな畑を耕している場合、織《お》り機《き》から畑に、畑から織り機に移るだけで、相当な時間を無駄にする。二つの作業を同じ仕事場で行えるのであれば、無駄にする時間はもちろんはるかに少ない。だがこの場合ですら、無駄にする時間はかなりになる。人は誰しも、一つの作業から別の作業に移るとき、少しはだらだらする。新しい作業をはじめた瞬間から、熱心に仕事に打ち込むことはまずない。よくいわれるように、しばらくは気が乗ってこないので、だらだらしてすごし、仕事に専念できない。農業労働者をみると、歩くときはゆっくりと歩き、働くときはものぐさにし、あまり神経を使わないようにするのが習慣になっているが、これは自然だし、必要ですらある。三十分も働くと作業と道具を変えなければならず、一生の間ほとんど毎日、二十もの違った作業をこなさなければならないからである。この結果、農業労働者はほぼいつものんびりしていて、急いでいるときでも猛烈に働くことができない。したがって、技能の問題は別にしても、この点だけでこなせる仕事量がかなり減っている。

もう一つ、第三の要因として、適切な機器を使えばどれほど仕事が容易になり、時間を節減できるかは、誰でも気づいているはずである。例をあげるまでもない。そこでここでは、機器の発明によって仕事が容易になり、時間が節減できるようになったのは、もともと分業の結果であったように思われると指摘するにとどめておく。人は誰しも、一つの目標に注意をすべて集中していると、さまざまな点に注意を分散しているときより、目標の達成を簡単にし速くする方法を見つけだす可能性がはるかに高くなる。そして分業の結果、各人はごく単純な目標に自然に注意を集中するようになる。このため当然に予想されるように、労働のある部門で仕事を簡単にし速くする余地がある場合、その仕事をしている人のうち誰かが、間もなくその方法を見つけ出す。分業が進んでいる産業で使われている機器のうちかなりの部分は、もともと普通の労働者が発明したものである。きわめて単純な作業に従事しているので、仕事を簡単にし速くする方法を自然に考えるようになるのだ。このような作業場をよく訪問している人なら、すばらしい機器、それも普通の労働者が自分の仕事を簡単にし速くするために発明した機器を見せられてきたはずだ。初期の蒸気機関では、ボイラーからシリンダーに蒸気を送るバルブをピストンの上下動に応じて開け閉めするために、少年を雇うのが普通であった。雇われた少年のうち一人が、友だちと遊びたい一心で、蒸気を送るバルブのハンドルと蒸気機関の別の部分とを紐で結ぶ方法を考えついた。こうしておけば、何もしなくてもバルブが開閉するので、友だちと遊んでいられる。蒸気機関には発明されて以来、さまざまな改良が加えられてきたが、そのなかでもとくに重要な改良はこのように、仕事を楽にしたい少年が工夫したものであった。

しかし、機器の改良がすべて、その機器を使う立場にあった者によって進められてきたというわけではない。機器の製作者による改良も多く、機器の製作が独立した職になった後に工夫が進んできた。また、改良の一部は学者や研究者と呼ばれる人たちによって進められてきた。学者や研究者は、何かをすることではなく、さまざまなものを観察することを仕事にしている。このため、まったくかけ離れたもの、異質なものを組み合わせて、それぞれの力を結合できることが少なくない。社会が進歩すると、どの職種でもそうであるように、学問や研究も市民のうちある階層にとって主要な仕事になり、唯一の仕事にすらなる。どの職種でもそうであるように、学問や研究も多数の部門に分かれ、それぞれの部門を専門にする学者や研究者が生まれる。そしてどの職種でもそうであるように、学問や研究でも専門化によって技能が発達し、時間を短縮できるようになる。各人が専門性を高めていき、全体として研究の量が増え、知識が大幅に増えている。

分業の結果、どの産業でも生産量が増加している。政府がしっかりしている社会で国民の最下層まで豊かさがいきわたるのはこのためだ。人はみな、自分が必要とする以上に大量のものを生産していて、処分できるようになっている。そして、他人もみな、同じ状態になっているので、自分が生産した大量のものを、他人が生産した大量のものと交換できる。つまり、他人の生産物を大量に買える価格で売却できる。人はみな、他人が必要とするものを大量に供給でき、自分が必要とするものを大量に供給されるので、社会のすべての層に豊かさがいきわたっていく。

文明が発達した豊かな国で、ごく普通の職人や労働者が日常生活に使っているものをみてみれば、それらの生産にごく一部でも関与した人の数が、見当もつかないほど多いことが分かるはずだ。たとえば労働者が着ている毛織物の上着は、粗末に見えるものであっても、無数の人が働いた結果である。羊飼い、羊毛の選別工、梳《す》き工、染色工、あら梳き工、紡績工、織工、仕上げ工、仕立て工など、多数の職種の人がそれぞれの立場で働かなければ、上着のようなありふれたものすら生産できない。それだけではない。これらの職種の人が国内の遠く離れた地域に住んでいることも少なくないのだから、原材料の輸送にどれだけの商人や運送人が働いているだろうか。そして、染色工が使う多数の薬剤は世界各地から運ばれてきているのだから、どれほどの商業と海運が関与し、さらには造船や船の運航、帆の生産、ロープの生産にどれだけの人が働いているだろうか。また、これらの職種で働くごく下層の人が使う道具を作るのに、どれだけの職種の人が働いているだろうか。船員が乗る船や仕上げ工が使う水車、さらには織工が使う織り機のような複雑な機器はいうまでもないが、きわめて単純な道具、たとえば羊飼いが羊毛を刈るのに使う鋏《はさみ》を生産するだけでも、どれほど多数の職種の人が働いているだろうか。鋏を作るだけでも、鉱夫、鉄鉱石を溶かす炉の建設工、木材を売る樵《きこり》、製鉄に使う木炭の炭焼き、煉瓦《れんが》製造工、煉瓦積み工、製鉄工、機械工、鍛造工《たんぞうこう》、鍛冶工《かじこう》が働かなければならない。以上と同じように、ごく普通の労働者の衣服や家財道具を調べていけばいい。たとえば、亜麻布の肌着、靴、ベッド、ベッドのさまざまな部品がある。台所には竈《かまど》の火格子《ひごうし》がある。料理に使う石炭があり、地底から掘り出され、おそらくは海路と陸路で遠くから運ばれてきたものだ。多数の調理用具もあるし、テーブルの上にはナイフやフォーク、料理を盛り分ける陶器や錫《すず》合金の皿などの食器がある。パンやビールの生産にも、多数の人がたずさわっている。ガラス窓もあり、これがあるから熱と光が室内に入るし、雨と風を防ぐことができる。さまざまな知識と技術があって、美しくすばらしいガラスが生産されるのであり、ガラスがなければ、世界のなかでも北方のこの地域で、快適な住いができるとは考えにくい。これらの衣服や家財道具を調べていき、さらにこれらの利便品の生産に使われる道具を調べていけばいい。これらすべてのそれぞれにどれだけの職種の人が働いているかを考えれば、何千人、何万人もの人が助力し協力しないかぎり、文明国ではごく下層の庶民の一般的な生活すら維持できないことが分かるし、庶民の生活が単純なものだという見方が間違っていることも分かるだろう。確かに、上流階級の贅沢《ぜいたく》な生活にくらべれば、庶民の生活はじつに単純だとみえる。ヨーロッパの王侯の生活と勤勉で質素な農民の生活との間には、確かに大きな差がある。だがこの差も、ヨーロッパの農民の生活と、未開の国の国王のもっと単純な生活との間にある差にくらべて、大きいとはかぎらない。未開の国の王は何万人もの未開人の生命と自由を完全に支配しているのだが。

第二章　分業の起源

分業はこのようにきわめて大きな利点を生み出すものだが、分業がはじまったのは、知恵のある人がこうすれば全員が豊かになれると考え、計画したからではない。これほど大きな利点があるとは誰も考えていなかったが、人間にはものを交換しあう性質があり、その結果、ごくゆっくりとではあるが、必然的に分業が進んできたのだ。

ものを交換しあうこの性質が人間の本能の一つであって、それ以上の説明が不可能なものなのか、それとも、この方が正しいように思えるが、理性と言語という人間の能力によるものなのかは、ここで論じようと思わない。この性質は人類に共通しており、他の種の動物にはみられない。動物は交換にかぎらず、どんな種類の約束や合意も知らないようだ。二匹の猟犬が一匹の兎《うさぎ》を追いかけているとき、二匹が協力しあっているように見えることがある。どちらも兎を仲間の方に追いやり、仲間が自分の方に追いやったときに捕まえようとする。しかしこれは約束や合意の結果ではない。二匹がたまたま、同じときに同じ獲物を必死になって追いかけているにすぎない。二匹の犬がじっくりと考えたうえ、骨を公平に交換しあうのを見た人はいない。また、動物が仕種や鳴き声を使って、これは自分のもので、それはお前のものだ、これとそれを交換しようと仲間にもちかけるのを見た人もいない。動物が人や仲間の動物から何かをもらおうとするとき、分けてくれそうな相手に気に入られるようにする以外に方法はない。子犬は母犬にじゃれつくし、スパニエルは餌がほしいとき、食事中の飼い主の気をひくためにさまざまな芸をしてみせる。人間も同じ方法を使って他人の気をひこうとすることがある。自分が望むように行動してもらう方法が他にない場合、卑屈な態度をとって媚《こ》びへつらい、好意を得ようとする。しかし、毎回この方法をとろうとすると、時間がいくらあっても足りない。文明社会では、各人がいつでも無数の人の協力と助けを必要としており、そのうち一生の間に知りあえる人はごく一部にすぎないからだ。動物はほとんどの種で、それぞれの個体は成長すると独立し、自然の状態では他の生き物の助けを必要としない。しかし人はほぼいつでも他人の助けを必要としており、他人の善意だけに頼っていては、助けを得られると期待することはできない。相手の利己心に訴える方が、そして、自分が求めている行動をとれば相手にとって利益になることを示す方が、望みの結果を得られる可能性が高い。誰でも、取引をもちかけるときにはそのように提案している。わたしがほしいものをくれれば、希望するものをあげようというのが、そうした提案の意味なのだ。そして、人間はほとんどの場合、自分が必要とする他人の助けをこの方法で得ている。われわれが食事ができるのは、肉屋や酒屋やパン屋の主人が博愛心を発揮するからではなく、自分の利益を追求するからである。人は相手の善意に訴えるのではなく、利己心に訴えるのであり、自分が何を必要としているのかではなく、相手にとって何が利益になるのかを説明するのだ。主に他人の善意に頼ろうとするのは物乞いだけだ。しかし、その場合でも、他人の善意だけに頼っているわけではない。確かに、親切な人の好意だけで生活の糧を得ているかもしれない。だが、つきつめていけばこの方法で生活しているとしても、それだけで生活に必要なものがすべて、必要なときに手に入るわけではないし、手に入れることはできない。そのときどきに必要なもののうちかなりの部分は、誰でもそうするように、取引や交換によって得ている。誰かに恵んでもらった金《かね》で、食べ物を買う。誰かに分けてもらった古着を、自分によくあう古着や一夜の宿、食べ物と交換したり、それを売った金で、必要とする食べ物や服を買ったり、宿賃を支払ったりしている。

　このように、人は交渉や交換、売買によってそれぞれが必要とする助力のかなりの部分を手に入れており、分業がはじまったのもやはり、ものを交換しあうこの性質のためである。狩猟や遊牧を営む部族に、たとえば弓矢を誰よりも巧みに速く作る人がいる。知り合いとの間で、作った弓矢を牛や羊、鹿の肉と頻繁に交換するようになる。やがて、この方法の方が自分で原野に行くよりも多くの牛や羊、鹿の肉を手に入れられることに気づく。そこで自分の利益を考え、弓矢作りを主な仕事にするようになり、いうならば狩猟具職人になる。小さな小屋や移動式住居の骨組み、屋根、壁を作るのがうまい人もいる。仲間の住居を作るようになり、その報酬として、同じように牛や羊、鹿の肉を受け取るようになる。やがて、自分の利益を考えてこの仕事を専門にするようになり、いわば大工になる。同様に、鉄や真鍮を扱う鍛冶屋になる人がいる。未開の社会で衣類の主な原料になる動物の皮をなめし、仕上げる人もいる。こうして、各人が自分で消費する以上のものを生産し、余った部分を交換して確実に必要を満たしあえることから、各人がそれぞれ一つの仕事に専念するようになる。そして、その仕事の能力や才能を伸ばし、完成させるようになる。

　個人ごとの天分の違いは実際には、考えられているよりはるかに小さい。成人に達した人をみると、職業によって天分に大きな違いがあるように思えるが、これはたいていの場合、分業をもたらす原因というより、分業の結果である。たとえば、仕事の性格がまったく違うと思える学者と荷かつぎ労働者の差は、生まれつきの天分よりも習慣や教育の違いによるものだと思える。生まれたときから六歳から八歳までの間はおそらくほとんど差がなく、両親も友だちもとくに大きな違いがあるとは感じない。しかし、この年齢か、少し後になると、それぞれ違う職業につく。そうなると能力の違いがあらわれ、拡大していき、やがて学者は虚栄心から、荷かつぎ労働者と似た点があるなどとは認めたがらなくなる。しかし、取引し交換する性質が人間になければ、各人は自分が求める必需品や利便品をすべて自給しなければならなかったはずだ。全員が同じ仕事をかかえ、同じように働くしかなく、能力の大きな違いをもたらすほどの職業の違いはなかったはずだ。

ものを交換しあう性質こそが、職業が違う人の間でこれほど目立つ能力の違いを生み出しているのであり、そして、この性質があるからこそ、各人の能力の違いが互いに役立っているのである。動物には同じ種だとされるもののなかにいくつもの亜種があり、生まれつきの能力の差が、習慣や教育の影響を受ける前に人間にあるとみられる差より、はるかにはっきりしている場合もある。学者と荷かつぎ労働者の間にある生まれつきの天分や素質の違いよりも、番犬のマスチフと猟犬のグレイハウンドの違い、グレイハウンドと愛玩犬のスパニエルの違い、スパニエルと牧羊犬のシェパードの違いの方がはるかに大きい。これらはすべて同じ種に属しているが、それぞれの違いは互いに何の役にも立たない。マスチフが強さを発揮し、グレイハウンドが足の速さを発揮し、スパニエルが利口さを発揮し、シェパードが従順さを発揮して互いに助けあうというわけではない。取引し交換する能力や性質がないことから、天分や能力の違いを役立てあうことができず、種全体の生活や利便性を向上させることができない。動物は一匹ずつ自力で生き、自分を守るしかなく、同じ種のなかにある天与の能力の多様性を活かすことができない。これに対して人間は、能力の大きな違いを互いに役立てることができる。取引と交換を行う人類共通の性質によって、各人がそれぞれの能力を活かして生産したものを、いわば全員が共用でき、全員が必要に応じて購入できるのである。

第三章　市場の大きさによる分業への制約

分業は交換の力によって生まれるものなので、分業の程度も交換の力の強さによって、言い換えれば市場の大きさによって制約される。市場がごく小さい場合には、誰も一つの仕事に専念しようという気になれない。自分の労働の生産物のうち自分が消費するもの以外の部分を、必要に応じて他人の労働の生産物と交換することができるという条件がないからだ。

職業のなかには、大都市以外では成り立たないものもある。ごく単純な職業でもそうだ。たとえば荷かつぎ労働者は、大都市以外では生活できるほどの仕事を見つけられない。村では狭すぎるし、定期的に市《いち》が立つ市場町《いちばまち》ですら、いつも仕事を確保できるほどの規模があることはめったにない。スコットランド北部の高地地方《ハイランズ》のように人口が少なく、農家が一軒ずつか小さな集落を作って点在している地域では、どの農家も肉を自分でさばき、パンや酒類を自分で作るしかない。こうした地域では、鍛冶屋、大工、石工《いしく》すら、近くにそれぞれ一人しかおらず、二十マイル以内にもう一人いることはめったにないのが普通だ。隣りの家まで八マイルから十マイルもあるような田舎に住む家族は、もっと人口の多い地方でならこれらの職人に依頼する細々した仕事をいくつも、自分でできるようにしておくしかない。農村の職人はほとんどの場合、同じ材料を使う点で似通っている仕事をすべて一人でこなす。大工は木を使う仕事を何でも引き受ける。鍛冶屋は鉄を使う仕事を何でも引き受ける。大工は家を建てるだけでなく、建具や家具も作り、木の彫り物すら彫り、車輪や鋤、荷車や荷馬車まで作る。鍛冶屋の仕事はもっと多様だ。スコットランドの高地地方のうち内陸の奥地では、釘職人のような職業すら成立しない。釘職人は一日に一千本の釘を作り、年に三百日働くと一年に三十万本を作る。しかしそのようなところでは、年間に一千本、つまり一日分の釘を売ることすらできないだろう。

水上輸送を使えば、陸上輸送だけに頼るよりはるかに大きな市場《しじょう》をどの産業も確保できるので、海岸や航行可能な河川に沿って、各種の産業が自然に分化と発達をはじめる。そして産業の発達が内陸部にまで広がるのは、はるか後になってからであることが多い。八頭立ての広輪の荷馬車は二人の御者が乗り、四トンの貨物を積んで、ほぼ六週間でロンドンとエディンバラの間を往復する。これとほぼ同じ日数で、船なら六人から八人が乗り込んで、エディンバラ近郊のリース港とロンドン港の間を、二百トンの貨物を積んで往復する。つまり、水運の場合に六人から八人の船員で両都市の間を運ぶ貨物は、陸運の場合に五十台の荷馬車、百人の御者、四百頭の馬で同じ日数で運ぶものと変わらない。二百トンの貨物をロンドンからエディンバラまで、陸運としてはもっとも安い方法で運ぶには、片道三週間にわたって百人の生活を維持し、四百頭の馬と五十台の荷馬車を維持し、そして維持とほぼ同じ経費がかかる消耗費を負担しなければならない。これに対して水運では、同じ量の貨物を運ぶのに、六人から八人の生活を維持し、二百トン積みの船の消耗費、危険の高さを補う割増料金、つまり陸運と海運での保険料の違いを負担すればいい。したがって、この二つの都市を結ぶ輸送手段が陸運しかない場合、重量の割に価格がきわめて高い貨物しか輸送できず、両都市の間で現在行われている取引のうち、ごく一部しか実行できない。そのため、それぞれの都市の産業にこの取引が与える刺激も、ごく小さなものでしかなかっただろう。陸運に頼るしかないのであれば、世界のなかの遠く離れた地域の間では、商取引はほとんど行えない。どのような品物なら、ロンドンとカルカッタの間の陸上輸送に要する費用を負担できるだろうか。この費用を負担できるほど貴重な品物があったとしても、多数の未開の国の領土を通って、安全に輸送することができるであろうか。しかし現在では、この二つの都市の間で大量の取引が行われており、市場を提供しあうことによって、それぞれの都市の産業を大いに刺激している。

このように水上輸送の利点が大きいことから、自然な道筋として、産業が真っ先に進歩するのは、水運によって世界全体が各種労働の生産物の市場になる沿岸地域であり、産業の進歩がその国の内陸部に広がっていくのは、はるか後になる。内陸部では長い間、生産物のかなりの部分の市場は近くにある沿岸地域にかぎられている。このため内陸部では市場の規模が長い間、沿岸地域の豊かさと人口に左右され、産業の発展がつねに沿岸地域に遅れることになる。北アメリカのイギリス植民地では、入植地は海岸や航行可能な河川に沿って拡大し、沿岸から離れた地域にはほとんど拡大していない。

信頼できる歴史書によれば、最初に文明が発達したのは地中海沿岸だったようだ。地中海は知られているかぎり世界最大の内海であり、潮の流れがなく、したがって風で起こるもの以外に波がないので、海面が静かなうえ、島が多く、岸が近いために、技術が進んでいなかった時期にも航海に適していた。羅針盤がなかったので、陸を見失うほど沖合に出るのは危険だったし、造船技術が未熟だったので、荒波のある外洋に乗り出すのは危険だった。ヘラクレスの円柱と呼ばれたジブラルタル海峡を越えて外洋に乗り出すのは、古代には長い間、危険で驚異的な冒険だとみられていた。古代世界で航海術と造船術がとくに優れていたフェニキア人とカルタゴ人さえ、ジブラルタル海峡を越えて航海したのはかなり後になってからであり、しかも、つぎにそれを試みる民族がでてくるまでに、長い年数がかかっている。

地中海沿岸の国のなかで、もっとも早い時期に農業や手工業がかなりの程度発達したのは、エジプトのようだ。上エジプトでは、ナイル川から数マイルまでの地域しか発達していないが、下エジプトではナイル川が多数の支流に分かれていて、わずかに手を加えるだけで水上輸送に利用でき、大都市の間はもちろん、主要な村や、農村の多数の農家すらも水運で結ばれていたようだ。つまり現在のオランダでライン川やマース川が果たしているものに似た役割を、ナイル川が果たしていたわけだ。河川を使った航行が容易で、普及していたことがおそらく、エジプトで文明が早くから発達した主因の一つだとみられる。

インドのベンガル地方と中国の東部地域の一部でも、農業と手工業がきわめて早くから発達していたようだが、どれほど古くから発達していたのかは、信頼性が高いとヨーロッパで認められている歴史書では確認できない。ベンガルでは、ガンジス川などの大河がエジプトのナイル川と同様に、多数の航行可能な支流に分かれている。中国の東部でも、いくつもの大河が多数の支流に分かれており、それらを相互につなぐことで、ナイル川やガンジス川より、おそらく両者を合計したより、広範囲な内陸航行が可能になっている。注目すべき点をあげるなら、古代にはエジプトもインドも中国も、外国との貿易に積極的ではなく、きわめて豊かな社会を内陸航行だけによって築いたとみられる。

アフリカの内陸地域や、黒海とカスピ海のはるか北にあるアジアの全域、つまり古代のスキタイ、近代のタタールとシベリアは、どの時代にも現在と同じように、未開の状態にあったようだ。タタールでは、北にある北極海が凍結していて航行できず、世界最大級の河川が何本か流れているが、それぞれに距離が離れすぎているので、広大な地域にわたる商業や交通を築くことができない。アフリカには、ヨーロッパのバルト海やアドリア海、ヨーロッパとアジアにわたる地中海や黒海、アジアのアラビア、ペルシャ、インド、ベンガル、タイにみられる湾のような内海がなく、大陸の内部まで海上輸送による商業を行き渡らせることができない。それに、アフリカの大河はそれぞれに距離が離れすぎており、内陸航行を発展させることもできない。また、多数の支流に分かれていない河川や、河口までに他国の領土を通る河川では、一つの民族が行える商業は大規模にならない。上流と海との間の交通を、途中の国が妨害する力をもっているからである。ドナウ川の航行の利用価値は、流域にあるバイエルン、オーストリア、ハンガリーにとって、これらの国のうちどれかが黒海までの全流域を領有していた場合と比較して、きわめて小さくなっている。

第四章　通貨の起源と利用

分業が確立すると、各人が必要とするもののうち、自分の労働によって生産できる部分はごく一部にすぎなくなる。必要の大部分は、各人の生産物のうち自分で消費するもの以外の部分と交換して満たすようになる。全員が交換によって生活するようになり、ある意味で商人になる。社会全体も商業社会と呼べるものになる。

しかし、分業が起こりはじめた時点では、このような交換にかなりの障害があったはずだ。一方に、ある商品を自分が必要とする以上に持っている人がおり、他方に、それを持っていない人がいる状況を考えてみよう。この場合、一方は余った部分を手放そうとし、他方はそれを手に入れようとする。しかし、手放そうとする側がそのときに必要とするものを、手に入れようとする側がたまたま持っていなければ、交換は成立しない。たとえば肉屋が、自分が必要とする以上の肉を店に持っており、酒屋とパン屋がその一部を手に入れたがっているとする。酒屋もパン屋もそれぞれの仕事で生産したものしか持っておらず、肉屋が当面必要な量のビールとパンを持っていれば、互いの商品を交換することはできない。肉屋は肉を売ることができず、酒屋とパン屋は肉を入手できない。それぞれがあまり互いの役に立たない状態になる。このような状態から生まれる不便を避けるために、分業が確立した後、どの時代にも賢明な人はみな、自分の仕事で生産したもの以外に、他人が各自の生産物と交換するのを断らないと思える商品をある程度持っておく方法をとったはずである。

この目的には、さまざまな商品がつぎつぎに考えられ、使われてきたとみられる。未開の社会では、家畜が交換のための共通の手段であったといわれている。いかにも不便だったはずだが、古代にはものの価値がそれと交換された家畜の数で示されることが多かった。たとえばホメロスの『イリアス』には、ディオメデスの鎧《よろい》は雄牛わずか九頭で買ったものだが、グラウコスの鎧は雄牛百頭で買ったものだと書かれている。エチオピアでは塩が交換のための共通の手段として使われているという。インド沿岸部の一部ではある種の貝殻が、ニューファウンドランド島では鱈《たら》の干物が、バージニアではタバコが、西インド諸島のイギリス植民地の一部では砂糖が交換の手段として使われており、生皮やなめし皮が使われている国もある。スコットランドの村では現在も、職人が金銭の代わりに釘をパン屋や居酒屋の支払いにあてることが珍しくないという。

しかしどの国でも、否定のしようのない理由によって、この目的にはやがて、どの商品よりも金属が選ばれるようになったとみられる。金属ほど腐りにくいものはほとんどないので、どの商品よりも保存による損失が少ない。そのうえ、どれだけ分割しても価値が下がることはなく、溶解すれば分割したものを一つにまとめられるという性質がある。この性質は、同じように保存がきく他の商品にないものであり、金属が商業と流通の手段に適しているのは、何よりもこの性質のためである。たとえば、塩を買おうとするとき、交換できるものが家畜しかないとすると、一度に牛一頭分か、羊一頭分を買うしかない。それより少ない分量を買うことはまずできない。家畜は、分割すればほぼ確実に価値が下がるからだ。そして一頭分以上を買いたいときにも、同じ理由で二倍か三倍の量を、つまり牛二頭分か三頭分、あるいは羊二頭分か三頭分を買うしかない。これに対して、羊や牛ではなく金属を塩と交換するのであれば、そのときに必要とする塩の分量に合わせて、金属の分量を簡単に調節できる。

交換の目的に使われた金属は当初、国によって違っていたようだ。古代スパルタでは、交換の共通の手段として鉄が使われた。古代ローマでは銅が使われた。富裕で商業が盛んな国では金と銀が使われた。

当初はこれらの金属が、刻印も鋳造もされていない地金の形で交換の手段として使われたようだ。たとえば、古代ローマのプリニウス（二三〜七九年）は『博物誌』で、歴史家のティマイオス（紀元前三五六年頃〜二六〇年頃）の記述を根拠に、ローマにはセルウィウス・トゥリウスの時代（紀元前五七八〜五三四年）まで硬貨（鋳造貨幣）がなく、必要とするものを買うときには刻印のない銅の延べ棒を使っていたと記している。この時代には銅の延べ棒が通貨の役割を果たしていたわけだ。

加工していない金属を使うと、不便な点が二つある。第一に重さを量るのが厄介であり、第二に純度を調べるのが厄介である。貴金属の場合、重さがわずかに違っても価値が大きく違うので、重さを正確に量るために、少なくとも正確な錘《おもり》と秤《はかり》が必要だ。とくに金《きん》の重さを量るときは、正確さが重要だ。もっと価値が低い金属で、少々間違いがあっても大した影響がない場合にはもちろん、正確さはそれほど要求されない。しかし、貧しい人が一ファージング（〇・二五ペニー）のものを売買するたびに重さを量らなければならないのであれば、面倒すぎるはずである。純度を調べるのはもっと難しく、手間がかかる。適切な溶剤を使って、金属の一部を坩堝《るつぼ》のなかでうまく溶かさないかぎり、調べた結果はきわめて不確かだ。このため、硬貨が使われるようになるまでは、手間のかかる困難な作業で純度を調べなければ、とんでもない詐欺やごまかしにいつ遭うか分からない状態にあった。品物の対価として一ポンドの重さの純銀や純銅を受け取ったはずなのに、粗悪で安いかねなかった。こうしたごまかしを防ぎ、交換の便宜をはかり、それによって各種の産業と商業を盛んにするために、社会がある程度発達した国では、その国で取引の手段として一般に使われている金属の決まった重さのものに、公的な刻印を押す必要があると考えられるようになった。これが硬貨の起源であり、造幣局の起源である。造幣局は毛織物や亜麻布の検査官と同じ性格をもつ政府機関である。公的な刻印によって、それぞれの商品が市場で取引される際に、分量と品質の良さを証明することを目的にしている。

通貨として使われる金属に押されたこの種の刻印は当初、確認がとくに難しいし、とくに重要でもある金属の品質、つまり純度を確認することを目的としていたようだ。現在、銀の板や延べ棒に押されている純度表示の刻印や、金地金で見かけるスペインの刻印に似ていて、一つの面だけに押され、表面全体にわたるものではなく、純度は示すが重量は示さないものだったようだ。『旧約聖書』創世記によれば、アブラハムがエフロンからマクペラの畑を買ったとき、代金の銀四百シェケルの重さを量っている。この銀は商人が通貨として使っていたものだというが、現在の金地金や銀の延べ棒と同じように、個数ではなく重さで取引に使われている。イングランドのサクソンの王は、通貨ではなく現物で、つまり各種の食料で、税を徴収したといわれている。征服王ウィリアム（在位一〇六六〜八七年）

が通貨で徴収する仕組みを持ち込んだ。それでも、税金の受け取りにあたって、個数ではなく重さが長く使われていた。

通貨として使われる金属の重さを正確に量るのは不便だし、難しくもあったため、硬貨の制度が生まれた。硬貨では、刻印が両面の全体にわたり、ときには縁《ふち》にも刻まれていて、金属の純度だけでなく、重さも証明するとされた。したがって硬貨は現在と同じように個数で受け渡され、重さを量る手間が省けるようになった。

硬貨の名称は当初、それに含まれる金属の重さを示していたようだ。ローマではじめて硬貨が鋳造されたセルウィウス・トゥリウスの時代には、一アス硬貨（ポンドーともいう）には一ローマ・ポンド（約三百二十七グラム）の銅が含まれていた。イギリスで使われているトロイ・ポンドと同様に、一アスは十二ウンシア（オンス）であり、一ウンシア硬貨には一オンス（約二十七グラム）の銅が含まれていた。イングランドの一ポンド硬貨も、エドワード一世の時代（一二七二〜一三〇七年）には、決められた純度の銀が一タワー・ポンド（約三百五十グラム）含まれていた。タワー・ポンドはローマ・ポンドより少し重く、トロイ・ポンド（約三百七十三グラム）より少し軽い。トロイ・ポンドが造幣局で使われるようになったのは、ヘンリー八世治世の一五二六年ごろからである。フランスの一リーブル硬貨にもシャルルマーニュの時代（七六八〜八一四年）には、決められた純度の銀が一トロイ・ポンド含まれていた。当時、シャンパーニュ地方のトロイでヨーロッパ各国から商人が集まる有名な市《いち》が開かれ、そこで使われる重さと尺度が広く知られ、尊重されていた。スコットランドでは、アレクサンダー一世の時代（一一〇七～二四年）からロバート一世の時代（一三〇六～二九年）まで、一ポンド硬貨にイングランド正貨の一ポンドと同じ重さ、同じ純度の銀が含まれていた。イングランド、フランス、スコットランドのいずれでも一ペニー硬貨には当初、一ペニーの重さの銀、つまり、二十分の一オンス、二百四十分の一ポンドの銀が含まれていた。シリングも当初は重さの単位だったようだ。たとえばヘンリー三世の時代（一二一六～七二年）の法律に、「小麦が一クォーター（約二百九十リットル）当たり十二シリングのとき、一ファージングの極上パンは十一シリング四ペンスの重さがなければならない」という表現がある。しかし、シリングはペニーやポンドとの関係が、ペニーとポンドの関係ほど一定ではなかったとみられる。フランスではフランク王国時代の初期に、シリングにあたるスーがときによって、五ペンス、十二ペンス、二十ペンス、四十ペンスにあたっていたようだ。サクソン人の間でも、一シリングが五ペンスでしかなかったときがあるようだ。隣国に住むフランク人の間でシリングの価値がさまざまだったのだから、サクソン人の間でも同じようにさまざまであったのも考えられないことではない。フランスではシャルルマーニュの時代から、イングランドでは征服王ウィリアムの時代から、ポンド、シリング、ペニーの関係は現在と同じく一ポンドが二十シリング、一シリングが十二ペンスになったようだが、それぞれの価値は現在とまったく違っていた。そうなったのは、世界のどの国でも、国王や政府が貪欲と不正によって国民の信頼を悪用し、硬貨に含まれる金属の量を当初のものから減らしてきたからだと思える。ローマの一アス硬貨は共和制末期には、価値が当初の二十四分の一になり、重さが一ポンドではなく、〇・五オンスにすぎなくなった。イングランドの一ポンド硬貨と一ペニー硬貨は現在、当初の三分の一の重さしかない。スコットランドでは三十六分の一になった。フランスでは六十六分の一になった。この方法によって、国王や政府は本来のものより少ない量の銀で、外見上、債務を返済し、契約を履行することができた。しかしこれは外見上だけであり、債権者は実際には、支払われるべき金額の一部を詐取されたのである。国内の債務者はみな同じ権利を認められ、旧硬貨で借りた金額を名目金額は等しいが価値の低い新硬貨によって返済することができた。したがって、このような通貨の改鋳はつねに債務者に有利で、債権者に不利であり、ときには大規模な社会的災難によって引き起こされる以上に、民間人の富を激変させてきた。

　こうして、文明国のすべてで通貨が交換のための共通の手段になり、すべての種類の商品が通貨を使って売買され、交換されるようになった。

以下では、ものが売買され、交換されるときに、自然に守られる法則がどのようなものであるかを検討する。この法則によって、ものの相対価値とも交換価値とも呼べるものが決まる。

この「価値」という言葉に二つの意味があることに注意すべきだ。ときにはあるものがどこまで役立つか（どこまで効用があるか）を意味し、ときにはあるものを持っていることで他のものをどれだけ買えるかを意味する。この二つを「使用価値」と「交換価値」と呼ぶこともできる。使用価値がきわめて高いが、交換価値はほとんどないものも少なくない。逆に、交換価値がきわめて高いが、使用価値がほとんどないものも少なくない。水ほど役立つものはないが、水と交換して得られるものはほとんどない。これに対してダイヤモンドは、ほとんど何の役にも立たないが、それと交換してきわめて大量のものを得られることが多い。

商品の交換価値を決める原理を探るために、以下の点を明らかにしていきたい。

第一に、交換価値の真の尺度は何なのか、そして、商品の真の価格とは何なのかである。

第二に、真の価格を構成する要素は何なのかである。

第三に最後の点として、価格の各要素の一部または全部を、自然で通常の水準より上昇させたり下落させたりする状況はどのようなものかである。言い換えれば、商品の実際の価格である市場価格が、自然価格と呼べるものに一致するのを妨げる要因は何なのかである。

以下の三章で、この三点についてできるかぎり詳細に、明確に説明するよう試みるが、読者には忍耐をお願いするのは、ときには不必要と思えるほど細部にわたる記述をじっくりと検討していただきたいからだ。注意深く読んで理解するようお願いするのは、説明には完璧を期したが、おそらく、まだいくらか曖昧だと感じられる点があると思えるからである。論旨を明確にするために、冗漫になる危険を冒すのはやむを得ないとつねに考えている。しかし明確にするために最大限に努力しても、性格上、きわめて抽象的な問題を扱っているときは、まだいくらか曖昧だと思える点が残る可能性がある。

第五章　商品の真の価格と名目価格、労働価格と金銭価格

人が豊かだとか貧しいとかいうとき、それは生活の必需品、利便品、娯楽品を手に入れる力がどこまであるのかを意味する。そして、分業が確立すると、これらのうち自分の労働で生産できるものはごく一部にすぎなくなる。大部分は他人の労働の成果なので、どれだけの量の他人の労働を支配できるか、あるいは購入できるかによって豊かさと貧しさが決まることになる。このため商品の価値は、自分で使うか消費するためではなく、他の商品と交換するために保有している人にとって、その商品で支配・購入できる労働の量に等しい。したがって労働こそが、すべての商品の交換価値をはかる真の尺度である。

ものの真の価格、つまり、ものを入手したいときに本当に必要になるのは、それの生産に要する手間であり、苦労である。入手したものを売るか、他のものと交換しようとする場合、そのものの真の価値は、それを持っていれば節減できる手間であり、他人に負担してもらえる手間である。金銭か財貨と交換して得たものも、自分で生産したものと同じよ

うに、労働によって獲得している。金銭か財貨があったため、自分で生産する手間を省くことができたのだ。金銭や財貨にはある量の労働の価値があり、これをその時点で同じ量の労働の価値があると考えられるものと交換する。労働こそが当初の代価、本来の通貨であり、当初はすべてのものが労働によって支払われていた。世界のすべての富はもともと、金や銀ではなく、労働によって獲得されている。富を所有し、何か他の生産物と交換したいと望んでいる人にとって、富の価値は、それで購入できるか支配できる労働の量にまったく等しい。

哲学者のトマス・ホッブズが『リバイアサン』で論じたように、富は力である。だが、巨額の富を獲得するか相続した人が、政治力や軍事力を獲得・相続するとはかぎらない。富を使って軍事力と政治力を獲得できるかもしれないが、富があるというだけでは、政治力や軍事力があるとはかぎらない。富の所有によって直接にもたらされる力は購買力である。つまり、そのときに市場にある労働と労働の生産物を支配し、購入する力である。富の大小は、この購買力の大小に正確に比例する。つまり支配できる労働の量、言い換えれば、購入できる労働生産物の量に正確に比例する。すべてのものの交換価値はつねに、所有者にもたらされるこの力に正確に一致する。

このように、すべての商品の交換価値をはかる真の尺度は労働なのだが、商品の価値は通常、労働の量によってはかられているわけではない。違った種類の労働の量を比較するのは困難な場合が少なくない。労働の種類が違っている場合に、時間だけで比較できるとはかぎらない。どこまで厳しい仕事なのか、どこまで創意工夫が必要な仕事なのかも考慮しなければならない。一時間の重労働の方が、二時間の軽労働よりも労働量が多いかもしれない。習得に十年かかる職業での一時間の仕事の方が、ごく普通で簡単な職業での一週間の仕事よりも、労働量が多いかもしれない。ところが、労働の厳しさや創意工夫の程度を正確にはかる尺度を見つけ出すのは簡単ではない。実際のところ、種類の違う労働で作られた異なる生産物を交換する際には通常、この二点を考慮した調整が行われている。とはいっても、正確な尺度によって調整されるのではない。正確ではないが、日常的な仕事を進めていくには十分な概算にしたがって、市場での駆け引きや交渉によって調整されているのである。

また、どの商品も労働と交換されるより、他の商品と交換されることの方が多く、このため、労働と比較されるより、他の商品と比較されることの方が多い。したがって、商品の交換価値は、それによって購入できる労働の量より、他の商品の量によって考える方が自然である。そしてほとんどの人にとって、労働の量より商品の量の方が理解しやすい。商品の量は具体的で分かりやすい。これに対して労働の量は抽象的な概念であり、十分に理解できるようにすることはできるが、それほど自然ではなく、明白でもない。

だが、物々交換の時代が終わり、商業の共通の手段として通貨が使われるようになると、どの商品も他の商品と交換されるより、金銭と交換されることの方が多くなる。肉屋が牛肉や羊肉をパン屋に持っていってパンと交換したり、酒屋に持っていってビールと交換したりすることはめったにない。市場《いちば》で金銭と交換し、その後に金銭をパンやビールと交換する。牛肉や羊肉を売って得た金銭の量によって、その後に買えるパンやビールの量が決まる。このため肉屋が牛肉や羊肉の価値を考えるとき、直接に交換する商品である通貨の量による方が、別の商品を経なければ交換できないパンやビールの量によるよりも自然だし、分かりやすい。つまり、この肉は重さ一ポンド当たり三ペンスか四ペンスだという方が、三ポンドか四ポンドの重さのパン、三クォートか四クォートの量のビールに値するというより自然だし、分かりやすい。そこで、商品の交換価値は、それと交換して得られる労働の量や他の商品の量で考えるより、金銭の量で考えることの方が多くなった。

しかし、通貨として使われる金と銀は他の商品と同じように価値が変化する。安いときもあれば高いときもあり、簡単に買えるときもあれば、買うのが難しいときもある。ある量の金や銀で購入・支配できる労働の量や、入手できる他の商品の量は、その時点に知られている鉱山がどこまで豊かなのかにつねに左右される。十六世紀にアメリカ大陸で豊かな鉱山が発見された結果、ヨーロッパの金と銀の価値はそれ以前の約三分の一に下がった。鉱山で金や銀を掘り、市場《しじょう》に運ぶのに必要な労働の量が減少したので、市場に供給された金や銀で購入・支配できる労働の量が減少したのである。金銀の価値のこの激変は、歴史に記録されているなかでおそらく最大のものだが、唯一のものではない。そして、足の大きさや両手を伸ばしたときの長さ、手でつかんだときの量など、分量が一定していないものを尺度としていては、ものの長さや量を正確にはかることができないように、価値が変動している商品を尺度とした場合には、他の商品の価値を正確にはかることはできない。これに対して労働であれば、時期や場所が違っていても、量が同じなら、労働者にとっての価値は等しいといえるだろう。健康、体力、気力が普通であり、技能や技術が普通程度であれば、ある量の労働のために犠牲にする安楽、自由、幸福の量は、労働者にとっていつも同じだといえる。つまり、ある量の労働のために労働者が払う対価はつねに同じだといえるのである。労働と引き換えに労働者が受け取る財貨の量がどうであろうと、この点に変わりはない。労働と引き換えに受け取る財貨の量は、確かに多いこともあれば少ないこともある。だが、このときに変化しているのは財貨の価値であって、財貨を受け取るために費やした労働の価値ではない。いつでもどこでも、入手が難しいもの、つまり生産に必要な労働の量が多いものは高価であり、入手が容易なもの、つまり生産に必要な労働の量が少ないものは安価である。したがって、労働だけは価値が変化せず、商品の価値を測定し比較する際の最終的な尺度として、真の尺度として、時期や場所の違いを超えて利用できる。労働を尺度にした価格こそが真の価格であり、通貨を尺度にした価格は名目上の価格にすぎない。

ある量の労働はこのように、労働者にとってつねに価値が等しいが、労働者を雇う側にとってはときに価値が高く、ときに価値が低いと思える。労働者を雇う際に支払う財貨の量は多くなったり少なくなったりするので、労働の対価もあらゆるものの価格と同様に変化するように思える。しかし実際に変動しているのは、対価として支払う財貨の価値なのである。

このような一般的な見方では、労働にも商品と同様に真の価格と名目価格があるともいえる。労働の真の価格は労働に対して支払われる生活の必需品と利便品の量であり、名目価格は労働に対して支払われる金銭の量だといえよう。労働者が豊かか貧しいか、労働の報酬が高いか低いかは、労働の名目価格によって決まるのではなく、真の価格によって決まる。

商品や労働の真の価格と名目価格を区別するのは理論上の問題にすぎないわけではなく、ときには実際に役に立つことがある。真の価格が変わらなければ、価値も変わらない。

だが、金と銀の価値は変動するので、名目価格が同じでも価値が大きく変化することがある。このため、不動産を譲渡して永久地代を受け取る場合、地代の価値を一定に保ちたいのであれば、地代を金額で取り決めないことが、それを受け取る一族にとって重要である。地代を金額で取り決めた場合には、その価値は二つの要因によって変動する。第一の要因として、同じ額面の硬貨に含まれる金や銀の量が変化する。第二の要因として、金や銀の価値が時代によって変化する。

　国王や政府は、硬貨に含まれる金属の純量を減らせば一時的な利益になると考えることが少なくないが、逆に金属の純量を増やせば利益になるとは、めったに考えなかった。このため、硬貨に含まれる金属の純量はどの国でも、かならずといっていいほど減りつづけており、増えることはまずなかったと思われる。したがって、この変化はかならずといっていいほど、金銭地代の価値を低下させる要因になる。

　アメリカ大陸の鉱山が発見されて、ヨーロッパで金と銀の価値が低下した。この価値の低下はいまでも小幅ながら続いており、今後も長く続く可能性が高いというのが一般的な見方だ（もっとも、この見方を裏付ける確実な事実があるわけではないと思える）。この見方に基づくなら、地代がある額面の硬貨の量で（たとえば何ポンドという金額の形で）決められているのではなく、純銀かある純度の銀の重さによって決められているとしても、金や銀の価値の変化によって、金銭地代の価値が上昇する可能性より低下する可能性の方が高い。

地代のうち、穀物で支払うよう規定された部分は、金額で規定された部分より、価値がはるかに維持されてきた。硬貨に含まれる金属の量が変わらなかった場合ですら、そうだ。エリザベス一世時代の一五七五年に制定された法律で、大学などが賃貸する土地の地代は三分の一を穀物地代とし、借地人が物納するか、もっとも近い公設市場での時価に基づく金額で支払うよう定められた。この穀物地代で得られる金額は、はじめは全体の三分の一にすぎなかったわけだが、法学者のサー・ウィリアム・ブラックストンによれば、二百年たったいまでは、残り三分の二で得られる金額の二倍に近いのが通常になっている。この説明によるなら、大学が受け取る金銭地代は、当初の四分の一近くまで価値が下がったことになる。穀物を基準にしたときの価値が当初の四分の一近くまで下がっているのだ。しかし、メアリ一世の時代（一五五三～五八年）からイングランドの硬貨に含まれる銀の量にはほとんど変化がなく、金額が同じであれば、受け取る純銀の量はほとんど変わらない。したがって、大学などの金銭地代の価値が下がったのはすべて、銀の価値が下がったためである。

銀の価値の低下と、同じ額面の硬貨に含まれる銀の量の減少が同時に起こると、損失がはるかに大きくなることが多い。スコットランドでは、同じ額面の硬貨に含まれる金属の量がイングランドより大きく変わっており、フランスではスコットランド以上に大きく変わっていて、当初はかなりの金額だった地代が、長年のうちにほとんど無価値になった例もある。

ある量の労働を購入するのに必要な量を長い年数を隔てて比較する場合、銀や金よりも、おそらくどの商品よりも、労働者の必需品である穀物の方が違いが小さい。このため、長い年数を隔てて比較する場合、同じ量の穀物は真の価値の違いが小さい。つまり、同じ量の穀物を持っている人が購入・支配できる労働の量は違いが小さい。ただし、ほとんどの商品よりも違いが小さいというだけであり、同じ量の穀物でも、真の価値が正確に同じだというわけではない。労働者が受け取る生活必需品の量、つまり労働の真の価値は、後に論じるように、状況によって大きく違う。豊かになる方向へと発展している社会より、停滞している社会の方が労働者が受け取る生活必需品の量が少ない。停滞している社会より、衰退している社会の方が労働者が受け取る生活必需品の量が少ない。しかし、穀物以外の商品では、それで購入できる生活必需品の量が時期によって変化し、それにつれて購入できる労働の量が変化する。したがってこういえる。穀物地代の場合、価値の変動をもたらす要因は、一定量の穀物で購入できる労働の量の変化だけである。ところが穀物以外の商品で規定された地代は、一定量の穀物で購入できる労働の量の変化に加えて、その商品の一定量で購入できる穀物の量の変化によっても価値が変動する。

このように、穀物地代は金銭地代にくらべて、世紀ごとにみたときには真の価値の変動が小さいが、年ごとにみたときには真の価値の変動が大きいことに注意すべきだ。後に論じるように、労働の金銭価格は、年ごとに穀物の金銭価格が変動してもそれにつれて変動するわけではなく、どこでも、生活必需品の一時的な価格ではなく、平均価格、通常価格に対応しているように思われる。これも後に論じるように、穀物の平均価格は銀の価値に左右される。つまり、銀を市場に供給する鉱山の豊かさ、言い換えれば、鉱山で銀を掘り、市場に運ぶのに必要な労働の量（したがって、その際に消費する穀物の量）に左右される。ところが銀の価値は、世紀ごとにみればときに大きく変化するが、年ごとに大きく変動することはめったになく、半世紀から一世紀にわたってほとんど変化しない場合も少なくない。このため、穀物の平均金銭価格も、きわめて長期にわたってほとんど変動しない場合がある。そして、少なくとも社会の状況がほとんど変化しないことが前提になるが、労働の金銭価格も、きわめて長期にわたってほとんど変動しないことがありうる。その間にも穀物の一時的な価格は前の年の二倍になり、たとえば一クォーター当たり二十五シリングから五十シリングに高騰することが頻繁に起こりうる。ある年に穀物価格が前年の二倍になれば、穀物地代は名目価値が前年の二倍になるだけでなく、真の価値も二倍になり、労働についても大部分の商品についても、二倍の量を支配できることになる。穀物価格が変動しても、労働の金銭価格は変化せず、大部分の商品の金銭価格も変化しないからである。

以上の点から、労働は、価値の尺度として唯一普遍的であると同時に唯一正確であり、さまざまな商品の価値を時期と場所の違いを超えて比較できる唯一の尺度であることがはっきりしていると思える。さまざまな商品の世紀ごとの真の価値を、それと交換して得られた銀の量で測定できないことは、広く認識されている。年ごとの真の価値を、それと交換して得られた穀物の量で測定することもできない。労働の量を基準にすれば、世紀ごとの価値、年ごとの価値をともに、もっとも正確に測定できる。世紀ごとの比較では、銀よりも穀物の方が正確な尺度になる。世紀ごとにみれば、ある量の銀よりある量の穀物の方が、支配できる労働の量の変動が小さいからである。これに対して年ごとにみていく場合には、穀物より銀の方が正確な尺度になる。ある量の銀で支配できる労働の量は毎年ほぼ一定だからである。

永久地代を決めるときはもちろんだが、長期の賃貸契約を結ぶ際にも、真の価格と名目価格の区別が役に立つだろう。しかし、商品の売買というごく普通の取引では、真の価格と名目価格の区別は役立たない。

同じ時期、同じ場所であれば、真の価格と名目価格の比率は、どの商品でもまったく同じである。たとえばある商品をロンドン市場で売って得られる金銭の量が多いほど、その時点にその場所で支配できる労働の量は多くなる。このため、同じ時点、同じ場所であれば、金銭がすべての商品の真の交換価値をはかる正確な尺度になる。だが、正確な尺度になるのは、同じ時点、同じ場所でだけである。

距離が離れた場所の間であれば、商品の真の価格と名目価格の間に一定の関係はない。しかし、ある地点から別の地点に商品を運ぶ商人は、商品の金銭価格だけを考えればいい。ある商品を買うときに必要な銀の量と、その商品を売って得られるはずの銀の量の差だけを考慮すればいいのだ。中国の広東では〇・五オンスの銀で、ロンドンでの一オンスの銀よりも、支配できる労働の量が多く、購入できる生活必需品と利便品の量が多いかも知れない。そうであれば、広東で〇・五オンスの銀で売られている商品はそこでの所有者にとって、ロンドンで一オンスの銀で売られている商品がそこでの所有者にとってより、実際には価値が高く貴重だといえよう。だが、ロンドンの商人にとっては、広東で〇・五オンスの銀を支払って買った商品を後にロンドンで売って一オンスの銀を得られるのであれば、この取引で百パーセントの利益を確保でき、ロンドンでも広東でも一オンスの銀の価値に変わりがなかった場合と同じ結果になる。広東でなら〇・五オンスの銀で、ロンドンでの一オンスの銀よりも支配できる労働の量が多く、購入できる生活必需品と利便品の量が多いとしても、その点は問題ではない。ロンドンで一オンスの銀があれば、同じロンドンで〇・五オンスの銀を持っているときの二倍の量の労働や必需品、利便品を購入でき、この点こそが商人の望んでいる点なのである。

したがって、商品の名目価格、つまり金銭価格こそが、売買が賢明であったかどうかを最終的に決める要因であり、日常的な仕事のうち、価格が関係するもののほぼすべてで指針になる要因である。このため、真の価格よりも金銭価格の方がはるかに関心を集めるのは不思議だとはいえない。

しかし本書のような研究では、時期と場所の違いによる商品の真の価値の違いを比較するのが有益なときもある。言い換えれば、ある商品を所有することで支配できる他人の労働の量が、場合によってどこまで違うかを考えることが役に立つときもある。その際には、商品を売って通常得られる銀の量の違いではなく、その違った量の銀で購入できる労働の量を比較する必要がある。しかし、遠い時代、遠い場所については、労働の価格を多少なりとも正確に知ることはまずできない。これに対して穀物の価格は、そのときどきの時価のしっかりした記録が残っている場所はほとんどないが、一般的にいうなら、労働の価格よりよく知られているし、歴史家らの著者が書き記していることも多い。このため通常は、穀物の価格を尺度にすることで満足するしかない。穀物価格は労働の価格といつも正確に比例しているわけではないが、よく知られている価格のなかでは、正確な比例にもっとも近いからである。本書ではこのような比較を何度も使っている。

商業国では産業が発達すると、硬貨に使う金属の種類を増やす方が便利だと考えられるようになった。こうして、大口の支払いには金貨が使われ、それより低額の商品の購入には銀貨が使われ、もっと少額の支払いには銅貨など、価値が低い金属の硬貨が使われるようになった。しかしその場合にも、これらのなかで一つの金属だけが、つねに価値の尺度として使われてきた。そして、価値の尺度に選ばれてきたのは一般に、商業の手段としてたまたま最初に使われた金属のようだ。その金属が標準として使われるようになったのは、他の金属の通貨がなかった時期だとみられるが、状況が変わっても通常、同じ金属が標準として使われつづけている。

古代ローマには当初、銅貨しかなかったといわれており、第一次ポエニ戦争の五年前、紀元前二六九年ごろにはじめて銀貨が鋳造されるようになった。このため、ローマでは銅が価値の尺度として使われつづけたようだ。勘定をつける際にも、財産の価値を計算する際にも、アスかセステルティウスが単位として使われた。アスは銅貨の名称として使われてきた。セステルティウスは二・五アスであり、当初は銀貨であったが、その価値は銅貨を基準にして考えられている。ローマでは巨額の借金があることを、「他人の銅を大量に持っている」と表現した。

ローマ帝国の崩壊後に国を作った北方民族は、定住しはじめたときから銀を通貨として使っていたようで、金貨や銅貨が使われるようになるのは、かなりたってからである。イングランドではサクソン王国のころに銀貨があったが、金貨が使われるようになったのはエドワード三世の時代（一三二七〜七七年）からであり、銅貨が使われるようになったのはジェームズ一世の時代（一六〇三〜二五年）からである。このためイングランドで、そしておそらく同じ理由から近代ヨーロッパのすべての国で、勘定をつける際にも、物や財産の価値を計算するときにも、一般に銀貨が基準として使われている。たとえばある人の資産の市場価格を表現するとき、金貨のギニーを単位にすることはめったになく、銀貨のポンドを単位にするのが普通である。

当初はどの国でも、支払いにあたって法貨になるのは、価値の標準、尺度として使われている金属の硬貨だけであったと思われる。イングランドでは、金貨は鋳造されるようになった後も長い間、法貨とされていなかった。金貨と銀貨の価値の比率は法律や布告で固定されておらず、市場での取引で決まるようになっていた。借り手が金貨で借金を返済しようとしたとき、貸し手は受け取りを拒否できたし、受け入れる場合にも、両者が合意できる比率で金を評価することになっていた。銅貨は現在でも、小額の銀貨に満たない金額を支払う場合を除いて法貨になっていない。こうした状況では、標準の金属と標準でない金属の違いは、名目上だけではなかった。

　年数が経過し、標準以外の金属の硬貨に人びとが慣れ、その結果、それぞれの価値の比率がよく知られるようになると、ほとんどの国でこの比率を確定し、法律で規定しておく方が便利だと考えられるようになったとみられる。たとえば一ギニー金貨はある重量と純度のとき、銀貨の二十一シリング（一・〇五ポンド）と交換できるし、その比率で法貨とすると規定する。こうなったとき、法定の交換比率が変わらない間は、標準の金属と標準でない金属の違いは、ほぼ名目上のものだけになる。

　しかし、この法定交換比率が変更されると、両者の違いが名目上だけではなくなるか、少なくとも名目上だけではないと思えるようになる。たとえば、一ギニー金貨の法定価値が二十シリング（一ポンド）に引き下げられるか、二十二シリング（一・一ポンド）に引き上げられると、勘定はすべて銀貨を単位につけられているし、貸借もほとんどが銀貨を単位に契約されているので、金貨の価値が引き下げられても引き上げられても、支払いの大部分は同じ量の銀貨で行える。しかし、金貨で支払う場合には量が変わり、引き下げの場合には量が増え、引き上げの場合は量が減る。銀の価値は変わらず、金の価値が変わったと思えるだろう。銀を基準に金の価値がはかられていると思えるはずであり、金を基準にして銀の価値がはかられているとは思えないはずである。金の価値はそれと交換できる銀の量に依存すると思えるだろうが、銀の価値はそれと交換できる金の量に依存するとは思えないだろう。しかしこのような違いがあるのはすべて、勘定をつける際に、そして大小を問わず金額を表現する際に、金貨ではなく銀貨を単位にすることが習慣になっているためである。二十五ギニーや五十ギニーの手形であれば、金貨の法定価値が変わっても、変わる前と同様に二十五ギニーか五十ギニーで支払われる。つまり、金貨の法定価値の変更後も、金貨で支払われる場合には量が変わらないが、銀貨で支払われる場合には量が変わる。こうした手形の支払いの際には、金の方が銀よりも価値が変わらないと思えるだろう。勘定をつけ、約束手形などの証書の金額を表示する際に金貨を単位にする方法が一般的になれば、銀ではなく金が価値の標準として、尺度として使われている金属だと考えられるようになるだろう。

実際には、各種金属の硬貨の間の法定比率が一定に保たれていれば、もっとも貴重な金属の価値によって、すべての硬貨の価値が決まる。たとえば銅貨で十二ペンスには常衡で〇・五ポンド（約〇・二二七キログラム）の銅が含まれているが、その銅も純度が高いものではなく、鋳造される前の地金では銀貨で七ペンス以上の価格になることはめったにない。しかし、銅貨十二ペンスは銀貨一シリングと交換すると法律に規定されているので、市場では一シリングの価値があるとされており、いつでも銀貨一シリングと交換できる。最近イギリスで実施された金貨改鋳の前でも、少なくともロンドンとその周辺で流通していた金貨は、銀貨の大部分よりも磨耗が少なく、標準の重量に近かった。しかし、銀貨は磨耗していても、二十一シリングで金貨一ギニーに等しいと考えられていた。金貨の方も磨耗してはいたが、銀貨ほど磨耗していることはめったになかった。最近の法律によって、イギリスの金貨はおそらくどの国の流通硬貨でもこれ以上は不可能だと思えるほど、標準の重量に近くなった。そして、公的機関で金を受け取る際には重量によるとする法律が守られているかぎり、金貨の重量が維持されるだろう。これに対して銀貨は、金貨改鋳の前と同様に磨耗した状態で流通している。しかし市場では、磨耗した銀貨でも二十一シリングで、高品質の金貨の一ギニーと同じ価値があるとされている。

金貨の改鋳によって明らかに、それと交換できる銀貨の価値が上昇したのだ。

イングランドの造幣局では、重量一ポンドの金から四十四・五ギニーの金貨を鋳造する。一ギニーは銀貨で二十一シリングなので、金貨は重量一ポンドで銀貨四十六ポンド十四シリング六ペンス（四十六・七二五ポンド）にあたる。重量一オンス（十二分の一ポンド）では、銀貨三ポンド十七シリング十・五ペンス（三・八九三七五ポンド）の価値がある。イングランドでは鋳造手数料をとらないので、重量一ポンドや一オンスの標準金地金を造幣局に持ち込むと、手数料を差し引かれることなく同じ重さの金貨を受け取れる。このため、一オンス当たり三ポンド十七シリング十・五ペンスが金の鋳造価格、つまり標準金地金と引き換えに造幣局が発行する金貨の量とされている。

金貨改鋳の前には長年にわたって、標準金地金は市場で一オンス当たり三ポンド十八シリング以上であり、ときには三ポンド十九シリングになり、四ポンドになることも少なくなかった。この金額では当時の磨耗した金貨で、合計一オンス以上の金が含まれていることはまずなかったと思われる。金貨が改鋳されてからは、標準金地金の市場価格が一オンス当たり三ポンド十七シリング七ペンスを超えることはめったになくなった。金貨改鋳の前には、金地金の市場価格は程度の差はあるがいつも鋳造価格を上回っていた。金貨改鋳の後には、鋳造価格を下回りつづけている。しかし、金地金の市場価格は金貨で支払っても銀貨で支払っても変わらない。したがって最近の金貨改鋳によって、金貨の価値だけでなく銀貨の価値も金地金に対して上昇しており、おそらくはすべての商品に対して上昇している。もっとも金地金以外の多数の商品では、他のさまざまな要因も価格に影響を与えるので、これらに対する金貨や銀貨の価値の上昇は、それほどはっきりせず、目立つほどではないとも思える。

イングランドの造幣局では、重量一ポンドの標準銀地金から六十二シリングの銀貨を鋳造し、金貨の場合と同様に、重量一ポンドの標準銀が六十二シリングの銀貨に含まれる。このため、重量一オンス（十二分の一ポンド）当たり五シリング二ペンス（五・一六七シリング）が銀の鋳造価格、つまり標準銀地金と引き換えに造幣局が発行する銀貨の量とされている。金貨改鋳の前には、標準銀地金の市場価格はときによって一オンス当たり五シリング四ペンス、五シリング五ペンス、五シリング六ペンス、五シリング七ペンスであり、五シリング八ペンスになることも少なくなかった。そして五シリング七ペンスがもっとも一般的な価格であったとみられる。金貨が改鋳されてからはときとして、一オンス当たり五シリング三ペンス、五シリング四ペンス、五シリング五ペンスになり、それ以上になることはめったにない。銀地金の市場価格は金貨改鋳の後に大幅に下がったが、鋳造価格の五シリング二ペンスまでは下がっていない。

このようにイングランドの硬貨について各種金属の価値の比率をみていくと、銅は真の価値よりもかなり高く評価されており、銀は真の価値よりも若干低く評価されている。ヨーロッパ大陸の市場、フランスとオランダの硬貨では、純金一オンスは約十四オンスの純銀と交換されている。イングランドの硬貨では約十五オンスの純銀と交換されており、ヨーロッパ大陸で一般的な比率よりも銀が安くなっている。しかしイングランドでも、銅貨が高くても銅地金の価格が高くなっていないように、銀貨が安くても銀地金の価格は低くなっていない。銀地金は金地金に対して適切な比率を維持しており、これは銅地金が銀地金に適切な比率を維持しているのと同じ理由によるものである。

ウィリアム三世の時代（一六八九～一七〇二年）に銀貨が改鋳された後にも、銀地金価格は鋳造価格をわずかながら上回りつづけた。哲学者のジョン・ロックは、銀地金価格が高いのは、銀地金の輸出が許されている一方、銀貨の輸出が禁止されているからだと論じた。輸出が許されている銀地金の方が、銀貨より需要が多いという。しかし、国内で普通の取引のために銀貨を必要とする人は、輸出などのために銀地金を必要とする人よりもはるかに多い。また現在では、金でも地金の輸出は許可されているが、金貨の輸出は禁止されている。ところが金地金の価格は鋳造価格を下回っている。しかしイングランドでは、銀貨は当時も現在と同様に、金との交換比率が低かった。そして金貨は、当時も改鋳の必要があるとは考えられておらず、現在と同様に、硬貨全体の真の価値を決めるものになっていた。当時、銀貨の改鋳によっても銀地金の価格が鋳造価格まで下がらなかったのだから、同様の改鋳をいま行っても、銀地金の価格が鋳造価格まで下がるとは考えにくい。

銀貨が改鋳されて、金貨と同様に標準の重量近くになった場合、現在の交換比率では、一ギニー金貨と交換される銀貨はおそらく、同じ金額の銀地金よりも銀の量が多くなる。銀貨が標準の重量通りであれば、銀貨を溶解して銀地金にし、それを売って金貨を受け取り、つぎにその金貨を銀貨と交換し、ふたたび溶解して銀地金にする方法で利益を得られる。この不都合を防ぐには、現在の交換比率を変えるしか方法がないようだ。

銀貨の交換比率は現在、金に対する適切な比率よりも若干低くなっているが、これと同じ率で逆に若干高くすれば、この不都合が少なくなる。ただし、その場合には同時に、銀貨は一ギニー以下の支払いでのみ法貨として通用すると法律で規定する必要がある。ちょうど、銅貨が一シリング以下の支払いでのみ法貨になっているように。こう規定すれば、銀が硬貨で高く評価されるために債権者が損失を被ることはない。現在、銅貨が高く評価されているために債権者が損失を被ることがないのと同様である。この規定で打撃を受けるのは銀行だけである。銀行は取り付けにあうと、六ペンス銀貨で支払って時間を稼ごうとすることがあり、この規定ができると、このような恥ずべき方法で支払いを遅らせることはできなくなる。その結果、銀行は金庫に保管する現金をいまより増やさなければならなくなる。これは銀行にとって疑いもなく大いに不都合なことだが、同時に、銀行の債権者にとってはかなりの保証になるだろう。

金の鋳造価格は三ポンド十七シリング十・五ペンスだが、現在の高品質の金貨でも、この金額の金貨にはもちろん、一オンス以上の標準金は含まれておらず、したがってこの金額で一オンス以上の標準金地金を購入できるはずがないと思えるかもしれない。しかし、金貨は金地金より便利であり、イングランドでは鋳造手数料はかからないが、金地金を造幣局に持ち込んでから数週間以内に金貨を受け取れることはめったにない。造幣局がいまのように繁忙であれば、数か月たたなければ受け取れない。この遅れが事実上、少額の手数料になっており、金貨は同じ量の金地金よりわずかに価値が高くなっている。イングランドの銀貨が金に対して適切な比率で評価されれば、銀貨が改鋳されなくても、銀地金の価格はおそらく鋳造価格以下に下がるだろう。現在の磨耗した銀貨ですら、それと交換できる高品質の金貨の価値によって、その価値が決まっているからである。

　金貨と銀貨の鋳造に少額の手数料を課すようにすればおそらく、金でも銀でも同量の地金に対する硬貨の優位性がさらに高まるだろう。この場合、鋳造によって金属の価値が鋳造手数料分だけ高まることになる。これは、銀食器に細工をすれば、細工の分だけ銀食器の価値が高まるのと同じ理由による。地金より硬貨の方が価値が高ければ、硬貨の溶解を防ぐことができ、硬貨の輸出を抑えることもできる。緊急時には硬貨の輸出が必要になる場合があるが、輸出された硬貨の大部分は間もなく、自然に戻ってくるだろう。硬貨は外国では地金としての重量分の価値しかないが、自国では重量分以上に価値がある。このため、再輸入すれば利益がでるのだ。フランスでは約八パーセントの鋳造手数料が課されており、硬貨は輸出されても自然に戻ってくるといわれている。

金や銀の地金の市場価格の一時的な変動は、どの商品にもみられる市場価格の一時的な変動と同じ原因によって起こる。金や銀は海上や陸上でのさまざまな事故で頻繁に失われるし、メッキや箔《はく》、モールや刺繍への利用、硬貨や食器の磨耗によって失われていくので、国内に鉱山がない国では輸入を続けて、損失と消耗を補う必要がある。どの商人でもそうするように、輸入商が当面の需要を判断し、そのときどきの輸入量を需要に見合ったものにするために、できるかぎり努力しているはずだ。しかしどれほど注意しても、輸入量が多すぎたり少なすぎたりすることがある。地金の輸入量が必要量を上回ったとき、商人は再輸出に伴う危険と手間を負担するより、余った地金の一部を普通の価格以下で売ろうとすることがある。一方、輸入量が必要量を下回っていた場合には、普通の価格以上で売れる。しかし、そうした一時的な価格変動はあっても、金や銀の地金の市場価格がともに何年にもわたって安定し、鋳造価格を多少上回るか、多少下回るか、どちらかの状態を続けているのだから、こう確信してもいいだろう。地金価格が鋳造価格をつねに上回るかつねに下回るかで安定しているのは、硬貨の側の状況によって、その時点での硬貨の価値が、それに含まれているべき標準重量の金属の価値よりも高くなっているか低くなっている結果だと。結果が安定し不変であれば、原因もそれに見合って安定し不変だと考えられるからだ。

ある国の通貨がある時点、ある場所で、価値の尺度としてどこまで正確なのかは、流通している通貨が標準にどこまで合致しているかによる。つまり、硬貨に含まれる純金や純銀の量が標準の量にどこまで正確に合致しているかによる。たとえばイングランドで四十四・五ギニーの金貨に正確に一ポンドの標準金が含まれていれば、つまり十一オンスの純金と一オンスの他の金属が含まれていれば、金貨はある時点、ある場所でのものの実際の価値を、可能なかぎり正確に示す尺度になる。しかし磨耗の結果、四十四・五ギニーの金貨に含まれる標準金の重量が通常、一ポンドに満たなくなっている場合、磨耗の程度には金貨ごとに違いがあるので、金貨は価値の尺度としてある程度不確かになる。錘や物差しで一般にみられるのと同じ状態になるわけだ。錘や物差しが標準通りであることはめったにないので、商人は標準にではなく、実際に使われているものの平均に合わせて、商品の価格を調整する。硬貨に同様の混乱があれば、ものの価格は同様に、硬貨に含まれているべき金や銀の量にではなく、実際に含まれている量の平均に合わせて調整されるはずだ。

本書ではものの金銭価格というとき、硬貨の額面に関係なく、それを売って得られる純金または純銀の量を意味することを記しておきたい。たとえばエドワード一世の時代（一二七二～一三〇七年）の六シリング八ペンス（〇・三三三ポンド）は、現在の一ポンドと同じ金銭価格として扱う。それに含まれる純銀の量がほぼ等しいと考えられるからである。

第六章　商品価格を構成する要素

社会が未開状態だった初期の段階、つまり資本が蓄積され土地が占有される以前の段階には、各種のものを獲得するのに必要な労働の量の比率が、ものとものを交換する際に使える唯一の基準であったと思える。たとえば狩猟民族で、ビーバーを仕留めるために通常、鹿を仕留める際の二倍の労働が必要だとすると、ビーバー一頭は鹿二頭と交換され、鹿二頭の価値があるとされるのが当然である。通常、二日または二時間の労働によって生産されるものが、通常、一日または一時間の労働で生産されるものの二倍の価値があるとされるのが当然である。

労働の種類によって厳しさに差がある場合には、もちろん、この差を考慮した調整が行われる。ある種の労働で一時間で生産されるものは、別の種類の労働で二時間で生産されるものと交換されるのが普通になっていることもあるだろう。

また、ある種の労働に人並みはずれた技能と創意工夫が必要な場合には、そうした能力をもつ人は尊敬され、その人の生産物も、費やした時間以上に高く評価されるのが自然である。こうした能力は長期間にわたって努力しなければ獲得できないのが普通であり、その生産物が高く評価されていても、能力の獲得に要する時間と努力に対する適正な報酬にすぎない場合も多いとみられる。発達した社会では労働の厳しさや熟練度の違いは一般に、労働賃金で調整されている。ごく初期の未開の社会でも、同様の調整が何らかの形で行われたはずである。

ごく初期の未開の社会では、労働の生産物はすべて働いた人のものになる。そして、ある商品を獲得するか生産するために通常必要になる労働の量が、その商品によって通常購入でき、支配でき、交換できる労働の量を決める唯一の要因である。

資本を蓄積する人が登場するようになると、自然な動きとして、勤勉な人びとを雇い、原材料と生活費を支給して仕事を与え、生産されたものを売ることによって、言い換えれば、労働が原材料に付け加えた価値によって、利益を得ようとする人がでてくる。完成した商品を金銭か労働か他の商品と交換する際には、それによって原材料の代金と労働者の賃金を支払えるだけでなく、資本を事業に投じてリスクをとった事業主が利益を確保できなければならない。このため、労働者が原材料に付け加えた価値はこの場合、二つのものにあてられる。一つは労働者の賃金であり、もう一つは雇い主が原材料と賃金の支払いに使った資本の利益である。労働者が生産したものを販売しても資本を回収できるだけで、それ以上を得られるとは予想できないのであれば、事業主は労働者を雇うことに関心をもてないだろう。また、利益が資本の大きさに比例するのでなければ、事業に投じる資本を増やすことに関心をもてないだろう。

資本の利益も、名前は違うが賃金の一種であり、監督と指揮という労働の賃金にすぎないとする見方もあるだろう。しかし、資本の利益は賃金と性格が違う。まったく違う原理がはたらいており、監督と指揮の労働とされるものの量や厳しさ、創意工夫の程度とは比例しない。資本の利益は使用される資本の量だけで決まり、資本の量に比例して増減する。たとえばある地域で、製造業に投じられる資本の利益率が通常年に十パーセントであり、業種の違う二つの製造所があって、それぞれが年十五ポンドの賃金で二十人を雇っているとしよう。どちらの製造所も年に総額三百ポンドの賃金を支払っている。さらに、一方の製造所では安い原材料を使い、年に七百ポンドの原材料費がかかるが、もう一方の製造所では高い原材料を使い、年に七千ポンドの原材料費がかかっていると想定しよう。年間に使用する資本は、一方では一千ポンドにすぎないが、もう一方では七千三百ポンドになる。したがって年十パーセントの利益率では、一方の事業主は年間の利益が百ポンド前後になると予想するが、もう一方の事業主は年間の利益が七百三十ポンド前後になると予想する。このように利益に大きな違いがあるが、監督と指揮の労働はまったくといってもいいほど変わらないだろう。大規模な製造所では、監督と指揮の労働がほぼすべて所長に任されていることが多い。所長の賃金は、この監督と指揮という労働の価値を適切に示している。所長の賃金を決める際には、その労働と熟練とともに、所長によせる信頼の程度も考慮するのが通常だが、それでも、管理する資本の額に賃金が比例することはない。そして、資本の所有者はこのようにしてほぼすべての労働を免れても、資本に対してある比率の利益が得られると期待する。このように、商品価格の構成要素のうち、資本の利益は労働の賃金とは性格が違い、まったく違った原理によって決まっている。

こうした状況では、労働の生産物がすべて労働者のものになるとはかぎらない。ほとんどの場合、職を提供した資本の所有者と分けあわなければならない。そして、ある商品を獲得・生産するために通常必要になる労働の量は、その商品によって通常購入・支配でき、交換できる労働の量を決める唯一の要因ではなくなる。もう一つの要因として、労働の賃金を支払い、原材料を提供した資本の利益を加えなければならないことは明らかだ。

ある国の土地がすべて私有財産になると、地主は他の人たちと同様に、蒔《ま》かない所から刈り取ろうとし、自然の産物に対しても地代を要求する。森の木や草原の草などの大地の産物は、土地が共有であったときには採取の手間だけで入手できたが、いまでは採取した人すら、追加の価格を支払わなければならなくなっている。採取の許可に対する支払いが必要になり、自分で採取するか生産したもののうち一部は、地主に引き渡さなければならない。この部分かその価格が土地の地代であり、商品の大部分で、価格の第三の構成要素になる。

価格の構成要素のすべてで、その真の価値をはかる尺度は、それぞれによって購入・支配できる労働の量であることに注意すべきだ。労働は、価格のうち労働にあてられる部分の価値をはかる尺度であるだけでなく、地代にあてられる部分と利益にあてられる部分でも、価値をはかる尺度である。

どのような社会でも、すべての商品の価格は、この三つのうち一つか二つ、あるいは三つにあてられる。そして発達した社会では、商品の大部分でこの三つがすべて、多かれ少なかれ価格の構成要素になっている。

たとえば穀物の価格には、第一に地主の地代にあてられる部分があり、第二に穀物を生産した労働者の賃金と家畜の維持にあてられる部分があり、第三に農業経営者の利益にあてられる部分がある。この三つによって、直接的にか最終的にか、穀物価格の全体が構成されているとみられる。第四の部分が、農業経営者の資本を回収するために、つまり、農業に使われる家畜や用具の消耗を補うために必要だと思えるかもしれない。しかし、農業に使われる家畜や用具の価格もやはり、同じ三つの部分から構成されることに注意すべきだ。農耕馬を例にとれば、飼育に使われる土地の地代、世話をする労働者の賃金、土地の地代と労働者の賃金を支払う農業経営者の利益の三つで構成されている。したがって、穀物価格には農耕馬の価格と維持費が含まれているとしても、価格の全体が直接的にか最終的に、地代、賃金、利益という同じ三つの部分にあてられることに変わりはない。

小麦粉の価格の場合には、穀物の価格に粉屋の利益と従業員の賃金を加えなければならない。パンの価格の場合にはさらに、パン屋の利益と従業員の賃金を加えなければならない。そして小麦粉の価格とパンの価格には、農業経営者から粉屋まで穀物を運び、粉屋からパン屋まで小麦粉を運ぶ労働者の賃金と、賃金を支払う雇い主の利益を加えなければならない。

亜麻の価格も、穀物の価格と同じ三つの部分にあてられる。亜麻を材料とする亜麻布の価格には、亜麻仕上げ工、紡績工、織工、漂白工などの賃金と、それぞれの雇い主の利益を加えなければならない。

どの商品でも加工段階が進むとともに、価格のうち賃金と利益にあてられる部分の比率が高くなり、地代にあてられる部分の比率が低くなる。加工段階が進むと、各段階での利益が積み重なっていくだけでなく、後の段階ほど前の段階より利益が多くなる。これは後の段階ほど、利益のもとになる資本が多くなるからである。たとえば、糸を紡ぐ紡績事業より、つぎの段階の織布事業の方が多額の資本を必要とする。織布事業では、糸を仕入れるときに紡績事業が資本を回収し利益を確保する価格を支払ったうえ、織工の賃金も支払うからであり、利益はかならず資本に比例するものだからである。

しかし、とくに発達した社会でも、価格が二つの部分、労働の賃金と資本の利益だけにあてられる商品が少数ながらかならずある。そしてさらに少数ではあるが、労働の賃金だけにあてられる商品もある。たとえば、海でとれる魚の価格には、第一に漁師の賃金にあてられる部分があり、第二に漁業に使われる資本の利益にあてられる部分がある。地代部分があることはめったにない（もっとも以下の第一編第十一章に示すように、地代部分がある場合もある）。淡水漁業では、少なくともヨーロッパの大部分で事情が違っていて、地代が支払われている。たとえば鮭漁業では地代を支払っており、鮭の価格は、賃金、利益、そして地代の三つの部分から構成されている（土地の地代だとはいえないかもしれないが）。スコットランドの一部では、少数の貧しい人がスコットランド瑪瑙《めのう》と呼ばれる斑模様の小石を海岸で探すことを職業にしている。石細工師がこれらの人に支払う価格はすべて労働の賃金になり、地代も利益も入っていない。

しかし、どの商品でも全価格が最終的に、この三つの部分のいずれかに、あるいは三つの部分のすべてにあてられている。土地の地代を払い、生産や製造、市場への輸送に使われた労働の賃金を支払った後に残るものがあれば、それは誰かの利益になるはずだからである。

個別の商品の価格、つまり交換価値は個々にみた場合、この三つの部分のいずれかに、あるいは三つの部分のすべてにあてられているのだから、ある国で一年間の労働によって生産される商品の価格も、全体としてみた場合、同じ三つの部分にあてられているはずであり、その国の住民の間に、労働の賃金、資本の利益、土地の地代のいずれかとして分配されるはずである。ある社会で一年間の労働によって生産されるもの、言い換えれば生産物の総額はまず、この三つの部分にあてられ、社会の構成員に分配される。賃金、利益、地代の三つがすべての収入の源泉であり、すべての交換価値の源泉である。その他の収入はすべて、最終的にこの三つの源泉のうちどれかに由来している。

自分自身で収入を得るものは誰でも、労働、資本、土地のどれかから収入を獲得しなければならない。労働から得る収入は賃金と呼ばれる。資本を管理するか使用する人が資本から得る収入は利益と呼ばれる。資本から得られる収入のうち、自分で資本を使うのではなく、他人に貸す人が得るものは資金の使用料であり、利子と呼ばれる。利子は借り手が貸し手に支払うものであり、借りた資金を使って利益を獲得する機会を得たことに対する報酬である。その利益の一部は当然、資金を使うことに伴うリスクと手間を負担した借り手のものになる。そして一部は、この利益を得る機会を与えた貸し手のものになる。利子はつねに派生的な収入であり、資金を使って得た利益によって支払うのでない場合には、他の収入源から支払わなければならない。借り手に浪費癖があり、借金の利子を支払うためにまた借金をするのでないかぎりは、そういえる。土地の所有だけから生まれる収入は地代と呼ばれ、地主のものになる。農業経営者の収入は一部が自分の労働から生まれ、残りは資本から生まれる。農業経営者にとって土地は、自分の労働による賃金を得られるようにし、自分の資本で利益を得られるようにするための手段にすぎない。すべての税金と、税金に基づくすべての収入、たとえば各種の俸給、恩給、年金型国債による収入は、いずれも最終的にこれら三つの収入の源泉のうちどれかに由来しており、労働の賃金、資本の利益、土地の地代のどれかによって直接、間接に支払われている。

この三種類の収入は、それぞれ別の人が得ているときには簡単に区別できるが、同じ人が得ている場合には、少なくとも日常用語では混同されることがある。

地主が所有地の一部でみずから農業経営を行う場合、農耕の経費を支払った後に残る収入は、地主としての地代と農業経営者としての利益からなっている。しかしこの場合、収入の全体を利益と呼ぶことが多く、少なくとも日常用語では地代を利益と混同している。

北アメリカと西インド諸島にあるイギリス植民地の農園経営者はほとんどの場合、こういう状況にある。農園経営者の大部分は自分の所有地で農園を経営しており、農園の地代はめったに話題にならないが、農園の利益が話題になることは多い。

国内の普通の農業経営者が、農耕全体の指揮をとる監督を雇うことはまずない。たいていは、みずから鋤や鍬などを使って、懸命に働いている。このため、地代を払った後に残る収穫物には、農耕に使った資本を回収し、通常の利益を得る部分だけでなく、労働者として監督者として受け取るべき賃金の部分があるはずである。しかし、地代を支払い、資本を回収した後に残るものは利益と呼ばれている。だが、その一部は明らかに賃金である。農業経営者はみずからの労働で労働者と監督者に支払う賃金を節約したのであり、その分は自分の賃金になるはずである。したがって、この場合には賃金が利益と混同されている。

製造業を自営していて、原材料の仕入れと、製品を市場に出すまでの生活費をともに負担できるだけの資本をもっている人は、雇い主のもとで働くときに熟練工として得る賃金と、熟練工が作った製品を売って雇い主が得る利益の両方を獲得するはずである。しかし、収入の全体が通常、利益と呼ばれており、この場合にも賃金が利益と混同されている。

自分が所有する畑を自分で耕作する園芸農家は、地主、農業経営者、労働者という三つの立場を兼ね備えている。したがって、収穫物によって、地主としての地代、農業経営者としての利益、労働者としての賃金を得るはずである。だが、通常は収入全体が労働によって得たものだと考えられている。この場合には、地代と利益が賃金と混同されている。

文明国では、労働だけから交換価値が生じる商品はきわめて少なく、大部分の商品で地代と利益が交換価値のうちかなりの部分を占めるので、その国の労働による一年間の生産物はつねに、それを生産し市場に運ぶために使われた労働より、はるかに大量の労働を購入・支配できる分量になる。その国が年間の生産物で雇える労働をすべて雇用した場合、労働の量は毎年、大幅に増加するので、年間の生産物の価値は毎年、前年よりも大幅に増加するだろう。しかし、年間の生産物をすべて勤勉な人を維持するために使う国はない。どの国でも生産的な労働にたずさわらない人がかなりの部分を消費する。そして、生産物が毎年、この二種類の人の間に分配される比率によって、生産物の通常価値、平均価値が毎年増加するか、減少するか、横ばいになるかが決まるはずである。

第七章　商品の自然価格と市場価格

どの社会、どの地域にも、労働の賃金と資本の利益には、業種ごとに相場になっている通常で平均的な水準がある。この相場は後に示すように、一つには社会全体の状況によって、つまり豊かか貧しいか、発展しているのか停滞しているのか衰退しているのかによって、もう一つにはそれぞれの業種の性格によって、自然に決まっている。

同様に、どの社会、どの地域にも地代の相場があり、これも後に示すように、一つにはその土地がある社会や地域の全体的な状況によって、もう一つにはその土地の本来の地味《ちみ》や耕作で肥えた地味によって決まっている。

こうした相場は、その時期その地域での賃金、利益、地代の自然水準と呼ぶこともできる。

ある商品を生産し市場に運ぶのに使われた土地の地代、労働の賃金、資本の利益をそれぞれの自然水準にしたがって過不足なく支払える価格を、その商品の自然価格と呼ぶこともできる。

ある商品の自然価格とは、その商品の値打ち通りの価格であり、その商品を市場に供給した人にとって、実際に要した額に等しい価格である。ここでいう実際に要した額は、日常の言葉で原価や元値と呼ばれているものとは違って、資本の利益を含んでいる。原価には売り手の利益が入っていないが、その地域での通常の利益率を確保できない価格で商品を売れば、売り手は明らかに損失を被る。資本を別の分野に振り向けていれば、通常の利益率を確保できたとみられるからだ。それに、利益は売り手にとっての収入であり、生活を支えるために必要である。商品を生産し市場に運ぶ際に、売り手は雇った労働者に賃金を支払い、労働者の生活を支えている。そして同時に、自分の生活費を負担しており、この生活費は普通、商品を販売して得られると十分に予想できる利益に見合っている。このため、それだけの利益を得られない場合には、実際に要したといえる額を回収できないことになる。

したがって売り手は、そうした利益を確保できる価格以下で商品を売ることがないわけではないにしても、かなりの期間にわたってこの価格以下で販売を続けるとは考えにくい。少なくとも、完全な自由があり、職業をいつでも変えられるのであれば、そうするとは考えにくい。

ある商品が実際に売買される一般的な価格を、市場価格と呼ぶ。市場価格は、自然価格より高い場合も低い場合もあり、自然価格に一致する場合もある。

個々の商品の市場価格は、実際に市場に供給される量と、その商品の自然価格（つまり、商品を市場に供給するために必要な地代、賃金、利益の総額）を支払う意思のある人の需要との比率によって決まる。こうした意思のある人は有効需要者と呼ぶことができ、その需要は有効需要と呼ぶことができる。商品を市場に供給する動きを引き起こす効果がある需要だからである。有効需要は需要全体と同じではない。どれほど貧しい人にも、六頭立て馬車に対する需要があるともいえる。馬車を持てればと願っているかもしれない。しかしこれは有効需要ではない。この需要を満たすために商品が市場に供給されることはありえないからだ。

市場に供給された商品の量が有効需要に満たない場合には、商品を市場に供給するために必要な地代、賃金、利益の全額を支払う意思のある買い手でも、全員が希望する通りの量を買える状況ではなくなる。買い手の一部は、商品を入手できないままになるより、もっと高い金額を支払っても買おうと考える。そこで買い手の間の競争が起こり、市場価格が自然価格を多かれ少なかれ上回ることになる。どこまで上回るかは、不足の程度や、競争に加わった買い手の富と気まぐれな贅沢によって、競争がどこまで激しくなるかで決まってくる。富と贅沢さの程度が同じであれば、その商品を入手することがどこまで重要なのかによって、競争の激しさが決まるのが一般的である。都市が封鎖されるか、飢《き》饉《きん》が起こった場合に生活必需品が法外な価格になるのは、このためだ。

市場に供給された商品の量が有効需要を上回る場合、商品を市場に供給するために必要な地代、賃金、利益の全額を支払う意思のある買い手だけでは、商品を売りつくすことができない。一部はこの全額を下回る価格でなら買う人に売るしかなく、こうした人に安い価格で販売すれば、全体の価格が下がらざるをえない。この結果、市場価格は自然価格を多かれ少なかれ下回ることになる。どこまで下回るかは、超過の程度によって売り手の競争がどこまで激しくなるかや、売り手にとって商品をすぐに売ることがどこまで重要なのかで決まってくる。超過の程度が同じであれば、腐敗しやすい輸入品の方が、耐久性のある輸入品よりも競争が激しくなる。たとえば、オレンジの方が鉄製品より競争が激しくなる。

市場に供給された商品の量が有効需要に等しい場合、市場価格は当然、自然価格に等しくなるか、ほぼ等しいといえるほどになる。供給された全量がこの価格で売却でき、自然価格を上回る価格で売ることはできない。売り手の間の競争によって、売り手全員がこの価格を受け入れるしかなくなるが、自然価格を下回る価格を受け入れる必要はない。

市場に供給される商品の量は、自然に有効需要に見合ったものになる。市場に商品を供給するために土地、労働、資本を使う人にとっては、供給量が有効需要を上回らないことが利益になり、それ以外のすべての人にとっては、供給量が有効需要を下回らないことが利益になる。

供給量が有効需要を上回った場合には、価格の構成要素のうちどれかで、価格が自然水準を下回るようになる。地代がそうなった場合、地主は自分の利害を考えて、すぐに土地の一部をその商品の生産にあてなくなる。賃金か利益がそうなれば、労働者か雇い主が自分の利害を考えて、それぞれ労働か資本の一部をその商品の生産にあてなくなる。その結果、市場への供給はすぐに有効需要を満たす量を上回らなくなる。価格を構成する各部分はそれぞれの自然水準まで価格が上昇し、商品の価格は自然価格まで上昇する。

これに対して、市場への供給量が有効需要を下回った場合には、価格の構成要素のうちどれかで、価格が自然水準を上回るようになる。地代がそうなった場合、他の地主が自分の利害を考えて、土地の一部をその商品の生産にすぐにあてるようになる。賃金か利益がそうなれば、他の労働者か雇い主が自分の利害を考え、それぞれその商品の生産と供給にあてる労働か資本をすぐに増やす。その結果、市場への供給はすぐに有効需要を満たせるようになる。価格を構成する各部分はそれぞれの自然水準まですぐに価格が低下し、商品の価格は自然価格まで低下する。

したがって、自然価格はいうならば中心価格であり、すべての商品の価格がたえず自然価格に引き寄せられている。偶然の動きによって、商品の価格が自然価格をかなり上回る状況が続いたり、自然価格を幾分下回る状態になったりすることもある。しかし商品の価格は、静止し持続するこの中心に落ちつくのを妨げるどのような要因があろうと、いつもこの中心に向かって動いている。

ある商品を市場に供給するために年間に投じられる労働量は、こうして自然に有効需要に見合ったものになる。この労働量は、市場への供給量がつねに有効需要を過不足なく満たせるものになるように、自然に調整されている。

しかし、同じ労働量によって生産される商品の量が、年ごとに大きく違う産業もあり、また、毎年ほとんど変わらない産業もある。農業では労働者の数が同じでも、年によって穀物、ワイン、種子油、ホップなどの生産量が大きく違うが、紡績や織布では、同じ数の労働者が生産する亜麻布や毛織物の量は、毎年ほぼ変わらない。生産量が年によって変わる産業では、有効需要に見合ったものになるといえるのは、平均生産量だけである。実際の生産量は平均生産量を大きく上回ったり、大きく下回ったりすることが多いので、市場への供給量は有効需要を大きく上回ったり、大きく下回ったりする。このため、有効需要に変化がなくても、市場価格が大幅に変動し、ときには自然価格を大きく下回り、ときには大きく上回る。これに対して、労働量が等しければ生産量がほぼ等しい産業では、生産量をもっと正確に有効需要に見合ったものにすることができる。このため、有効需要に変化がなければ、商品の市場価格もやはり変化せず、自然価格に等しくなるか、ほぼ等しいといえる水準になる。よく知られているように、亜麻布や毛織物の価格は穀物価格ほど頻繁に変動することはないし、大幅に変動することもない。労働量が等しければ生産量がほぼ等しい商品では、価格の変動をもたらすのは有効需要の変動だけである。これに対して生産量が年によって変わる商品では、価格の変動をもたらすのは有効需要の変動だけではない。需要を満たすために市場に供給される量がはるかに頻繁に、はるかに大幅に変動して、価格の変動をもたらしている。

　商品の市場価格の一時的な変動は主に、価格のうち賃金と利益にあてられる部分に影響を与える。地代部分への影響は少ない。決まった額が支払われる金銭地代の場合には、率にも金額にもまったく影響がない。生産物の決まった比率か決まった量で支払われる地代ではもちろん、生産物の市場価格が一時的に変動すれば、年間に受け取る地代の金額が変わるが、地代の水準にまで影響が及ぶことはまずない。地主と農業経営者は土地の賃貸借契約の条件を取り決めるにあたって、それぞれの最善の判断にしたがって、地代の水準が生産物の一時的価格ではなく、通常価格、平均価格に見合ったものになるよう努力しているからである。

商品の市場価格の一時的な変動は、賃金か利益か、どちらかの率と金額の両方に影響を与える。賃金と利益のどちらに影響を与えるかは、そのとき市場で供給が過剰か不足になっているのが商品なのか労働なのか、つまりすでに行われた仕事なのか、今後に必要な仕事なのかによって決まる。公の喪があると、黒い布の価格が上昇する（黒い布は喪の際にほとんどかならず不足している）。そして、黒い布を大量に持っていた商人の利益が増加する。織工の賃金には影響を与えない。市場で不足しているのは商品であって、労働ではないからだ（すでに行われた仕事であって、今後に必要な仕事ではないからだ）。だが、仕立て工の賃金は上昇する。この部分では労働が不足するからだ。労働に対する有効需要、仕事に対する有効需要が供給量を上回るのである。また、色ものの絹織物や毛織物の価格が下がり、これらを大量に抱えている商人の利益が減少する。さらに、これらの商品を生産するために雇われている労働者の賃金が下がる。色ものの需要が六か月間、おそらくは一年にわたって止まるからである。この部分では、商品と労働がどちらも過剰になる。

すべての商品の市場価格はこのように自然価格にたえず引き寄せられているといえるが、ときには偶然の動きや自然要因、政府の法律によって、さまざまな商品で市場価格が長期にわたって自然価格を大きく上回りつづけることがある。

有効需要が増加して、ある商品の市場価格が自然価格を大きく上回ったとき、その市場に供給するために資本を投じている商人は通常、この変化を秘密にしようとする。この変化が知れわたるようになれば、利益率の高さに引かれて、多数の新たな競争相手がその商品の供給に資本を投じようとするので、有効需要がすべて満たされるようになり、市場価格はすぐに自然価格まで下がる。おそらくはしばらくの間、それ以下にまで下がるだろう。その商品を供給する商人の住居が市場から遠く離れていれば、秘密を何年かにわたって守りとおすことができ、新たな競争相手が参入しないまま、異例の利益を長く得られるかもしれない。しかし、この種の秘密を長く維持できることはめったにないといえるし、秘密を守れなくなればすぐに異例の利益も維持できなくなる。

製造業での秘密は、商業での秘密よりも長期にわたって維持できる。自営の染色工が普通に使われる染料の半分の価格で買える原料を使ってある色に染める方法を見つけたとすると、うまく管理すれば、この発明による優位を一生にわたって確保できるだろうし、遺産として子孫に残すことすらできるかもしれない。これによる異例の収益は、染色工が秘密の製法を使って働いていて、労働の価格を高く維持していることから生じている。実際には、染色工の労働賃金の高さに由来しているのだ。しかし、異例の収益は染色工の資本のすべてで生じるし、その総額は資本の大きさに比例するので、一般には資本の特別利益だと考えられている。

以上の場合、市場価格が自然価格を上回っているのは明らかに、偶然の動きの結果だが、それでも、その作用が何年にもわたって続くこともある。

自然の産物のなかには、特殊な土壌や場所でなければ生産できないものがあり、ある大国でそれに適した土地がすべて使われても、有効需要を満たせない場合がある。この場合、市場に供給される全量が自然価格（それを生産する土地の地代、生産と市場への輸送に使われる労働者の賃金、資本の利益を自然水準にしたがって支払うのに必要な金額）以上を支払う買い手に販売されることになろう。このような商品は何世紀にもわたって高価格で売買されうる。そしてこの場合、価格のうち地代にあてられる部分が一般に、自然水準以上に支払われる部分になる。たとえば土壌と場所に恵まれたフランスの一部の葡萄《ぶどう》園がそうだが、貴重な産物を生産できる土地の地代は、同じように肥沃で、同じようによく耕作されている近隣の農地の地代とは比例しない。これに対して、これらの産物を市場に供給するために使われる労働の賃金と資本の利益は、近隣地域で他の用途に使われる労働の賃金、資本の利益と比較して、自然の比率を越えるほど高い場合はめったにない。

この場合、市場価格が自然価格を上回っているのは明らかに、有効需要を満たすまでに供給量が増えるのが自然要因によって妨げられている結果であり、このため、その作用がいつまでも続く可能性がある。

個人や貿易会社に与えられた独占権は、商業や製造業での秘密と同じ効果をもつ。独占者は有効需要を満たせない範囲に供給をおさえ、市場でいつも供給が不足するようにして、自然価格を大きく上回る価格で商品を売り、賃金か利益として得られる収入を、自然水準を大きく上回る水準に引き上げている。

独占価格はいつでも、売り手が獲得できる最高の価格である。これに対して自然価格、つまり自由競争による価格は、売り手が受け入れられる最低の価格である（いつでもそうだというわけではないが、かなりの期間にわたってみればそういえる）。独占価格はいつでも、買い手からしぼりとれる最高の価格、買い手が同意すると考えられる最高の価格である。自然価格は売り手が一般に受け入れることができる最低の価格、事業を継続できる最低の価格である。

同業組合の特権、徒弟法など、ある種の職業で競争を少人数に限定する法律も、独占ほど強くはないが、同じ影響を及ぼす。これらは独占の一種であり（独占者の数が多い点で普通の独占とは違っているが）、何世代にもわたって、その業種のすべての部門で商品価格を自然価格より高い水準に維持し、その業種に使われる労働の賃金と資本の利益を、それぞれの自然水準よりある程度高い水準に維持することも少なくない。
この場合、市場価格が自然価格を上回る状況は、それをもたらした法律が続くかぎり、継続する可能性がある。

どの商品でも、市場価格が長期にわたって自然価格を上回ることはあるが、長期にわたって下回りつづけることはまずできない。商品価格を構成する要素のうちどれかの価格が自然水準を下回ると、それによって影響を受ける人がすぐに損失に気づき、その商品の生産に土地か労働か資本を使うのをすぐにやめるので、市場に供給される量が減少して、有効需要を満たせるだけになるだろう。このため市場価格がすぐに自然価格まで上昇する。少なくとも、完全な自由があればそうなる。

徒弟法や同業組合の特権を定めた法律によって、産業が繁栄しているときには、自然水準を大きく上回るまで賃金を引き上げることができるが、産業が衰退すると逆に、自然水準を大きく下回るまで賃金を引き下げるしかなくなることがある。これらの法律のために、産業が繁栄しているときには、多数の人がその職業につくのが妨げられるが、産業が衰退すると、その産業の人が他の職業につくのが妨げられる。しかし、そのような法律によって賃金が自然水準を下回る状態は、賃金が自然水準を上回る状態ほどには長続きしない。賃金が高い状態は何世紀にもわたって続くことがあるが、賃金が低い状態は、その産業が繁栄していたときに養成された人が働ける間しか続かない。これらの人が死んでいった後、その職業につくよう養成される人の数は自然に有効需要に見合ったものになる。インドや古代エジプトには厳しい規則があって、全員が父親の職業を継ぐよう強制され、違った職業につくことが宗教上の禁忌になっているが、そうなっていないかぎり、ある職業で何世代にもわたって、労働の賃金か資本の利益が自然水準を下回る状態が続くことはない。

商品の市場価格が一時的にか長期的にか自然価格から離れることについて、当面論じておくべきだと考える点は以上ですべてである。

自然価格自体も変動する。その構成要素である賃金、利益、地代の自然水準が変動するからだ。そしてそれぞれの自然水準は、社会の状況によって、つまり社会が豊かか貧しいか、発展しているのか停滞しているのか衰退しているのかによって違っている。以下の四つの章では、これらの自然水準の違いをもたらす要因について、できるかぎり詳細に、明確に説明するよう試みていく。

第一に、賃金水準を自然に決定する要因はどのようなものであり、社会が豊かか貧しいか、発展しているのか停滞しているのか衰退しているのかによってどのような影響を受けるかを説明していく。

第二に、利益率を自然に決定する要因はどのようなものであり、社会の状況の違いによってどのような影響を受けるかを説明していく。

金銭的にみた場合、労働の賃金と資本の利益は業種ごとに大きく違っている。しかし、業種ごとの賃金の違いと、業種ごとの利益の違いとを比較すると、通常、その比率が一定になっているように思える。この比率は、後に明らかにするように、一つにはそれぞれの業種の性格によって決まり、もう一つにはそれぞれの社会の法律や政策の違いによって決まる。しかし、この比率はさまざまな点で法律や政策に影響されるが、社会が豊かか貧しいか、発展しているのか停滞しているのか衰退しているのかにはほとんど影響されず、社会の状況が変わってもほとんど変わらないように思える。そこで第三に、この比率を決めるさまざまな要因を説明していく。

最後に第四の点として、地代水準を自然に決定する要因がどのようなものであり、さまざまな土地生産物の真の価格を変動させる要因がどのようなものなのかを説明していく。

第八章　労働の賃金

労働の生産物こそが、労働の自然な報酬であり、自然な賃金である。

土地が占有されておらず、資本が蓄積されていない原始的な社会では、労働の生産物はすべて、働いた人のものになる。地主も雇い主もいないので、生産物を分け合う必要はない。

この状態が続いていれば、分業によって労働の生産性が向上するとともに、労働の賃金が上昇してきたはずだ。すべてのものが徐々に安くなっていったはずである。すべてのものので、生産に使われる労働の量が少なくなっていく。そしてこの状態では当然、同じ量の労働で生産されるものが互いに交換されるので、ある商品を入手するとき、それと交換するのに必要な商品の生産に使われる労働の量が少なくなっていく。

このように、実際にはすべてのものが安くなっていくのだが、以前より高くなったとみえるもの、つまり、それと交換するために必要な別の商品の量が増えたと思えるものも少なくないだろう。たとえば、大部分の仕事で労働生産性が十倍に高まり、一日の労働で生産できる分量が以前の十倍になったが、ある特別の仕事では労働生産性が二倍に高まっただけで、一日の労働で生産できる分量が以前の二倍にしかならなかったと想定しよう。それぞれの仕事で一日の労働によって生産されたものを互いに交換する場合、大部分の仕事で当初の十倍の生産物を、特別の仕事による当初の二倍の生産物と交換できるにすぎなくなる。普通の感覚で考えれば、この特別の仕事で生産されたものは、たとえば重さ一ポンド当たりの価格が、当初の五倍になったと思えるはずである。しかし実際には、当初の半分になっている。確かに、この特別の生産物を交換によって手に入れるには、他の生産物が当初の五倍の分量必要になる。しかし、この生産物を購入するか生産するために必要な労働の量は、当初の半分になっているのだ。このため労働の量を基準にすれば、この生産物を手に入れるのが、当初の半分にまで容易になったといえる。

　しかし、労働の生産物がすべて働いた人のものになる原始的な状態は、土地が占有され、資本が蓄積されるようになるまでしか続かない。つまり、労働の生産性が飛躍的に向上する時期のはるか以前に、この状態は終わっている。このため、この状態が続いたときに労働の報酬や賃金にどのような影響を与えたかをこれ以上追求する意味はないだろう。

　土地が私有財産になると、地主は労働者が土地で生産できるか採取できるもののほとんどすべてで、自分の取り分を要求する。こうして地代が、土地での労働の生産物から差し引かれる第一の部分になる。

土地を耕す人が、収穫まで自分の生活を支えられるほど蓄えをもっていることはめったにない。たいていは、雇い主の農業経営者の資本から、生活費が支払われている。そして農業経営者が労働者を雇おうと考えるのは、労働の生産物に対する取り分を得られるからであり、資本を回収して利益を得られるからにほかならない。こうして資本の利益が、土地での労働の生産物から差し引かれる第二の部分になる。

農業以外でもほとんどすべての労働で、同じように資本の利益が差し引かれる。どの製造業でも、労働者の大部分は、仕事の原材料を支給し、仕事が終わるまでの賃金を支払って生活を支えてくれる雇い主を必要としている。雇い主は、労働者の労働の生産物、言い換えれば労働によって原材料に付け加えた価値に対する取り分を受け取るのであり、この取り分が資本の利益になる。

なかには、自分の仕事に使う原材料を買い、仕事が終わるまで自分の生活を維持できるだけの資本をもっていて、独立して仕事をしている人もいる。この人は、雇い主と労働者の両方の立場を兼ねており、自分の労働の生産物、言い換えれば労働によって原材料に付け加えた価値を、すべて自分のものにできる。通常なら二つに分かれる収入、それぞれ別の人が得る収入、つまり資本の利益と労働の賃金を一人で得ている。

しかし、そのようなことはめったになく、ヨーロッパのどこでも、雇い主のもとで働く労働者二十人に対して、自営の人は一人しかいない。そして、労働の賃金はどこでも、資本を所有する雇い主と労働者とが別の人物である通常の状態で、労働者に支払われるものと理解されている。

労働の普通の賃金はどこでも、通常、労働者と雇い主の間で結ばれる契約によって決まり、両者の利害はまったく一致していない。労働者は賃金をできるかぎり高くしたいと望むし、雇い主はできるかぎり低くしたいと望む。労働者は賃金を引き上げるために団結しようとし、雇い主は賃金を引き下げるために団結しようとする。

しかし、両者が対立したときに通常どちらが有利な立場にあり、相手に自分の条件をのませるかを予想するのは難しくない。雇い主は人数が少ないので、団結するのがはるかに容易だ。それに、法律上、雇い主の団結は許されているか、少なくとも禁止されていないが、労働者の団結は禁止されている。労働の価格を引き下げるための団結を禁止する法律はないが、引き上げるための団結を禁止する法律はいくつも制定されているのだ。それに、賃金をめぐる争議では、雇い主の方がはるかに長く持ちこたえられる。地主や農業経営者、製造業者、商人は、労働者を一人も雇わなくても、それまでの蓄えで一年や二年は暮らしていけるのが普通だ。これに対して労働者には、仕事がなければ一週間ともたない人が多く、一か月もつ人は稀だし、一年もつ人はまずいない。長期的にみれば、労働者にとって雇い主が必要なのと変わらないほど、雇い主にとって労働者が必要だとしても、その必要性は切迫したものではない。

労働者の団結の話はよく聞くが、雇い主が団結した話はめったに聞かないといわれる。しかし、だから雇い主が団結することはめったにないと考えるのであれば、雇い主について知らないというだけでなく、世間を知らないというべきだろう。雇い主はいつでもどこでも、暗黙のうちにではあるがかならず団結して、労働の賃金を引き上げないようにしている。この団結をやぶるのはどこでも、最悪の行動だとされ、地域や仲間の間で恥とされている。雇い主の団結の話をめったに聞かないのは、それが普通であり、自然の状態ともいえるものなので、誰も話題にしないからだ。雇い主がとくに共同行動をとって、賃金を引き下げようとすることもある。こうした行動は極秘に準備されて突然実行に移され、よくあることだが、労働者が無抵抗のまま屈伏した場合には、労働者は雇い主が共同行動をとったと痛切に感じるが、世間にその話が伝わることはない。しかし、こうした共同行動に対して、労働者が自衛のために団結して抵抗することも少なくない。雇い主の側の動きがなくても、労働者が賃上げを求めて団結することもある。そのようなときに主張されるのは、食料品価格が上昇したことか、自分たちの仕事で雇い主が儲けすぎていることかであるのが普通だ。しかし、労働者の団結は防衛的なものも攻撃的なものも、いつも大きな話題になる。労働者は素早く決着をつけようと、かならず大きな騒ぎを起こし、ときには暴力をふるって衝撃を与える。自暴自棄になり、追い詰められて、愚かで無謀な行動をとる。雇い主を脅して、すぐに要求を受け入れさせることができなければ、自分たちが飢え死にするからだ。こうした場合には雇い主も労働者の非を訴えて騒ぎ立て、当局の介入と、使用人や労働者の団結を厳しく禁じる法律の厳格な適用を声高に求めつづける。この結果、労働者が団結して騒ぎ立て、暴力を振るっても、要求が受け入れられることはめったにない。当局が介入するためもあり、雇い主が強硬な姿勢を崩さないためもあり、労働者の大多数が屈伏しなければ食べていけないためもあって、何も得られないまま首謀者が処罰されるか破滅するだけになるのが普通だ。

　このように争議になったとき、雇い主は一般に労働者を圧倒する立場にあるが、賃金には最低の水準があって、最下層の労働でも、通常の賃金を長期にわたってこの水準以下にすることはできないように思える。

　人はいつも働いて得た収入で食べていくしかないし、賃金は少なくとも生活できるものでなければならない。そしてほとんどの場合、自分が食べていける以上の賃金が必要だ。

そうでなければ子供を育てることができず、つぎの世代の労働者が育ってこない。リチャード・カンティロンはこの点を理由に、どの地域に住む最下層の労働者でも、少なくとも自分が食べていくのに必要な生活費の二倍を稼がなければ、平均して子供二人を育てることができないと考えていたようだ。妻は子供の世話が必要なので自分の生活費を稼げるだけであり、生まれた子供のうち成人に達するのは半分と想定されている。この想定では、最下層の労働者は平均四人の子供を育てなければ、二人の子供が成人に達する確率が十分にあるとはいえない。そして、四人の子供の生活費は、成人一人分にほぼ等しいと考えられている。カンティロンはさらに、壮健な奴隷の労働は、奴隷の生活費の二倍の価値があるとみられ、最下層の労働者でも、壮健な奴隷よりも労働の価値が劣ることはありえないとも記している。少なくとも、子供を育てるためには最下層の労働者でも、夫と妻の労働によって、夫婦が食べていくのにぎりぎり必要な生活費を上回る収入がなければならないことだけは確かだと思える。しかし、この水準をどれほどの比率で上回る収入が必要なのか、上記の比率なのかどうかは、ここで論じようと思わない。

　しかし状況によっては、労働者が有利な立場を確保することがあり、賃金をこの水準より、つまり普通の人道的観点からみて明らかに最低の水準より、大幅に引き上げることができる場合がある。

ある国で、賃金によって生活している各職種の労働者に対する需要が増えつづけているとき、言い換えれば、毎年、前の年よりも雇用者数が増加しているとき、労働者は賃金を引き上げるために団結する必要はない。人手不足によって雇い主が競争しあうようになり、賃金を引き上げて人手を確保しようとする。その結果、普通なら賃金を引き上げないように自然に共同行動をとる雇い主が、みずから団結を乱すようになる。

賃金で生活している人に対する需要は明らかに、賃金の支払いにあてられる資金の増加に比例してしか増加しない。この資金には二つの種類がある。第一は生活費として必要とする額を上回る収入である。第二は雇い主が自分の仕事に必要とする額を上回る資本である。

地主や年金受領者、金持ちが家族の生活に必要だと考える額を上回る収入を得ているとき、この余裕の一部か全部を使って使用人を雇う。この余裕が大きくなれば当然、使用人の数を増やす。

織布業や靴屋などで自営している熟練工が、自分の仕事のために原材料を仕入れ、生産した商品を売るまでの生活を維持するのに必要な額を上回る資本を獲得すると、当然の動きとしてこの余裕を使って人を雇い、その仕事から利益を得ようとする。この余裕が大きくなれば当然、労働者の数を増やす。

このため、賃金によって生活している人に対する需要はどの国でも、収入と資本の増加とともに増えていくのであり、収入と資本が増加しなければ増えることはない。収入と資本の増加は、国富の増加である。したがって、賃金によって生活している人に対する需要は、国富の増加とともに増えていくのであり、国富が増加しなければ増えることはない。労働賃金の上昇をもたらすのは、国富の大きさではなく、国富の増加が続くことである。このため、労働賃金がとくに高いのは、とくに豊かな国ではなく、とくに勢いのよい国、とくに急速に成長している国である。イングランドは現在、北アメリカのどの地域よりも間違いなくはるかに豊かだ。しかし労働の賃金をみると、北アメリカの方がイングランドのどの地域よりもはるかに高い（なお以下は、アメリカの動乱の前に書いたものである）。ニューヨークでは一日当たり賃金は、最下層労働者で三シリング六ペンス、イギリス・ポンドに換算すれば二シリング（〇・一ポンド）である。船大工で十シリング六ペンスとラム酒一パイント（英ポンドで六ペンスにあたる）、合計して英ポンドで六シリング六ペンス（〇・三二五ポンド）、大工と煉瓦工で八シリング、英ポンドで約四シリング六ペンス（約〇・二二五ポンド）、仕立て工で五シリング、英ポンドで約二シリング十ペンス（約〇・一四一ポンド）である。どれも、ロンドンでの賃金より高い。北アメリカのどの植民地でも、賃金はニューヨークと同じように高いといわれている。食料品価格は北アメリカのどこでも、イングランドより安い。食料不足になったことはない。不作の年でも植民地内の需要を十分に賄うことができ、輸出量が減るだけである。そして、労働の金銭価格が本国のどこよりも高いのだから、生活の必需品と利便品の購買力でみた真の賃金は、はるかに高いといえる。

北アメリカはまだイングランドほど豊かではないが、はるかに勢いがあり、富の獲得に向けてはるかに急速に成長している。ある国の繁栄ぶりをもっとも端的に示すのは、住民数の増加である。イギリスをはじめ、ヨーロッパのほとんどの国では、人口が二倍になるには五百年以上かかるとみられている。北アメリカのイギリス植民地では、人口が二十年から二十五年で二倍に増えてきている。そしていまでは、この増加は主に、移民の流入ではなく、急速な自然増によるものである。長生きした人なら、自分の子孫が五十人から百人にのぼることも少なくなく、それ以上のこともあるという。労働者はたっぷりと報酬を得ているので、子だくさんは重荷になるどころか、両親にとって富と繁栄の源泉になる。子供が独立できるようになるまでの労働によって、両親は子供一人当たり百ポンドの純利益を得られると推定されている。四人か五人の小さな子供を抱えた若い母親が夫に先立たれたとき、ヨーロッパの中流か下層の場合には再婚できる見込みはほとんどないが、北アメリカでは一種の財産をもっているとみられて、求婚されることが多い。子供の価値が高いことが、結婚の最大の動機になっている。だから、北アメリカの住民が早婚なのも、驚くには値しない。早婚によって人口が急速に増えているのに、人手不足がいつも問題になっている。労働者への需要、つまり賃金の支払いにあてられる資金が急速に増えつづけ、雇用できる労働者が増えても追いつかない状況にあるようだ。

国富が大きくても、その国が長期にわたって停滞を続けていれば、労働の賃金が高いとは考えられない。賃金の支払いにあてられる資金、つまり住民の収入と資本は多いかもしれない。しかし、この資金が何世紀にもわたって横ばいか、それに近い状態を続けていれば、ある年に雇用された労働者だけで、翌年に必要な労働者の数は十分か、ときには余ることになる。人手が不足することはまずなく、雇い主が人手を確保するために賃上げ競争をする必要はない。この場合には逆に、人手が自然に増加して職の数を上回る。職がいつも不足し、労働者は職を奪い合うしかない。このような国で労働者が生活でき、子供を育てられる水準を労働の賃金が上回ることがあっても、労働者の間の競争と雇い主の利害とによってすぐに、普通の人道的観点からみて最低の水準まで賃金が低下する。中国ははるか以前から、世界でもとくに豊かな国であり、土地が肥えていて、耕作が進み、勤勉で、人口が多い国である。しかし、長い間停滞しているようだ。五百年以上前の十三世紀に中国を訪れたマルコ・ポーロが農業、手工業、人口などについて描いた内容は、現代の旅行者が描く内容とほとんど変わらない。中国はおそらく、マルコ・ポーロの時代よりはるか前に、その法律と制度の性格から可能な範囲の上限まで、富を獲得していたのだろう。旅行者の記述には矛盾する部分が多いが、中国で労働の賃金が低い点と、労働者が子供を育てるのが難しい点では一致している。一日中土を掘る仕事をして、夕飯用にわずかの米が買えれば、労働者は満足する。手工業者の状態はおそらくもっと悪い。ヨーロッパでなら、手工業者は仕事場でぶらぶらして顧客が来るのを待っているが、中国の手工業者は仕事道具をかついで、売り声をかけながら街を走り回っており、いうならば仕事を乞い求めている。中国の下層は、ヨーロッパでとくに貧しい国の下層よりはるかに貧しい。広東近辺では、何百、何千もの家族が家もなく、河川や運河に浮かぶ小さな漁船で生活しているという。食料を見つけるのが難しいので、ヨーロッパの船から投げ捨てられる汚い塵《ごみ》を必死に拾うほどだ。犬や猫の死体などが半分腐敗して悪臭をはなっていても、他の国の人が新鮮な食料を入手したときのように大喜びする。このように貧しくても結婚するのは、子供が稼いでくれるからではなく、子供を間引けるからだ。大都市では毎晩、何人もの乳児が街に遺棄されたり、子犬のように川に投げ込まれたりしている。この恐ろしい役割を担うことが公然の職業になっていて、この仕事で生活している人がいるとすらいわれている。

　しかし、中国はおそらく停滞しているといえるだろうが、衰退しているとは思えない。

都市が廃墟になったという話はない。耕作されてきた田畑が放棄されているわけでもない。この点から、年間の労働量は毎年ほとんど変化がなく、したがって、労働の賃金にあてられる資金は目に見えるほど減少しているわけではないとみられる。この結果、最下層の労働者は食べていけるかいけないかではあるが、それでも何とか人数を維持できているはずである。

しかし、労働の賃金にあてられる資金が目に見えて減少している国では、状況が違うはずだ。毎年、使用人や労働者に対する需要が、どの職業でも前年より減っていく。高い階層で育てられた人が、本来の職業では仕事を見つけられず、最下層の仕事を喜んで求めるようになる。最下層ではもともと人手が過剰になっているうえ、上の階層からあふれでた人が押し寄せるので、職をめぐる競争が極端に激しくなり、労働の賃金は労働者がきわめてみじめな生活をしてようやく食べていけるかどうかという水準まで下がる。これほど厳しい条件でも職にありつけない人がたくさんいて、餓死するか、そうでなければ、物乞いか極悪の犯罪によって食べていくしかなくなる。最下層には困窮、飢餓、死亡がすぐに広がり、それが上層に広がって、残った収入と資本、つまり圧政や災難による破壊をまぬがれた収入と資本で容易に維持できる数にその国の住民が減るまで、この状態が続くだろう。ベンガルをはじめ、アジアのイギリス植民地のいくつかは現在、おそらくこれに近い状況にある。土地は肥えており、人口がすでにかなり減少しているのだから、生活はそれほど難しくないはずなのに、年に三十万人から四十万人が餓死している。この点から、下層労働者の維持にあてられる資金が急速に減少していると断言できるだろう。北アメリカを保護し統治しているイギリスの政治体制と、アジアで抑圧と圧政を行っている東インド会社とで性格がいかに違うかは、これらの国の状態の違いにきわめてよく示されている。以上から明らかなように、労働の報酬が多いのは、国富の増加の必然的な結果であり、したがって、国富の増加を示す自然な現象である。一方、下層労働者がようやく生活できるだけの状況は、社会の停滞を示す自然な現象であり、下層労働者が餓死する状況は、社会の衰退を示す自然な現象である。

現代のイギリスでは、労働の賃金は、労働者が子供を育てるのにぎりぎり必要な水準を明らかに上回っているように思える。この点を確認するために、退屈な計算や疑わしい計算によって、子育てに要する最低額を算出する必要はないだろう。労働の賃金はイギリスのどこでも、普通の人道的な観点からみて最低の水準では決まっておらず、この点を示す明らかな事実がいくつもある。

第一に、イギリスの大部分の地域では、最下層の労働ですら、夏と冬で賃金が違っている。夏の賃金の方がつねに高い。しかし、冬には燃料費が余分にかかるので、家族の生活費が高くなる。賃金が高い季節は生活費が安い季節にあたっているわけで、賃金が生活費に左右されておらず、仕事量と仕事の価値に関する見方に左右されているのは明らかだと思える。労働者は夏の間に賃金の一部を貯蓄して冬の出費に備えるべきだし、年間を通してみれば、賃金は家族の生活を維持するのに必要な額を超えていないとする見方もあるだろう。しかし奴隷や、その日その日の生活をすべて他人に依存している人は、このような扱いを受けない。その日の必要に応じて、その日の生活必需品が支給される。

第二に、イギリスの労働の賃金は、食料品価格が変動しても、それに比例して変動するわけではない。食料品価格はどの地域でも年によって違うし、月によっても変動することが多い。ところが多くの地域で、労働の金銭価格は半世紀にわたって変わっていない。下層労働者は、食料品価格が高い年に家族を養えるのだから、食料品価格が普通の年には楽に家族を養えるし、食料品価格がとくに安い年には裕福なはずである。過去十年、食料品価格は高かったが、イギリスの多くの地域で、労働の金銭価格が上昇したと感じられることはない。確かに賃金が上昇した地域もあるが、おそらく食料品価格の上昇のためよりも、労働への需要が増えたためであろう。

第三に、年ごとの変動は、食料品価格の方が労働の賃金より大きいが、地域ごとの違いは逆に、労働の賃金の方が食料品価格よりも大きい。パンや食肉の価格は一般に、イギリスの大部分の地域でほとんど変わらない。下層労働者は何でも小売り店で買っているが、小売り店での価格はほとんどの商品で、大都市でも遠隔の地方でも同じか、大都市の方が安いのが一般的であり、その理由は後に説明する。ところが労働の賃金は、大都市では数マイル離れただけの近隣の地方とくらべて、二十パーセントから二十五パーセント高いことが少なくない。ロンドンとその周辺では、労働の普通の賃金は一日当たり十八ペンス（〇・〇七五ポンド）だといえるだろう。ロンドンから数マイル離れると、これが十四ペンスか十五ペンスになる。エディンバラとその周辺では十ペンスだといえるだろう。エディンバラから数マイル離れると八ペンスに下がる。スコットランドの低地地方《ローランズ》の大部分では、これが下層労働者の通常の賃金であり、地域ごとの賃金の違いがイングランドでよりはるかに小さい。賃金にこれだけの差があっても、一つの教会区から別の教会区に人が移動するのに十分だとはかぎらないようだ。商品の場合、これだけの価格差があれば、とくに嵩《かさ》張《ば》るものでも、一つの教会区から別の教会区へはもちろん、イギリスの端から端まで、そして世界の端から端までですら大量に輸送され、価格差がすぐにほとんどなくなるだろう。人間は軽々しく軽率だと言われているが、事実をみていけば、あらゆるもののなかで動かすのがもっとも難しいのが人間であることは、はっきりしていると思える。そして下層労働者は、イギリスのなかで労働の賃金がもっとも低い地域で家族を養っていけるのだから、賃金がもっとも高い地域では豊かなはずである。

第四に、労働の賃金の違いは、地域ごとの場合にも時期ごとの場合にも、食料品価格の違いに対応していないし、まったく逆になっていることも少なくない。

庶民の食料である穀物の価格は、イングランドよりスコットランドの方が高い。だからこそスコットランドは毎年、イングランドから大量の穀物を買っているのだ。イングランド産穀物は、輸送先のスコットランドではもちろん、生産地のイングランドでより高く売られるが、同じ市場に供給されて競合する地元のスコットランド産の穀物とくらべて、品質の割に高く売られることはない。穀物の品質は主に、製粉所でひいたときにできる粉や碾割《ひきわり》の量によって決まる。そしてこの点でみて、イングランド産の穀物はスコットランド産の穀物よりはるかに品質が高いため、外見上、つまり容積ではかったときに価格が高いとみえることが多くても、実際には、つまり品質の割には安いのが通常であり、重量ではかったときの価格すら安くなっている。ところが労働の賃金は逆に、イングランドの方がスコットランドより高い。そして、下層労働者がスコットランドで家族を養えているのだから、イングランドでは豊かなはずである。スコットランドの庶民にとっては確かに、燕《えん》麦《ばく》が食料のなかで最大部分を占める最上のものであり、イングランドの庶民とくらべて食料の質は全般にはるかに低い。しかし、食料のこの違いは、賃金の違いの原因ではなく、結果である。ところが奇妙な誤解があり、これが原因だとする意見を聞くことが多い。金持ちは馬車に乗り、貧乏人は歩くが、馬車に乗るから金持ちなのではないし、歩くから貧乏なのでもない。金持ちだから馬車に乗り、貧乏だから歩くのである。

十七世紀には平均して、イングランドでもスコットランドでも穀物は今世紀よりも高かった。これはいまでは疑う余地のない事実である。そして、スコットランドについては、イングランドについてより、しっかりとこの点が実証されている。スコットランドには公定価格という制度があり、毎年、市場の実勢にしたがって、州ごとにすべての穀類の価格が宣誓のもとに評価されている。ここまで明確な証拠があっても、さらにそれを確認するための傍証が必要だというのであれば、フランスでも同様だったし、おそらくヨーロッパのほとんどの地域でもそうだったと述べておきたい。フランスについては、きわめて明確な証拠がある。このように、イングランドでもスコットランドでも、前世紀には今世紀より穀物価格がある程度高かったのは確かだが、労働の賃金がかなり低かったのもやはり確かだ。そして、前世紀に下層労働者が子供を育てられたのだから、現在ではもっと楽に育てられるはずである。前世紀にはスコットランドの大部分で、下層労働者の日当は、夏に六ペンス、冬に五ペンスがごく普通であった。高地地方やその北西にあるヘブリディーズ諸島の一部ではいまでも、週給が三シリング（三十六ペンス）であり、これとほぼ同じになっている。低地地方の大部分では現在、下層労働者の日当は八ペンスがもっとも普通であり、エディンバラ周辺では十ペンスかときには一シリング（十二ペンス）である。イングランドと隣接する州では、おそらくは賃金が高いイングランドに近いために、そしてグラスゴー、カーロン、エアーシアなどでは労働への需要が近年、大幅に増えたために、やはり十ペンスかときには一シリング（十二ペンス）になっている。イングランドでは、商工農業の発展がスコットランドよりかなり早くはじまった。この発展に伴って労働への需要が増加し、その結果、労働の賃金が上昇したはずである。このため、前世紀にも現在と同様に、労働の賃金はスコットランドよりイングランドの方が高かった。それ以降、賃金は大幅に上昇したが、イングランドでは地域による賃金の違いがもっと大きいので、どれだけ上がったかを確認するのは難しい。百五十年ほど前の一六一四年には、歩兵の給料は現在と同じ一日八ペンスであった。この給料が最初に決められたとき、当然ながら、歩兵を募集する際に対象になる下層労働者の通常の賃金が基準になったはずである。王座裁判所の首席裁判官だったサー・マシュー・ヘイルはチャールズ二世の時代（一六六〇～八五年）に書いた本で、労働者の六人家族（夫婦、ある程度働ける子供二人、まだ働けない子供二人）に必要な生活費を、週に十シリング（〇・五ポンド）、年に二十六ポンドと計算している。家族でこれだけの金額を稼げない場合には、物乞いか盗みで不足分を補うしかないという。ヘイルはこの問題をきわめて注意深く研究したようだ。一六八八年に、統計技術をチャールズ・ダベナント博士に高く評価されたグレゴリー・キングが、労働者と通いの使用人の通常の収入を、平均三・五人と想定した家族で年に十五ポンドと計算した。この推計は一見、ヘイルのものと大きく違っているようにみえるが、実際にはきわめて近い。どちらも、労働者の家族の生活費が一人当たり週に約二十ペンス（〇・〇八三ポンド）だと考えている。ほぼ百年前の当時と比較すると、イギリスの大部分で労働者の家族の収入も生活費も、大幅に上昇している（どれほど上昇したかは、地域によって違いがある）。もっともおそらく、労働の賃金が上がったと大げさに言い立てる人が主張するほどには上昇していないとみられる。労働の賃金はどの地域でも、正確に確認することができない点に注意しておくべきだ。同じ地域、同じ職種でも、労働者の能力の違いによってだけでなく、雇い主が寛大か苛酷かによっても、賃金が違っている。賃金が法律で決まっているわけではない場合には、確認できたものとして示せるのは、もっとも普通の賃金だけである。そして事実をみていくと、賃金を適切に規制するとした法律は少なくないが、実際に適切に規制できてはいないようだ。

労働の真の報酬、つまり賃金を受け取った労働者が購入できる生活の必需品と利便品の量は、今世紀中に、おそらく賃金の金額以上の率で増加してきた。穀物が若干安くなっただけでなく、勤勉な下層労働者がおいしくて健康によい料理をつくるのに使うさまざまな食料品も、はるかに安くなった。たとえばジャガ芋はイギリスの大部分の地域で、三十年から四十年前の半分以下の値段になっている。蕪《かぶ》、人参《にんじん》、キャベツもそうだ。これらは以前には人手で耕した菜園で作られていたが、いまでは家畜にひかせた犂《すき》で耕した畑で栽培されている。野菜や果物はどれも安くなった。前世紀のイギリスでは、林檎《りんご》の大部分を、そして玉葱《たまねぎ》さえも、フランドル地方から輸入していた。低価格の亜麻布と毛織物の産業が大幅に発展して、これまでより安く、質の高い衣服を労働者に供給している。金属産業も発達して、仕事に使う機器が安くなり、質が高くなったうえ、家庭用にも快適で便利な器具が大量に供給されている。石鹸、塩、蠟燭《ろうそく》、革製品、醸造酒は逆にかなり高くなったが、これは主にこれらにかかる税金のためである。しかし、これらの商品は下層労働者がごくわずかしか消費する必要がないものなので、価格が上がっても、多数の商品の値下がりが帳消しになるほどではない。最下層にまで贅沢が広まって、昔なら満足していた食料、衣服、住居に下層労働者が満足しなくなったという非難をよく聞くことからも、労働賃金の金額だけでなく、真の報酬も上昇していることが確認できるだろう。

では、下層の生活が向上したのは、社会にとってよいことなのだろうか、それとも困ったことなのだろうか。この問いへの答えは、考えるまでもないと思える。さまざまな職種の使用人、労働者はどの社会でも、人口の圧倒的な部分を占めている。そして、大多数の人の生活が向上したのが、社会全体にとって不都合だとは考えられない。大部分の人が貧しく、みじめであれば、社会が繁栄していたり幸せであったりするはずがないからである。それに、社会全体に食料や衣服や住居を供給する役割を果たしている人が、自分の労働の生産物のなかから十分な分け前を受け取って、食料、衣服、住居をまずまず確保できるのは当然のことでもある。

貧しければ、結婚への意欲が弱まるのは確かだが、かならずしも結婚できなくなるわけではない。そして、貧しい方が子だくさんになるとすら思える。スコットランド高地地方で栄養失調に近い女性は、二十人以上の子供を産むことが少なくないが、贅沢三昧の貴婦人は子供を一人も産めないことも多いし、たいていは二人か三人で精一杯だ。不妊は、上流階級の婦人の間ではよくあることだが、下層の女性にはめったにない。貴婦人が贅沢に暮らしていると、おそらく享楽への情熱が強くなるだろうが、出産能力は低くなり、往々にしてなくなるように思える。

貧乏な場合、子供が生まれないわけではないが、子供を育てるのはきわめて難しい。気候が厳しく寒い土地で弱い植物を育てると、すぐに元気がなくなり、枯れてしまう。スコットランドの高地地方では、子供が二十人生まれても、二人も生き残らなかったという話をよく聞く。経験豊かな士官に聞くと、連隊兵士の子供からは、鼓笛隊に必要な人数すら確保できないという。連隊の兵舎ほど、元気な子供がたくさんいる場所はめったにないが、十三歳か十四歳まで生き残る子供はほとんどいないようなのだ。いくつかの地域では、子供のうち半分は四歳までに死んでいる。子供の半分が七歳までに死ぬ地域は多い。そしてほとんどの地域で、九歳か十歳までに半分が死んでいる。しかし、子供の死亡率がこれほど高いのは、どの地域でも主に、上流階級のようには子供を養う余裕がない庶民の間のことである。庶民は上流階級より一般に子だくさんだが、成人に達する比率は低い。孤児院や教会区の慈善施設で育てられる子供は、庶民の子供よりもさらに死亡率が高い。

動物のどの種も、自然のなかでは食物の量に比例してしか増殖せず、それ以上の率で個体数を増やすことはできない。ところが文明社会では、食料の不足によって人口の増加が抑制されるのは、下層の間でだけだ。そして、子だくさんの庶民の間で、生まれてきた子供の大部分が死亡することで抑制される以外にはないのである。

労働の報酬がよければ、庶民の子供たちの生活がよくなり、この結果、生き残る子供が多くなって、人口の限界が自然に広がる。また、そうなるのはほぼ、労働への需要の動向に応じてであることも指摘しておくべきだろう。労働の需要が増えつづけていれば、労働の報酬がよくなり、労働者の結婚と元気に育つ子供の数が増え、人口が増加して、増えつづける労働需要を満たすのに必要な水準になるはずである。労働の報酬がこの水準に満たないときは、人手不足のためにすぐに賃金が上昇するし、労働の報酬がこの水準を上回っているときは、人口が増えすぎて賃金が下がる。つまり、市場で労働者が不足するか過剰になって、労働の賃金は社会の状況から必要な水準にすぐに戻る。このような仕組みで、人間の場合も商品と同様に、需要がかならず生産を左右している。人口の増加が遅すぎる場合には増加を速める力がはたらき、人口の増加が速すぎる場合には増加を止める力がはたらく。労働の需要が北アメリカ、ヨーロッパ、中国など、世界の各地域で人口の伸び率を決定付けている。人口が北アメリカで急激に増加し、ヨーロッパで少しずつ増加し、中国で横ばいになっているのはこのためだ。

奴隷が病気や怪我で働けなくなれば主人の経費負担になるが、自由人の場合には本人の負担になるといわれている。だが、自由人の場合にも実際には奴隷の場合と同様に、雇い主が経費を負担している。さまざまな職種の労働者や使用人の賃金は、そのときに労働の需要が増加しているか横ばいか減少しているかにしたがって、労働者や使用人の数を全体として社会が必要とする水準に維持できるものでなければならない。このため、自由人の場合もやはり雇い主が経費を負担することになるが、奴隷の場合よりも経費負担は一般に少ない。こういう言葉を使っていいかどうかは疑問だが、消耗した奴隷の代替や修理のために使われる資金は、一般に怠慢な主人や不注意な監督が管理している。自由人の場合には、同じ目的に使われる資金を自由人自身が管理している。金持ちの家計は乱脈になりがちであり、この資金の管理も自然に乱脈になる。貧乏人は厳しく倹約し無駄な出費を避けようとするので、この資金の管理も自然に慎重になる。このように管理の方法に違いがあるので、同じ目的に使う出費が大きく違ってくるはずである。このため、どの国のどの時代の事実をみても、自由人の仕事の方が奴隷の仕事よりも結局は安くついていると思える。ボストン、ニューヨーク、フィラデルフィアのように下層労働者の賃金がきわめて高い地域でも、そうなっている。

このように、労働の報酬が高いのは富の増加の結果であるが、同時に人口の増加の原因でもある。賃金が高すぎると不平を鳴らす人は、社会がきわめて繁栄していることの必然的な結果と原因を嘆いているのである。

おそらく注目しておくべき点をあげるなら、人口の最大部分を占める下層労働者がとくに幸せに快適に暮らせるのは、豊かさが頂点に達したときではなく、社会が前進しているとき、豊かになる方向に発展しているときである。社会が停滞しているときには労働者の生活は厳しく、社会が衰退しているときは労働者の生活はみじめだ。社会が前進しているときは、社会のどの階層も楽しく元気だ。停滞しているときは元気がなく、衰退しているときは憂鬱である。

労働の報酬が高いと、人口の増加を促すことになるが、同時に庶民が勤勉になる。労働の賃金は勤勉さを刺激するものであり、人間の資質はすべてそうだが、勤勉さも刺激の程度に応じて向上する。食料が十分にあれば労働者は体力がつくし、生活をもっと向上させ、老後は安楽に豊かに生活できるようにしたいとの希望が膨らんで、最大限に力を発揮するようになる。このため、賃金が高い地域ではかならず、賃金が低い地域よりも労働者が元気で、勤勉で、能率的に働いている。たとえばイングランドの方がスコットランドよりも労働者が勤勉だし、大都市の方が遠隔地よりも労働者が勤勉だ。労働者のなかには確かに、四日働けば一週間食べていけるとき、三日はぶらぶらしている人もいる。しかし、そういう人の方が多いわけではない。それどころか、出来高制で高い手間賃がもらえるとき、労働者は働きすぎて、数年もすると身体をこわしてしまうことが多い。ロンドンなどいくつかの地域では、大工が元気よく働けるのは長くて八年だと考えられている。出来高で働く他の職業でも、同じような話を聞くことが多い。製造業でもたいていそうだし、農業労働ですら、賃金が通常より高い職業ではかならずそうなる。ほとんどの職種の熟練工にも、それぞれの仕事で働きすぎることから起こる特有の職業病がある。イタリアの高名な医師、ベルナルディーノ・ラマッツィーニが職業病に関する本を書いている。兵士は普通、勤勉だとはみられていない。しかし、兵士が何らかの仕事に雇われて、出来高で高い手間賃が支払われるとき、一日に稼げる額に上限を設けるよう、士官が雇い主と交渉しなければならないことが少なくない。上限がない場合、競争意識と精一杯稼ぎたいという意識から、働きすぎて身体をこわす兵士が多かった。労働者が週に三日も怠けていると声高に非難する人が多いが、実際には週に四日の働きすぎが三日休むほんとうの原因になっていることが多い。身体《からだ》を使う仕事でも頭を使う仕事でも、数日間連続して必死に働くと、ほとんどの人は休みたいという強い欲求をもつようになり、働くよう強制されるか、働く必要がとくにあるのでないかぎり、この欲求がほとんど抗しがたいほど強くなるものだ。これは身体が自然に求めるものであり、ときにはただ休息をとり、ときには気晴らしをしたり遊んだりするなど、何らかの方法で発散する必要がある。発散しないのは危険であり、ときには命にかかわるほどだ。そして、遅かれ早かれ職業病にかかる。雇い主が理性と人道にしたがって考えていれば、労働者に発破をかけるのではなく、あまり根《こん》を詰めるなと言う必要がある場合が少なくない。どのような職種でも、長く働きつづけられるようにゆっくりと仕事をする人の方が、身体をこわさないだけでなく、一年を通してみれば、仕事量も多くなるはずである。

食料が安い年には労働者は一般に怠けるものであり、食料が高い年の方が勤勉に働くといわれている。食料がふんだんにあれば気が緩み、食料が不足すると勤勉になるというわけだ。食料が通常の年よりも少し豊富に出回っているときに、怠惰になる労働者がいるのは疑う余地がない。だが、労働者の大部分が怠けるようになるとは考えにくい。人が一般に、食物が十分にあるときより不足しているときの方が、元気がいいときより意気消沈しているときの方が、健康なときより病気がちのときの方がよく働くとは考えにくいのだ。不作の年には、庶民の間で病気と死亡が多いのが普通であり、その結果、労働の生産物が確実に減ることに注意すべきだ。

豊作の年には、雇い主のもとを離れ、自分で働いた稼ぎで生活できると考える使用人が多くなる。これは食料品が安いためだが、同じ理由で、雇い主は人を雇うのにあてられる資金が増えるので、従業員を増やそうとする。農業経営者はとくにそうだ。農業経営者はこういう年には、穀物を市場で安く売るより、何人か雇い人を増やして支給した方が利益が増えると考える。労働者に対する需要が増加するが、雇われて働こうとする人の数は減る。このため、食料品が安い年に労働の賃金が高くなることが多い。

不作の年には、生活していくのが難しくなるし、不確かにもなるので、こうした人がみな雇われに戻ろうとする。しかし食料品価格が高いために、雇い主は労働者を雇うのにあてられる資金が減るので、人を増やすより減らそうとする。また不作の年には、貧しい自営の人が乏しい蓄えを使い尽くして仕事に使う原材料を仕入れられなくなり、生活のために雇われになるしかなくなることが多い。仕事を探す人が増えて、簡単には仕事につけなくなる。不作の年には通常よりも低い賃金でも働きたいという人が増えて、労働者の賃金が下がることが多い。

このため、さまざまな業種の雇い主にとって、食料品価格が安い年より高い年の方が有利な条件で人を雇うことができるし、労働者が従順になり雇い主を頼るようにもなる。当然ながら、食料品価格が高い方が産業にとって条件がいいと考える。また、雇い主のなかでとくに人数の多い地主と農業経営者には、食料品価格の上昇を喜ぶ理由がもう一つある。地主が得る地代と農業経営者が得る利益は、食料品価格に大きく左右されるのだ。だが、人が自分のために働くときの方が、他人に雇われて働くときより怠惰になるものだと考えるのは、いかにも馬鹿げている。貧しい自営の人は、出来高で働く人よりも一般に勤勉だ。自営なら働いた分がすべて自分のものになるが、雇われであれば雇い主と分け合う。自営では一人で仕事をしているので、悪友に誘惑されることも少ないが、大きな作業場ではそういう誘惑のために怠け者になる労働者が多い。自営の人と、月極めか年極めで雇われ、仕事量に関係なく賃金や食料を支給される労働者との差は、もっと大きいとみられる。食料品が安い年には、どの職種でも雇われの労働者に対する自営の人の比率が上昇し、食料品が高い年にはこの比率が低下する。

豊富な知識があり才能に恵まれたフランス人の著者で、サンテティエンヌ地区の税務官だったルイ・メサンスは、食料品価格が安い年の方が高い年より貧しい労働者がよく働くことを示そうと努力し、そのために三つの産業の生産量と生産高を時期ごとに比較している。調査対象の産業は、エルブフの低価格毛織物、ルーアン地域全体で盛んな亜麻布と絹織物である。メサンスが公的な記録を調べた結果によれば、この三つの産業の生産量と生産高は一般に、食料品が高い年より安い年の方が多く、食料品がとくに安い年にはとくに多く、食料品がとくに高い年にはとくに少なくなっているようだ。この三つの産業はいずれも横ばい状態のようで、年によって生産量が変動するが、長期的にみれば増加傾向にも減少傾向にもない。

スコットランドの亜麻布産業と、西ヨークシアの低価格毛織物産業は成長しており、生産量、生産高ともに、年による変動はあっても、全般に増加傾向にある。だが、年ごとの生産量に関する発表を検討したが、食料品価格の変動との間にはっきりした関係は見つからなかった。一七四〇年は凶作の年になり、どちらの産業も生産量が大幅に減少したようだ。しかし、やはり凶作だった一七五六年には、スコットランドの亜麻布産業は通常以上に生産量が増えている。西ヨークシアの毛織物産業ではこの年に生産量が減り、一七五五年の水準に戻ったのは、アメリカの印紙税が撤回された一七六六年であった。一七六六年と翌年には生産量が過去の記録を大幅に更新し、その後も増加を続けている。

遠く離れた市場に商品を供給している大規模な産業は、生産地での食料品価格の高低よりも、消費地の需要に影響を与える要因に左右されるはずである。たとえば戦争をしているか平和なのか、競合する産業が繁栄しているか衰退しているか、主要な顧客の消費意欲が強いか弱いかといった要因である。また、食料品価格が安い年に行われているとみられる臨時の仕事のうちかなりの部分は、産業の公式の記録では対象にならない。男の労働者が雇い主のもとを離れて独立する。娘が親元に帰って、たいていは自分や家族のために糸を紡ぎ、服を作る。自営の人すら、市場で商品を売るために働くとはかぎらず、知り合いに雇われてその家族が使う製品を作ることがある。こうした労働で生産されるものは、公式の記録の対象にならないことが多い。ところが公式の記録は華々しく発表され、これに基づいて商工業者が各帝国の盛衰ぶりを論じて空騒ぎすることが少なくない。

労働の賃金の変動は食料品価格の変動に一致するとは限らないばかりか、まったく逆に動くことも多いわけだが、だからといって、食料品価格が労働の賃金に影響を与えないと考えてはならない。労働の金銭価格は二つの要因に左右されるはずである。第一が労働に対する需要であり、第二が生活の必需品と利便品の価格である。労働に対する需要が増えているのか横ばいなのか減っているのか、つまり人口が増える必要があるのか横ばいになる必要があるのか減る必要があるのかによって、労働者に与えるべき必需品と利便品の量が決まる。そして、労働の金銭価格は、この量を買うために必要な金額によって決まる。このため、食料品価格が安いときに労働の金銭価格が高い場合もあるが、労働への需要が変わらないまま食料品価格が高くなれば、労働の金銭価格は高くなる。

食料が突然、異例なほど豊富になった年に労働の金銭価格が上昇することがあり、逆に食料が突然、異例なほど不足した年に労働の金銭価格が低下することがあるのは、食料が豊富になった年に労働の需要が増え、食料が不足した年に労働の需要が減るからだ。

食料が突然、異例なほど豊富になった年には、雇い主の多くは資金が豊富になって、勤勉な人の雇用を前年よりも増やせるようになる。だが、それだけの労働者を確保できるとはかぎらない。そこで労働者を増やしたい雇い主が人手を確保するために競争しあうので、労働の真の価格と金銭価格がどちらも上昇することがある。

食料が突然、異例なほど不足した年には逆のことが起こる。勤勉な人を雇うのに使える資金が前の年より減少する。多数の人が仕事を失い、職を求めて競争しあうので、労働の真の価格と金銭価格がどちらも低下することがある。一七四〇年には異例なほどの凶作になり、生活できるぎりぎりの賃金でも働こうとする人が多かった。その後の豊作の年には、人手を確保するのがもっと難しくなった。

食料が不足して高くなる年には、労働に対する需要が減少して賃金を押し下げる要因になるが、食料品価格が上昇して賃金を押し上げる要因になる。食料が十分にあって安くなる年には逆に、労働に対する需要が増加して賃金を押し上げる要因になり、食料品価格が下落して賃金を押し下げる要因になる。食料品価格の変動が通常の範囲内であれば、この二つの要因が相殺しあうとみられる。おそらくはこの点が一因になって、労働の賃金はどの地域でも、食料品価格よりはるかに変動が少なく、一定の水準を維持している。

労働の賃金が上昇すると、商品価格のうち賃金にあてられる部分が増加するので、多数の商品の価格が上昇し、これら商品の消費が国内でも海外でも減少する要因になる。しかし、労働の賃金の上昇をもたらした資本の増加は、労働生産性の向上をもたらす要因にもなり、それまでより少ない労働量で、それまでより生産量を増やせるようになる。資本の所有者は多数の労働者を雇っている場合、自分の利害を考えて、仕事を適切に分解し配分し、生産量を最大限に増やすように努力するものだ。同じ理由で、考えられる範囲で最高の機器を労働者に提供しようと努力する。個々の作業場の労働者に起こることは、同じ理由で、社会全体の労働者にも起こる。労働者の数が増えるほど、仕事がさまざまな種類や部門に分かれていく。それぞれの仕事のために最適な機器を発明することに専念する人が増え、その結果、適切な機器の発明が増えていく。こうした改良の結果、多数の商品が以前より少ない量の労働で生産されるようになり、労働の価格の上昇よりも、ある商品の生産に必要な労働量の減少の方が影響が大きくなる。

第九章　資本の利益

資本の利益率の上昇と下落は、労働の賃金の上昇と下落と同じ原因によって起こる。つまり、社会の富が増加傾向にあるか減少傾向にあるかによって起こる。しかし、同じ原因が与える影響は、資本の利益率と労働の賃金とでまったく違う。

資本の増加は、賃金の上昇をもたらす一方、利益率の低下をもたらす要因になる。多数の裕福な商人が同じ産業に資本を投じれば、商人の間の競争によって自然に利益率が低下する。そして、一つの社会で産業全体に投じられる資本が増えれば、同様に競争が激しくなって、社会全体でやはり利益率が低下するはずである。

前述のように、ある地域、ある時期だけをとっても、労働の平均賃金を確認するのは簡単ではない。地域と時期を限定しても、もっとも普通の賃金を確認できるだけである。ところが資本の利益に関しては、普通の率すらめったに確認できない。利益率は変動が激しく、ある産業で事業を行っている人が、自分の年間利益の平均を知っているとはかぎらない。その人が扱う商品の価格の変動はもとより、競争相手や顧客の盛衰からも、商品を海上や陸上で運送しているときに、さらには倉庫に貯蔵しているときにすら起こるさまざまな事故からも影響を受ける。このため、利益率は年ごとに変動するだけでなく、一日ごとに、一時間ごとにといえるほど変動する。大国の全産業の平均利益率を確認するのは、はるかに難しいはずである。そして、以前の平均利益率、さらには遠い昔の平均利益率がどうだったかをある程度まで正確に確認するのは、まったく不可能だといえるはずだ。

資本の平均利益率が現在どうであり、過去にどうであったかを多少とも正確に確認するのは不可能かもしれないが、金利をみていけば、ある程度まで感覚をつかめるといえる。資金を使って得られる利益が多い地域では、資金の使用料である金利は一般に高くなり、資金を使って得られる利益が少ない地域では、資金の使用料である金利は一般に低くなるのが原則だと思える。このため、ある国で通常の市場金利が変動すれば、それとともに通常の利益率も変動しており、金利が下がれば利益率も低下しているし、金利が上がれば利益率も上昇しているといえるだろう。したがって、金利の動きをみれば、利益率の動きをある程度まで判断できると思える。

ヘンリー八世の時代の一五四五年、十パーセントを超える金利を禁止する法律が制定された。それまでは金利が十パーセントを超えることもあったようだ。エドワード六世の時代（一五四七～五三年）には宗教熱を背景に、すべての金利が禁止された。しかしこの種の禁止令の例にもれず、法律の効果はなかったといわれており、おそらく高利貸しの害悪を減らすどころか増やすだけになったとみられる。ヘンリー八世治世の法律がエリザベス一世の時代の一五七一年に復活し、ふたたび金利の上限が十パーセントになった。ジェームズ一世の時代の一六二三年に、これが八パーセントに引き下げられた。王政復古（一六六〇年）の直後に、六パーセントに引き下げられ、アン女王の時代の一七一三年に五パーセントに引き下げられた。これらの金利上限の規制はいずれもきわめて適切だったようだ。どの場合にも、市場金利、つまり信用力の高い人が通常支払う金利の動きに追随したものであって、先行してはいないようだ。アン女王の時代以降、五パーセントの上限は市場金利より高くなっていて、低くはないとみられる。最近の七年戦争（一七五六～六三年）の前に、イギリス政府は三パーセントの金利で資金を借りており、ロンドンをはじめ国内の多くの地域で、信用力の高い人は三・五パーセント、四パーセント、四・五パーセントで借りている。

ヘンリー八世の時代（一五〇九～四七年）以降、この国の富と収入は増加を続けており、その過程で増加のペースが下がるどころか、逆に徐々に上がってきたようだ。伸びが続いているうえ、伸び率が高くなってきたようなのだ。この期間に、労働の賃金は上がりつづけてきたが、商工業の大部分で資本の利益率は逆に低下してきた。

一般的にいって、どの産業でも農村より大都市の方が事業に必要な資本が多い。大都市では農村とくらべて、どの産業でも投入されている資本が多く、裕福な競争相手が多いので、利益率が一般に低くなる。しかし、労働の賃金は一般に大都市の方が農村より高い。繁栄している都市では、大量の資本を投じようとしても、十分な数の労働者を集めることができない場合が少なくない。そこで、できるかぎり人手を確保するために雇い主同士が競争し、労働の賃金が上昇して資本の利益率が低下する。遠隔地では、労働者の全員を雇えるほどの資本がその地域にない場合が少なくない。仕事を求めて労働者同士が競争し、労働の賃金が下がって、資本の利益率が上昇する。

スコットランドでは、法定の金利の上限はイングランドと変わらないが、市場金利はかなり高い。信用力がとくに高い人でも五パーセント以下で借りられることはめったにない。エディンバラの民間銀行すら、全額か一部が要求払いの約束手形で四パーセントの金利を支払っている。これに対してロンドンの民間銀行では、預金に金利を払っていない。スコットランドではイングランドと比較して、ほとんどの産業で事業に必要な資本が少ない。このため、通常の利益率がイングランドよりある程度高いはずである。労働の賃金は前述のように、スコットランドの方が低い。スコットランドはイングランドにくらべて貧しく、確かに豊かさに向けて前進しているが、前進のペースがイングランドよりかなり緩慢で、遅れているように思える。

フランスでは法定金利は今世紀中、市場金利にしたがって決められるとはかぎらなかった。一七二〇年に、法定金利が五パーセントから二パーセントに引き下げられた。一七二四年には三・三三パーセントに引き上げられた。そして一七二五年に五パーセントに引き上げられた。一七六六年、ラベルディ財政総監のもとで四パーセントに引き下げられ、後任のアベ・テレー財政総監が五パーセントに戻した。これらの乱暴な法定金利引き下げは、政府債務の金利引き下げを目的にしていたとみられる。そしてときには、この目的を達成できた。フランスは現在、おそらくはイングランドほど豊かではない。法定金利はイングランドより低いことが多いが、市場金利は一般に高い。どの国でもそうだが、金利の上限を規定した法律を安全に簡単に迂回する方法がいくつもあるからである。両国で事業を行っているイギリス人の商人に聞くと、イングランドよりフランスの方が利益率が高いと断言する。事業が尊敬されているイギリスよりも、事業が軽蔑されているフランスに資本を投じることを選ぶイギリス人が多いのは、間違いなくこのためである。労働の賃金は、イングランドよりフランスの方が低い。スコットランドからイングランドに旅したとき、庶民の服装や表情の違いに気づくと思うが、この違いが庶民の生活の差を十分に示している。この違いは、フランスからイングランドに帰ってきたときの方が大きい。フランスは間違いなくスコットランドより豊かだが、それほど速く成長しているとは思えない。フランスでは、自国が後退しているとの見方が一般的であり、人気のある見方ですらある。この見方はフランスに関してすら根拠がないと思うが、スコットランドについては、現在の姿と二十年前、三十年前の姿を知っているものは誰も、そうは考えないだろう。

オランダは、国土と人口の割に、イングランドより豊かな国である。政府は二パーセントの金利で借り入れ、信用力の高い個人は三パーセントで借りている。労働の賃金はイングランドより高いといわれている。そしてよく知られているように、オランダ人はヨーロッパのどの国民よりも低い利益率で事業を行っている。オランダの産業は衰退しているとする主張もあり、一部の産業は確かに衰退しているといえるのかもしれない。しかしこれらの事実をみれば、産業が全般的に衰退しているわけではないことは明らかだと思える。利益率が低下すると、産業が衰退していると商人が悲鳴をあげることが多い。だが、利益率の低下は繁栄がもたらす自然な結果であり、産業に投じられる資本が増加したことの自然な結果である。最近の七年戦争の際に、オランダはフランスの中継貿易を独占し、いまでもかなりのシェアを占めている。オランダ人はフランスとイギリスの国債に巨額を投資しており、イギリス国債だけでも約四千万ポンドにのぼるといわれている（かなり誇張されているのではないかと思われるが)。また、自国より金利の高い国の民間人に巨額を貸し付けてもいる。これらの事実は資本が過剰になっていること、つまり、自国内の適切な事業に投じて十分な利益をあげられる限度を越えるほど、資本が増加したことを示しているのであって、自国内で適切な事業が減少していることを示しているわけではない。一人の民間人が保有する資本が、ある事業によって獲得したものであっても、その事業に投じられる限度を越えるほど増加し、しかも、事業そのものは成長を続けていることがある。同じことは国についてもいえるのであり、国全体の資本で同様の状態になることがある。

　北アメリカと西インド諸島のイギリス植民地では、本国と比較して労働の賃金が高いだけでなく、金利も高く、したがって資本の利益率も高い。各植民地の法定金利と市場金利はともに、六パーセントから八パーセントの間になっている。しかし、高賃金と高利益率は、新しい植民地という特殊な状況以外では、おそらくめったに両立しない。新植民地では他国の大部分と比較して、領土の広さの割に資本が少なく、資本の総額の割に人口が少ない状態がしばらく続くはずである。土地は広く、耕作に必要な資本が不足する。このため、耕作に資本が投じられるのは、とくに肥沃で、とくに有利な位置にある土地、つまり海岸に近いか、航行可能な河川に沿った土地だけになる。そうした土地が、その土地にある自然の生産物の価値にも満たない価格で購入されることすらある。そうした土地を購入し耕作するために資本を投じれば、きわめて高い利益率を確保できるはずであり、したがって高い金利を負担できる。このように利益率の高い事業によって急速に資本を蓄積するので、入植者は働き手を急速に増やせる状態にあるが、新たな入植地ではそれだけの人手を確保できない。このため、雇えた労働者には高い賃金を支払う。入植地が拡大すると、資本の利益率は徐々に低下する。とくに肥沃で、とくに有利な位置にある土地がすべて利用されると、土壌の肥沃さと位置の有利さがどちらも劣る土地が耕作され、投じた資本の利益率が低下し、高い金利が負担できなくなる。このため、イギリス植民地の大部分では今世紀中に、法定金利と市場金利がともに大幅に低下してきた。豊かになり、社会が進歩し、人口が増えるとともに、金利が低下してきた。資本の利益率が下がっても、労働の賃金は下がっていない。利益率がどうであれ、資本が増加するとともに労働に対する需要は増加する。そして、利益率が低下しても資本は増加を続けるし、それまで以上に急速に増加することがある。勤勉な個人でそうなることがあるように、豊かになる方向に発展している勤勉な国全体でもそうなりうる。利益率が低くても元手が多ければ、利益率は高いが元手が少ないときより急速に元手が増えていく。諺にもあるように、金《かね》が金を生むのだ。金がわずかでもあれば、それを増やすのは難しくない。難しいのはそのわずかを手に入れることなのだ。資本の増加と産業の拡大との関係、つまり資本の増加と有用な労働への需要の増加の関係はすでにある程度説明してきたが、後に資本の蓄積を扱う第二編でさらに説明していく。

新たな領土を獲得するか、新たな産業が興ると、富を急速に獲得して発展している国でも資本の利益率が上昇し、それとともに金利が上昇することがある。新たな領土や新たな産業は資本をもつ人にとって新規事業の機会になるが、国全体の資本はそのすべてに投じるには不十分なので、利益率がとくに高い事業だけに資本が使われる。他の産業にそれまで使われてきた資本の一部が引き揚げられ、もっと収益性が高い新規事業に投じられるようになる。このため、既存の産業では競争がそれまでより緩む。市場では、各種の商品が以前ほど十分には供給されなくなる。それら商品では価格が多かれ少なかれ上昇するので、事業主の利益率が上昇し、以前より高い金利を負担できるようになる。最近の七年戦争が終わった後、しばらくの間、とくに信用力の高い個人やロンドンの大企業すら、五パーセントの金利で借り入れるようになり、それまでは高くても四パーセントか四・五パーセントだった金利が上昇した。北アメリカと西インド諸島で新たな植民地を獲得し、領土と事業が急増した点で金利上昇の理由は十分に説明がつくので、社会全体の資本ストックが減少したと考える必要はないだろう。新たな事業が大幅に増加して既存の資本が投じられることになったので、多数の産業で資本が減少し、競争が緩んで、利益率が上昇したはずである。最近の戦争に巨額の戦費を費やしたものの、イギリスの資本ストックは減少していないと信じる理由については、後に触れる機会があるだろう。

社会の資本ストックが減少し、労働者の維持にあてられる資金が減少すれば、労働の賃金が低下する一方、資本の利益率が上昇し、その結果、金利が上昇する。労働の賃金が下がれば、社会に残った資本の所有者はそれまでより安い経費で商品を市場に供給できるし、市場に商品を供給するために使われる資本の総額は減少しているので、商品を高く売れるようになる。商品のコストは下がり、販売価格は上がる。このため、コストと販売価格の両面から利益率が高くなり、高い金利を負担できるようになる。ベンガルなど、アジアのイギリス植民地で、巨額の富を短期間に容易に獲得できることをみれば、これらの荒廃した国では労働の賃金がきわめて低く、資本の利益率がきわめて高いことが分かる。それにしたがって、金利も高くなっている。ベンガルでは、農民への貸し付けは、金利が往々にして四十パーセント、五十パーセント、六十パーセントにものぼり、その後の収穫物が担保になる。ここまでの高利を負担できるほど利益率が高いのだから、地主の地代にあてる部分はほとんど残らないはずであり、また、利益も大半が利子で食われるはずである。ローマの共和制が崩壊する直前には、属州で同様の高利が一般的になっていたようで、属州の総督による破壊的な統治がその背景にあった。キケロの手紙から分かることだが、高潔さで知られたあのブルートゥスがキプロス島で四十八パーセントの金利で金《かね》を貸していた。

土壌と気候、他国との位置関係から可能な範囲の上限まで富を獲得し、それ以上発展することはできないが、かといって後退もしていない国では、おそらく労働の賃金も資本の利益率もきわめて低いだろう。国土で維持できる人数か、資本で雇える人数の上限一杯の人口をかかえた国では、職をめぐる競争がきわめて激しく、労働の賃金が下がって労働者の数を維持できるぎりぎりの水準になり、人口はすでに上限に達しているので、それ以上に増えることはない。必要な事業に投じられる上限一杯まで資本が蓄えられた国では、事業の性質と規模から可能なかぎりの資本が、どの産業にも投じられているだろう。そのため、どの産業でも競争がきわめて激しく、通常の利益率はぎりぎりまで下がっているだろう。

しかしおそらく、この段階まで豊かになった国はかつてなかったとみられる。中国は長期にわたって停滞しているようにみえるし、おそらくははるか昔に、法律と制度の性格から可能な範囲の上限まで、富を獲得しているとみられる。しかしこの上限は、法律と制度が違った場合に、中国の土壌と気候、他国との位置関係から可能な水準より、はるかに低いかもしれない。貿易を無視するか蔑視していて、外国船の入港を一、二の港でしか認めない国では、法律と制度が違った場合に可能なほど、事業を拡大することはできない。また、大金持ちや大資本の所有者が十分な安全を確保できるのに、貧乏人や小資本の所有者が安全に暮らすことができないばかりか、正義の名のもとに、下級官僚にいつ略奪され収奪されるか分からない国でも、その国の各種産業に投じられる資本の総額が、産業の性質と規模から可能な範囲の上限に達することはないだろう。どの産業でも、貧乏人が抑圧されていれば金持ちが市場を独占し、すべての事業を自分たちで分け合って、利益率をきわめて高い水準に維持できるはずである。中国では通常の金利は十二パーセントだといわれており、通常の利益率もこれだけの高金利を負担できるほど高いはずである。

法律に欠陥があるために、国の貧富の状態から決まる水準よりも、実際の金利が大幅に高くなることがある。契約の履行を強制できない法制度のもとでは、どの借り手も、法制度が整備されている国での破産者や、信用力が極端に低い借り手に近い扱いを受ける。貸した資金を回収できるかどうかが疑わしいので、普通なら破産者にしか適用されない高利を貸し手は要求する。蛮族がローマ帝国の西部に侵入して作った国では、長期にわたって契約の履行が当事者の信義に任されてきた。これらの国では裁判所が契約に介入することはめったになかった。この時代に金利が高かったのはおそらく、この点が一因になったからだろう。

金利が法律で禁じられても、利子を取る貸し借りがなくなるわけではない。借金を必要とする人は多いが、資金を使って得られる利益だけではなく、法の網をくぐる手間と危険にも見合った利子を対価として得られるのでなければ、誰も貸そうとはしない。哲学者のモンテスキューは『法の精神』で、イスラム圏で金利が高いのは貧しいからでもあるが、法の網をくぐることが危険だし、資金回収が難しいからでもあると論じている。

通常の利益率は最低でも、資本の利用にあたってときおり被る損失を補うのに十分な水準をつねに上回っていなければならない。正味の利益、純利益はこの余剰部分だけである。いわゆる総利益にはこの余剰部分だけでなく、こうした特別の損失を補うために留保される部分も含まれていることが多い。借り手が支払える金利は、純利益だけに比例している。

同様に、通常の金利は最低でも、慎重に注意した場合ですらときおり被る損失を補うのに十分な水準を上回っていなければならない。そうなっていなければ、善意か友情だけしか貸し付けの動機はないことになる。

富を上限一杯まで獲得し、どの産業でも限度まで資本が投じられている国では、通常の純利益率がきわめて低くなり、そこから支払える通常の市場金利もきわめて低くなるので、資金を貸して得た利子で生活できるのは、ごく一部の大金持ちだけになるだろう。そここそこの資産をもっていても、自分の資本を使う事業をみずから監督するしかなくなる。このため、ほとんど全員が何らかの事業に従事して、職業をもつしかなくなる。オランダはこの状態に近づいているようで、職業をもたないのは恥ずかしいことだとされている。必要に迫られているので、ほとんど全員が職業をもっている。そしてどこでも習慣が考え方を決める。自分だけ違った服を着ていると滑稽なように、自分だけ定職についていないのは、ある程度滑稽なことなのだ。民間人が軍隊に入ると不器用にみえ、馬鹿にされかねないように、みなが働いているときに無為徒食では馬鹿にされかねない。

通常の利益率は最高でも、大部分の商品の価格のうち、地代にあてられるはずの部分をすべて食いつくし、商品を生産して市場に運ぶための労働に対して、どの地域でもそれ以下ではありえない賃金、つまり労働者がようやく生活できる賃金を支払うのに必要な部分だけを残す水準を上回ることはできないといえよう。労働者は働いている間、なんとか食べていける賃金を支払われてきたはずである。しかし地主は地代を支払われてきたとはかぎらない。東インド会社の従業員がベンガルで行っている事業は、このような状態をもたらす最高の率に近い利益をあげているとみられる。

通常の純利益率に対する通常の市場金利の適正比率は、利益率が上下するとともに変わるはずである。イギリスの商人の間では、利益率は金利の二倍であれば、低すぎず高すぎず、適切だとされている。ここでいう利益とは、普通に使われる意味での利益だと考えられる。通常の純利益率が八パーセントから十パーセントの国なら、借り入れで事業を行っているとき、純利益の半分が金利にあてられるのが適切だといえよう。事業に投じた資本のリスクを負担しているのは借り手であり、借り手はいうならば、貸し手向けの保険を引き受けていることになる。そして大部分の事業では、金利を支払った後に四パーセントから五パーセントの利益が残れば、この保険引受について十分な利益を確保でき、同時に資本を利用する手間に対して十分な報酬を得ているといえるだろう。しかし、純利益率に対する金利の比率は、通常の利益率がはるかに高い国やはるかに低い国では、これと同じだとかぎらない。利益率がはるかに低い場合にはおそらく、半分を金利にあてるわけにはいかないだろう。利益率がはるかに高い場合には、半分以上を金利にあてられるかもしれない。

豊かさに向けて急速に発展している国では、多数の商品で、利益率の低さによって労働の賃金の高さを吸収でき、自国ほど繁栄しておらず、労働の賃金が低い国と変わらぬほど安い価格で商品を販売できるだろう。

実際には、高利益率の方が高賃金より商品価格の上昇をもたらす力がはるかに強い。たとえば亜麻布産業で、原料の亜麻の仕上げから紡績、織布など、さまざまな職種の労働者の賃金がすべて、一日当たり二ペンス上がったと想定しよう。この場合、ある分量の亜麻布の価格を、二ペンスにその生産に雇われた労働者の数と働いた日数を掛けた額だけ引き上げる必要がある。商品価格のうち賃金にあてられる部分は、製造の各段階を経ていくとともに、賃金の上昇幅にしたがって等差数列的に上昇していく。ところが、各段階の労働者の雇い主が利益率を五パーセント引き上げると、商品価格のうち資本の利益にあてられる部分は、製造の各段階を経ていくとともに、利益率の上昇幅にしたがって等比数列的に上昇していく。亜麻仕立て工の雇い主が亜麻を売るとき、労働者に支給した原材料と支払った賃金の総額の五パーセントを追加するよう求める。つぎに紡績工の雇い主が、価格が上昇した亜麻と支払った賃金の総額の五パーセントを追加するよう求める。つぎに織工の雇い主が、価格が上昇した亜麻糸と支払った賃金の総額の五パーセントを追加するよう求める。賃金の上昇が商品価格の上昇をもたらすとき、単利によって債務が膨らむのと同様に作用する。利益率の上昇は複利と同様に作用する。商人や事業主は賃金の上昇によって価格が上昇し、国内でも国外でも商品の販売が落ちると、その悪影響を声高に主張する。だが、利益率上昇の悪影響については何も語らない。自分の収入を増やしたときの悪影響については沈黙し、他人の収入が増えたときの悪影響については騒ぎ立てる。

第十章　業種による労働の賃金と資本の利益の違い

労働と資本には業種ごとに有利な点と不利な点があるが、これらを総合した場合、同じ地域のなかでは業種間の格差がなくなって完全に均等になっているか、そうでなくてもつねに均等な状態に向かっているはずである。ある地域で一つの業種がとくに有利になっているか不利になっていれば、多数の人が有利な業種に殺到するし、不利な業種を見捨てるので、すぐに有利さが他の業種と変わらなくなるだろう。少なくとも、ものごとが自然の成り行きに任されていて、完全な自由があり、誰でも適切だと考える業種を完全に自由に選べるし、適切だと考えるときに業種を変えられるのであれば、そうなるだろう。全員が自分の利害に基づいて有利な業種を求め、不利な業種を避けるだろう。

実際には、賃金と利益の水準はヨーロッパのどこでも、業種ごとに極端に違っている。しかしこの違いは一つには、業種自体の性格から生じており、それによって実際にか、少なくとも見方の点で、金額の少なさが補われ、金額の多さが相殺されている。そしてもう一つ、ヨーロッパの政策から生じており、この政策によって、ヨーロッパのどの地域でも、ものごとが完全な自由に任されてはいない。

この章は二つの部分に分かれており、それぞれで業種自体の性格と政策とを考えていく。

第一節　業種自体の性格から生まれる不均等

観察によって確認できるかぎり、以下にあげる五つの要因によって、ある業種での収入の少なさが補われ、別の業種での収入の多さが相殺されている。第一は、業種自体が快適か不快かである。第二は、その職業の仕事を習得するのが難しいのか容易なのか、そして習得に要する費用が多いのか少ないのかである。第三は、その業種で仕事がいつもあるのか、それとも不安定なのかである。第四は、その業種で仕事をしている人によせる信頼が大きいのか小さいのかである。第五は、その業種で成功を収められる可能性が高いのか低いのかである。

第一に、労働の賃金は、仕事が楽なのか苦しいのか、清潔なのか不衛生なのか、肩身が広いものなのか狭いものなのかによって違っている。このため年間を通してみれば、ほとんどの地域で、同じ雇われでも仕立て工は織工より収入が少ない。仕立て工の方が仕事が楽だからだ。織工は鍛冶工よりも収入が少ない。織工の仕事は楽だとはかぎらないが、はるかに清潔だからだ。鍛冶工は熟練工だが、十二時間働いて得られる賃金はほとんどの場合、単純労働者にすぎない炭鉱夫が八時間で得られるものより少ない。鍛冶工の仕事は炭鉱夫の仕事ほど不衛生ではないし、危険も少ないし、昼日中に地上で行われる。別の例をあげると、名誉ある専門職ではいずれも、名誉が報酬のうちかなりの部分を占める。金銭的な収入の面では、すべての点を考えると一般に報酬が低く、この点については以下で説明する。不名誉は逆の影響を与える。食肉処理の仕事は気持ちがいいものではない。だがほとんどの地域で、通常の仕事の大部分よりも収入が多い。すべての職業のなかでもっとも不愉快な死刑執行人の仕事は、通常のどの職業よりも仕事量の割に高い賃金を支払われている。

狩猟と漁業は未開の社会ではとくに重要な仕事だったが、発達した社会ではとくに快適な娯楽になっており、かつては必要に迫られて行われていたが、いまでは楽しみのために行われている。このため発達した社会では、他の人が娯楽にしている狩猟や漁業を職業にしている人はみな、きわめて貧乏だ。漁師はテオクリトスの詩に描かれているように、古代ギリシャの時代からきわめて貧しい。密猟者はイギリスのどの地域でもきわめて貧しい。

法律が厳しくて密猟者がいない国でも、許可を受けた狩猟者の生活はこれとあまり変わらない。これらの仕事は好まれるものなので、従事する人の数が多すぎて楽に生活することができない。その労働の生産物は市場で労働量の割に安くしか売れず、ようやく生活できるだけの収入しか得られない。

　不快さと不名誉が資本の利益に与える影響は、労働の賃金の場合と同様である。旅館や居酒屋の主人は、自分の家のなかでも自由に振る舞うことができず、横暴な酔っぱらいの相手をしなければならないので、快適な仕事ではないし、名誉ある仕事でもない。だが、普通の業種のなかで、少ない資本でこれほどの利益をあげられるものはめったにない。

　第二に、その職業の仕事を習得するのが難しいのか容易なのか、そして習得に要する費用が多いのか少ないのかによって、労働の賃金が違ってくる。

　高価な機器を設置するとき、その機器が使えなくなるまでに普通以上の仕事ができ、機器にかけた資本を回収したうえ、少なくとも通常の利益が得られると予想できなければならない。長い年数をかけて努力し、特別な技能や技術を必要とする職業のために教育や訓練を受けた人は、このような高価な機器に似ているともいえる。習得した仕事によって、単純労働で得られる通常の賃金以外に、習得に要した費用を回収したうえ、少なくとも同額の資本での通常の利益を確保できる収入が得られると予想できなければならない。しかも、機器の場合に耐用年数を考慮するように、人間の場合には寿命がはるかに不確かな点を考慮にいれて、適切な期間内にそうできなければならない。

熟練労働と単純労働の賃金の違いは、この原理に基づいている。

ヨーロッパでは、機械工や製造工の仕事はすべて熟練労働とみなし、農村の労働者の仕事はすべて単純労働とみなす政策がとられている。農村の労働者の仕事より、機械工や製造工の仕事の方が難しく、高度の技術が必要だと考えられているようだ。おそらくそういえる場合もある。だが、以下で示すように、仕事の大部分ではまったくそうとはいえない。それでもヨーロッパの法律と慣習では、製造工などの仕事につく際に、地域によって厳しさに違いがあるものの、徒弟として修業するよう義務づけている。農村の仕事は誰でも自由につけるようになっている。徒弟の期間には労働の生産物はすべて親方のものになる。その間、ほとんどの場合には親か親戚が生活費を負担しなければならず、衣服はほとんどの場合、親か親戚が与えなければならない。そのうえ仕事を教える親方に、ある程度の謝礼を支払うのが通常である。謝礼を支払えない場合には、時間で支払う。つまり、年季奉公の期間が通常より長くなる。徒弟はあまり働かないものなので、これが親方にとって有利だとはかぎらないが、徒弟にとってはかならず不利になる。これに対して農村の労働者の場合、まず簡単な仕事で働き、その間にもっと難しい仕事を覚える。仕事のさまざまな段階を通じて、自分の労働によって生活費を稼ぐ。したがって、ヨーロッパでは機械工や製造工は下層労働者よりも賃金がある程度高くて当然である。そして実際に賃金が高くなっており、このためにほとんどの地域で、下層労働者よりも地位が高いとみられている。だが、賃金の違いは一般にきわめて小さい。無地の亜麻布や毛織物の織工など、一般的な製造工の場合、一日当たりの収入はほとんどの地域で、平均して下層労働者の日当をごくわずかに上回るにすぎない。もっとも製造工の仕事は安定していて、仕事量の変動が少ないので、年間を通じた収入の差はもう少し大きいかもしれない。しかし、技能の習得に使った費用の高さを補って余りあるほどでないことは明確だと思える。

精巧な芸術や専門職の仕事のための教育はもっと時間と費用がかかる。このため、画家や彫刻家、法律家や医者の金銭的な報酬ははるかに高いのが当然であり、実際にも高くなっている。

資本の利益は、事業の習得が容易な業種なのか難しい業種なのかでは、ほとんど違いがないようだ。実際には、大都市で一般に資本の用途になっているさまざまな業種はどれも、習得がほぼ同じ程度に容易であり、ほぼ同じ程度に難しいといえるようだ。国際取引、国内取引のどの業種も、事業の習得が飛び抜けて難しいとはいえない。

第三に、仕事がいつもある業種なのか、それとも不安定な業種なのかで、労働の賃金に違いがある。

業種によって仕事の安定性にかなりの違いがある。製造業の大部分では、年間を通じて、自分が働ける日のほとんどで、まず確実に仕事があると安心できる。これに対して石工や煉瓦《れんが》工は、極寒の日や悪天候の日には働けないし、そうでなくても、ときおり仕事をくれる顧客から声がかかるのを待つしかない。このため、仕事がない日が頻繁にある。したがって、仕事がある日の稼ぎは、仕事がない日にも食べていけるものでなければならないし、このような不安定な状況を思えばときどきは陥るはずの不安感や絶望感に対しても、何らかの補償になるものでなければならない。製造工の大部分で平均収入が下層労働者の日当をごくわずかに上回るにすぎないとみられる地域で、石工や煉瓦工の収入は通常、下層労働者の一・五倍から二倍である。下層労働者の収入が週に四シリングから五シリング（〇・二〜〇・二五ポンド）の地域では、石工や煉瓦工の収入は週に七シリングから八シリング（〇・三五〜〇・四ポンド）であることが多い。下層労働者の収入が週に六シリング（〇・三ポンド）の地域では、石工や煉瓦工の収入は週に九シリングから十シリング（〇・四五〜〇・五ポンド）であることが多い。ロンドンのように下層労働者の収入が週に九シリングから十シリングの地域では、石工や煉瓦工の収入は通常、週に十五シリングから十八シリング（〇・七五〜〇・九ポンド）である。だが、熟練労働のなかで、石工や煉瓦工の仕事ほど簡単に習得できるものはないようだ。ロンドンの駕籠《かご》かきは夏の間、煉瓦工として働くことがあるという。したがって、石工や煉瓦工の賃金が高いのは、熟練度の高さに対する報酬ではなく、仕事の不安定さを補うものである。

大工は石工にくらべて難しく精巧な仕事をしているように思える。ところが、すべてとはいえないがほとんどの地域で、大工の方が日当が若干低い。大工もやはり、ときおり仕事をくれる顧客に依存しているが、完全に依存しているわけではないし、天候が悪くて働けなくなることも少ない。

普通なら安定して仕事がある業種でも、たまたま仕事が不安定な地域では、下層労働者の賃金に対するその業種の賃金の比率がかならず通常の比率を大きく上回っている。ロンドンではほとんどすべての製造工が、他の地域の日雇い労働者と同じように、一日ごとや一週間ごとに雇われ、仕事がなければ解雇される。このため、製造工のなかでもっとも地位が低い仕立て工は一日に三十ペンス（〇・一二五ポンド）稼ぐが、下層労働者の日当は十八ペンス（〇・〇七五ポンド）とみられる。小さな町や農村では、仕立て工は下層労働者と賃金がほとんど変わらないことも少なくない。だがロンドンでは何週間も仕事がない場合があるし、夏の間はとくにそうなることが多い。

仕事が不安定なうえに、苦しく、不快で、不健康な場合には、ごく単純な労働でも、とくに熟練を要する仕事よりも賃金が高くなることがある。出来高で働く炭鉱夫は、下層労働者とくらべて、ニューカッスルではほぼ二倍、スコットランドの多くの地域ではほぼ三倍稼ぐのが普通だとされている。この高賃金はすべて、仕事が苦しく、不快で、不健康なことによるものである。ほとんどの場合、仕事は安定していて、働きたいときにいつでも働ける。ロンドンで石炭を荷揚げする労働者は、炭鉱夫とほとんど変わらないほど仕事が苦しく、不快で、不健康だ。それに、石炭運搬船の入港が不規則になるのは避けがたいので、大部分の人は仕事がきわめて不安定にならざるをえない。このため、炭鉱夫が下層労働者の二倍から三倍稼ぐのが普通だとするなら、石炭荷揚げの賃金が四倍から五倍であっても不思議だとはいえない。数年前に賃金を調べたところ、その時点の相場で一日当たり六シリングから十シリング（〇・三〜〇・五ポンド）であることが分かった。六シリングはロンドンでは下層労働者の賃金のほぼ四倍にあたる。そしてどの業種でも通常の範囲の賃金のなかで、最低水準の賃金の人がいつも圧倒的に多いと考えられるだろう。この収入はいかにも多いと思えるかもしれないが、この仕事の不快さをすべて補うのに十分な水準を超えていれば、排他的な特権のない職業なのだから、すぐに賃金が下がるだろう。

　仕事が安定しているか不安定なのかは、どの業種でも資本の通常の利益に影響を与えることはない。資本がつねに使われているかどうかは、事業の性格によるのではなく、事業主しだいだからである。

第四に、労働の賃金は、仕事をしている人によせる信頼が小さいのか大きいのかによって違ってくる。

金細工工や宝石工はどの地域でも、必要な技能が同程度か、はるかに高度な熟練工よりも賃金が高い。これは高価な材料の加工を任せるからである。

医者には健康の管理を任せるし、法律家や弁護士には財産の管理を任せ、ときには自分の命や名誉まで託すことがある。相手がきわめて貧しかったり、社会的地位が低かったりすれば、ここまでの信頼をよせることはできない。このため、こうした人の報酬は、信頼をよせられるほど高い社会的地位を得られるものでなければならない。この点に加えて、これらの職につくには長期間にわたって費用のかかる教育を受ける必要がある点からも、労働の価格がさらに高くなるはずである。

事業主が自己資本だけで事業を行っている場合には、信頼は関係しない。他の人から信用を供与されるかどうかは、事業そのものの性格ではなく、事業主個人の資産や誠実さ、賢明さに関する評判に左右される。このため、業種という観点でみたとき、事業主によせる信頼の大小は、資本の利益率に違いをもたらす要因にはなりえない。

第五に、業種による労働の賃金の違いは、その業種で成功を収められる可能性が高いのか低いのかによって生じる。

教育や訓練を受けている人がその職業に必要な技術を習得できる確率は、職業によって大きく違う。製造工の大部分ではほとんど確実だが、専門職ではきわめて不確実だ。息子を靴屋の徒弟にだせば、まず間違いなく靴を作る技術を習得する。だが法律を学ばせた場合、法律家としての収入で生活ができるまでになる確率は、二十分の一にも満たない。完全に公正な富籤《とみくじ》では、当たり籤を引き当てた人が、外れた人の失った金額をすべて得るべきである。一人の成功者がいれば二十人が失敗している職業では、残りの二十人が得られるはずだった収入をすべて、一人の成功者が得るべきである。おそらくは四十歳近くになってようやく専門の職業で成功を収めるようになった弁護士は、自分自身が受けた教育だけでなく、その教育からおそらく何も得られない二十人以上の分についても、学習にかけた時間と費用とにふさわしい報酬を受けるべきである。弁護士の報酬はときに法外だと思える場合もあるが、実際の報酬がそこまで高くなったことはない。どの地域でも、靴屋や織工などの普通の職業について、その職業で働く人の年間の総収入と、その職につくための訓練に費やされた年間の総費用を推計してみれば、総収入が総費用を上回っているはずである。ところが法律家と法学生について同じように推計してみると、どの法律家協会でも、年間の総収入が年間の総費用に対して、ごく低い比率にしかなっていないことが分かるだろう。総収入をできるかぎり高く見積もり、総費用をできるかぎり低く見積もってもそうなる。したがって、法律教育の富籤は完全に公正な富籤からほど遠い。名誉ある専門職ではいずれもそうだが、法律家でも、金銭的な報酬は明らかに適正水準より低いのである。

とはいってもこれら専門職は他の職業と釣り合いがとれており、このように不利な条件があるのに、上流階級や知識階級の若者が殺到している。専門職が好まれる理由は二つある。第一に、専門職で卓越した地位を獲得できたときに得られる名声に魅力がある。第二に、人は誰でも自分の能力について、さらには自分の幸運について、多かれ少なかれ自信をもっているものである。

どの専門職でも、人並みといえるまでになれる人すらごく少ないなかで、卓越した地位を獲得できれば、いわゆる天才または秀才であることを端的に示す証拠になる。人並みはずれた能力をもつものが得られる社会の賞賛が、つねに専門職の報酬の一部になっている。報酬のうちどれだけの比率を占めるかは、賞賛の程度によって違う。医者の場合には、賞賛が報酬のうちかなりの部分を占めている。法律家の場合には、さらに比率が高い。詩人と哲学者の場合には、大部分を占める。

世の中にはきわめて美しく素晴らしい芸術的能力をもつ人がいて、ある種の賞賛を集める。だが、その能力を利用して収入を得ると、理性的な判断からなのか偏見からなのか、金で買われて堕落したとみられる。したがって、収入のために芸術的能力を使う人が得る金銭的な報酬は、その能力を獲得するために費やした時間と努力、費用に見合うだけでなく、生活のためにこうした能力を使うことに伴う不名誉を補えるものでもなければならない。俳優、オペラ歌手、バレエ・ダンサーなどが得る巨額の報酬は、第一にその能力の素晴らしさと稀少価値、第二にその能力を生活のために使う不名誉という二つの点に基づいている。一方ではこうした人を軽蔑しながら、もう一方ではその能力にふんだんに報酬を支払うのは一見、奇妙なようにも思える。だが、軽蔑するからこそ、高い報酬を支払う必要があるのだ。これらの職業に対する社会の見方や偏見が変われば、金銭的な報酬は急速に下がるだろう。これらの職業につこうとする人が増え、競争が激しくなって、労働の賃金がすぐに下がる。こうした能力はごく普通にあるとはとてもいえないが、考えられているほど珍しいわけでもない。完全な能力をもつ人は多いが、それを使って収入を得るのをいさぎよしとしないだけである。そして名誉ある仕事として収入を得られるのであれば、この能力を習得できる人はもっと多い。

　自分の能力を過信して自惚《うぬぼ》れる人が多いが、この自惚れははるか昔からの悪徳であり、どの時代の哲学者や思想家も指摘してきた点だ。自分の幸運を過信する愚は、あまり注目されてこなかった。だが、この方がはるかに一般的だといえる。心身ともにそこそこ健全な人で、この傾向をまったくもたない人はいない。儲かる確率は、誰でも多かれ少なかれ過大評価するものだし、損する確率は、ほとんどの人が過小評価するものだ。そして、心身ともにそこそこ健全な人のうち、損失の確率を過大評価する人はほとんどいない。

　儲かる確率が自然に過大評価されていることは、富籤がかならず成功する点から確認できるだろう。完全に公正な富籤というものはかつてなかったし、これからもあるはずがない。利益の総額が損失の総額に等しい富籤はありえない。それでは富籤を発行しても利益が得られないからだ。国営富籤の券は、当初の応募者が支払った価格ですら実際の値打ちより高いのだが、発行された富籤券が市場で売買されるとき、二十パーセント、三十パーセント、ときには四十パーセントも高い価格になるのが普通だ。巨額が当たるかもしれないという愚かな期待だけが、このような需要のある理由なのである。ごく真面目な人でも、当たる確率を考えればおそらく二十パーセントから三十パーセントも実際の値打ちよりも高いことを知りながら、一万ポンドか二万ポンドが当たる可能性に少額を賭けるのが愚かなことだとは、まず考えない。当籤《とうせん》金が最高二十ポンドにしかならないが、通常の国営富籤より完全に公正なものに近い富籤があっても、同じだけの需要はないだろう。高額が当たる確率を高めようと、何枚もの富籤券を買う人がいるし、大量の券を買った証券仲買人が小口化して売り出す小銭籤《こぜにくじ》を買う人もいる。だが、購入する券の数が多いほど、損をする確率が高くなるというのが、これ以上はないといえるぐらいに確かな数学上の命題である。一回の富籤で発行される券をすべて買った場合、確実に損をする。購入する券の数が多いほど、確実に損をする状態に近づいていく。

損失の確率が往々にして過小評価され、めったに過大に評価されない点は、損害保険事業の利益が少ないことからも確認できるだろう。海上保険でも火災保険でも、保険を事業にするには、通常の保険料によって通常の保険金を支払い、管理費を支払い、そのうえ、同じ額の資本を通常の事業に投じたときに得られる利益を確保できなければならない。この水準を超えない保険料であれば、リスクの真の価値に見合っており、確かに保険になると十分に予想できる最低の金額だといえる。ところが、保険事業で小金を儲けた人は多いが、巨額の資産を築いた人はまずいない。この点だけを考えても、一財産を作った人が多い他の業種とくらべて、保険事業の収益性が通常、あまりいいといえないことは明らかだと思える。このように、保険料は一般に高くないのだが、リスクを軽視して保険料を支払おうとしない人が多い。イギリス全体で、二十戸のうち十九戸は、いやおそらく百戸のうち九十九戸は、火災保険をかけていない。海上のリスクについては心配する人が多いので、海上保険をかけている船舶の比率はもっと高いだろう。それでも、保険をかけずに航行している船はいつも多いし、戦時にすら多い。もっとも、無分別でなくても、保険をかけない場合がある。大企業であれば、そして大商人ですら、二十隻から三十隻の船をいつも動かしていて、いうならば互いに保険をかけあう関係になっている。運航している船のすべてで保険料を節約すれば、通常の確率で起こりうる損失を十二分に補塡《ほてん》できる。しかし、船舶に海上保険をかけないのはほとんどの場合、住宅に火災保険をかけないのと同様に、しっかりした計算に基づくものではなく、単なる向こう見ずと世間知らずのリスク軽視によるものである。

リスクを軽視し、身の程をしらないまま成功を夢見る傾向は、人生のなかで職業を選ぶ青年期にもっとも強くなる。この時期に幸運への期待が強く、不運の可能性を秤にかけられない点は、上流階級の若者がいわゆる専門職に押しかけることより、庶民が簡単に兵士になったり、船乗りになったりすることによく示されている。

普通の陸軍兵士が損な役回りであることは明々白々だ。ところが戦争がはじまると若者が危険をかえりみず、熱心に志願する。そして、昇進の可能性などほとんどないのだが、いかにも若者らしく、戦功をあげて勲章をもらえる機会がたくさんあると想像する。実際にはありもしない機会の夢想だけが、命をかけることへの代償なのである。陸軍兵士は下層労働者よりも賃金が低いし、そのうえ、勤務ははるかに厳しい。

船乗りや水兵であれば、陸軍の兵士ほど、富籤と考えたときの分は悪くない。しっかりした労働者や職人の息子が父親の同意を得て船乗りになることがあるが、陸軍兵士になるときは父親の同意を得られない。船乗りや水兵なら成功する可能性があることは万人が認めるが、陸軍にそんな機会があるとは、本人以外の誰も考えていない。陸軍と海軍の違いを端的に示す事実をあげるなら、海軍の偉大な提督は、陸軍の偉大な将軍ほど世間の賞賛を浴びることはない。そして海軍で大成功を収めても、陸軍で大成功を収めた場合ほどの輝かしい名声と幸運を得られるわけではない。陸軍と海軍のこの違いは、もっと低い階級にもいえる。席次規則では、海軍大佐は陸軍大佐と同等だが、世間では同等とみられていない。富籤では、一等の当籤《とうせん》金が少ないほど、少額の当たり籤が多くなる。これと同じことが陸軍と海軍の違いにもいえる。海軍では陸軍とくらべて、いわば一等当籤金が少ない代わりに、水兵が運に恵まれて昇進する可能性が、一般の陸軍兵士の場合より高い。そしてこの可能性があることが、水兵や船乗りの主な魅力になっている。もっとも、船乗りの技能はほとんどどんな職人の技能よりも優れているし、船乗りの一生は危険と困難に満ちているが、それほどの技能、それほどの危険と困難にもかかわらず、下級の水兵や船乗りの地位に止まっているかぎり、技能を発揮する喜び、危険と困難を乗り越える喜び以外には、ほとんど報酬を受けていない。船乗りの賃金は、港での下層労働者の賃金を基準に決められ、この基準を上回ることはない。船乗りは港から港へといつも移動しているので、イギリス国内のさまざまな港で乗り込む船乗りの月間賃金は、他の職種より地域ごとの違いが少ない。そして、入港と出港がもっとも多いロンドン港での賃金によって、国内各港での賃金が決まっている。ロンドンでは大部分の職種で、賃金がエディンバラでの約二倍になっている。ところが、ロンドン港から乗り込む船乗りは、エディンバラのリース港から乗り込む船乗りより月当たりの賃金が三シリングか四シリング（〇・一五～〇・二ポンド）多いことはめったになく、たいていは差がもっと小さい。平時に商船に乗る場合、ロンドンでは月当たり二十一シリングから二十七シリング（一・〇五～一・三五ポンド）である。ロンドンの下層労働者の賃金は週当たり九シリングか十シリング（〇・四五～〇・五ポンド）なので、月当たりでは四十シリングから四十五シリング（二～二・二五ポンド）になる。船乗りの場合、賃金以外に食事が支給される。しかし、食事の価値はおそらく、下層労働者との賃金の差より高くなることはないとみられる。まれにはそういうこともあるだろうが、超過分が余分な稼ぎになるわけではない。妻や子供に分けるわけにはいかず、家にいる家族は賃金で養うしかないからだ。

　冒険の生活でぶつかる危険や危機一髪の脱出は、若者の気持ちを挫くどころか、逆に魅力になることが少なくないようだ。下層階級のやさしい母親は、息子を港町の学校に通わせるのを恐れることが多い。船を眺め、船員から冒険談を聞いて、海に行きたいと言いださないかと心配するのだ。ごくまれに危険にぶつかる可能性があっても、勇気と腕があれば脱出できると期待できる場合には、とくに不快ではなく、どの業種でもそれで賃金が高くなることはない。勇気や腕では何ともしがたい危険の場合は事情が違う。たとえば健康を害することが知られている業種では、労働の賃金はかならず大幅に高い。健康を害するのは不快さの一種であり、それが労働の賃金に与える影響は、仕事が快適か不快かに関する項で扱うべきものである。

資本の利益を業種ごとにみていくと、収益が確実か不確実かによって、通常の利益率が多少とも違っている。外国との貿易より国内の商売の方が確実性が高い。外国との貿易でも部門によって確実性に違いがあり、北アメリカ向け貿易はジャマイカ向けより確実性が高い。リスクが高いほど、通常の利益率はつねに多かれ少なかれ高くなる。しかし、リスクに比例して高くなるわけではなく、したがってリスクを完全に相殺できるわけではないようだ。とくに危険が大きい業種では、倒産がとくに頻繁に起こる。すべての業種のなかでももっとも危険が大きい密貿易業は、冒険に成功した場合には大儲けできるが、間違いなく倒産にいたる道でもある。他の場合と同様に、身の程をしらないまま成功を夢見る一般的な傾向が密貿易業にもあらわれているようで、この危険な仕事に引きつけられる冒険好きが多く、競争によって、危険に見合う水準以下にまで利益率が下がっている。リスクを完全に相殺するには、密貿易業の一般的な利益率は、資本の通常の利益率に加えて、ときおり被る損失を補塡し、さらに保険事業の利益と同じ性格の追加利益を冒険者が確保できるものでなければならない。密貿易業の一般的な利益率がこのすべてに見合ったほど高ければ、他の業種と比較してとくに倒産が多くはならないだろう。

以上から分かるように、労働の賃金の違いをもたらす五つの要因のうち、二つだけが資本の利益に影響を与える。事業の快適さと不快さ、事業の安全性と危険の二点である。事業の快適さと不快さは、資本の用途の大部分でほとんど違いがない。これに対して労働では、業種によって大きな違いがある。そして資本の通常の利益率は、リスクが高いほど高くなるが、リスクに比例するとはかぎらないようだ。以上の点から、一つの社会または地域でみて、資本の平均的で通常の利益率は、労働の賃金よりも業種ごとの違いが小さいはずである。そして実際にもそうなっている。下層労働者と十分に仕事のある弁護士や医者との収入の違いは、通常の利益率の違いをどの二つの業種の間でみた場合とくらべても、明らかにはるかに大きい。それに、業種ごとの利益率の違いと思えるものは一般に、賃金とみるべきものと利益とみるべきものとがかならずしも区別されていない点から生じる錯覚である。

薬屋の利益率は、法外に高いものと相場が決まっていて、薬《くすり》九《く》層倍《そうばい》という言葉があるほどだ。だが、極端に高いとみえる利益率がじつは、適正な賃金にすぎないことが少なくない。薬剤師はどんな熟練工よりも仕事が難しく、高度な技術が必要であり、また、顧客がよせる信頼もはるかに大きい。貧乏人はどんな病気のときにも薬屋に頼るし、金持ちも苦痛や危険がそれほどない病気のときに、医者代わりとして薬屋を頼りにする。このため、薬剤師の報酬はこの技術と信頼にふさわしいものになるのが当然だし、報酬は一般に薬の代金の形で得ている。ところが、大きな市場のある都市で繁盛している薬屋でも、年間に売る薬の仕入れ代金はおそらく三十ポンドから四十ポンドを上回ることはないだろう。これを売って三百ポンドから四百ポンドを得ていて、仕入れ代金に対する利益率が一千パーセント近くになるとしても、労働の適正な報酬を得る唯一の方法として、それを薬代に上乗せしたにすぎない場合が多いはずである。利益とみえるものの大部分は、利益という外観をとっているが、実際には賃金なのである。

小さな港町では、小さな食料雑貨店はわずか百ポンドの資本で四十パーセントから五十パーセントの利益を稼ぐが、同じ町にある大きな卸売り商は一万ポンドの資本で八パーセントから十パーセントの利益をまず得られない。食料雑貨店は近くの住民の生活に必要なものだろうが、市場が小さいので、事業に投じる資本をあまり増やせない。しかし、店主はこの商売で暮らしていかなければならないし、この商売に必要なものにふさわしい生活ができなければならない。少額の資本が必要なうえ、読み書きと計算ができなければならないし、おそらく五十種類から六十種類の商品について、価格、品質、最低価格で仕入れられる市場をかなりの程度まで判断できる力がなければならない。要するに、大商人に必要な知識をすべてもっていなければならず、十分な資本さえあれば大規模な商売ができる力がなければならない。年に三十ポンドから四十ポンドの報酬は、ここまでの能力のある労働者への報酬として多すぎるとはいえない。きわめて多いと思える利益からこの金額を差し引くと、おそらく、資本の利益率は普通の水準にしかならないだろう。この場合にも、利益とみえるものの大部分は、実際には賃金なのである。

このように小さな町や村では、小売り業と卸売り業とで外見上の利益率に大きな差があるようにみえるが、首都ではこの差がはるかに小さい。食料雑貨店でも一万ポンドの資本を使うことができるし、ここまで資本が多いと、店主の労働の賃金は実際の利益に対する比率がごく小さくなる。このため、外見上の利益率は、裕福な小売り商も卸売り商とそう変わらない。この結果、首都では小さな町や村と比較して、小売り店での商品の価格は一般にほとんど変わらないし、大幅に安い場合も少なくない。たとえば食料雑貨は一般にかなり安い。パンと食肉はほとんど変わらない。食料雑貨の場合、大都市でも村でも輸送費に差はない。穀物や家畜の場合、大都市には大部分を遠くから輸送することになるので、輸送費がかなりかかる。このため、食料雑貨では仕入れ値がどちらでも変わらず、仕入れ値に対する利益率が低い地域ほど、小売り価格が低くなる。パンや食肉の場合には、村よりも大都市の方が仕入れ値が高いが、利益率が低いので、小売り価格は大都市の方が低くなるとはかぎらず、同じになることが多い。パンや食肉などの商品では、外見上の利益率を低下させるのと同じ原因によって、仕入れ値が高くなる。市場が大きいので投入する資本を増やせるが、そのために遠くから商品の供給を受ける必要があり、仕入れ値が高くなる。この外見上の利益率の低下と仕入れ値の上昇がほとんどの場合、ほぼ相殺しあうようだ。おそらくこの点が原因になって、穀物や家畜の価格はイギリス国内の地域によって一般に大きく違うが、パンや食肉の価格は一般に、大部分の地域でほぼ似通っている。

資本の利益率は卸売り業でも小売り業でも一般に、小さな町や村より首都の方が低いが、首都ではわずかな元手ではじめた商売で巨額の富を獲得する人が少なくないのに、小さな町や村ではそういう人はまずいない。小さな町や村では市場が狭いことから、資本が増えても事業を拡大できるとはかぎらない。このため、利益率がきわめて高くても、利益の総額はそう多くはなりえず、その結果、年間に蓄積できる資本の総額も多くはなりえない。これに対して大都市では、資本が増えれば事業を拡大でき、繁盛している商人が倹約家であれば、資本が増えるとともに、信用で取引できる額がそれ以上のペースで増えていく。事業は資本と信用の合計に比例して拡大し、利益の総額は事業の大きさに比例して増え、年間に蓄積できる資本は利益の総額に比例して増える。しかし、大都市でも巨額の富は、よく知られ、安定した一般的な業種で事業を続けていくだけで獲得できるわけではなく、長期にわたって勤勉に働き、倹約し、注意深く事業を進めてはじめて獲得できるのである。ときには、いわゆる投機によって巨額の富を短期間に獲得する人もいる。投機的な商人は、よく知られている安定した業種の一つでつねに事業を行っているわけではない。今年は穀物を売買し、翌年にはワインを売買し、そのつぎの年には砂糖かタバコか紅茶を売買する。どの業種でも、通常より利益率が高くなると予想すれば参入し、利益率が他の業種と同じ水準に戻ると予想すれば撤退する。このため、投機的な商人の損失と利益は、よく知られている確立した業種の一つに対して一定比率を保つわけではない。大胆な冒険によって、ときには二回か三回の投機の成功で巨額の富を獲得することがある。逆に、二回か三回の投機の失敗で巨額の富を失うこともある。この種の事業は大都市以外では行えない。大量の取引があり通信が発達していて、投機に必要な情報が得られるのは大都市だけである。

以上の五つの要因によって、労働の賃金と資本の利益には大きな業種間格差があるが、実際上か想像上の有利な点と不利な点を総合した場合には、業種ごとに格差があるわけではない。業種ごとのさまざまな状況によって、金額の少なさが補われ、金額の多さが相殺されている。

しかし、有利な点と不利な点とを総合したときに業種間格差がないといえる状況になるには、各自が業種を完全に自由に選べる場合でも、三つの条件が満たされていなければならない。第一に、その業種がその地域でよく知られていて、はるか以前から確立していなければならない。第二に、その業種が通常の状態、自然な状態と呼べる状態になければならない。第三に、それに従事している人にとって、唯一の仕事か主要な仕事でなければならない。

第一に、格差のない状況になるのは、その地域でよく知られていて、はるか以前から確立している業種の間だけである。

他の状況が同じであれば、新しい業種の方が古い業種よりも一般に賃金が高い。起業家が新しい製造事業を起こそうとする場合、当初は他の業種から労働者を引きつけるために、他の業種で得られるより高い賃金を支払うか、仕事の性格から必要とされるより高い賃金を支払う必要があり、賃金を普通の水準に引き下げられるようになるまでには、かなりの期間が必要である。製造業のうち流行や好みだけから需要が生まれる業種はつねに変化していて、古くからの業種だとみられるほど長く続くことはまずない。これに対して、主に実用や必要から需要が生まれる製造業はあまり変化せず、同じ型、同じ構造の製品に対する需要が何世紀にもわたって続くことがある。このため、労働の賃金は流行品の製造業の方が、必需品の製造業より高くなるとみられる。バーミンガムでは主に流行品が製造され、シェフィールドでは主に必需品が製造されている。そしてこの二つの都市では、労働の賃金が製造業の性格の違いにふさわしいものになっているという。

製造業や商業の新しい部門で事業を起こしたり、農業の新しい方法を試みたりするのはつねに一種の投機であり、起業家は一攫千金を狙っている。ときには利益がきわめて巨額になり、そしておそらくこの方が多いだろうが、大きな損失を被る。一般に、その地域で古くから行われている業種に対して、利益率が一定比率を保つわけではない。新規事業が成功すれば、通常、当初の利益率はきわめて高くなる。その事業や方法が完全に定着してよく知られるようになると、競争によって利益率が他の業種と変わらなくなる。

第二に、有利な点と不利な点とを総合したときに労働と資本の業種間格差はないといえる状況になるのは、その業種が通常の状態、自然な状態と呼べる状態のときだけである。

ほぼどの種類の労働でも、需要が通常より多くなる時期と少なくなる時期とがある。需要が多くなれば、その業種の有利さは通常以上になり、需要が少なくなれば、その業種の有利さは通常以下になる。農業労働者に対する需要は、牧草の刈り入れと穀物の収穫の時期に、年間のほとんどの時期より多くなる。そして需要の増加によって賃金が上がる。戦争のときは、四万人から五万人の船乗りが徴兵されて海軍に入るので、商船の船員が不足して需要が増加し、賃金が一般に月当たり二十一〜二十七シリング（一・〇五〜一・三五ポンド）から二〜三ポンドに上昇する。逆に衰退している製造業では、職を変えるよりも賃金の低下を受け入れる労働者が多く、仕事の性格にふさわしい水準より賃金が低下する。

資本の利益率は、それを使って生産したものの価格とともに変動する。ある商品を市場に供給するために使われた資本の少なくとも一部では、商品価格が通常で平均的な水準を上回ったときに、利益率が本来の水準を上回り、逆に価格がこの水準を下回ったときに、利益率が本来の水準を下回る。どの商品も多かれ少なかれ価格が変動するものだが、変動の程度には違いがある。労働によって生産される商品ではすべて、年間に投じられる労働量はかならず年間の需要によって決まり、年間の平均生産量は年間の平均消費量にできるかぎり近づく。前述のように、いくつかの業種では、同じ量の労働によって生産される商品の量は、いつもほとんど変わらない。たとえば亜麻布や毛織物の製造では、同じ人数の労働者が年間に生産する亜麻布と毛織物の量はほとんど変わらない。このため、このような商品の市場価格は、何らかの理由で需要が突然変化したときしか変動しない。公の喪があると、黒い布の価格が上昇する。しかし、無地の亜麻布と毛織物ではほとんどの種類で需要があまり変化しないので、価格もあまり変化しない。なかには、同じ量の労働によって生産される商品の量がいつも同じだとはかぎらない業種もある。たとえば穀物、ワイン、ホップ、砂糖、タバコなどでは、労働の量が同じでも、年によって生産量が大きく違う。このため、これら商品の価格は、需要の変化だけでなく、はるかに大幅ではるかに頻繁に起こる生産量の変化からも影響も受け、この結果、極端に変動することになる。そして、商品価格が変動すれば、その商品を扱う売り手の一部で、利益率が変動するはずである。投機的な商人が扱うのは、主にこの種の商品である。価格が上がると予想したときに買い、価格が下がると予想したときに売ろうと努力している。

第三に、有利な点と不利な点とを総合したときに労働と資本の業種間格差はないといえる状況になるのは、それに従事している人にとって、唯一の仕事か主要な仕事のときだけである。

一つの職業で生活を支えているが、働く時間がそれほど長くない人が、暇な時間に仕事の性格にふさわしい水準より低い賃金で働こうとすることがある。

スコットランドの多くの地域には、以前よりも数は減ったが、いまでも作男とか小屋住みとか呼ばれる農民がいる。これは地主や農業経営者が雇う通いの労働者の一種である。

雇い主からは普通、家と小さな菜園、牛一頭分の牧草地、そしておそらく一～二エーカー（四十～八十アール）の痩せた耕地を報酬として支給される。仕事があれば雇い主のために働き、週に二ペック（約十八リットル）の燕麦、価格にして約十六ペンス（〇・〇六七ポンド）を追加の報酬として受け取る。年の大部分には仕事がないし、暇な時間に自分の小さな畑を耕してもまだ時間が余る。こうした農民がもっと多かったころ、余った時間にごくわずかな報酬で誰にでも雇われ、他の労働者よりも賃金が低かったといわれている。はるか昔にはヨーロッパのどこでも、これが一般的だったようだ。耕作が進んでおらず、人口も少なかったため、地主や農業経営者の大部分は農繁期に必要になる人手を、これ以外の方法では集められなかった。こうした小屋住みの労働者が雇い主からときおり受け取る一日当たりや週当たりの報酬は、明らかに賃金の総額ではない。小さな家と土地が賃金のかなりの部分を占めている。ところが、昔の労働賃金と食料品の価格を調べた著者の多くは、この一日当たりや週当たりの報酬が賃金の総額だと考え、賃金も食料品価格も驚くほど低かったと論じている。

こうした労働で生産された商品は、その性格にふさわしい価格以下で市場に供給されることが多い。スコットランドの多くの地域では、他の地域で織り機を使った場合より安い価格の靴下が、手編みで生産されている。他の仕事で生活を支えている使用人や労働者が生産しているのだ。スコットランドの北にあるシェトランド諸島からエディンバラのリース港に、手編みの靴下が年に一千足以上運ばれており、価格は一足当たり五ペンスから七ペンス（〇・〇二一～〇・〇二九ポンド）である。シェトランド諸島の中心都市、ラーウィックでは、下層労働者の日当は十ペンス（〇・〇四二ポンド）だと聞いている。この諸島でウーステッドの靴下も生産されているが、こちらの価格は一足一ギニー（一・〇五ポンド）以上である。

亜麻糸を紡ぐ仕事もスコットランドで、靴下の手編みとほぼ同じように、主に他の仕事に雇われている使用人によって行われている。この仕事でも靴下の手編み同様に、それだけで生活しようとすれば、とても食べていけない。スコットランドの大部分では、一週間に二十ペンス（〇・〇八三ポンド）稼げれば、亜麻糸紡ぎの腕がいいとされる。

豊かな国では市場が一般にきわめて大きいので、各人は自分が従事する業種に、労働か資本をすべて投じることができる。一つの業種の仕事で生活費を稼ぎながら、別の業種の仕事で少しばかりの収入を得るのは、主に貧しい国でのことである。しかし以下の例では、同様のことがきわめて豊かな国の首都で起こっている。ヨーロッパのどの都市とくらべても、ロンドンでは家一軒を借りたときの家賃が高いとみられるが、家具付きの部屋がロンドンほど安く借りられる首都は他にない。パリと比較してかなり安いだけでなく、エディンバラの同程度の部屋と比較してもかなり安い。そして奇妙に思えるかもしれないが、家一軒の家賃が高いことが、部屋代が安い原因になっている。ロンドンで家の家賃が高い原因のうちいくつかは、他の国の首都で家賃が高い原因と同じである。労働の賃金が高く、建設資材は一般に遠方から運んでこなければならないので、どれも高いし、何よりも地代が高い。地主が独占企業の一部のようになっており、大都市では一エーカーの立地の悪い土地でも、農村の最良の土地で百エーカー分以上の地代を得ていることが少なくないのだ。だが、それだけではなく、イングランドには独特の慣習があり、家を借りるときには地階から屋根裏部屋まで一括して借りるしかないことも原因になっている。イングランドでは住宅を借りるとき、一軒を丸ごと借りるしかない。フランスやスコットランドをはじめ、ヨーロッパの大部分の地域では、一つの階だけを借りることが少なくない。ロンドンで商売をするとき、顧客が住む地域で一軒家全体を借りるしかない。店を一階に作り、家族は屋根裏部屋に住む。そして、その間にある二つの階を貸して、家賃の一部を取り戻そうとする。家族の生活費は商売で稼ぎ、部屋代をあてにはしない。ところがパリやエディンバラでは、部屋を貸すのは、それ以外に生活費を稼ぐ手段がない人であるのが一般的だ。だから、部屋代によって、家賃を支払い、そのうえ一家の生活を支えなければならない。

第二節　ヨーロッパの政策から生まれる不均等

このように、上記の三つの条件が満たされていない場合には、各自が完全に自由に業種を選べても、有利な点と不利な点を総合したときに、労働と資本の業種間格差が生まれる。だがそれだけでなく、ヨーロッパの政策によって物事が完全に自由に任されていないために、はるかに重要な不均等が生まれている。

ヨーロッパの政策によって、主に三つの点で不均等が生まれている。第一に、いくつかの業種で、競争に加わるものの数を自然の状態より少ない数に制限している。第二に、別の業種で、競争に加わるものの数を自然の状態より増やしている。第三に、労働と資本の自由な移動を、業種間と地域間の両方で妨げている。

第一に、ヨーロッパの政策によって、いくつかの業種では競争に加わるものの数が自然の状態より少ない数に制限されており、この結果、有利な点と不利な点を総合したとき、労働と資本に業種間の不均等が生まれている。

競争に加わるものの数を制限するために使われている主要な手段は、同業組合の特権である。

同業組合に与えられた排他的な特権によって、組合がある都市ではかならず、その業種で営業する権利をもつものの間だけに競争が制限される。この権利を得るには通常、その都市で資格を認められた親方のもとで、徒弟として働くことが必要になっている。同業組合の規則で一人の親方がとれる徒弟の数を制限していることもあるし、徒弟奉公の最低年数をほぼかならず規定している。どちらも、競争に加わるものの数を自然の状態より少ない数に制限することを目的にしている。徒弟の数の上限は、競争を直接に制限するものだ。徒弟奉公の年数を長くする規定は、仕事の習得に必要な経費を高めて、間接的にではあるが、やはり効果的に競争を制限している。

　シェフィールドでは、刃物師は同業組合の規則で、徒弟の数を一度に一人に制限されている。ノーフォークとノリッジでは、織工は徒弟の数を二人までに制限されており、この規則に違反すると月当たり五ポンドの罰金を国王に徴収される。帽子製造工はイングランドとその植民地のどこでも、徒弟の数を二人までに制限されており、この規則に違反すると月当たり五ポンドの罰金を科され、うち半分は国王に、残り半分は正式記録裁判所に違反を訴えた人に支払われる。この二つの規則はどちらも法律になっているが、シェフィールドの規則と同様に、明らかに同業組合の精神にしたがって制定されている。ロンドンの絹織物同業組合は設立から一年そこそこで、徒弟を一度に二人までに制限する規則を作った。この規則を廃止するには、法律の制定が必要になった。

古くはヨーロッパのどこでも、同業組合の大部分で徒弟の期間は七年が通常だったようだ。同業組合は昔、ユニバーシティと呼ばれていた。この言葉はラテン語で団体を意味しているのだ。昔の都市の特許状をみると、鍛冶組合《ユニバーシティ》、仕立て組合《ユニバーシティ》などの言葉が普通に使われている。現在ではユニバーシティは大学だけを意味するようになったが、大学が設立されたとき、修士《マスター》の称号を得るために必要な修学年数は、はるかに古くから組合があった普通の職業での徒弟奉公の年数にならって決められたようだ。普通の職業では、資格をもった親方《マスター》のもとで七年間働くことが、親方として徒弟《アプレンティス》をとる資格を得るために必要だった。このため、資格をもった教師《マスター》のもとで七年間学ぶことが、学問の世界で教師《マスター》、先生《ティーチャー》、博士《ドクター》になり（昔はこの三つの言葉は意味が同じだった）、学生《スコラー》や弟子《アプレンティス》（昔はこの二つの言葉も意味が同じだった）を教える資格を得るために必要だった。

エリザベス一世治世の一五六二年に制定されたいわゆる徒弟法によって、その時点でイングランド国内にあった業種でその後に働くには、少なくとも七年間、徒弟として働いていなければならないと規定された。これによって、それまで多数の同業組合で制定されていた規則がイングランド全体の法律になり、市場都市にあるすべての業種に適用されるようになった。徒弟法の文言はきわめて一般的であり、国内のすべての地域に例外なく適用されると読めるが、解釈によって適用範囲が市場都市だけにかぎられてきた。農村では、それぞれで七年間の徒弟奉公を行っていなくても、いくつもの業種の仕事を行えるとされてきた。農村の人の便宜を考えればそれが必要であり、住民の数が少ないので、業種ごとに熟練工がいる状況にはならないからだ。

また、徒弟法の文言を厳密に解釈した結果、法律が制定された一五六二年に確立していた業種だけに適用範囲が限定され、それ以降に生まれた業種には適用されていない。適用範囲がこのように制限されたために、これ以上馬鹿げた規制はないと思えるほどの矛盾が生まれた。たとえば、四輪馬車製造工は、自分で働くにしろ、熟練工を雇うにしろ、車輪を作ることはできず、車輪製造工から買わなければならないという判決がくだされた。車輪製造業は一五六二年にすでにイングランドにあったことが理由である。ところが、車輪製造工は、四輪馬車製造の徒弟として働いたことがなくても、自分で働くか熟練工を雇って四輪馬車を製造できる。四輪馬車の製造業は徒弟法制定の時点でイングランドになかったので、適用範囲にならないからである。マンチェスター、バーミンガム、ウルバーハンプトンの製造業の多くは、同じ理由で徒弟法の適用を受けない。法律が制定された時点でイングランドになかった業種だからだ。

フランスでは、都市ごと業種ごとに徒弟の期間が違っている。パリでは、五年の業種が多い。しかし、徒弟奉公が終わっても、親方になるにはあと五年にわたって職人として働かなければならない業種が多い。この期間の職人は親方見習いと呼ばれ、この期間は親方見習い期間と呼ばれている。

スコットランドでは、徒弟の期間を全体的に規定する一般的な法律はない。同業組合によって期間が違う。期間が長い場合には、少額を支払えば期間を短縮してもらえるのが一般的である。またほとんどの都市で、少額を納入すれば同業組合から営業権を認められる。スコットランドの主要な産業である亜麻布と大麻布の紡績と、紡ぎ車や糸車の製造業など、紡績業向けのすべての業種はどの自治都市でも、納入金を支払わなくても自由に営業できる。どの自治都市でも、週のうち法律で営業を認められた曜日に食肉を自由に販売できる。徒弟の期間は通常三年であり、難しい技術を要する業種でもそうだ。そして一般的にいって、ヨーロッパにはスコットランドほど、同業組合の法律が抑圧的でない地域はないように思える。

誰でも自分の労働に対する所有権をもっている。これはすべての所有権の基礎であり、したがって神聖で侵してはならないものだ。貧乏人が親から与えられたものは、体力と器用さだけである。他人を害しない範囲で、各自が適切だと考える方法で自分の体力と器用さを使う権利を全員がもっており、この権利の行使を妨げるのは、神聖な所有権に対するあからさまな侵害である。労働者と、労働者を雇おうとする人の正当な自由を明らかに侵害するものだ。各人が適切だと判断した仕事をするのを妨げ、適切だと考える人を雇うのを妨げる。ある人が雇うに値する人物なのかどうかの判断は、その点に強い関心をもつ雇い主に任せられないはずがない。不適切な人物を雇いかねないと立法者が心配するのは、余計なお世話であり、抑圧的でもある。

長期間の徒弟奉公を義務づけても、できの悪い製品が頻繁に市場に出回るのを防ぐことはできない。そういう製品が売られるのは通常、製造工の腕が悪いからではなく、詐欺を働くものがいるからだ。徒弟の期間をいくら長くしても、詐欺を防ぐことはできない。このような不正を防ぐには、まったく違った法規が必要だ。金銀製食器の刻印や、亜麻布と毛織物の公的な検印の方が、徒弟に関するどのような法律よりも買い手に安心感を与える。買い手は通常、刻印や検印を調べるが、それを作った人が七年間の徒弟奉公をしたかどうかを調べる価値があるとは、誰も考えない。

長期にわたる徒弟奉公を義務づける制度で、若者が勤勉になることはない。出来高で働く人は、働けば働くほど収入が増えるので、勤勉に働く。徒弟は、勤勉に働く理由が直接にはないので、怠惰なはずであり、そしてほとんどかならず怠惰である。下級の職業では、労働の楽しみはもっぱらそれで得られる報酬にある。この楽しみを早くから味わえるようになるほど、その良さを早くから理解するようになり、勤勉に働く習慣を早くから身につけるだろう。若者が長い年数にわたって労働の報酬を得られないのであれば、自然に労働を嫌うようになる。公的な慈善施設から徒弟にだされる少年は、通常よりも長い期間、徒弟として働く義務を負うのが一般的であり、まったくの怠け者で役に立たない人間になるのが普通だ。

古代には、徒弟制度はまったくなかった。近代の法典では、親方と徒弟の相互の義務に関する規定がかなりの部分を占めている。ローマ法には、この義務に関する規定はない。現在、徒弟という言葉はある業種で使用人が何年もの期間にわたって親方のために働く義務を負い、その見返りとして、親方がその業種の仕事を教える義務を負う考えを言い表しているが、ギリシャ語とラテン語で同じ考えをあらわす言葉は寡聞にして知らないし、そんな言葉はないと断言してもいいのではないかと思う。

長期にわたる徒弟奉公はまったく不要である。時計の製造のように、通常の業種よりもはるかに優れた技能を必要とする仕事でも、長期にわたって指導を受けなければならないような奥義があるわけではない。時計のように素晴らしい器械の発明は、間違いなく長い時間をかけて深く考えた結果であり、人類の能力を示すとくに素晴らしい成果の一つだといえるだろうし、これら器械の製造に使われる器具のうちいくつかの発明についてすら、同じことがいえるだろう。しかし、器械と器具が発明され、十分に理解されるようになった後に、器具の使い方と器械の作り方を完全に教えるには、数週間を越える指導が必要になるはずがない。おそらく、数日もあれば教えられる場合もあろう。通常の仕事であれば、確かに数日で十分の場合もあるだろう。もちろん、ごく普通の業種でも、技能を完全に習得するには仕事の経験を積んでいくことが不可欠だ。だが、若者がはじめから製造工として働き、わずかでも仕上げた仕事の量にしたがって賃金が支払われ、不器用で未経験なためにときおり無駄にする原材料の費用が差し引かれるようにすれば、若者ははるかに勤勉に注意深く働くだろう。この方法なら一般に訓練がもっと効率的になるし、また、退屈でなく費用もあまりかからないのは確実である。もっともこの方法をとれば、親方は損をすることになろう。七年にわたって徒弟をただ働きさせることができなくなる。おそらく結局は徒弟も損をすることになろう。仕事を簡単に習得できるのであれば、競争相手が増え、一人前になったときに、賃金がいまよりはるかに低くなっているだろう。競争相手が増えるので、親方の利益が減り、労働者の賃金も下がる。どの業種もすべて損をするだろう。だが、社会全体には利益になる。この方法を使えば、すべての業種で製品が大幅に安く市場に供給されるからだ。

すべての同業組合は、そして大部分の同業組合法は、まさにこの製品価格の低下を防ぎ、したがって賃金と利益の低下を防ぐために、これらの低下をまず確実に引き起こす自由競争を制限することを目的としている。昔はヨーロッパの多くの地域で、設立地の自治都市の許可だけで同業組合を設立できた。ところがイングランドでは、さらに国王の特許状が必要だった。しかし、国王がこの権限を維持していたのは、臣民から金銭を引き出すためであって、こうした抑圧的な独占から社会全体の自由を守るためではなかったようだ。国王に料金を払えば、特許状は通常、すぐに与えられたようだ。また、ある業種の商工業者の組合が特許状を受けないまま、いわゆる不法ギルドとして活動することを選んだ場合、特許状がないまま行使している特権を剥奪されるとはかぎらず、毎年、国王に料金を払って特権を行使する許可を得るよう義務づけられるだけであった。同業組合と、組合の自治のために制定される規則とを直接に監督するのは、設立地の自治都市である。そして同業組合に対する規制や懲罰は一般に国王によってではなく、その組合の上部機関にあたる自治都市によって行われた。

自治都市は完全に商工業者によって運営されている。そしてどの種類の商工業者にとっても、それぞれの業種で生産過剰を防ぐことは明らかに利益になる。生産過剰を防ぐという言葉は商工業者の決まり文句であり、実際には供給がいつも不足するようにすることを意味する。どの業種の商工業者もこの目的を達成できる規則を制定しようと熱意を燃やしており、自分の業種でそれが許されれば、他の業種が同じ行動をとるのに同意してきた。こうした規則の結果、どの業種の人も自治都市内で他の業種の人から必要な製品を買う際には、ある程度高い価格を支払わざるをえなくなった。しかしその代わり、自分の製品をやはりある程度高い価格で販売できた。このため、商工業者の言葉を使えば、どっちもどっち、損得なしの結果になる。同じ都市内で業種の違うもの同士が売買するときは、これらの規則で損をするものはいない。しかし、農村との取引では、都市の商工業者は全員、大きな利益を得た。そしてどの都市でも、経済を支え、富を生み出しているのはすべて、農村との取引なのである。

どの都市も、食料と産業の原材料をすべて、農村から購入している。この代金を主に二つの方法で支払っている。第一に、原材料を加工した製品の一部を農村に販売する。この場合、製品の価格は労働者の賃金と、直接の雇い主の利益を上乗せしたものになっている。第二に、外国か、国内の遠くの地域から購入した原材料や製品の一部を農村に販売する。この場合にも、これら商品の当初の価格に、運送人や船乗りの賃金と、雇い主である商人の利益が上乗せされている。この二つのうち第一の種類の取引で、都市は製造業による収入を得ている。第二の種類の取引で、都市は国内の商業と外国との貿易による収入を得ている。労働者の賃金とさまざまな雇い主の利益が、両方の種類の取引で得られる収入のすべてである。このため、賃金と利益を本来の水準より上昇させる規則はいずれも、都市が本来より少量の労働の生産物によって、農村から本来より大量の労働の生産物を購入できるようにする性格をもっている。こうした規則によって、都市の商工業者は農村の地主、農業経営者、労働者より有利になり、都市と農村の間の取引で本来なら自然に成り立つ対等な関係がくずれている。社会全体の労働による年間生産物は、都市の住民と農村の住民の間に毎年、分配される。こうした規則によって、都市の住民の取り分が本来より多くなり、農村の住民の取り分が本来より少なくなる。

都市は一年間に外部から購入する食料と原材料の対価を、実際には、一年間に外部に供給する製品など、ある量の商品で支払っている。都市が商品を外部に高く売れるほど、都市は外部から商品を安く買えたことになる。都市の産業が有利になり、農村の産業が不利になる。

ヨーロッパのどこでも、都市の産業の方が農村の産業より有利になっていることは、細かい計算などしなくても、単純で明白な事実から十分に確認できるだろう。ヨーロッパのどの国でも、小さな事業からはじめて、一代で巨額の資産を築いた人は、都市の産業だといえる商業と製造業での百人に対して、農村の産業だといえる土地の改良と耕作による農産物の生産では一人いるかいないかである。この事実から、農村より都市の方が産業の収益性が高く、労働の賃金も資本の利益率も明らかに高いといえるはずだ。そして、資本と労働はもっとも有利な業種に自然に向かう。このため、資本と労働は可能なかぎり都市に集まり、農村から離れていく。

　都市の住民は一か所に集まっているので、簡単に団結できる。このため、都市ではごく小さな業種でも同業組合が作られていることがあり、組合がなくても、組合の精神、つまり余所者《よそもの》への警戒感、徒弟は少ない方がいいという感覚、商売の秘密を守ろうとする感覚がいきわたっていて、組合の規則で禁止できなくても、非公式の集まりや申し合わせで自由競争を妨げるようになることが多い。人数が少ない業種では、きわめて簡単に団結できる。羊毛の梳き工はおそらく五人か六人もいれば、一千人の紡績工や織工に原料を供給できる。団結して徒弟をとらないようにすれば、仕事を独占できるし、毛織物産業全体をいってみれば奴隷にして、自分たちの労働の価格を、仕事の性格から当然といえる水準より高めることができる。

　農村の住民は広範囲に散らばって住んでいるので、簡単には団結できない。同業組合が作られた例はないし、組合の精神がいきわたってもいない。農業は農村で最大の産業だが、農業経営の資格を得るために徒弟修業が必要だとされたことはない。しかし、芸術と専門職の仕事を除けば、農業ほど多様な知識と経験が必要な職業はおそらくないだろう。農業技術について、さまざまな言語で無数の本が書かれている点をみても、とくに知識が発達している国ですら、農業が簡単に理解できるとは考えられてこなかったことが分かる。これらの農業書を大量に読んでも、多様で複雑な作業についての知識を十分に獲得することはできないが、こうした知識は普通の農民なら誰でももっているものなのだ。農業書の著者のなかには鼻持ちならない人もいて、農民を小馬鹿にしている場合もあるが、これが事実なのだ。これに対して普通の手工業では、文章と図を使えば、ほとんどの場合、数ページの小冊子で仕事の内容をすべて、明確に説明できる。フランス科学アカデミーが現在刊行している工芸史では、いくつもの作業が実際にこの方法で説明されている。また、農作業の指揮にあたっては、天候の変化など、さまざまな問題に対応しなければならないので、いつもほとんど同じ状況で仕事ができる作業の指揮よりも、判断力を必要とする。

農作業全体の指揮をとる農業経営はもちろんだが、農村労働のうちもっと下級の職種でも、手工業の大部分よりはるかに熟練と経験を必要とする。真鍮や鉄を加工する仕事であれば、仕事に使う機器や材料はいつもほとんど性質が変わらない。しかし、馬や牛を何頭か使って畑を耕す場合には、牛馬の健康状態、体力、気分がそのときどきで大きく違っている。畑の状態も牛馬の状態と変わらないほど変化し、どちらについてもかなりの判断力が必要になる。一般に農業労働者といえば愚鈍と無知の典型のように思われているが、この判断力が欠けていることはめったにない。確かに都市に住む熟練工より人付き合いが下手だ。声も言葉も野暮ったく、聞きなれていない人には分かりづらい。しかし、変化に富む事柄を考えることに慣れているので、朝から晩までたいていは一つか二つのきわめて単純な作業に専念している都市の労働者とくらべて、一般にはるかに理解力がある。農村の下層労働者が都市の下層労働者よりはるかに優れていることは、仕事か好奇心のために両者と頻繁に話しているものの間ではよく知られている。このため中国とインドでは、手工業や製造業の労働者の大部分よりも農村の労働者の方が、地位も賃金も高いといわれている。おそらく、同業組合法と組合の精神という障害がなければ、どの国でもそうなるだろう。

ヨーロッパのどこでも、都市の産業が農村の産業より優位にあるのは、同業組合と同業組合法のためだけではない。他のさまざまな法規によっても、有利になっている。外国製の工業製品と外国の商人が持ち込むすべての商品に対する高率の関税も、都市の産業の優位を支えている。同業組合法があるので、都市の住民は価格を引き上げても、自国内の住民が自由に競争してもっと安く売るのではないかと心配する必要がない。高関税が課されているので、外国人について同じ心配をする必要がない。これらによる価格の上昇はどこでも、最終的に農村の地主、農業経営者、労働者の負担になるが、農村の住民がこのような独占体制の確立に反対することはめったにない。農村の住民は一般に団結しようとはしないし、団結に適してもいない。そして、商工業者は声が大きく、弁がたつので、社会のなかの一部、それも劣った部分の私利にすぎないものを、社会全体の利益なのだと簡単に言いくるめてしまう。

イギリスでは、都市の産業と農村の産業の格差は、現在よりも以前の方が大きかったようだ。十八世紀後半の現在、十七世紀や今世紀初めと比較して、農村の労働の賃金は製造業の賃金に近づいてきたし、農業の資本の利益率も、商工業のものに近づいてきた。この変化は、都市の産業に対する極端な優遇の結果として、きわめてゆっくりとではあるが必然的に起こることなのかもしれない。都市の産業で蓄積される資本が長年のうちにきわめて巨額になり、都市に特有の産業に投じても、以前のような利益率は確保できなくなる。どの産業にもそれぞれの限界があり、都市の産業も例外ではない。そして資本が増加すれば競争が激しくなり、利益率がかならず低下する。都市の産業で利益率が低下すれば、資本は農村に向かうしかなく、そうなれば農村の労働に対する新たな需要が生まれて、賃金が上昇する。資本はこうして、いうならば全土に広がっていき、農業に投じられて、一部は農村に戻っていく。こうした資本はもともとかなりの部分、農村を犠牲にして都市に蓄積されてきたのだが。ヨーロッパのどこでも、農村の大幅な発展はこのように、もともと都市で蓄積された資本が農村にあふれでたことの結果であり、この点は後に論じる。そして、後に同時に示していくが、都市から農村へというこの道筋は、いくつかの国が豊かになるときに通ったものではあるが、性格上きわめて遅く、不確かで、数々の偶然の動きによって混乱し中断する可能性があり、どのような観点からみても、自然と理性の秩序に反している。このような道筋を作り上げた利害、偏見、法律、慣習に関しては、本書の第三編と第四編でできるかぎり完全に、明確に説明していく。

　同業者が集まると、楽しみと気晴らしのための集まりであっても、最後にはまず確実に社会に対する陰謀、つまり価格を引き上げる策略の話になるものだ。こうした集まりを法律で禁止しようとしても、取り締まりができないか、そうでなければ自由と公正を侵害する法律になる。法律では、同業者がときおり集まるのを禁止することは不可能だが、このような集まりを容易にするべきではないし、まして必要にするべきではない。

　一つの都市で同じ事業を行っているもの全員に、名前と住所を登記所に登記するよう義務づける規則は、このような集まりを容易にするものである。登記によって、知り合えなかったはずの人ともつながりができるし、同業者を見つけ出すにはどうすればいいのかが、誰にも分かるからだ。

　同じ業種のなかで、貧困者、病人、寡婦、孤児を支援するために資金の拠出を義務づけられるようにする規定があると、その業種の全員が共通の問題を管理する必要が生まれ、同業者の集まりが必要になる。

同業組合があると、同業者の集まりが必要になるうえ、多数決で決まったことを全員が守らなければならなくなる。同業組合のない自由競争の業種では、事業主が全員一致しなければ団結はできず、事業主全員の意見が一致している間しか団結は続かない。同業組合なら、過半数の賛成が得られれば、しかるべき罰則をつけた規則を制定でき、自由意思による団結よりも効果的に、しかも長期間にわたって競争を制限できる。

業種をよりよく管理するために同業組合が必要だとする主張には、何の根拠もない。手工業者に仕事の質を高めるよう、まともに効果的に圧力をかけられるのは、同業組合ではなく顧客である。手工業者がごまかしをやめ、怠惰な仕事を改めるのは、顧客から仕事をもらえなくなると恐れるときだ。排他的な特権をもつ同業組合があると、かならずこの圧力が弱まる。同業組合に所属する人を雇うしかなくなり、仕事ぶりが良くても悪くてもその人に任せるしかない。このため、大きな自治都市では、必要不可欠な業種のうちいくつかですら、そこそこ腕のいい手工業者がいない状況になっている。まともな仕事をしてもらいたいのであれば、排他的な特権のない郊外に行って、自分の評判以外に頼るもののない人に仕事を任せ、完成したものをできるかぎりうまく隠して都市に持ち込むしかない。

このようにヨーロッパの政策は、ある種の業種の競争を本来より少人数に制限して、有利な点と不利な点を総合したとき、労働と資本にきわめて重要な業種間格差を生み出している。

第二に、ヨーロッパの政策は他の業種で、競争に加わるものの数を自然の状態より増やして、有利な点と不利な点を総合したとき、労働と資本に逆の業種間格差を生み出している。

ある種の職業については、適切な数の若者を教育し訓練することがきわめて大切だとみられているため、ある場合には公的な機関が、ある場合には慈善活動として民間人が、多数の助成金、奨学金、給費金などの制度をこの目的で設けている。その結果、これらの職業を目指す人の数が本来よりはるかに多くなっている。キリスト教国ではどこでも、聖職者の大部分がこのような制度を使って教育されているとみられる。自費で教育を受けた人はごく少ない。このため、自費で教育を受けた人は、単調で経費のかかる長年の教育にふさわしい報酬を受けられない。教会には、それだけの教育を受ければ得られるはずのものよりはるかに報酬が低くても、とにかく職を得たい人が殺到しているからだ。こうして、貧乏人の競争によって、金持ちが報酬を奪われている。聖職者の報酬を世俗の職業の賃金と比較するのは、もちろん失礼なことだが、聖職者の報酬も、労働者の賃金と同じ性格のものだと考える理由は十分にあると思える。聖職者も、それぞれの目上の人と結ぶ契約に基づいて報酬を受けている。十四世紀の半ばすぎまで、イングランドでは助祭や司祭の俸給が年五マーク（銀の量でみて、現在の硬貨でほぼ十ポンド）であったことが、さまざまな全国宗教会議の布告から分かる。同じ時期に、石工の親方の賃金は一日四ペンス（銀の量でみて、現在の硬貨でほぼ一シリング、つまり〇・〇五ポンド）、石工の賃金は一日三ペンス（銀の量でみて、現在の硬貨でほぼ九ペンス、つまり〇・〇三七五ポンド）と規定されている。このため石工は、つねに仕事があったと想定すると、助祭よりはるかに収入が多かったことになる。石工の親方は、年間の三分の一に仕事がなかったとしても、助祭より収入が多くなる。アン女王時代の一七一三年の法律でこう規定された。「副牧師は生活費と奨励金を十分に支払われていないために不足している地域が多く、したがって、年二十ポンド以上五十ポンド以下の十分な俸給または手当てを自筆の捺印文書で指定する権限を主教に与える」。現在、年四十ポンドであれば、副牧師としては俸給がきわめて高いとみられており、この法律があるにもかかわらず、俸給が年二十ポンド以下の副牧師は多い。ロンドンでは、年に四十ポンド以上を稼ぐ靴屋がいるし、勤勉な製造工なら業種を問わず、年に二十ポンド以下の収入しかないものはほとんどいない。数多くの農村教会区では、下層労働者すら年二十ポンドを稼げる人が少なくない。法律によって労働者の賃金を規制しようとする場合にはかならず賃金を引き上げようとするのではなく、引き下げようとしている。ところが副牧師の俸給については逆に、法律によって引き上げようとしてきた。教会の名誉を守るために、副牧師の俸給は本人に受け入れる意思があっても、最低の生活しかできない水準であってはならず、それ以上を支払うよう教会区牧師に義務づけてきたのだ。ところがどちらの場合も、法律が無力であることに変わりはなく、狙い通りの水準まで副牧師の俸給を引き上げることも、労働者の賃金を引き下げることもできていない。副牧師の場合には、困窮しているし、競争相手が多いために、法定の水準を下回る俸給でも受け入れようとするのを防げていない。労働者の場合には、利益のためか生活を楽しむために人を雇おうとする雇い主が競争し、法定の水準を上回る賃金を支払うのを防げていない。

教会の権威は結局のところ、高額の聖職給など、高位の聖職者に与えられる特権によって支えられているのであり、最下層の聖職者の生活が苦しくても、それほど問題ではない。下層の聖職者にとっても、尊敬される職業であるために、金銭的な報酬の少なさがある程度補われている。イングランドでも、カトリックの国でも、教会という富籤《とみくじ》は実際には必要以上に有利になっているのである。スコットランド、ジュネーブなどのプロテスタント教会の実例をみれば、このように尊敬され、教育を簡単に受けられる職業では、イングランド国教会よりもはるかに低い聖職給しか得られる見込みがなくても、教育があり、人格が優れ、尊敬できる人が十分な数、聖職につこうとすることが分かる。

法律家や医師など、聖職給がない職業では、聖職者と同じように多数の人が公費で教育を受ければ、競争がすぐにきわめて激しくなり、金銭的な報酬が大幅に低下するだろう。そうなれば、これらの職業のために子供を私費で教育する意味はなくなる。公的な慈善によって教育を受けた人だけがこれらの職業につくようになり、人数が多く、生活のために働く必要があることから、全般にきわめて貧しい報酬に甘んじるしかなくなって、法律家と医師という尊敬される職業の地位が大幅に下がるだろう。

文人とか物書きとか呼ばれる貧乏人はまさに、そうなった場合に法律家や医師がおそらくは陥る状況にある。ヨーロッパのどこでも、文人の大部分は聖職者になるために教育を受けたが、何らかの事情で聖職につけなかった人である。つまり、一般に公的な資金で教育を受けており、その数はどこでもきわめて多いので、労働の価格が極端に低くなっている。

印刷技術が発明されるまで、文人がその能力を活かせる職業は、公的、私的な教師しかなかった。自分が獲得した面白い知識や役立つ知識を伝える職業しかなかったわけだ。そして教師という仕事はいまでも、印刷技術によって生まれたもう一つの仕事、出版用に本を書く仕事とくらべれば確かに地位が高く、役に立ち、そして一般に収入が多い。学問を教える卓越した教師として認められるには、偉大な法律家や偉大な医師になるのに必要なものと少なくとも変わらないほど、長期間の学習、才能、知識、努力が必要である。しかし、卓越した教師の報酬は通常、法律家や医師とは比較にならないほど低い。教師の場合には、公的な資金で教育された貧乏人がたくさんいるが、法律家や医師の場合には、私費以外で教育された人がきわめて少ないからだ。だが、公的、私的な教師の報酬は通常、低いと思えるとしても、もっと貧しい文士が生活のために物書きになって市場から退出していなければ、さらに低くなっていたことは間違いない。印刷技術が発明されるまで、学生と物乞いという二つの言葉は同義語に近かったと思える。当時、大学の学長が学生に物乞いの許可証を発行することがよくあったようだ。

はるか昔、専門的な職業のために貧乏な若者を教育する慈善制度がなかったころ、卓越した教師の報酬ははるかに高かったとみられる。古代ギリシャで紀元前四世紀に活躍したイソクラテスは、著書の『ソフィストへの反論』で、当時の教師の言動が矛盾していると非難した。「学生に対して素晴らしい成果を約束している。自分のもとで学べば、賢明になり、幸せになり、公平になると約束しているが、ここまで優れた教育を約束しながら、報酬はわずか四ムナか五ムナでいいというのだ。賢明になれるように教育する人間は、当然、自分自身が賢明でなければならない。こんな安い報酬でこれほどのことを教えるというのであれば、まったく愚かな行いだといえる」。ここでイソクラテスが報酬を誇張しようとしていないのは確かなので、ここに書かれた金額以上であったはずだと確信できる。四ムナは十三ポンド六シリング八ペンス（十三・三三ポンド）にあたり、五ムナは十六ポンド十三シリング四ペンス（十六・六七ポンド）にあたる。当時のアテナイでは少なくとも五ムナ以上の金額が、卓越した教師に対する報酬として普通に支払われていたはずである。イソクラテス自身は学生一人当たり十ムナ、つまり三十三ポンド六シリング八ペンス（三十三・三三ポンド）を要求したという。アテナイで教えたときに集まった学生は百人だったという。これは一時期に教えた学生の数、つまり今なら一コースの講義で教えた学生の数だと考えられる。アテナイほどの大都市で、イソクラテスほど有名な教師が、当時もっとも人気のあった弁論術を教えたのだから、百人で多すぎるとは思えない。したがって、イソクラテスは一コースの講義で一千ムナ、つまり三千三百三十三ポンド六シリング八ペンスの収入を得ていたはずである。一世紀の歴史家、プルタルコスも『英雄伝』で、イソクラテスが講義で通常一千ムナを得ていたと書いている。当時、卓越した教師はみな、巨額の財産を築いたようだ。ゴルギアスはデルファイの神殿に純金の自分の彫像をおさめた。もっとも等身大の彫像であったと考えるべきではないだろう。ゴルギアスや、やはり紀元前五〜四世紀に著名だったヒッピアス、プロタゴラスは、富をひけらかすような豪勢な生活ぶりだったとプラトンが述べている。プラトン自身も豪勢な生活をしていたという。アリストテレスは少年時代のアレクサンドロス大王を教育し、大王と父親のフィリッポス二世から手厚い報酬を受けたことは誰もが認めているが、それでもアテナイに戻って、自分の学校で教える方がいいと考えた。おそらくは紀元前四世紀ごろ、学問を教える教師は数が少なかったが、一世紀か二世紀後には競争が激しくなって、教師の報酬も評価も若干下がったようだ。それでもとくに優れた教師は、現在、同様の職業についている誰と比較しても、はるかに尊敬されていたようだ。アテナイは紀元前二世紀に、プラトン学派のカルネアデスとストア学派のディオゲネスをローマに重要な使節として派遣している。当時のアテナイは昔日の栄光を失っていたが、それでも強力で独立した共和国であった。しかもカルネアデスは外国人であり、アテナイほど外国人が公職につくのを国民が嫌った国はないので、カルネアデスに対する尊敬の念がきわめて強かったに違いない。

教師という職業は総合的にみて不利になっているわけだが、この不均等は社会にとって悪いことではなく、おそらくは良いことである。これによって公的な教師の地位がある程度低くなっている。しかし、教育の費用が低いのは間違いなく良いことであり、この小さな不都合を補って余りある。教育を行う学校や大学の組織が、ヨーロッパの大部分で現在のものより合理的になれば、社会にとっての利点はさらに大きくなるだろう。

第三に、ヨーロッパの政策によって、労働と資本の自由な移動が業種間と地域間の両方で妨げられており、この結果、有利な点と不利な点を総合したとき、労働と資本にきわめて不都合な業種間・地域間の不均等が生まれている。

徒弟法によって、一つの地域のなかですら、一つの業種から別の業種への労働の自由な移動が妨げられている。同業組合の特権によって、同じ業種のなかですら、一つの地域から別の地域への労働の自由な移動が妨げられている。

ある製造業で賃金がきわめて高いのに、別の製造業では労働者がぎりぎり生活できる賃金で満足するしかない状況が頻繁にみられる。一方の業種は発展していて、いつも人手を増やしたい状況にある。もう一方は衰退していて、人手の極端な余剰がますますひどくなっている。こうした両極端の産業が同じ都市にあるのに、あるいは同じ地域にあるのに、助け合うことがまったくできない場合がある。徒弟法のために、同じ都市のなかで助け合えないことがあり、徒弟法と排他的な同業組合のために、同じ地域内で助け合えないことがある。しかし、製造業のなかには実際の作業がよく似ていて、こうした不合理な法律によって妨げられていなければ、製造工が簡単に転職できるものも多い。たとえば、無地の亜麻布と無地の絹織物であれば、織布の技術はほとんど変わらない。無地の毛織物の場合は、織布の技術が少し違っている。しかし違いはきわめて小さいので、亜麻布か絹織物の織工であれば、ほんの数日で問題なく働けるようになる。このため、この三つの主要産業のうちどれかが衰退しても、残り二つのうち景気のよい方に転職できるはずであり、発展している産業で賃金が極端に高くなることも、衰退している産業で賃金が極端に低くなることもないだろう。イングランドでは、亜麻布産業は法律によって誰でも参入できることになっている。しかし、亜麻布産業はイングランドの大部分でそれほど発達していないので、衰退産業の製造工にとって一般的な転職先にはなっていない。このため、衰退産業の製造工は、徒弟法が適用される地域では、教会区の救貧制度に頼るか、単純労働者になるしかない。だが、製造工はそれまでの習慣によって、自分のものに似た仕事には適していても、単純労働にははるかに適していない。このため、教会区の救貧制度に頼る方を選ぶのが普通である。

一つの業種から別の業種への労働の自由な移動を妨げる要因は、資本の移動を妨げる要因にもなっている。一つの産業に投入できる資本の総額は、その産業で雇用できる労働者の数に大きく依存しているからだ。しかし、同業組合法は地域間の資本の自由な移動に関しては、地域間の労働の自由な移動とくらべて、大きな障害にはなっていない。どの自治都市でも、裕福な商人が営業権を獲得するのは、貧乏な手工業者が働く権利を得るよりもはるかに簡単である。

同業組合法が労働の自由な移動の障害になっているのは、ヨーロッパのどの地域でも一般的なことだとみられる。しかし、救貧法が障害になっているのは、どうやらイングランドに特有の現象のようだ。この法律によって、貧乏人は自分の教会区以外の地域に居住する許可を得るのが難しく、働くことすら難しくなっている。同業組合法によって自由な移動が妨げられているのは、手工業や製造業の労働者だけである。ところが居住許可を得るのが難しいために、下層労働者の自由な移動すら妨げられている。イングランドの政策のなかではおそらく救貧法が最大の障害になっているので、それによる弊害の始まり、経過、現状をある程度説明しておくのは、おそらく無駄ではないだろう。

修道院が解体され、困窮者がその慈善活動に頼れなくなり、貧困者救済のいくつかの試みが失敗に終わった後、エリザベス一世時代の一六〇一年に救貧法が制定された。この法律で、各教会区が区内の貧民を救済する義務を負い、毎年、貧民救済の監督官が指名され、教会区委員と協力して教会区税によって救貧のための資金を確保するよう規定された。

この法律によって、貧民を救済する義務を教会区が負うことになった。このため各教会区にとって、貧民のうち誰を自分の教会区の住民とみなすかが重要な意味をもつようになった。この問題はいくつかの変更を経て、チャールズ二世治世の一六六二年の法律で解決された。この法律で、四十日にわたって問題なく居住すれば、誰でもどの教会区でも居住権を得られると規定された。同時に、この四十日の間に教会区委員か貧民監督官が訴えれば、二名の治安判事の決定によって、新居住者を居住権のある教会区に送り返せるとも規定された。ただし、賃借料が年に十ポンドの借家を借りるか、居住している教会区の負担にならないことを保証する担保を治安判事が十分だと判断する形で与えた場合には、例外が認められた。

この法律のために不正行為が行われるようになったといわれている。教会区の幹部が区内の貧民に金《かね》を渡し、別の教会区に四十日間隠れ住む方法で居住権を獲得させ、救済義務を逃れることがあったのである。このため、ジェームズ二世時代の一六八五年、新たな法律によって、居住権を得るのに必要な四十日の居住期間は、居住先の教会区の教会区委員か貧民監督官の一人に、住所と家族数を記した書面で移転を通知したときからはじまると規定された。

ところが、教会区の幹部は他の教会区よりも自分の教会区の利害を大切にするとはかぎらないようで、そうした通知を受け取ったまま適切な措置をとらず、貧民の流入を黙認することがあった。そこで、貧民の流入をできるかぎり食い止めるのは教会区の住民全員が関心をもつことだとの見方から、ウィリアム三世治世の一六九一年の新たな法律で、四十日の居住期間は、日曜日のミサの直後に教会に移転通知を掲示した時点からはじまると規定された。

リチャード・バーンは『治安判事』でこう論じている。「結局のところ、移転通知書を掲示してから四十日連続して居住する方法では、居住権はめったに獲得されなかった。これらの法律は居住権を得られるようにすることよりも、教会区にひそかに入り込んでくる人を排除することを目的としている。移転通知を掲示すれば、教会区がその人を追い出せるようになるだけだからだ。しかし、移転してきた人が実際に退去させられるかどうか疑問な場合には、通知を行って、教会区に対して四十日の居住を黙認して居住権を与えるか、退去を求めて居住権の有無を試すかの選択を迫ることができる」

こうして、この法律によって、貧民が四十日居住するそれまでの方法で新たに居住権を獲得するのは、ほとんど不可能になった。しかし、ある教会区に住む庶民が別の教会区に安全に移り住む道をすべて閉ざしたとみられないように、移転通知の提出や掲示を行わなくても居住権を獲得する方法を四つ示した。第一は、教会区税を課され支払う方法である。第二は、年ごとに交代する教会区役員に選ばれ、一年間その仕事をする方法である。第三は、教会区内で徒弟になる方法である。第四は、一年契約で雇われ、一年間にわたって仕事を続ける方法である。

第一か第二の方法で居住権を得るには、教会区の公式の決定が必要になる。しかし、教会区税を課すか、教会区役員に指名して、働く以外に生活を支える術がない庶民を新居住者として迎え入れた場合にどうなりかねないかを、教会区の住民は十分に認識している。

第三か第四の方法では、既婚者は居住権を得られない。徒弟が既婚者であることはまずない。そして、既婚の場合、一年間にわたって雇われる方法では居住権を得られないと法律に規定されている。教会区内で雇われたものに居住権を与える規定の影響は主に、一年契約で雇用する慣行がかなりの程度薄れたことであった。それ以前のイングランドでは一年契約が通常であったため、現在でも、雇用期間を決めていない場合には法律上、一年契約とみなされるほどだ。ところが、雇い主は一年契約で人を雇って居住権を与えることを望むとはかぎらない。また雇われる側も、一年契約を望むとはかぎらない。ある教会区で居住権を与えられると、それ以前にもっていた居住権は無効になり、親や親戚が住む出身地に戻れなくなりかねないからだ。

労働者でも手工業者でも、自営の人が徒弟か雇われになって移転先の教会区で居住権を獲得するとは考えにくい。このため、自営の人が別の教会区で働こうとすると、どれほど健康で勤勉であっても、教会区委員か貧民監督官の気まぐれによって立ち退きを迫られかねない。これを避ける方法は二つしかない。賃借料が年十ポンドの借家を借りる方法があるが、働く以外に生活を支える術がない庶民には不可能だ。もう一つ、居住している教会区の負担にならないことを保証する担保を治安判事が十分だと判断する形で与える方法がある。だが、どれだけの担保を要求するかは、治安判事の裁量に任されているが、三十ポンド以下にすることはできない。三十ポンド以下の土地の所有権を取得しても、教会区の負担にならないとの保証にはならないので、居住権は得られないと法律で規定されているからだ。この金額でも、働く以外に生活を支える術がない庶民にはまず負担できないし、これよりはるかに巨額の担保を要求されることも多い。

これらの法律でほとんど不可能になった労働の移動をある程度回復するために、証明書を発行する方法が考案された。ウィリアム三世治世の一六九六年に制定された法律で、居住権のある教会区が発行した証明書を保持していれば、どの教会区も居住を受け入れるよう義務づけられた。証明書は、治安判事二名の許可を受けて教会区委員か貧民監督官が発行し、これを保持していれば、移転先の教会区の負担になる可能性があるというだけでは退去を求められない。実際に保護を受けるようになると、証明書を発行した教会区が生活費と送還の経費を支払う義務を負う。そして、証明書をもつものを受け入れる教会区に対する保証を完璧にするために、同じ法律によって、移転先で居住権を獲得する方法が賃借料年十ポンドの借家を借りる方法と、自分の経費負担で一年間、教会区役員として働く方法とにかぎられることになった。この結果、移転通知、一年間の勤務、徒弟奉公、教会区税の支払いによって居住権を得る道は閉ざされた。さらに、アン女王治世の一七一二年の法律で、証明書をもって移り住んだ人の使用人か徒弟として働いても、その教会区で居住権を得ることはできないと規定された。

それ以前の法律によってほとんど不可能になった労働の自由な移動を、この新たな法律でどこまで回復できたのかは、リチャード・バーンの優れた見解を読めば判断できるだろう。「自分の教会区に移転してくる人に対して証明書を求める理由はいくつもある。証明書をもつ人なら、教会区内で徒弟になっても、働いても、移転通知を行っても、教会区税を支払っても、居住権は得られない。徒弟や使用人を雇っても居住権を与えることはできない。保護を必要とするようになれば、退去させることができ、証明書を発行した教会区が送還の費用とその間の生活費を支払ってくれる。病気になって送還できない場合には、証明書を発行した教会区が生活費を負担する。これらはいずれも、証明書がなければありえないことだ。これらは同時に、教会区が通常の場合、証明書を発行しない理由にもなる。証明書を発行すれば、その人物がはるかに悪い状態で戻ってくる可能性が高いからだ」。この見解が意味するのはこうだ。庶民が別の教会区に移り住もうと思うと、かならず証明書を要求される。そして、それまで住んでいた教会区が証明書を発行することはまずない。

バーンは豊富な知識をもっており、『救貧法の歴史』でこう論じている。「証明書には過酷な面がある。たまたま居住権を得た教会区に住みつづけることがどれほど不利であっても、他の教会区に住めばどれほど有利であっても、一生涯一つの教会区にしばりつける権限を教会区の幹部に与えているのだから」

証明書は保有者の品行を証明するものではなく、本来の居住地を証明するだけのものだが、申請があったときに発行するか拒否するかは完全に、教会区幹部の裁量に任されている。リチャード・バーンによれば、教会区委員と貧民監督官に証明書への署名を義務づけるよう求めた訴訟が起こされたことがあるが、王座裁判所はこれを、きわめて奇妙な訴えだとして退けている。

イングランドでは、それほど離れていない地域で労働の賃金が大きく違う場合が少なくないが、これはおそらく、居住地法で、庶民が一つの教会区から別の教会区に移り住んで働くのが妨げられているからだろう。健康で勤勉な独身者であれば、証明書がなくても居住を黙認されることがある。しかし、一家で移転しようとすると、ほとんどの教会区でまず間違いなく退去を命じられるし、独身者でも結婚すれば、やはり退去を命じられるのが普通だ。人手がまったく過剰になっている教会区があっても、人手不足の教会区に労働者が移り住むとはかぎらない。スコットランドなど、移転の障害がない国や地域では、このような動きがつねにあるはずである。そして、大都市の周辺など、労働の需要がとくに大きい地域では賃金が少し高いとしても、距離が離れるほど賃金が低くなり、やがて国全体に共通の水準に等しくなる。隣り合った地域の間に説明のつかないほど大きな賃金格差があるような状況にはなっていない。イングランドではそういう状況がいくつかみられるのは、教会区の間に人工的な障壁が築かれていて、庶民にとって、内海や高い山脈などの自然の障壁よりも乗り越えるのが難しいからである。自然の障壁によって隔てられている国の間でなら、賃金の水準がまったく違う場合も少なくはないのだが。

品行に何の問題もない人を、その人が選んで住んでいる教会区から追放するのは、自然な自由と正義をあからさまに侵害する行為だ。しかしイギリスの庶民は、自由を強く求めてはいるが、たいていの国の庶民がそうであるように、自由とは何かを正しく理解しておらず、すでに一世紀以上にわたって、何の救済策もないまま、この抑圧を受けつづけている。ときには、救貧法の居住地規定を社会的な問題だとして非難する論者もあらわれている。しかし、被疑者を特定しない一般令状に対するほど、抗議は広まってはいない。一般令状は確かに濫用されているが、社会全体を抑圧するものになるとは考えにくい。ところが四十歳を超えたイングランドの庶民には、それまでの人生のなかで、馬鹿げた居住地法によって極端な抑圧を受けたと感じたことのない人はほとんどいないと断言できるほどだ。

この長い章の最後に記しておきたいが、以前には賃金を規制するのが通常で、当初は全国を対象とする法律で規制する方法がとられ、後には州ごとに治安判事の命令によって規制する方法がとられたが、いまではどちらの方法も使われなくなった。リチャード・バーンは『救貧法の歴史』でこう論じている。「四百年以上の歴史をみれば、性格上、細かく制限することができないと思える点を厳しく規制する試みは、すべて放棄すべき時期がきているようだ。同じ種類の仕事をする人がすべて同じ給料を受け取るのであれば、競争がなくなり、勤勉に働いたり発明したりする余地はなくなる」

ところがいまでも、個々の業種、個々の地域を対象に賃金の規制を試みる法律が制定されることがある。たとえばジョージ三世時代の一七六八年の法律によって、ロンドンとその周辺五マイルまでの地域で、公の喪のときを除き、仕立て工の賃金に一日当たり二シリング七・五ペンス（〇・一三一ポンド）の上限が設定され、それ以上を支払った雇い主とそれ以上を受け取った仕立て工に巨額の罰金が科されるようになった。雇い主と労働者の関係を規制することを狙った法律が作られるとき、相談を受けるのはつねに雇い主の側である。このため、労働者の利益になる規定はつねに公正なものだが、雇い主の利益になる規定はそうとはかぎらない。さまざまな業種の雇い主に対して、賃金を現物ではなく金銭で支払うよう義務づける法律は、まったく公正である。この法律によって雇い主が不当な圧迫を受けることはない。賃金を現物で支払うとき、雇い主が主張するほどの価値が実際にあるとはかぎらなかったことから、現金で支給するよう義務づけただけである。この法律は労働者の利益になる。しかし一七六八年の法律は、雇い主の利益になるものである。雇い主が団結して、労働の賃金を引き下げようとするとき、秘密の約束によってある水準以上の賃金を支払わないと取り決め、違反した場合の制裁を決めるのが普通だ。労働者が同様の方法で団結し、ある金額以下の賃金では働かず、違反した場合には制裁を科すと取り決めた場合には、法律によって厳しい処罰を受ける。法律が公正であれば、雇い主の団結にも厳しい処罰でのぞむはずだ。ところが一七六八年の法律は、雇い主がときとして秘密の団結によって確立しようとする種類の規則に、法的な強制力をもたせている。これでは有能で勤勉でも並でも賃金が同じになるという労働者の抗議は、完全に根拠のあるものだと思える。

以前には、食料品などの商品に法定価格を設けて、商人などの事業主の利益を規制しようと試みるのが通常であった。いまでもこの昔の制度が残っているのは、パンの法定価格だけのようだ。排他的な同業組合がある場合には、もっとも基本的な生活必需品の価格を規制するのはおそらく適切だろう。しかし、排他的な同業組合がない場合には、競争の方が法定価格よりも適切に価格を規制する。ジョージ二世治世の一七五七年に規定されたパンの法定価格の設定方法は、スコットランドでは法律の不備によって実施できなかった。公設市場監督官が設定すると規定されたが、この官職がスコットランドにないからだ。法律の不備は、ジョージ三世治世の一七六二年の法律によってようやく正された。その間、法定価格がなかったことでとくに不便は感じられなかったし、法定価格が新たに導入された少数の地域でも、とくに利点は感じられていない。スコットランドの大部分の都市にはパン屋の同業組合があり、排他的な特権を主張しているが、厳密に守られているわけではない。

前述のように、業種ごとにみた場合、労働の賃金と資本の利益の違いは、社会が豊かか貧しいか、発展しているのか停滞しているのか衰退しているのかにはほとんど影響されないようだ。このような社会全体の状況の激変は、賃金と利益の一般的な水準に影響を与えるが、その影響はどの業種でも同等になるはずである。したがって業種間の比率は同じであり、少なくともかなりの期間にわたって、こうした激変によっては変化しえない。

第十一章　土地の地代

地代は、土地の利用に対して支払われる価格とみたとき、その土地の現状で借り手が支払える最高の価格になるのが自然である。地主は貸借の条件を取り決めるにあたって、土地の生産物に対する借り手の取り分の比率をなるべく低くしようと努力する。借り手が種子を用意し、労働の賃金を支払い、農業用の家畜や用具を購入し維持するために使った資本を回収した後に、その地域で農業資本が通常得られる利益しか獲得できない比率にしようとするのだ。この比率は明らかに、借り手が損のない取引だと満足できる範囲で最低の比率であり、地主がこれ以上の比率を借り手に残そうとすることはめったにない。地主は当然、生産物かその対価のうちこの比率を超える部分を、土地の地代として獲得しようとする。これは明らかに、土地の現状で借り手が支払える最高の水準である。ときには、地主が寛大なために、それより多いのは地主が無知なために、この比率で決まる水準以下の地代を受け入れることがある。また、まれには借り手が無知なために、この比率で決まる水準以上の地代を支払い、その地域で農業資本が得られる通常の水準を下回る利益率で満足することもある。それでもこの比率で決まる水準が、土地の地代の自然水準、つまり、土地の大部分の賃借にあたって意図される自然な水準だと考えることができるだろう。

土地の地代は、地主が土地改良のために（つまり、原野の開拓、排水設備の整備、囲い込み、施肥などによって耕作に適した条件を整えるために）投資した資本に対する適正な利益または利子だとする見方もあるだろう。確かにそういえる場合もあるが、それは地代のうちごく一部についてだけである。ごく一部を超えることはまずありえない。地主は改良していない土地に対しても地代を要求するし、改良に投資した資本の利益または利子とされるものは通常、土地が未改良の場合の地代に上乗せされている。それに、土地改良は地主の資本によって行われるとはかぎらず、借り手の資本によって行われる場合もある。ところが貸借契約の更新にあたって、地主は普通、土地改良をすべて自分が行ったかのように、地代の引き上げを要求する。

人間の手ではまったく改良できない点に対しても、地主が地代を要求することがある。海草の一種のケルプは、採取して燃やすとヨード灰がとれ、ガラスや石鹼の製造などに使える。スコットランドを中心とするイギリス各地の海岸で、高潮線以下にあって、一日二回海水にひたる岩に自生する。労働によって生産量を増やすことはできない。ところが、ケルプが自生する海岸に面した土地を所有する地主は、穀物用の畑と変わらないほどの地代を、この海岸について要求する。

スコットランドの北西にあるシェトランド諸島の近海では、魚がとくに豊富で、住民の食料のうちかなりの部分を占めている。しかし、海の幸をとるには、海岸に面した土地に住んでいなければならない。そうした土地について地主が要求する地代は、土地で得られるものだけでなく、土地と海の両方から得られるものに比例している。地代の一部は魚で支払われており、地代が魚の価格の構成要素になっているきわめて珍しい例がここにある。

以上の点から明らかなように、地代は土地の利用に対して支払われる価格だと考えたとき、当然のこととして、独占価格である。地主が土地改良に投資した資本には比例せず、地主が獲得しうる金額にも比例しない。農業経営者が支払える金額に比例する。

土地生産物のうち市場に供給されるのは一般に、市場に供給するために必要な資本を回収して通常の利益を得られる水準以上の通常価格で販売できるものだけである。通常価格がこの水準を上回っていれば、余剰部分が当然、土地の地代になる。通常価格がこの水準を上回っていない場合、その商品が市場に供給されることがあっても、地主に地代を支払うことはできない。価格がこの水準を上回るか、上回らないかは、需要によって決まる。

土地生産物の一部は、需要がつねに旺盛で、市場への供給に必要な水準を上回る価格になる。また一部は、この水準を上回る価格になるほど需要がある場合もない場合もある。需要がつねに旺盛な商品では、地主はつねに地代を得られる。需要がそこまでない場合もある商品では、状況によって、地主が地代を得られる場合と得られない場合とがある。

したがって、地代が賃金や利益とは違った道筋で、商品価格の構成要素になることに注意すべきだ。賃金や利益の高低は、価格の高低の原因になる。これに対して地代の高低は、価格の高低の結果である。ある商品を市場に供給するために必要な賃金や利益が高ければ、それが原因になって商品価格が高くなる（逆に、賃金や利益が低ければ、それが原因になって商品価格が安くなる）。だが地代の場合は、必要な賃金と利益を支払える水準を大きく上回るほど、商品価格が高ければ、その結果、高い地代を支払えるようになる（この水準をわずかに上回るにすぎないか、まったく上回らないほど商品価格が低ければ、地代をごく少額しか支払えないか、まったく支払えなくなる）。

この章は三つに分かれる。第一に、生産物のうち、つねに地代を支払える部分について論じる。第二に、地代を支払える場合と支払えない場合とがある部分について論じる。第三に、社会の発達の段階ごとに、これら二種類の生産物の価格がどのように自然に変動するかを、両者を比較し、さらに製造業の商品と比較して論じていく。

第一節　土地の生産物のうちつねに地代を生じる部分

人類はどの動物でもそうであるように、食物の量に比例して個体数が増えていくので、食料の需要は多かれ少なかれつねにある。食料があればかならず、何らかの量の労働を購入・支配できるし、食料を入手するために働こうとする人はかならず見つかる。労働の賃金が高い場合もあるので、ある量の食料によって購入できる労働の量は、もっとも経済的な方法をとったときに、その量の食料で維持できる労働の量に等しいとはかぎらない。それでも、ある量の労働量をかならず購入できるのであり、購入できる労働量は、その地域のその職種に一般的な生活水準によって決まってくる。

ほとんどの土地でも、食料を生産すれば、労働者を最大限に優遇した場合ですら、市場に供給するのに必要な労働を維持できる量以上の食料を生産できる。そしてこの余剰はつねに、労働者を雇うために使われた資本を回収して利益を確保できる水準を上回っている。このため、地主が地代として確保できる部分がかならず残る。

ノルウェーやスコットランドのとくに荒涼とした原野でも、ある種の家畜用牧草がとれ、酪農と肥育とによって、家畜の世話に必要な労働を提供する労働者が生活でき、農業経営者や家畜所有者が通常の利益を確保できるうえ、地主がある程度の地代を確保できるだけの収入がつねに得られる。牧草の質が高いほど、地代が高くなる。牧草の質が高ければ、面積が同じでも飼育できる家畜の数が多いし、家畜を狭い範囲に集めておけるので、世話をし、生産物を集めるのに必要な労働が少なくなる。生産物の増加と、生産物によって維持しなければならない労働の量の減少という二つの点から、地主の利益が増える。

土地の地代は、生産物が何であっても、地味《ちみ》によって変わるし、地味が肥えていても痩《や》せていても、位置によって変わる。地味が同じでも、都市に近い土地の方が、遠隔地にある土地よりも地代が高い。耕作に必要な労働の量は変わらなくても、市場から遠いほど、生産物を市場に運ぶのに必要な労働の量が多くなる。このため、土地で維持しなければならない労働量が多くなり、余剰部分、つまり農業経営者の利益と地主の地代を合計した部分は当然、少なくなる。ところが前述のように、都市の近くよりも遠隔地の方が一般に、資本の利益率は高い。このため、余剰部分が少ないうえに、そのうち地主の地代にあてられる部分の比率が低くなる。

しっかりした道路や、運河、航行可能な河川があれば、輸送費が安くなるので、遠隔地であっても都市の近くとの差が小さくなる。このため交通網の整備は、社会の発展のなかでもとりわけ重要である。交通網の整備が進めば、どの国でも農村のうち最大部分を占める遠隔地で、農業が刺激を受ける。都市にとっては、近隣の農村の独占が打破されるので、好都合である。そして、都市に近い農村にとってすら、好都合だ。既存の市場で競争相手がある程度増えるだろうが、自分たちの商品に多数の新たな市場が開かれる。それに、独占は優れた経営の敵である。自由競争が行き渡っていて、自分を守るためには経営を最善のものにするよう、全員が強いられていないかぎり、優れた経営が行き渡るようにはならない。ロンドン近郊のいくつかの州が議会に、有料道路を遠方の州まで延長する計画に反対する請願を行ったことがある。遠方の州では労働の賃金が低いので、自分たちより安い価格で牧草や穀物をロンドン市場に供給でき、自分たちの州で地代が下がり、農業が壊滅すると主張したのだ。それから五十年もたっていないが、これらの州ではこの間に地代が上昇し、農業が発展してきた。

　地味が中程度の穀物畑であれば、同じ面積の最高の牧草地より大量の食料を生産できる。耕作に必要な労働は多いが、種子を回収し、労働者の生活を支えた後に残る余剰部分も、はるかに多い。このため、重量一ポンド当たりの価格でみて、食肉がパンより高くなるはずがないのであれば、この余剰部分の価値はどの地域でも穀物の方が高くなり、農業経営者の利益と地主の地代にあてられる資金も多くなる。農業がはじまったばかりの原始的な社会では、そういう状況がどこでもみられたようだ。

しかし、種類の違う食料である食肉とパンの価格の比率は、農業の歴史のなかで、時期によって大きく違っている。当初は、農村の土地のうち圧倒的な部分を占める未開の原野がすべて、家畜の放牧に使われる。食肉の方がパンより豊富にある。そのため、パンの方が買い手の競争が激しく、その結果、価格も高くなる。アントニオ・デ・ウリョアの『南米旅行記』によれば、ブエノスアイレスでは四十年から五十年前に、二百頭から三百頭の群れのなかから選んだ雄牛一頭の価格が通常、四レアルであり、ポンドに換算すれば一シリング九・五ペンス（〇・〇九〇ポンド）であった。パンの価格については書かれていないが、おそらくとくに驚くほどではなかったからだろう。雄牛の価格は、それを捕獲する労働の賃金とほとんど変わらないと書かれている。これに対して穀物はどこでも、大量の労働を必要とするし、当時、ヨーロッパからポトシ銀山までの道筋にあたっていたラ・プラタ川河畔のこの地域で、労働の金銭価格が極端に低かったはずがない。農村の土地のうち耕作される部分が増えると、状況が違ってくる。そうなれば食肉よりもパンの方が豊富になる。競争の風向きが変わり、食肉の方がパンよりも価格が高くなる。

さらに、耕作面積が拡大すると、残った原野だけでは食肉の需要を満たせなくなり、耕地のうちかなりの部分を家畜の飼育と肥育に使わなければならなくなる。このため家畜の価格は、家畜の世話に必要な労働の賃金を支払ったうえ、その土地を耕作に使った場合に地主が得られる地代と、農業経営者が得られる利益とを生み出せるものでなければならなくなる。未開の原野で飼育された家畜も、とくに優れた耕地で飼育された家畜も、同じ市場に供給されたとき、重量と品質が同じであれば同じ価格で取引される。原野の所有者はこの点を利用して、家畜価格の上昇に応じて土地の地代を引き上げる。スコットランド高地地方のかなりの部分で、食肉が燕麦で作られたパンと価格が変わらないか、むしろ安かった時期から、まだ百年もたっていない。一七〇七年にイングランドとスコットランドが合併して、高地地方の家畜をイングランドの市場に販売できるようになった。現在では今世紀初めと比較して、高地地方では家畜の通常価格が約三倍になっており、多くの土地で地代も三倍から四倍になった。イギリスの大部分の地域では現在、最高級の食肉は重量一ポンド当たりの価格が最高級の白パンの二倍以上であり、豊作の年には三倍から四倍になる。

このように、社会が発達するとともに、未改良の牧草地の地代と利益はある程度まで、耕地の地代と利益によって決まるようになり、耕地の地代と利益は穀物畑の地代と利益によって決まるようになる。穀物は一年以内に収穫できるが、食肉用の家畜は肥育に四年から五年かかる。このため、同じ面積の土地で生産できる量に大きな違いがあり、生産量の少なさは価格の高さで補われなければならない。補って余りある状況になれば、穀物畑の一部が牧草地に転換される。十分に補われていない状況になれば、逆に牧草地の一部が穀物畑に戻される。

しかし、牧草と穀物との間で、つまり、直接には飼料を生産する土地と食料を直接に生産する土地との間で地代と利益が均衡する現象は、国土が広い国の大部分で起こるが、起こらない地域もある点を理解しておくべきだ。地域によっては状況がまったく違い、牧草の方が穀物より地代と利益がはるかに高くなる。

大都市の周辺では、牛乳と馬草《まぐさ》の需要が多いうえ、食肉の価格も高いために、牧草価格が穀物価格に対する自然な比率とも呼べる水準より高くなることが少なくない。これは大都市周辺に特有の利点であり、もちろん、大都市から遠く離れた地域には広がらない。

状況によっては、国の人口がきわめて多いために、大都市の周辺だけでなく、国全体の土地を使っても、住民の生活に必要な牧草と穀物を生産できない場合がある。この場合、土地は主に牧草の生産に使われる。牧草は嵩張るので、遠くにある生産地から運搬するのが容易ではないからだ。そして穀物は、住民の大多数にとっての食料だが、主に外国から輸入される。オランダは現在、そういう状況にあり、ローマが栄えていた古代にも、イタリアのかなりの部分がそうなっていたようだ。キケロの『義務について』によれば、大カトーは私有地の有利な利用法について、第一に家畜をしっかりと飼育すること、第二に家畜をそこそこよく飼育すること、第三に家畜を下手に飼育することだと述べ、利益と有利さの点で第四にようやく耕作をあげている。古代ローマでは、穀物が頻繁に住民に無料でか、ごく低い価格で分配されたので、イタリアのローマ周辺地域では耕作が難しくなっていたはずである。穀物は属州から運ばれており、属州の多くは税金の代わりに、生産物の十分の一を一ペック（約九リットル）当たり約六ペンスの公定価格で、共和国に売るよう義務づけられていた。こうした穀物が住民に安く分配されたことから、ローマに近いラティウムからローマ市場に供給される穀物の価格が低下し、ラティウムでの耕作が阻害されたはずである。

主に穀物を生産する農村でも囲い込みが進んでいない地域では、十分に囲い込みを行った牧草地の方が、同じ地域にある穀物畑よりも地代が高い場合が少なくない。こうした牧草地は農耕用の家畜を飼育するのに便利であり、高い地代は、その土地の生産物の価値だけではなく、家畜を使って耕作される穀物畑の生産物の価値によっても支払われる。近隣の土地がすべて囲い込まれれば、こうした土地の地代は下がるだろう。スコットランドで現在、囲い込まれた土地の地代が高いのは、囲い込みが少ないためだとみられ、囲い込みが多くなれば低下するだろう。囲い込みの利点は、穀物畑よりも牧草地の方が大きい。囲い込まれた土地なら、家畜を見張る手間が省けるし、番人や犬に悩まされない分、家畜は餌をよく食べる。

しかしこうした利点がない地域ではもちろん、穀物など、住民の主食である農産物の地代と利益によって、そうした農産物の生産に適した土地が牧草地として使われた場合の地代と利益が決まるはずである。

蕪、人参、キャベツなどを栽培して、野生の牧草を使う場合より、同じ面積の土地で飼育できる家畜の数を大幅に増やす方法がとられれば、発達した国でパン価格よりも食肉価格が自然に高くなる傾向がある程度弱まるとも予想できる。実際にもそうなってきたようだ。少なくともロンドン市場では、パン価格に対する食肉価格の比率が現在、約百五十年前の十七世紀初めよりかなり低くなったと信じる理由がある。

食肉については、トマス・バーチ博士が『ヘンリー皇太子の生涯』の付録で、皇太子家が支払った通常の価格を示している。重量六百ポンドの雄牛一頭が通常、ほぼ九ポンド十シリング（九・五ポンド）だったという。つまり、重量百ポンド当たり三十一シリング八ペンス（一・五八三ポンド）である。ヘンリー皇太子は一六一二年十一月六日に十九歳で死亡した。

一七六四年三月、議会が食料品価格の高騰について調査した。そのときに集められた事実の一つに、バージニアの商人の証言がある。証言によれば、一年前の一七六三年三月には、船に積み込む牛肉が重量百ポンド当たり二十四シリングから二十五シリング（一・二〜一・二五ポンド）であり、これが通常の価格だと考えていたが、この年には食料品価格が上昇して、同じ品質、同じ重量で二十七シリング（一・三五ポンド）になったという。一七六四年には価格が高かったというが、ヘンリー皇太子家が支払った通常の価格より四シリング八ペンス低い。そして、長距離の航海のために塩漬けにする牛肉は最高級品だけであることに注意すべきだ。

ヘンリー皇太子家が支払った金額は、良質の部分もそうでない部分も合わせて、重量一ポンド当たり三・八ペンスである。この場合、良質部分の小売り価格が重量一ポンド当たり四・五ペンスから五ペンスより低いとは考えられない。

一七六四年の議会調査での証言によれば、最高級の牛肉の良質部分は、小売り価格で重量一ポンド当たり四ペンスから四・二五ペンス、良質でない部分の小売り価格は一・七五ペンスから二・五ペンス、二・七五ペンスの間であり、どの部位でも例年の三月の価格より全般に〇・五ペンス高くなったという。しかし、高いとされたこの価格でも、ヘンリー皇太子の時代に通常だったと推定できる小売り価格より低い。

小麦の価格をみてみると、一六〇一年から一六一二年までの十二年間には、ウィンザー市場で最上の小麦の平均価格は、一クォーター（九ブッシェル）当たり一ポンド十八シリング三・一七ペンス（一・九一三ポンド）であった。

これに対して一七五三年から一七六四年までの十二年間では、ウィンザー市場で最上の小麦の平均価格は、一クォーター（九ブッシェル）当たり二ポンド一シリング九・五ペンス（二・〇九〇ポンド）であった。

つまり、十七世紀の当初十二年間には、一七六四年までの十二年間と比較して、小麦は安く、食肉は高かったとみられる。
大国ではどこでも、耕地の大部分が食料か飼料の生産に使われている。これらの地代と利益によって、これら以外の用途に使われる耕地の地代と利益も決まっている。ある生産物で地代と利益が少ない場合には、その生産物に使われていた土地がすぐに穀物か牧草の生産に使われるようになる。ある生産物で地代と利益が多い場合には、穀物と牧草に使われていた土地の一部がすぐにその生産物に使われるようになる。

ある生産物を生産するために、当初の土地改良に要する投資が多い場合には、穀物や牧草よりも地代が高いようにみえるし、耕作に要する年間の経費が多い場合には、穀物や牧草よりも利益率が高いようにみえる。しかしこの差が、投資や経費の差額に対する適切な利子や補塡を超えることはめったにない。

ホップ園、果樹園、野菜畑では、地主の地代も農業経営者の利益率も、穀物や牧草を生産する耕地よりも一般に高い。しかし、土地をこれらの用途に適したものにするには、かなりの経費がかかる。このため、地主の地代は高くて当然である。また、栽培には手間がかかり、熟練が必要である。このため、農業経営者の利益率が高くて当然である。また収穫量も、少なくともホップと果物の場合には穀物や牧草より不確実だ。このため、これらの価格は、ときおり被る損失を補えるうえ、保険事業の利益と同じ性格の利益を確保できるものでなければならない。園芸農家の生活が一般に質素で、中流の域をでない点をみれば、さまざまに工夫した成果が通常、十二分に報われているとはいえないことが分かるだろう。園芸は魅力的なため、楽しみの一つにしている金持ちが多いので、利益を得るために行っている園芸農家はあまり稼げない。本来なら最上の顧客になる金持ちが、とくに高価なものを自分で生産しているからだ。

園芸のための土地改良から地主が得られる追加の地代は、いつの時代にも、当初の改良に要した費用を回収できるほどにならないようだ。古代の農業経営では、灌漑施設のある野菜畑は、葡萄園についで高価な収穫物がとれると考えられていたようだ。しかし、約二千年前、紀元前四世紀の哲学者、デモクリトスは、農業経営についての著作があり、農業技術の始祖の一人とされているが、野菜畑を囲い込むのは愚かなことだと考えていた。囲い込みに石垣を使ったのでは、その経費を収入で回収できない。煉瓦を使えば（日干しの煉瓦だろうが）、雨や冬の嵐で崩れ、毎年手入れしなければならない。古代ローマの農学者で一世紀に活躍したコルメラは、デモクリトスの意見を伝えているが、これに反対せず、経費をかけずに茨《いばら》の生け垣で囲い込む方法を提案している。この方法なら長持ちし、侵入を許さない垣根ができることが分かったという。デモクリトスの時代にはあまり知られていない方法だったようだ。茨を使う方法はそれ以前の紀元前一世紀にマルクス・テレンティウス・ウァロも推奨しており、四世紀の農学者、パラディウスもコルメラの意見をとりいれている。これらの古代の農学者の判断では、野菜畑の生産物で得られる収入は、栽培に必要な手間と水やりにかかる費用を差し引くと、わずかな利益が残るだけだったようだ。日光の強い南方の国では、当時もいまも、水流を確保して野菜畑の畝《うね》の間に流すのが適切だとされているからだ。ヨーロッパの大部分で現在、野菜畑にコルメラが推奨した以上の囲い込みが必要だとは考えられていない。イギリスなどの北方の国では、品質の高い果物を収穫するには壁で囲うのが不可欠である。このためこれらの国では、果物の価格は、果樹園に不可欠な壁を作り維持する費用を賄えるものになっているはずである。そして、果樹用の壁が野菜畑を囲う形になっていることが少なくない。野菜畑の生産物だけでは囲い込みの費用をまず賄えないが、この形になっていれば、囲い込みの利点を確保できる。

葡萄園は、適切に植えられ、うまく栽培されていれば、農場のなかでもっとも価値の高い部分になるというのが、古代の農業で疑問とされることのない定説だったようだ。いまでもワイン生産国のすべてで、これが常識になっている。しかし、新たに葡萄園を作るのが有利かどうかについては、古代ローマの農業経営者の間で賛否両論があったことが、コルメラの著作から分かる。コルメラは新しい栽培方法なら何でも夢中になるほうで、葡萄園を作るのが有利だと考え、経費と利益を比較して、これが最高の投資であることを示そうとした。しかし、新たな投資の経費と利益の比較はまったく当てにならないのが普通だし、農業ではとくに当てにならない。葡萄の栽培でコルメラが考えたほど巨額の利益がほんとうに得られるのであれば、そもそも意見が対立しなかったはずだ。いまでも、同じ点がワイン生産国で議論になることがある。農業書の著者は集約農業を好み、推奨するものなので、コルメラと同様に葡萄園への投資が有利だと主張する傾向があるようだ。フランスでは、古くからの葡萄園の所有者が新たな栽培を防ごうと努力している事実をみると、これらの所有者は農業書の著者の意見に賛成しているようだ。また、他のどの作物よりも葡萄の栽培が有利だとの認識が、十分な経験をもつはずの葡萄園所有者にあることを示しているようでもある。半面、葡萄の自由な栽培を抑制する現在の法律が撤廃されれば、葡萄園の利益率の高さを維持できなくなるとみられていることを示しているようでもある。一七三一年に、葡萄園所有者の働きかけによって勅令がだされ、新規の葡萄園での植え付けと、二年以上栽培が中断していた葡萄園での植え付けが原則として禁止された。例外が認められるのは、州知事がその土地を検査し、葡萄以外の作物を栽培できないことを証明した後、国王から特別の許可を得た場合だけである。この勅令の理由とされたのは、穀物と牧草の不足と、ワインの大幅な供給過剰であった。しかし、ワインが実際に大幅な供給過剰になっているのであれば、勅令がなくても、葡萄栽培の利益率が穀物や牧草の利益率に対する自然な比率といえる水準を下回って、新たな栽培など考えられなくなっているはずだ。葡萄の栽培面積が増えすぎて穀物が不足しているとの主張についていうなら、フランスのなかで土壌がワインに適したブルゴーニュ、ギュイエンヌ、ラングドック北部などの地方ほど、穀物畑が丹念に耕作されているところはない。葡萄園に多数の労働者が雇われているので、穀物の市場が手近にあり、穀物の生産がかならず刺激される。穀物を買える人の数を減らすのは、穀物の生産を刺激する方法として間違いなく最悪である。製造業の発達を抑えることで、農業を奨励するようなものだ。

　したがってこういえる。ある生産物を生産するために必要な当初の土地改良に要する投資が多いか、耕作に要する年間の経費が多い場合には、穀物や牧草よりも地代や利益率が高くなることが多い。しかし、その差が投資や経費の多さを補うだけである場合には、実際には穀物や牧草などの通常の作物の地代や利益率によって、その生産物の地代や利益率が決まっているのである。

ある産物に適した土地が少なく、有効需要を満たせるだけの供給が不可能な場合もある。この場合、市場に供給される全量を自然価格（生産と市場への輸送に使われる土地の地代、労働者の賃金、資本の利益を自然水準にしたがって、つまり耕地の大部分での水準にしたがって支払うのに必要な価格）以上を支払う買い手に販売できる。この場合は、この場合だけは、価格のうち投資と耕作の費用をすべて支払った後に残る余剰部分が一般に、穀物や牧草での余剰部分に対して一定比率を保つわけではなく、ほとんど無制限にそれを上回りうる。そして、この余剰部分の大部分が地代として地主の収入になるのが自然である。

たとえばワインの地代・利益と、穀物や牧草の地代・利益との間の通常で自然な比率というのは、並みのワインを生産する葡萄園に関してだけいえるものであることを理解しておくべきだ。水はけがよいか、小石か砂の多い土壌であればほとんどの土地でも生産でき、アルコール度と栄養以外にはとくに特徴のないワインを生産する葡萄園でしか、農村の普通の農地との間で競争が起こることはない。特別の品質のワインを生産する葡萄園では明らかに、こうした競争は起こりえない。

果樹のなかで葡萄はとくに土壌の影響を受ける。ある種の土壌では独特の風味のあるワインができ、耕作や手入れによっては同じ風味はだせないといわれている。こうした風味が評判だけのものなのか本当にあるものなのかは別にして、ごく少数の葡萄園だけに独特のものだとされていることもあり、また、狭い地域の大部分にわたる特徴になっていることもあり、また、大きな州のかなりの範囲にわたる特徴になっている場合もある。こうしたワインは市場に供給される全量でも、有効需要を満たすことができない。言い換えれば、生産と市場への輸送に使われる土地の地代、労働者の賃金、資本の利益を自然水準にしたがって、つまり通常の葡萄園の水準にしたがって支払うのに必要な金額を支払おうとする買い手の需要を満たすことはできない。このため全量を、この水準を上回る価格を支払う買い手に販売でき、普通のワインより価格がかならず高くなる。どこまで高くなるかは、ワインの人気や不足の程度によって、買い手の競争がどこまで激しくなるかで決まってくる。この差額がどうであれ、その大部分は地代として地主の収入になる。そうなる理由はこうだ。こうした葡萄園は普通の葡萄園よりも注意深く栽培されるのが通常だが、ワイン価格が高いのは注意深い栽培の結果ではなく、原因だとみられる。生産物が貴重なものなので、不注意のために作物が失われたときの損失はきわめて大きく、よほど無頓着な人でも注意する。このため、高価格のうちごく一部をあてれば、栽培に通常以上に投じる労働の賃金と、労働者の雇用に通常以上に投じる資本の利益を支払えるのである。

西インド諸島のヨーロッパ各国の植民地にある砂糖農場は、貴重な葡萄園に似ているともいえる。生産量がヨーロッパの有効需要を満たすまでにならないので、市場に供給される全量が自然価格（生産と市場への輸送に使われる土地の地代、労働者の賃金、資本の利益を、農産物の大部分での水準にしたがって支払うのに必要な価格）以上を支払う人たちに販売できる。コーチシナ（ベトナム南部）では、上白砂糖の通常の価格が一カンタル当たり三ピアストル（約十三シリング六ペンス）だと、この国の農業の状況を詳しく調査したピエール・ポワーブルが伝えている。この国の一カンタルは、パリの重量に換算して百五十リーブルから二百リーブル、中間をとれば百七十五リーブルだというので、重量百ポンド当たりの価格は約八シリングになる。これは、イギリス植民地から輸入される赤砂糖や黒砂糖の四分の一にもならず、上白砂糖の六分の一にもならない価格である。コーチシナでは耕地の大部分が、住民の大多数の食料である麦や米の生産に使われている。麦、米、砂糖の価格の比率はおそらく自然なものになっている。つまり、耕地のかなりの部分で複数の作物が生産されているときに自然に決まる比率、そして、当初の土地改良に要する通常の投資と、耕作に要する通常の年間経費とにしたがって、地主と農業経営者の負担をできるかぎり正確に補填できる比率になっている。ところが砂糖を生産するヨーロッパの植民地では、砂糖の価格は、ヨーロッパかアメリカで穀物を生産する耕地の生産物の価格に対して、このような比率になっていない。砂糖生産者は、ラム酒と糖蜜だけで耕作に要する費用をすべて回収でき、砂糖の売上はすべて利益になると考えているといわれている。これが事実かどうかは確認できないが、事実だとするなら、穀物の生産者が耕作の費用をすべて籾殻《もみがら》と藁《わら》だけで回収でき、穀物の売上がすべて利益になると考えているようなものである。ロンドンなどの商業都市で、商人が共同で砂糖植民地の原野を購入することがよくある。砂糖植民地は遠く離れているし、司法制度が整っていないので利益が不確実なのに、代理人を雇う方法で荒れ地を開拓し、耕作すれば利益を確保できると予想しているのだ。スコットランドやアイルランド、そして北アメリカの穀物生産地域であれば司法制度がしっかりしているし、とくに肥えた土地なら利益がもっと確実に得られると予想できるが、それでも同じ方法で開拓し耕作しようとする人はいない。

バージニアとメリーランドでは、穀物よりも利益率が高い作物として、タバコがよく栽培されている。タバコはヨーロッパの大部分で、有利な作物として栽培できるはずだ。しかし大部分の国で、タバコは重要な課税対象になっており、タバコをたまたま栽培する多数の農場から税金を徴収するより、輸入された際に税関で課税する方がはるかに簡単だと考えられている。このまったく不合理な理由で、タバコの栽培はヨーロッパの大部分で禁止されており、その結果、栽培が許可されている国が一種の独占権を得ている。バージニアとメリーランドは生産量がとくに多いので、競争相手がいないわけではないが、独占利益の大部分を獲得している。しかしタバコの栽培は砂糖の生産ほど有利ではないようだ。タバコ農場がイギリスに住む商人の資本で開拓され、耕作されている話は聞いたことがないし、砂糖を生産する諸島からは裕福な農場主が帰国することが多いが、タバコを生産する植民地から裕福な農場主が帰国することはない。これらの植民地では穀物よりもタバコの方が有利な作物だとされているが、タバコの有効需要はヨーロッパで完全に満たされているわけでないものの、おそらくは砂糖よりも供給不足が小幅なのだろう。タバコの現在の価格はおそらく、生産と市場への輸送に使われる土地の地代、労働者の賃金、資本の利益を穀物に一般的な水準で支払うには十分以上だろうが、砂糖の価格ほど高くはない。このため、フランスの古い葡萄園の所有者がワインの供給過剰を恐れているように、タバコ農場主も大幅な供給過剰を恐れている。そこで法律によって、栽培を十六歳から六十歳までの黒人一人当たり六千株、重量一千ポンド（約四百五十キロ）を生産できるとされる量に制限している。黒人一人でこれだけのタバコを栽培できるうえ、四エーカー（約一・六ヘクタール）のトウモロコシ畑を耕作できるとされている。ウィリアム・ダグラスによれば、市場への供給過剰を防ぐために、豊作の年には黒人一人当たりの数量を取り決めて、タバコを焼却するという（ダグラスの記述が正しいかどうか、疑問もあるが）。オランダが香料でとったとされているものと同じ方法で、供給過剰を防いでいるというわけだ。価格を維持するためにこのような乱暴な方法が必要になっているとするなら、いまでも穀物よりタバコの方が有利な作物だとしても、この有利さはおそらく、それほど長く維持できないだろう。

以上のように、食料を生産する耕地の地代によって、他の目的に使われる耕地の大部分の地代が決まる。何を生産する場合でも、地代が穀物畑より低い状態を長く続けることはできない。土地がすぐに他の目的に使われるようになるからだ。そして、穀物よりも一般に高い地代を支払える作物があれば、それはその作物の栽培に適した土地が少なく、有効需要を満たせないからである。

ヨーロッパでは、直接に食料になるものとしては主に、麦が生産されている。このため、特別の要因がある場合を除けば、ヨーロッパでは麦畑の地代によって、他の用途に使われるすべての耕地の地代が決まっている。イギリスはフランスの葡萄園やイタリアのオリーブ園をうらやむ必要はない。特別な要因がある場合を除けば、葡萄園やオリーブ園の価値も麦畑の価値によって決まっているのであり、麦畑の肥沃度では、イギリスはフランスやイタリアに劣っているわけではない。

住民が麦以外の農産物を好み、主食にしていて、その農産物が農耕の手間も麦とほとんど変わらないうえ、ごく普通の耕地で、とくに肥沃な麦畑より大量に生産できるものである場合には、地主の地代がはるかに多くなるだろう。労働者が賃金を受け取り、農業経営者が資本を回収し通常の利益を受け取った後に残る食料の量が、麦を主食にする国より多くなるだろう。その国で労働賃金の一般的な水準がどうであろうと、この余剰部分で維持できる労働の量が多くなり、そのために地主が購入・支配できる労働の量が多くなる。地代の真の価値、地主の購買力と力、他人の労働によって供給される生活必需品や利便品を支配する力は、麦を主食にする国よりかならず大きくなる。

米を生産する田は、とくに肥沃な麦畑より大量の食料を生産できる。一エーカー当たり三十ブッシェルから六十ブッシェル（十アール当たり二百～四百キログラム）を年に二回収穫できるという。このため耕作に要する労働は多くなるが、労働者を維持した後に残る余剰部分もはるかに多い。したがって住民が米を好み、主食にしていて、農業労働者の生活が主に米で支えられている国では、麦を主な食料にする国よりこの余剰部分が多いうえ、余剰部分のうち地主の地代にあてられる部分の比率も高い。カロライナでは、イギリス植民地の例にもれず、入植者が農業経営者であると同時に土地を所有しており、その結果、地代が利益と混同されているが、米は麦より利益率が高いとされている。この地域では一毛作だし、ヨーロッパの習慣が浸透していて、住民の間で米はとくに好まれておらず、主な食料になっていないが、それでも米の方が有利だという。

米に適しているのは年間を通じた湿地であり、一つの季節には水でおおわれる土地である。米以外には、麦や牧草、葡萄など、人間にとって役に立つ農産物のいずれにも適していない。逆に、これらに適した耕地は米の生産に適していない。このため、米を主な食料にしている国でも、田の地代は、米に転作できない耕地の地代を決めるものにはならない。

ジャガ芋の単位面積当たりの収量は、米と変わらず、小麦よりはるかに多い。一エーカーで一万二千ポンド（十アール当たり約一千三百五十キロ）のジャガ芋が収穫できても、一エーカーで二千ポンド（同約二百二十キロ）の小麦が収穫できたときほど豊作だとはいえない。もっともジャガ芋は水分が多いので、同じ重量でも固形の栄養分は小麦より少ない。しかし、かなり多めに半分が水分だと想定しても、一エーカーの畑で六千ポンドの固形栄養分を生産でき、小麦の三倍の量になる。そして、畑の面積が同じであれば、小麦よりジャガ芋の方が耕作の費用が安い。小麦の種まきの前には普通、休耕が必要になり、これだけで、ジャガ芋の栽培に特別に必要な除草などの農作業より費用がかかる。米生産国の米と同様に、ジャガ芋がヨーロッパの一部で主な食料として好まれるようになり、小麦などの食用の麦類に現在使われているほどの比率の耕地で栽培されるようになれば、同じ耕地面積で養える人口が増える。そして、農業労働者が主にジャガ芋を食べるようになって、耕作に使われた資本を回収し、労働者の生活を支えた後に残る余剰部分が増えるだろう。この余剰部分のうち、地主の地代にあてられる部分の比率も高くなる。現在よりも人口が増え、地代は大幅に上昇するだろう。

ジャガ芋に適した耕地は、ほとんどすべての有益な農作物にも適している。耕地に占めるジャガ芋畑の比率が現在の麦畑と同じ比率になれば、現在の麦畑の場合と同様に、ジャガ芋畑の地代によって大部分の耕地の地代が決まることになろう。

イングランドのランカシア州の一部では、燕麦のパンの方が小麦のパンより労働者にとって健康によいと主張されているという。同じ主張はスコットランドでもよく聞くが、これが正しいかどうかは疑問だ。スコットランドの庶民は燕麦を主食にしているが、小麦のパンを主食にしているイングランドの庶民とくらべて、体力も弱いし、目鼻だちも整っていない。仕事が遅いし、顔色も悪い。上流階級には、スコットランドとイングランドでこのような差はないので、スコットランドの庶民の食物がイングランドの庶民の食物ほど、人の健康に適していないことが事実によって示されていると思える。しかし、ジャガ芋についてはそうはいえないようだ。ロンドンの駕籠かき、荷かつぎ労働者、石炭荷揚げ労働者はおそらく、イギリスでもとくに強壮な男性であり、風俗業で働く不幸な女性はおそらく、イギリスでもとくに美しいといえるだろうが、その多くは、ジャガ芋を主食にするアイルランドの最下層の出身だという。ジャガ芋ほど栄養があり、人間の健康によいことをはっきりと証明できる食物はない。

ジャガ芋は一年を通じて保存するのが難しく、穀物とは違って、二年から三年にわたって保存するのは不可能だ。売れる前に腐るのではないかという恐れが、作付けの障害になっており、パンのように大国のすべての階層にとって主な植物性食料になるのを妨げる最大の要因になっているようだ。

第二節　土地の生産物のうち地代を生じる場合と生じない場合がある部分

土地の生産物のうち、つねに地代を生じるのは食料だけのようだ。その他の生産物は、状況によって地代を生じることも生じないこともある。

食料を除けば、人がとくに必要とするのは、衣服と住宅である。

未開の社会では、土地でとれる食料で養える人数には余りあるほど、衣服と住宅の材料が豊富にある。発達した社会では、土地で生産される食料で養える人数がはるかに多くなって、衣服と住宅の材料が不足することがある。少なくとも、対価を支払う意思がある人が求めるような形では、材料が不足することがある。したがって、未開の社会では、これらの材料はいつも過剰になっていて、そのためにほとんど価値をもたないことが多い。一方、発達した社会では、材料が不足することが多く、そのために価値が高まる。未開の社会では、これらの材料の大部分は役に立たないものとして捨てられるし、使われるにしても、加工に要する労働と費用に等しい価格しかつかないので、地主に地代を支払うことはできない。発達した社会では、材料がすべて使われ、需要を満たせない場合も少なくない。これら材料のいずれについても、市場への供給に要する費用を上回る価格を支払おうとする人がいつもいる。このため、地主がかならず、ある程度の地代を確保できる価格になる。

衣服の材料としてまず使われたのは、比較的大きな動物の皮である。このため、動物の肉を主な食料にしている狩猟民族や放牧民族では、食料を手に入れれば、衣服の材料が使い切れないほど手に入る。他の民族との取引がない場合、皮の大部分は役に立たないものとして捨てられる。ヨーロッパ人がアメリカ大陸を発見する以前には、北アメリカの狩猟民族はおそらく、そうしていたとみられるが、いまでは余った毛皮は毛布や銃、ブランデーなどと交換されており、ある程度の価値をもつようになった。世界のうち知られている地域の商業活動の現状では、土地の所有権が確立している民族であれば、とくに原始的な民族でも、他民族との間にこの種の取引があるとみられる。そして、土地で生産される衣服の材料のうち、加工も消費もできない部分に対する需要を、もっと豊かな近隣民族に見つけ出しており、その結果、これらの材料を豊かな民族が住む地域まで運ぶ経費を上回るまで価格が上がっていて、地主がある程度の地代を得られるようになっているとみられる。スコットランドの高地地方では、家畜が大部分、地域内で消費されていたころ、生皮がもっとも重要な商品であり、生皮との交換で得られるものによって、土地の地代がある程度上乗せされていた。イングランドでも昔、羊毛は加工も消費もできなかったが、もっと豊かで産業が発達していたフランドル地方が輸出市場になっていて、土地の地代をある程度支払える価格で売ることができた。当時のイングランドや現在の高地地方より農業が進んでおらず、貿易を行っていない国があれば、衣服の原料は大幅に過剰になっていて、大部分が役に立たないものとして捨てられ、地主に地代をもたらす部分はないだろう。

住宅用の材料は、衣服の材料ほど遠くまで運べるとはかぎらず、すぐに貿易の対象になるわけではない。世界の商業活動の現状でも、生産地で住宅用の材料が大幅に余り、地主が地代を得られない場合が少なくない。良質の採石場は、ロンドンの近くであれば、かなりの地代が得られるが、スコットランドやウェールズの大部分では、地代が得られない。材木用の樹木は、人口が多く、農業が進んでいる国では価値が高いので、こうした木を産出する土地は地代がかなり高い。ところが北アメリカの多くの地域では、地主は自分の土地の大木を伐採して運び出してくれる人がいれば、大いに感謝する。スコットランドの高地方の一部では、道路や水路が整備されていないため、樹木のうち市場に運べるのは樹皮だけである。原木は放置されて腐るに任されている。住宅用の材料がここまで大幅に余っていると、住宅に使われた部分も、加工に要する労働と費用に等しい価格しかつかない。そのため、地主に地代を支払うことはできず、地主は許可を求めてくる人がいれば通常、木材を自由に使ってもらうようにしている。しかし、裕福な国の需要があれば、木材で地代を得られる場合がある。ロンドンで街路の舗装に石が使われるようになって、スコットランドの海岸にある岩地の所有者は、以前には得られなかった地代を得られるようになった。ノルウェーやバルト海沿岸の森林も、国内にはなかった市場をイギリス各地に見つけ出し、地主が何らかの地代を得られるようになった。

国の人口はその国が賄える衣服と住宅の量に比例するのではなく、食料の量に比例する。食料があれば、必要とする衣服と住宅を見つけるのは簡単だ。だが、衣服と住宅があっても、食料の入手が難しい場合もある。イギリスの領土内にすら、家と呼べるものを一人が一日働けば建てられる地域がある。衣服のなかでもっとも単純なのは、動物の皮を使うものであり、加工と仕上げに要する労働がもう少し多い。だが、それほど多いわけではない。未開の民族では、年間の労働のうち一パーセントほどを投じれば、住民の大部分が満足する衣服と住宅を供給できるだろう。残りの九十九パーセントを投じても、全員の食料を確保できないことが少なくない。

しかし、土地の改良と耕作が進んで一世帯で二世帯分の食料を生産できるようになると、社会全体の労働のうち半分で全員の食料を生産できる。残りの半分か、少なくとも残り半分のうち大部分が、食料以外のものの生産に、つまり、食料以外の欲求や欲望を満たすために使えるようになる。こうした欲求や欲望の対象になるのは主に、衣服と住宅、家具、馬車などである。金持ちでも、同じ地域に住む貧乏人より大量のものを食べるわけではない。質には大きな違いがあって、食物を選び料理するのにかける労働が多く、技術も高いかもしれないが、食べる量は変わらない。これに対して、金持ちがもつ広々とした大邸宅と豪華な衣服を、貧乏人の粗末な小屋やわずかばかりの着古しとくらべてみれば、衣服や住宅、家具では質の違いと変わらないほど、量の違いがあることが分かるはずだ。胃袋の大きさには限度があるので、食料に対する欲求には限度がある。だが、住宅、衣服、馬車、家具の便利さや装飾に対する欲求には、限度も限界もないようだ。このため、自分が消費できる以上の食料を支配できる人は、余った部分かその対価で、他の種類の欲求を満たせるものを手に入れようとする。限りのある欲求を満たして余った部分は、決して満たされることがなく、際限がないと思える欲求にあてられる。貧乏人は食べていくのに必死なので、金持ちのこうした欲求を満たすために努力し、もっと確実に食料を確保しようと、安さと仕事の完璧さを競い合う。食料が増えるほど、土地の改良と耕作が進むほど、手工業や製造業の労働者の数が増える。そして、これら労働者の仕事は性格上、分業を最大限に進めることができるので、加工できる材料の量は、労働者の数よりはるかに高い率で増えていく。このため、人間の工夫によって住宅、衣服、馬車、家具などの実用か装飾に使えるようになった材料、地中にある化石燃料と金属、貴金属、宝石に対する需要が生まれている。

このように、食料は地代の当初の源泉であるだけでなく、食料以外の土地生産物のうち、その後に地代をもたらすようになったものもすべて、土地の改良と耕作によって食料を生産する労働の力が向上した点から、地代にあてられる部分の価値を導き出している。しかし、食料以外の土地の生産物のうち、後に地代をもたらすようになったものは、つねに地代を生むとはかぎらない。土地の改良と耕作が進んだ国ですら、これらの生産物では、市場への供給に必要な労働の賃金を支払い、資本を回収して通常の利益を得られる水準以上に価格が高まるほど、需要があるとはかぎらない。そこまでの需要があるかどうかは、状況によって違う。

たとえば、炭鉱で地代を得られるかどうかは、その炭鉱がどこまで豊かなのかに左右され、また、炭鉱がどこにあるのかにも左右される。

鉱山が豊かあるいは貧しいという表現は、同じ種類の鉱山のなかで、一定量の労働によって生産できる鉱物の量が平均より多いか少ないかを意味する。

有利な場所にある炭鉱でも、貧鉱であるために生産ができない場合がある。生産物によって経費を支払えない場合だ。こうした炭鉱では、利益も地代も得られない。

炭鉱のなかには、生産に投じた労働の賃金を支払い、資本を回収して通常の利益を得るのに必要な水準の石炭をようやく生産できるだけのものもある。この場合、事業主はある程度の利益を確保できるが、地主は地代を得られない。こうした炭鉱を経営できるのは地主だけであり、地主が事業主になれば、事業に投じた資本に対する通常の利益を確保できる。スコットランドの炭鉱は多くの場合、このような形で経営されており、これ以外の形では経営できない。地主は地代を支払わない事業主に炭鉱経営を認めることはないし、地代を支払える事業主はいない。

同じ国にある十分に豊かな炭鉱でも、立地が悪いために生産できない場合がある。石炭を掘り出すのに必要な労働は通常程度か、通常より少なく、費用を十分に賄える量の石炭を生産できても、内陸にあって周囲に人口が少なく、しっかりした道路も水路もない場合には、生産した石炭を売ることができない。

石炭は薪《まき》よりも燃料として好まれていない。健康にも悪いといわれている。このため、石炭は通常、消費地で薪よりある程度安くなければならない。

木材の価格も、家畜価格が変動するのとほぼ同じように、そしてまったく同じ理由で、農業の状態によって変動する。農業が未発達の段階には、どの国でも国土の大部分は森林であり、地主にとって樹木は何の価値もない邪魔なものでしかない。だから、伐採して運び出したい人がいれば、地主は喜んで許可する。農業が発展すると、森林の一部は耕作のために伐採されるし、一部は家畜が増えた結果、なくなっていく。家畜は穀物ほどの勢いで増えていくわけではなく、穀物とは違って人間の労働によってのみ生産されるわけではないが、それでも人間が世話をし守っていれば、数が増えていく。人間は飼料が豊富な季節にそれを蓄え、欠乏する季節に餌を与えるし、年間を通して、原野で探し出せる以上の量の餌を与える。外敵になる動物を殺し、根絶して、家畜が自然の恵みを自由に受けられるようにする。多数の家畜が森林で餌を探すと、大木を食べることはなくても、若木の葉を食べて成長できなくするので、一世紀か二世紀もすると、森林が破壊される。その結果、樹木が減って価格が上がる。樹木で十分な地代を得られるようになり、地主にとって、材木用の樹木を育てることほど有利な土地の利用法がめったにない場合もでてくる。利益が巨額にのぼるために、収入を得るまでに時間がかかる不利を吸収できることが少なくない。イギリス各地では現在、ほぼこの状態になっているようで、植林の利点が穀物にも牧草にも匹敵するほどになっている。植林によって地主が得られる利益はどの地域でも、一時的にはともかく長期にわたって、穀物や牧草で得られる地代より多くはなりえない。そして、耕作が進んだ内陸の地域では、穀物や牧草で得られる地代より大幅に少なくなることもあまりないだろう。もっとも、十分に発達した国の沿岸地域では、燃料用に石炭が簡単に入手できる場合、住宅建設用の木材を耕作の進んでいない国から輸入する方が、国内で植林するより安い場合もあるだろう。エディンバラの新市街地では、過去数年間に建てられた住宅におそらく、スコットランド産の木材はまったく使われていない。

木材の価格がどうであれ、燃料用石炭と薪がほぼ変わらない価格であれば、その地域、その状況で、石炭価格がそれ以上になりえないほど高くなっているといえるだろう。イングランドの内陸部、とくにオックスフォードシアではそうなっているようだ。この地域では、庶民すら石炭と薪をともに使うのが普通であり、したがって、この二種類の燃料で価格差が大きくはなりえない。

炭鉱地帯ではどこでも、石炭価格はこの最高水準を大きく下回っている。そうなっていなければ、陸運か水運によって炭鉱から遠方まで運ぶ費用を負担できない。ごく少量しか販売できなくなるので、炭鉱の事業主も地主も、最低水準をわずかに上回る価格で大量に販売する方が、最高価格で少量を売るより有利だと気づくことになる。また、もっとも豊かな炭鉱で生産される石炭の価格によって、近隣の炭鉱すべての石炭価格が決まる。豊かな炭鉱では、近隣の炭鉱よりわずかに低い価格で石炭を販売することによって、地主は地代を増やせるし、事業主は利益を増やせる。近隣の炭鉱はすぐに同じ価格で売るしかなくなるが、そこまで価格を下げれば経営が苦しくなり、地代と利益が減り、場合によってはすべて吹き飛んでしまう。いくつかの炭鉱は操業を停止し、いくつかは地代を支払えなくなって、地主しか経営できなくなる。

どの商品にもいえることだが、石炭の場合も、かなりの期間にわたって販売を続けられる最低価格は、石炭を市場に供給するために必要な資本を回収し、通常の利益を得るのに必要な水準にぎりぎり達する価格である。事業主に貸しても地主が地代を得られず、自分で経営するか、それとも生産しないまま放置するしかない炭鉱では一般に、石炭の価格がこの最低価格に近いはずである。

炭鉱が地代を支払える場合でも、石炭では価格に占める地代の比率が、土地生産物の大部分と比較して通常、低くなっている。地上の土地の地代は一般に、総生産物の三分の一とされる水準である。しかも通常、決まった金額が支払われる金銭地代であり、そのときどきに収穫量が変動しても変わらない。炭鉱の場合には、地代が総生産の五分の一であれば、きわめて高い。十分の一が一般的だし、しかも決まった金額が支払われるのではなく、そのときどきに変動する生産量に対する比率で決められている。生産量の変動はきわめて大きいので、農地を売買する場合には年間地代の三十倍なら高くないとされているが、炭鉱の場合には、年間地代の十倍でもかなりの高価格だとみられている。

地主にとっての炭鉱の価値は、豊かかどうかより、位置に大きく左右されることが少ない。金属の鉱山の場合には豊かかどうかの方が重要で、位置はそれほど重要ではない。貴金属の場合はとくにそうだが卑金属でも、鉱石から金属を分離すれば価値が高くなり、きわめて長距離の陸運の経費を負担できるし、海運であれば、どれほど遠方でも輸送の経費を負担できる。金属の市場は鉱山の近隣地域には限定されず、世界全体にわたる。日本で生産される銅はヨーロッパに輸出されている。スペイン産の鉄はチリやペルーに輸出されている。ペルー産の銀はヨーロッパまで運ばれているだけでなく、ヨーロッパから中国に輸出されている。

だが、イングランド北西部のウェストモーランドや西部のシュロップシアの石炭価格は、北東部のニューカッスルでの石炭価格にほとんど影響を与えない。また、フランス中部にあるリヨン地方の石炭価格にはまったく影響を与えない。そこまで離れた地域にある炭鉱の間では、競争は起こりえない。だが、金属鉱山の場合には、場所が極端に離れていても競争になりうるし、実際に競争しあうのが普通だ。このため、貴金属の場合はとくにそうだが卑金属でも、世界でもっとも豊かな鉱山の生産物の価格が、同じ金属を生産する世界中の鉱山の生産物価格に、多かれ少なかれ影響を与えるはずである。日本での銅価格が、ヨーロッパの鉱山で生産される銅の価格に、ある程度の影響を与えているはずだ。ペルーでの銀価格が、つまりペルーで銀によって買える労働や商品の量が、ヨーロッパの銀鉱山での銀価格に、さらには中国の銀鉱山での銀価格に、ある程度の影響を与えているはずだ。ペルーの銀山が発見された後、ヨーロッパでは銀鉱山の大部分が操業を停止した。銀価格が大幅に下がって、操業経費を賄えなくなった。銀鉱山の操業に必要な食料、衣料、住宅などの生活必需品に投じた資本を回収して利益を確保することができなくなったのだ。ポトシ銀山が発見されると、キューバ島やイスパニューラ島の銀鉱山も操業できなくなり、ペルーの古くからの鉱山すら操業できなくなった。

このように、どの金属でも、どの鉱山での価格も、操業中の鉱山のうち世界でもっとも豊かな鉱山での価格にある程度まで左右されるので、大部分の鉱山では操業の経費を賄うのがやっとであり、地主に高い地代を支払えることはめったにない。このため地代は、ほとんどの鉱山で卑金属の場合には価格に占める比率が低く、貴金属の場合には価格に占める比率がさらに低い。卑金属でも貴金属でも、労働の賃金と資本の利益が大部分を占める。

イングランド南西端のコーンウォールには世界でもっとも豊かな錫《すず》鉱山があるが、ここの地代は平均して総生産高の六分の一だと、鉱区の副教会区委員のボーレイス牧師が伝えている。この平均以上に地代を支払える鉱山もあるが、ここまで支払えない鉱山もあるという。スコットランドにあるきわめて豊かな鉛鉱山でも、地代は総生産高の六分の一である。

ペルーの銀鉱山では、A・F・フレジエとアントニオ・デ・ウリョアによれば、土地の所有者は鉱山の事業主から謝礼を受け取ることができず、自分が所有する砕鉱場で鉱石を砕き、通常の砕鉱料を受け取るだけの場合が多いという。一七三六年まで、スペイン王国によって標準銀生産高の五分の一が税金として徴収されており、知られているかぎり世界の銀鉱山のなかでもっとも豊かなペルーの銀鉱山では、これが一七三六年まで、実質的な地代の大部分を占めていたと考えることができよう。税金が課されていなければ、この五分の一は当然、地主の地代になる部分であり、この税金を支払えないために操業できない銀鉱山が多かった。コーンウォールの錫鉱山では、コーンウォール公が課す税金は生産高の五パーセント、つまり二十分の一を超えるとみられている。税率が実際にはどうであろうと、この部分は錫が無税であれば当然、鉱山の所有者の地代になる部分である。コーンウォールの錫鉱山では、地代の六分の一に税金の二十分の一を加えると、合計が六十分の十三であり、ペルーの銀鉱山の場合には地代はなく、税金は五分の一だったので、合計が六十分の十二であった。だが、ペルーの銀鉱山はいまでは、コーンウォールの錫鉱山より低いこの税金すら支払えず、一七三六年に税率が五分の一から十分の一に引き下げられている。そして、銀の場合には税率が十パーセントに引き下げられても、税率が五パーセントの錫より、税金逃れの密貿易の誘惑が強い。それに、貴金属の方が嵩張る卑金属よりはるかに密貿易が容易なはずである。このため、スペイン王国は税金をあまり徴収できていないが、コーンウォール公は税金をほとんど徴収できているといわれている。以上から、世界でもっとも豊かな錫鉱山では、もっとも豊かな銀鉱山と比較して、生産高に対する地代の比率がおそらくは高くなっている。鉱山の操業に投じた資本を回収し、通常の利益を得た後に事業主の手元に残る余剰も、貴金属より卑金属の方が多いとみられる。

ペルーの銀鉱山では、事業主の利益率もそれほど高くないのが通常である。定評のある著者、フレジエとウリョアが十分な調査に基づいて伝えているが、ペルーで新鉱山の採掘を企てるものは破産し没落するに違いないとみられ、敬遠されるようになるという。鉱業はイギリスでもそうだがペルーでも、一種の富籤《とみくじ》と考えられているようだ。つまり、当たり籤での利益より空籤での損失の方が多いのだが、ときには巨額の利益が得られることが魅力になって、これほど不利な事業に全財産を注ぎ込む冒険家が多いのである。

しかし、国は歳入のうちかなりの部分を銀鉱山の生産物から得ているので、ペルーでは法律によって、新鉱山の発見と経営をできるかぎり奨励している。新しい鉱山を発見すると、鉱脈が走ると考える方向に二百四十六フィート（約七十四メートル）、幅がその半分の区画を確保する権利が得られる。発見者は鉱山のうちこの区画の鉱業権を与えられ、地主に謝礼を支払うことなく採掘できる。古くからの公領であるコーンウォール公領でも、コーンウォール公の利益を考えて、ほぼ同じ法規が作られている。囲い込みが行われていない原野で錫鉱を発見した人は誰でも、ある限度内で鉱山の境界を選ぶことができ、これを鉱区設定と呼ぶ。鉱区が設定されれば、発見者は鉱山の所有者になり、自分で操業することも、他人に賃貸することもできる。土地の所有者には少額の謝礼を支払う必要はあるが、承諾を得る必要すらない。どちらの場合にも、財政収入が重要だとされて、私有財産の神聖な権利が犠牲にされている。

ペルーでは金鉱山の発見と操業にも、同じ奨励策がとられている。金の場合、スペイン国王が徴収する税金は標準金の二十分の一にすぎない。以前は五分の一であり、その後に銀と同じ十分の一に引き下げられた。しかし、十分の一ですら金鉱山が負担できないことが分かった。ところがフレジエとウリョアによれば、銀鉱山で財をなした人は少ないが、金鉱山で財をなした人はめったにいないという。チリとペルーの金鉱山の大部分では、二十分の一の税金を支払うだけで、地代はまったく支払っていないようだ。金は銀以上に密輸されやすい。容積の割に価格が高いだけでなく、産出のされ方に違いがあるからである。銀は純銀の形で見つかることはまずなく、ほとんどの金属がそうであるように、通常は鉱石のなかに含まれている。鉱石から銀を効率よく取り出して経費を賄えるようにするには、面倒で時間のかかる作業が必要だ。この作業は専用の精錬所でしか行えないので、官吏の目を逃れることはできない。これに対して金は、ほぼつねに純金の形で産出される。かなりの大きさのものが見つかる場合もある。砂や土などの異物のなかに目に見えないほど小さな粒の形で混じっている場合にも、ごく短時間の単純な作業で分離でき、少量の水銀さえ持っていれば、誰でも民家で作業を行える。このため、銀に対する税金すらあまり徴収できていないのだから、金に対する税金はさらにわずかしか徴収できていないとみられる。そして金の価格に占める地代部分の比率は、銀の場合よりさらに低いに違いない。

かなりの期間にわたってみた場合、貴金属の売り手が受け入れられる最低の価格、あるいは、貴金属と交換できる他の商品の最少の量は、他のすべての商品で最低の通常価格が決まるのと同じ原理によって決まる。貴金属を鉱山で採掘し市場に運ぶために通常必要になる資本の額、そのために通常消費する食料、衣料、住宅の量によって決まる。最低でも、資本を回収し、通常の利益を確保できる水準でなければならない。

しかし、貴金属の最高価格は、貴金属の実際の過不足以外の要因には左右されないようだ。たとえば石炭の場合にはどれほど不足していても、薪より価格が高くなることはないが、貴金属の価格はこれとは違って、他の商品の価格で決まるわけではない。金の不足が極端になれば、ごく小さな粒がダイヤモンドより高価になり、金と交換できる他の商品の量がきわめて多くなりうる。

貴金属に対する需要は、一部は有用性によるものだが、残りは美しさによるものである。金と銀は、おそらく鉄を除くどの金属より役に立つ。錆や不純物が少ないので、清潔に保つのが容易だ。このため、台所用品でも食器でも、貴金属製のものは他の金属で作られたものより快適であることが多い。銀製の鍋は、鉛、銅、錫の鍋より清潔である。同じ理由で、金の鍋は銀の鍋よりさらに清潔だ。しかし、金や銀の最大の利点は美しさにあり、このために衣服や家具の飾りにとくに適している。どんな塗料や染料を使っても、金箔の輝きはだせない。美しさの利点が、稀少性によって大幅に高まっている。金持ちの大部分にとって、富を楽しむ方法は主に富のひけらかしであり、それには富を象徴するもの、金持ち以外には持てるはずがないものを見せびらかすのが最高の方法である。金持ちにとって、役立つものや美しいものの良さは、稀少性によって大幅に高まる。稀少なものをかなりの分量集めるには大量の労働が必要であり、よほどの金持ち以外には、それだけの労働に対する支払いはできないからだ。金持ちはそうしたものを買うとき、もっと美しく、もっと有用ではあるがそれほど稀少ではないものに対してよりも、はるかに高い価格を支払う。有用性、美しさ、稀少性という性格が、金や銀の価格の高さを支える基礎になっており、どの地域でも金や銀を大量の他の商品と交換できることの基本的な理由になっている。この価値は、金や銀が硬貨として使われていることによるのではなく、硬貨として使われるようになる以前からあり、この価値があるからこそ、金や銀は硬貨に適しているのである。しかし、硬貨として使われるようになって、新たな需要が生まれ、他の目的に使える量が減ったことから、その後はこの用途が貴金属の価値の維持と上昇をもたらす要因になったとみられる。

宝石に対する需要は美しさだけによるものである。宝石には装飾以外の用途はない。そして、宝石の美しさの価値は、その稀少性によって、つまり鉱山で宝石を採掘するのが難しく、経費がかかることによって大幅に高まっている。このためほとんどの場合、宝石の高価格はほとんどすべて、労働の賃金と資本の利益にあてられている。地代にもあてられるが、その比率はきわめて低く、地代が支払われない場合も少なくない。かなりの地代が支払われるのは、とくに豊かな鉱山の場合だけである。宝石商のＪ・Ｂ・タベルニエが十七世紀にインドのゴルコンダ王国とビジアプール王国のダイヤモンド鉱山を訪問したとき、鉱山を経営する国王が、とくに大きく美しい宝石を産出する鉱山以外の操業をすべて停止する命令を下したと聞かされている。他の鉱山は所有者にとって、操業を続ける価値がなかったようだ。

貴金属も宝石も、もっとも豊かな鉱山での価格によって世界中の価格が決まるため、鉱山の所有者が得られる地代は、鉱山の豊かさの絶対水準ではなく、相対水準とも呼べるものによって決まる。つまり、同じ種類の鉱山のなかでどこまで豊かなのかによって決まる。ポトシ銀山はヨーロッパの銀山とくらべて豊かさに大きな差があるが、これと変わらぬほどの差をつけてポトシ銀山より豊かな鉱山が発見されれば、銀の価格が大幅に下がり、ポトシの鉱山すら操業する価値がなくなるだろう。スペイン領西インドが発見されるまで、ヨーロッパでもっとも豊かな鉱山では、現在のペルーでもっとも豊かな鉱山と同程度の地代を所有者が受け取れたとみられる。当時のヨーロッパの鉱山では、産出される銀の総量ははるかに少なかったが、産出される銀の総量と交換できる他の商品の総量は現在のポトシ銀山の場合と変わらず、所有者が地代で購入・支配できる労働や商品の量も変わらなかったともみられる。生産物の価値と地代の価値は、つまりそれによって社会と所有者が得られた真の収入は、ポトシ銀山の場合と変わらなかったとも思える。

貴金属の場合にも宝石の場合にも、きわめて豊かな鉱山が発見されても、それで世界の富が増えるわけではない。これら鉱山の生産物の価値は主に稀少性によるものなので、豊かな鉱山によって生産が増えれば、価値がかならず低下する。一揃いの食器、衣服や家具の無用の装飾を、それまでより少ない量の労働や商品で購入できるようになろう。そしてこの点だけが、豊かな鉱山の発見で生産が増えたために得られる利点になる。

所有地の地上部分では事情が違う。生産物の価値も地代の価値も、土地の地味の相対水準ではなく、絶対水準によって決まる。一つの土地で、ある量の食料、衣料、住宅用資材を生産できれば、かならずある人数に食料、衣料、住宅を提供できる。地主は、地代として得られる部分の比率がどうであろうと、それに見合った量の労働を支配でき、その労働で生産できる量の商品を支配できる。痩せた土地の価値は、近くにきわめて肥沃な土地があっても下がるわけではない。それどころか、通常、肥沃な土地が近くにあれば、痩せた土地の価値が上がる。肥沃な土地によって多数の人が生活できるので、痩せた土地の生産物のかなりの部分に対する市場ができる。痩せた土地の生産物で生活する人だけでは、この市場は成立しえない。

食料を生産する土地で肥沃度が高まれば、その土地の価値が高まるだけでなく、それ以外の多くの土地も、生産物に対する新しい需要が生まれるので、やはり価値が高まる。土地改良によって食料が豊富になり、自分で消費できる部分以外に自由に処分できる食料が増えれば、貴金属や宝石、そして衣服、住宅、家具、馬車などの利便品や装飾品に対する需要を生み出す大きな要因になる。食料は世界の富の主要部分であるだけではない。他の種類の富でも、その価値の主要部分を生み出すのは食料の豊富さである。スペイン人がキューバ島やイスパニューラ島を発見したとき、そこの貧しい住民は髪や衣服の飾りとして、小さな金の粒を使っていた。ヨーロッパ人にとっての少し美しい小石程度の価値しか認めていなかったようで、拾う価値はあるが、欲しがる人がいれば譲り渡すのを断るほどのものではないと考えていたようだ。はじめてやってきた客人が頼むと、すぐに譲り渡し、価値の高い贈り物をしたとは考えていないようであった。スペイン人が金を必死に求めることに驚いていた。自分たちがいつも不足に苦しんでいる食料をあり余るほど持っていて、ほんの少量でもぴかぴか光る小物が手に入るのであれば、一家が何年も暮らしていけるだけの食料を喜んで提供しようとする人が多数いる国があるとは、考えてもいなかった。この点が理解できていれば、スペイン人が金に夢中なことに驚かなかったはずだ。

第三節　土地の生産物のうち、つねに地代を生じる部分の価格と、地代を生じる場合と生じない場合がある部分の価格との比率の変化

土地の改良と耕作が進んで食料が豊富になるとともに、土地の生産物のうち、食料以外の実用や装飾に使われるものすべてに対する需要がかならず増加する。このため、社会の発達とともに、これら二種類の生産物の価格の比率は、一方向のみに動くはずだと予想できる。地代を生じる場合と生じない場合がある生産物の価格は、地代をつねに生じる生産物の価格に対する比率が上昇傾向をたどるはずだ。製造業や手工業が発達すると、衣服や住宅の材料、地中にある有用な化石燃料や鉱物、貴金属や宝石に対する需要が増加していき、それらと交換される食料の量が増加していくのである。言い換えれば、価格が上昇していくのだ。そして、ほとんどのものの価格がほとんどの場合に上昇してきたし、何かの偶発的な出来事によって、これらのもののうちいくつかで需要が増加する以上に供給が増加することがあったが、こうした出来事がなければ、すべてのものですべての時期に価格が上昇してきたはずである。

たとえば砂岩や石灰岩の採石場は、その周辺で社会が発達し、人口が増加するとともに

価値が上昇するはずである。周辺に競合する採石場がない場合にはとくにそうなる。しかし銀鉱山の場合、一千マイル以内に競合する鉱山がなくても、自国の発達とともに価値が上昇するとはかぎらない。採石場の生産物の場合、市場が周辺の数マイル以上に広がることはめったにない。そして、生産物に対する需要は一般に、周辺地域の発達の程度と人口とに比例する。しかし、銀鉱山の生産物の場合、市場は知られているかぎりの世界全体にわたりうる。このため、世界全体が発達し、人口が増加しなければ、近隣の大国が発達しても、銀に対する需要はまったく増加しないこともありうる。世界全体が発達していても、その過程で過去になかったほど豊かな鉱山が発見されれば、銀に対する需要が必然的に増加しても、供給の増加率の方が高くなり、銀の真の価格が徐々に低下する場合もあろう。言い換えれば、たとえば重量一ポンドなどの一定量の銀によって購入できる労働の量が減少していき、一定量の銀との交換で入手できる穀物の量、すなわち労働者の主な生活必需品の量が減少していく場合もあろう。

銀の市場は大きく、世界のうち文明化された商業地域の全体である。

文明が全般に発達して、この市場で銀の需要が増加する一方、供給がそれに見合った比率で増加しなかった場合には、穀物価格に対する銀価格の比率が上昇していくだろう。一定量の銀と交換して得られる穀物の量が増加していく。言い換えれば、穀物の平均金銭価格が下がっていく。

逆に、何かの偶然によって、銀の供給が何年にもわたって需要よりも高い率で増加を続ければ、銀の価格は徐々に低下していくだろう。言い換えれば、穀物の平均金銭価格は、社会が発達していくなかでも、徐々に上昇していく。

だがこれに対して、銀の供給が需要とほぼ同じ率で増加していれば、一定量の銀によって購入・交換できる穀物の量は、ほぼ変わらないだろう。言い換えれば、穀物の平均金銭価格は、社会が発達していくなかでも、ほぼ横ばいになる。

以上の三つが、社会の発達に伴って起こりうる動きの組み合わせのすべてだと思える。そしてフランスとイギリスでの動きから判断するなら、今世紀までの四世紀の間にこの三つがすべて、ヨーロッパ市場で実現しており、それも、上記とほぼ同じ順番で実現してきたとみられる。

過去四百年の銀の価値の変動に関する余論

❖第一期

一三五〇年に、そしてそれまでのかなりの期間に、イングランドでの小麦の平均価格は一クォーター（八ブッシェル、約二百九十リットル）当たり銀四タワー・オンス（約二十九グラム）、現在の通貨で約二十シリング（一ポンド）を下回らないとみられてきたようだ。この水準から徐々に低下を続けて、十六世紀初めに二タワー・オンス、現在の通貨で約十シリング（〇・五ポンド）になり、その後は一五七〇年ごろまで横ばいになったとみられる。

エドワード三世治世の一三五〇年に、労働者法と呼ばれる法律が制定された。同法の前文に、使用人が傲慢な態度をとって、賃金を引き上げるように雇い主に要求しているとする非難の言葉が記されている。そこで同法はすべての労働者と使用人に対して、一三四一～四五年に受け取っていたのと同じ賃金と支給品で満足するよう求め（当時はお仕着せ以外に食料も支給されていた）、さらに、支給される小麦は一ブッシェル当たり十ペンスを上回らない価格で換算し、小麦を支給するか現金を支給するかは雇い主が選択できると規定された。この規定から一三五〇年に、一ブッシェル当たり十ペンスなら小麦価格としてはかなり低いとみられていたことが分かる。通常の小麦の代わりに現金を受け取る際に、この価格での換算を受け入れるよう使用人に義務づけるために法律が必要になったからである。そして同法が参照している十年前の一三四一年にも、一ブッシェル当たり十ペンスが低い価格だとされていたことも分かる。そして、一三四一年の十ペンスには約〇・五タワー・オンスの銀が含まれており、現在の通貨では約二・五シリング（〇・一二五ポンド）にあたる。一クォーター（八ブッシェル）当たりでみると、銀四タワー・オンス、当時の通貨で六シリング八ペンス（〇・三三三ポンド）、現在の通貨で二十シリング弱（一ポンド弱）が、小麦の価格としては低いとされていたはずである。

この法律は、その当時に低いとされた価格を示すものとして、歴史家などが書き残した価格より優れた資料であるのは確かだ。記録に残されているのは通常、異例なほど高くなったか低くなった年の価格であり、そこから通常の価格がどうであったかを判断するのは難しい。十四世紀の初めにもそれ以前にも、小麦の一般的な価格が一クォーター当たり銀四タワー・オンス以下ではなく、他の穀物の価格もこれに準じていたと信じる理由は他にもある。

一三〇九年に、ラルフ・ド・ボーンがカンタベリーの聖オーガスティン修道院の副院長に就任したときに開いた祝宴について、ウィリアム・ソーンが献立表と食材価格を書き残している。この祝宴で使われた食材は、第一に、小麦が五十三クォーター、総額十九ポンドであった。一クォーター当たりの価格は七シリング二ペンス、現在の通貨では約二十一シリング六ペンス（一・〇七五ポンド）にあたる。第二に、麦芽《モルト》が五十八クォーター、総額十七ポンド十シリングであった。一クォーター当たりの価格は六シリング、現在の通貨では約十八シリング（〇・九ポンド）にあたる。第三に、燕麦が二十クォーター、総額四ポンドであった。一クォーター当たりの価格は四シリング、現在の通貨では約十二シリング（〇・六ポンド）にあたる。麦芽と燕麦の価格は、小麦価格に対する比率が通常より高かったように思える。

これらの価格は異例なほど高かったか低かったために記録されたのではない。盛大で評判になった祝宴で、大量に消費された穀物に実際に支払われた価格が、偶然記録されたのだ。

ヘンリー三世治世の一二六〇年代に、「パンとビールの公定価格法」と呼ばれる法律が復活した。この法律は祖先の王の時代に制定されたものだとヘンリー三世が前文で述べている。このため、少なくとも祖父のヘンリー二世の時代（一一五四〜八九年）に制定されており、ノルマン人の征服（一〇六六年）まで遡る可能性もある。同法では、その時々の小麦価格にしたがってパンの公定価格を規定しており、小麦価格が当時の通貨で一クォーター当たり一シリングの場合から二十シリングの場合までを列挙している。この種の法律では一般に、平均的な価格を中心に、それより価格が上昇する場合と下落する場合に同じように配慮すると考えられている。この見方にしたがうなら、十シリングが小麦一クォーターの平均価格だと、この法律が制定された時点に考えられていて、一二六〇年代にもそう考えられていたはずである。当時の通貨で十シリングは六タワー・オンスの銀を含み、現在の通貨で約三十シリング（一・五ポンド）にあたる。同法でパン価格の規制にあたって想定された小麦価格は二十シリングが上限なので、当時の中心価格はその三分の一に当たる六シリング八ペンス（四タワー・オンスの銀を含む）を下回っていなかったと考えても、それほど間違いではないはずである。

これらの事実から、十四世紀半ばに、そしてそれ以前のかなり長期にわたって、一クォーター当たりの小麦の平均価格、通常価格が、銀四タワー・オンス以下ではなかったとみられていたと結論付ける理由があると思える。

十四世紀半ばから十六世紀初めまで、適切で妥当だとされた小麦価格、つまり小麦の平均価格、通常価格はこの半分の水準まで徐々に低下し、最終的に銀二タワー・オンス、現在の通貨で約十シリング（〇・五ポンド）になったようだ。この水準は一五七〇年ごろまで続いた。

第五代ノーサンラーバンド伯爵ヘンリーの一五一二年の帳簿では、小麦価格は一クォーター当たり六シリング八ペンスか五シリング八ペンスとされている。一五一二年には、六シリング八ペンスに二タワー・オンスの銀が含まれており、現在の通貨では約十シリング（〇・五ポンド）にあたる。

エドワード三世治世の一三五〇年からエリザベス一世治世（一五五八〜一六〇三年）の初め

までの二百年少しの間、さまざまな法律で六シリング八ペンスであれば小麦価格として適切で妥当だとされ、小麦の通常価格、平均価格だとされてきた。もっとも、この名目金額に含まれる銀の量は、この二百年間に硬貨の改鋳によって減少を続けてきた。しかし、銀の価値が上昇したため、同じ名目金額に含まれる銀の量の減少が相殺されてきたようで、議会はこの状況の変化を考慮する必要があるとは考えなかった。

そこで一四三六年に、小麦価格が六シリング八ペンスを下回るほど安くなった場合には許可を得ることなく小麦を輸出できるとする法律が制定された。そして一四六三年には、小麦価格が一クォーター当たり六シリング八ペンスを上回っていない場合に、小麦の輸入を禁止する法律が制定された。価格がこの水準以下まで下がれば輸出しても支障ないが、小麦価格がこの水準を上回るほど上昇すれば、輸入を許可する方が賢明だと議会は考えた。この時代、六シリング八ペンスには、現在の十三シリング四ペンス（〇・六六七ポンド）と同量の銀が含まれており（エドワード三世治世の一三五〇年ごろより銀の量が約三分の一減っているが）、この水準であれば小麦は適切で妥当な価格だと考えられていた。

メアリ一世治世の一五五四年と、エリザベス一世治世の一五五八年にもやはり、小麦価格が一クォーター当たり六シリング八ペンスを超えた場合には小麦の輸出が禁止されたが、この時点では、六シリング八ペンスに含まれる銀の量は現在と二ペンス分しか違っていない。だが、これらの法律が制定されて間もなく、小麦価格がこの水準まで下がらなければ輸出できないのでは、実際には輸出を完全に禁止する結果になることが判明した。そこで一五六二年に、小麦価格が一クォーター当たり十シリング(銀の量でみて、現在の通貨でもほぼ十シリング)を上回っていない場合に、いくつかの港で輸出を許可するようになった。したがって一五六二年には、一クォーター当たり十シリングであれば小麦は適切で妥当だと考えられていたことになる。これは一五一二年のノーサンラーバンド伯爵家の帳簿に記された価格とほぼ一致している。

フランスでも、穀物の平均価格は十五世紀末から十六世紀初めにかけての方がそれ以前の二世紀より低くなっており、この点はデュプレ・ド・サン・モールの著作でも、『穀物政策論』という優れた著作でも確認されている。穀物価格はこの時期におそらく、ヨーロッパの大部分で同様に下落したとみられる。

このように、小麦価格に対して銀の価値が上昇したのは、社会が発達し耕作が進んだ結果、銀に対する需要が増加したなかで、供給が変わらなかったためかもしれないし、また、銀に対する需要が以前と変わらないなかで、供給が徐々に減少したためかもしれない。当時知られていた鉱山がかなりの程度まで掘りつくされていたので、採掘にかかる費用が高くなっていたからだ。また、需要の増加と供給の減少とが重なったためかもしれない。十五世紀末から十六世紀初めにかけて、ヨーロッパの大部分でそれ以前より政府が安定するようになった。治安がよくなれば、自然の動きとして産業と社会が発達し、贅沢品や装飾品に対する需要も、その一つである貴金属に対する需要も、富の増加とともに自然に増加する。年間の生産量が増加したために、生産物の流通に必要な硬貨の量が増える。また、金持ちが増えて食器などの銀製の装飾品に対する需要も増加する。さらに、当時、ヨーロッパ市場に銀を供給していた鉱山の大部分がかなり掘りつくされていて、採掘の経費が上昇していたと考えるのが自然である。ローマ時代から採掘されていた銀山が多かったからだ。

しかし、古い時代の商品価格について論じた著者の間では、ノルマン人の征服（一〇六六年）以降、そしておそらくはユリウス・カエサルによる征服（紀元前五十五年）以降、アメリカの鉱山の発見までの間、銀の価値が下がりつづけてきたとする見方が有力である。この見方が生まれた背景は二つあるようだ。第一は、土地で直接に生産される穀物などの商品について、たまたま知りえた価格である。第二は、どの国でも富の増大とともに銀の保有量が自然に増加し、量が増加すれば価値が下がるとする一般的な見方である。

穀物価格に関しては、以下の三つの要因によって誤解されることが多かったようだ。

第一に、古い時代には地代はほぼすべて、ある量の穀物、家畜、家禽《かきん》などの現物で支払われていた。しかし地主が借地人からの地代を現物と金銭のどちらで要求するのかを自由に選択できると賃借契約に規定されることがあった。現物に代えて金銭で要求するときに換算に使われる価格は、スコットランドでは換算価格と呼ばれている。現物と金銭のどちらで要求するかはつねに地主が自由に選択できるので、借地人の安全のために、換算価格は平均的な市場価格より高くてはならず、低くなければならない。このため、平均的な市場価格の半分をそれほど上回らない地域が多かった。スコットランドの大部分では、この慣習がいまでも鶏《にわとり》などの家禽について残っており、家畜でも残っている地域がある。穀物の場合にも、公定価格制度が作られていなければ、いまでもおそらく、この慣習が続いていただろう。公定価格は巡回裁判所の判断によって毎年、各種穀物の平均価格を品質ごとに評価したものであり、それぞれの州で市場価格に基づいて決められる。この制度ができたために、いわゆる穀物地代を金銭地代に換算する際に、各年の公定価格を使う方が、あらかじめ決められた固定価格を使うより、借地人にとっては十分に安全だし、地主にとってははるかに好都合になった。ところが、古い時代の穀物価格を調べた著者は、スコットランドで換算価格と呼ばれているものを、実際の市場価格だと誤解することが多かったようだ。ウィリアム・フリートウッドは、ある部分でそう誤解していたことを認めている。しかし穀物価格に関する本で、そう認める前に十五回も換算価格を紹介している。紹介された価格は一クォーター当たり八シリングである。もっとも古くは一四二三年のものとしてこの価格を紹介しているが、当時の八シリングは銀の量でみて現在の十六シリング（〇・八ポンド）にあたっている。最後は一五六二年のものとしてこの価格を紹介しているが、このときの八シリングは銀の量でみて現在の八シリング（〇・四ポンド）と変わらない。

第二に、公定価格に関する昔の法律は、筆写した人が怠惰だったために、杜撰《ずさん》な形で伝えられていることがあり、ときにはおそらく、制定された法律自体が杜撰だったために誤解する結果になった。

古い時代の公定価格の法律はかならず、小麦や大麦の価格が最低水準のときのパンやビールの価格を規定し、つぎに小麦や大麦の価格が最低水準より高い場合の公定価格を段階的に規定していく方法をとったようだ。だが、法律を筆写した人が、最低価格から三段階ないし四段階も書けば十分だと考えることが多かったようだ。そうすれば手間が省けるし、価格がもっと高い場合に公定価格が同じ比率で高くなることを十分に示せると判断したのだろう。

このため、ヘンリー三世治世の一二六〇年代に制定された「パンとビールの公定価格法」では、パンの価格を小麦価格が一クォーター当たり一シリングの場合から二十シリングの場合までに分けて規定しているが、オーウェン・ラフヘッドの法令集以前に出版されたどの法令集でも、その底本になった写本に書かれているのは小麦価格が十二シリングの場合までである。このため、何人もの著者が杜撰な写本をみて誤解し、当然ながら中間の六シリング、現在の通貨では約十八シリング（〇・九ポンド）が当時、小麦の通常価格、平均価格だったと結論づけている。

ほぼ同じ時期に制定された「懲罰具と晒《さらし》台に関する法律」では、ビールの価格が大麦一クォーター当たり二シリングから四シリングまで六ペンス（〇・五シリング）ごとに規定されている。だが、四シリングは当時、大麦が高くなったときに頻繁につける最高価格だと考えられていたわけではなく、法律に書かれた価格は、大麦がさらに高くなるか低くなったときにも守られるべき比率を示す例にすぎない。この点は、同法の最後に書かれた文言から判断できる。この文言はきわめて大雑把だが、意味は明白であり、「ビール価格はこのように、大麦価格が六ペンス上がるか下がるごとに、引き上げられるか引き下げられる」とされている。この法律の起草者は、他の法律を筆写した人と変わらないほど怠慢だったようだ。

スコットランドの古い法律書『レギアム・マーイエスタテム』には公定価格の法律が収録されており、小麦価格が一ボール（一クォーターの約半分）当たり十ペンスから三シリングまでのときのパン価格が規定されている。この法律が制定されたと推定される時期には、スコットランドの三シリングは現在の通貨で約九シリング（〇・四五ポンド）にあたっている。トマス・ラディマンはこれに基づいて、三シリングが当時、小麦が高騰したときの最高価格であり、十ペンスから一シリングが、最高でも二シリングが通常の価格だったと結論づけているようだ。しかし写本を調べると、これらの価格は、小麦価格とパン価格の間で守られるべき比率を示すための例として書かれたものにすぎないことが明らかなように思える。同法の最後にこう書かれている。「上記以外の場合には、上記にしたがって、小麦価格との関係で判断すべきである」

第三に、きわめて古い時代には小麦がときとして極端に安くなる場合があったために、誤解が生じたと思える。最低価格が後の時代よりはるかに低かったのだから、通常の価格もはるかに低かったはずだと考えたのだ。しかし古い時代には、最低価格が後の時代にはみられなかったほど低かったと同時に、最高価格も後の時代にみられなかったほど高かった事実にも気づいたはずである。たとえばウィリアム・フリートウッドは一二七〇年の小麦価格を二つ記録している。一つは一クォーター当たり四ポンド十六シリングであり、現在の通貨で十四ポンド八シリング（十四・四ポンド）にあたる。もう一つは六ポンド八シリングであり、現在の通貨で十九ポンド四シリング（十九・二ポンド）にあたる。十五世紀末から十六世紀初めにかけて、これに近いほど極端な価格になったという記録はない。穀物価格はつねに変動しているが、混乱し無秩序な社会では、変動がとくに大きくなる。そうした社会では商業や交通が妨げられるので、国内に穀物が豊富な地域があっても、他の地域での窮乏を解消することができない。イングランドは十二世紀半ばごろから十五世紀末にかけて、プランタジネット朝の支配のもとで混乱が続いていたので、穀物が豊富な地域があっても、それほど遠くない地域で気象の影響か近隣の領主の侵入によって農作物が被害を受ければ、悲惨な飢饉が起こりかねなかった。まして、この二つの地域の間に敵対的な領主の領地があれば、わずかな支援すらできなくなる。十五世紀末近くから十六世紀末までのテューダー朝の厳しい支配のもとで、治安を乱すほどの力をもつ領主はいなくなった。

本章の付録として、フリートウッドが集めた一二〇二年から一五九七年までの小麦価格のすべてと、現在の通貨に換算したときの価格を、記録がある十二の年ごとに七つの期間に分けて記載した。それぞれの期間について、十二の年の平均価格を示した（二九四〜二九七ページの図一、図二を参照）。約四百年にわたるこの期間のうち、フリートウッドが小麦価格の記録を探し出せたのは八十の年に関してだけであったので、最後の十二年の期間には四年分の記録が不足する。そこで、イートン校の記録から一五九八年、一五九九年、一六〇〇年、一六〇一年の四年分の価格を加えた。フリートウッドの記録に本書で付け加えたのは、この四年分だけである。ここから明らかなように、十三世紀の初めから十六世紀の半ばまで、十二の年の平均価格は低下しつづけ、その後、十六世紀末にかけて上昇に転じている。フリートウッドが収集できた記録は主に、極端に高いか極端に低いために目立った価格のようだ。したがって、この表から確実な結論が引き出せると主張するつもりはない。だが、何かが証明されているとするなら、この章でここまで述べてきた点が証明されている。ところがフリートウッド自身は、ほとんどの著者と同様に、この期間に銀の総量が増加した結果、銀の価値が低下を続けてきたと信じていたようだ。フリートウッドが収集した小麦の価格は、明らかにこの見方と一致していない。デュプレ・ド・サン・モールの見方や、本書でここまでに説明してきた見方とは一致している。フリートウッドとデュプレ・ド・サン・モールは、数々の著者のなかでも、古い時代の商品価格をとくに熱心に誠実に収集した人物だと思える。この二人は意見が大きく違っているが、少なくとも穀物価格に関するかぎり、収集した事実がここまで正確に一致しているのは、少々不思議である。

しかし、とくに賢明な著者が古い時代に銀の価値が高かったと考えたのは、穀物価格が低かった点よりも、土地生産物のうち他の種類のものの価格が低かった点を根拠にしている。穀物は人間の労働の生産物なので、社会が未発達だった時期には他の商品の大部分よりも価格が高かったと主張されている。おそらく、家畜や家禽、狩猟でとれる動物など、

（1202～1601年）

た小麦1クォーター当たりの価格

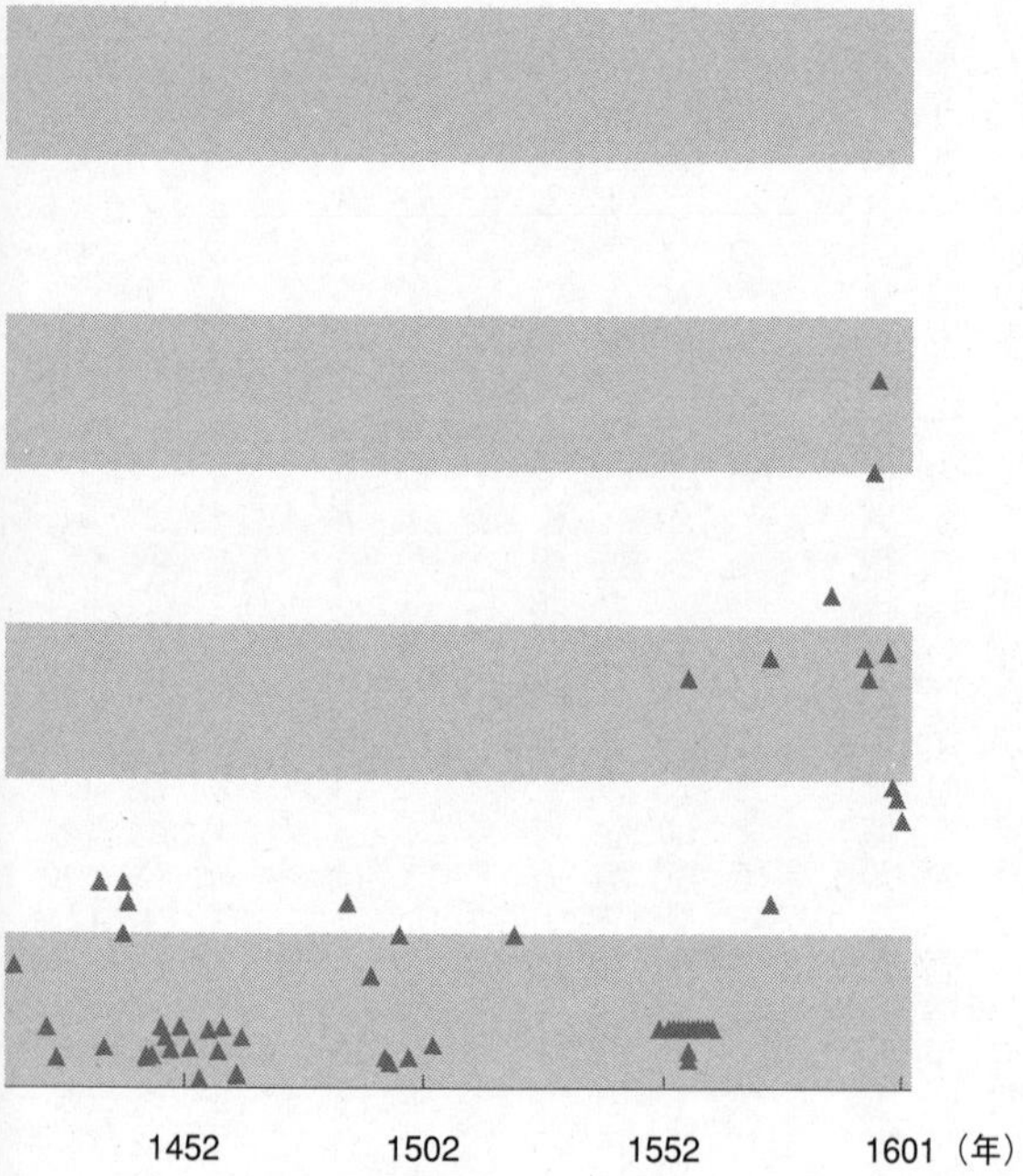

図1 小麦価格の動向

——各年に記録され

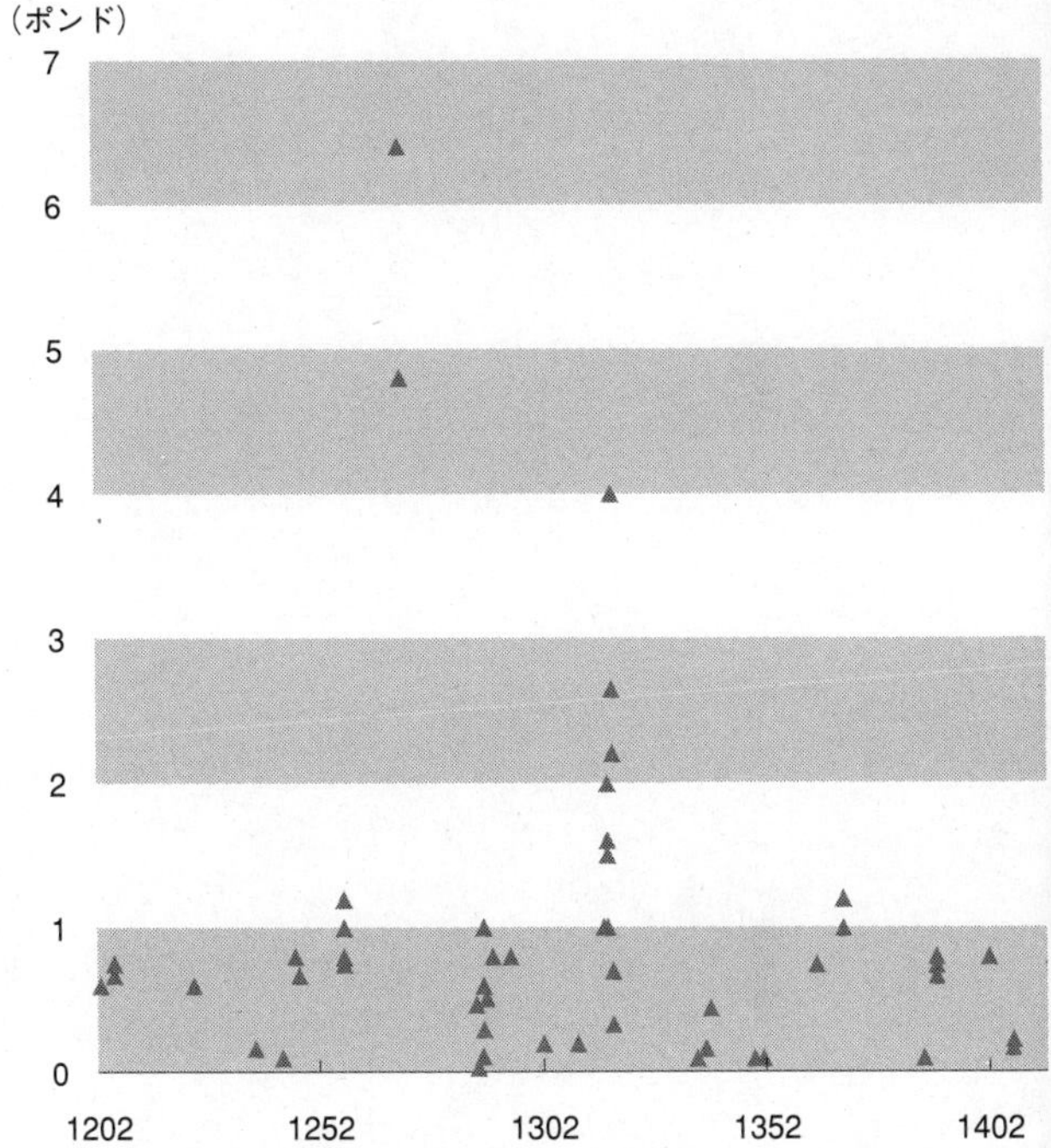

※フリートウッドが収集した記録より作成。ただし、1598年から1601年まで4年分の価格はイートン校の記録からとった。

訳注。原著第1編第11章末に記載されている表を、価格の推移の一覧性を高めるためにグラフにして示した。以下の図2、図3、図4も同様。

（1202〜1601年）

換算した価格と期間ごとの平均価格

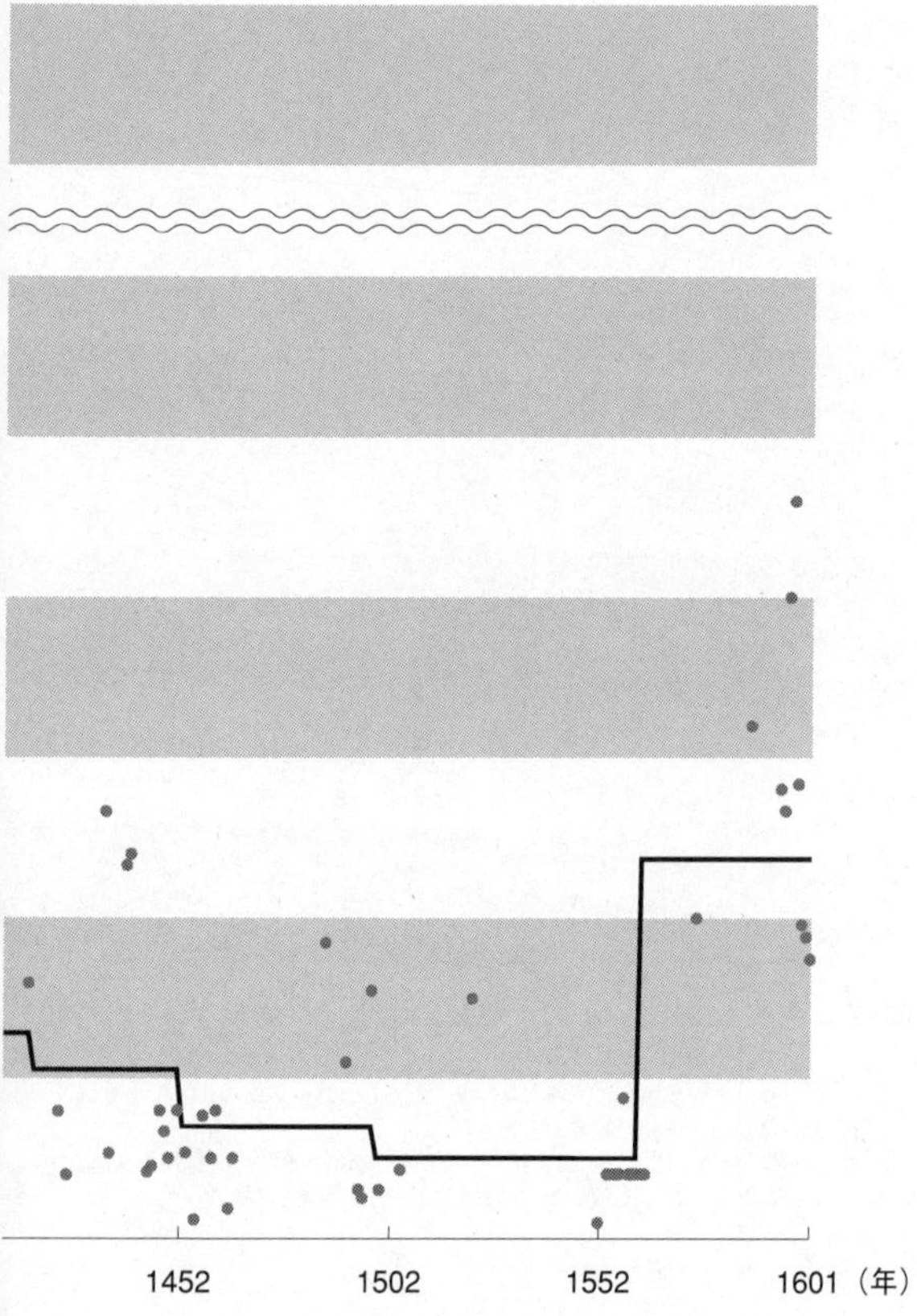

図2 小麦価格の動向
——現在の通貨に

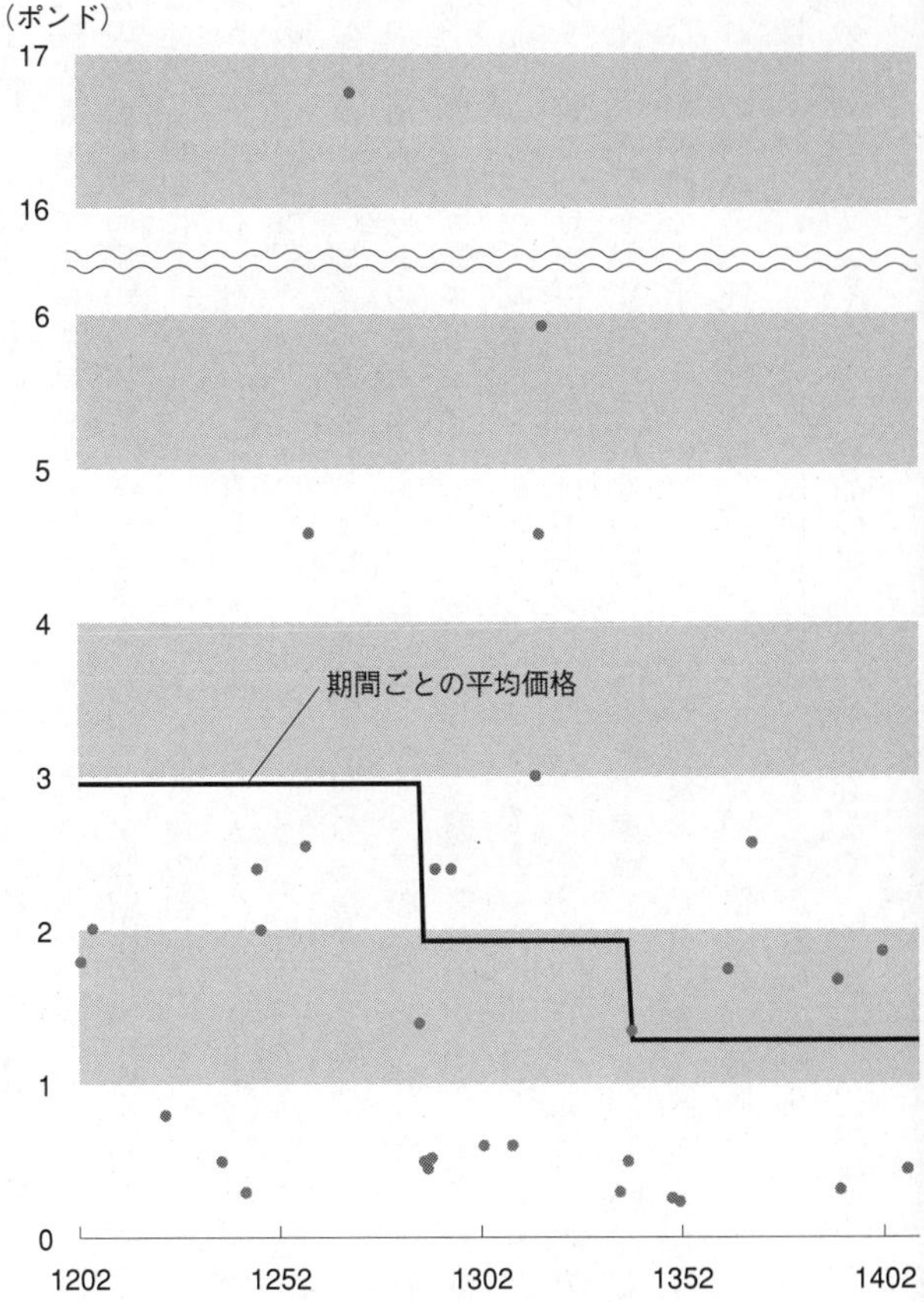

※1 各年の価格は、それぞれの年の平均価格を現在の通貨に換算して算出した。
※2 期間の平均価格は、記録のある12の年ごとに7つの期間に分けて算出した。

自然の生産物の大部分より高かったという意味であろう。貧しく野蛮だった時代に、これらが穀物とくらべて価格がはるかに低かったのは、疑う余地がない。しかし、これらが安かったのは、銀の価値が高かったからではなく、これら商品の価値が低かったからである。もっと発達し豊かになった時代より当時の方が、ある量の銀によって購入・交換できる労働の量が多かったのではなく、これら商品によって購入・交換できる労働の量が少なかったのである。銀は現在、ヨーロッパでよりもスペイン領アメリカでの方が安いはずである。銀を生産する国での価格の方が、長距離の陸運と海運の輸送費と保険料を負担して輸入する国での価格より低いのは当然である。ところがウリョアの『南米旅行記』によれば、わずか数十年前にブエノスアイレスで、二百頭から三百頭の群れのなかから選んだ雄牛一頭の価格は一シリング九・五ペンス（〇・〇九〇ポンド）であった。ジョン・バイロンによれば、チリの首都で良馬一頭の価格は十六シリング（〇・八ポンド）であった。土地が肥沃だが、国土の大部分が耕作されていない国では、家畜や家禽、狩猟でとれる動物などはごくわずかな量の労働で入手できるので、ごくわずかな量の労働を購入・支配できるにすぎない。これらの商品の金銭価格が低い事実は、こうした国で銀の真の価値が高いことを示すわけではなく、これら商品の真の価値が低いことを示しているのである。

一つの商品でも、いくつかの商品の組み合わせでもなく、労働こそが銀など、すべての商品の価値をはかる真の尺度であることを思い起こすべきである。

　国土の大部分が原野の国や、人口密度が低い国では、家畜や家禽、狩猟でとれる動物などは自然の生産物なので、居住者が消費のために必要とするよりはるかに大量に生産されることが少なくない。こうした状況では、供給が需要を上回るのが一般的である。このように、社会の状況が違い、社会の発達の段階が違えば、家畜や家禽、狩猟でとれる動物などの商品と交換できる労働の量が大きく違っている。

　どのような状況の社会でも、社会の発達のどの段階でも、穀物は人間の労働によって生産される。そして、どの種類の労働の生産物でも平均生産量は平均消費量に、平均供給は平均需要に、いつもほぼ等しくなる。そのうえ、社会の発達のどの段階でも、土壌と気候が同じであれば、ある量の穀物を生産するためには、平均してほぼ等しい量の労働かその代価が必要になる。耕作が進歩すれば、労働の生産性が上昇していくが、農業の主な手段として使われる家畜の価格が上昇していくため、ほぼ相殺される。したがって、同じ量の穀物はどの国でも、社会の発達のどの段階でも、土地の直接の生産物のうち他の部分の同じ量と比較して、交換できる労働の量が一定に近いと考えていいだろう。このため、穀物は前述のように、どの商品よりも、どの商品の組み合わせよりも価値をはかる正確な尺度になる。したがって、社会の発達のいくつもの段階を通じて銀の真の価値を判断する際には、どの商品よりも、どのような商品の組み合わせよりも、穀物と比較する方が適切な判断を下せる。

そのうえ、穀物など、人びとに好まれる一般的な植物性食料は、どの文明社会でも労働者にとって食料の中心になっている。農業が発達すると、どの国でも土地生産物のうち植物性食料が動物性食料よりはるかに多くなり、どの国でも労働者はもっとも安く、もっとも豊富で栄養がある食料を主食にするようになる。食肉は、とくに繁栄している国、つまり労働の賃金がとくに高い国以外では、食料のうちごく一部を占めるにすぎない。家禽が占める比率はさらに低く、狩猟でとれた動物は食料の一部にならない。フランスでは、そしてフランスより賃金が若干高いスコットランドでも、貧しい労働者は祝日などの特別な日以外には肉をめったに食べない。このため、労働の金銭価格は食肉など、土地の他の生産物より、労働者の主要な食料である穀物の価格にはるかに大きく左右される。このため金や銀の真の価値、つまりある量の金や銀によって購入・支配できる労働の実際の量は、それによって購入・支配できる食肉など、他の土地生産物より、それによって購入・支配できる穀物の量にはるかに大きく左右される。

だが、穀物などの商品の価格に関してわずかに知られている事実をみて、多数の賢明な著者が誤解したのは、おそらく、もう一つの要因として、どの国でも富が増加するとともにに保有する銀の総量が自然に増加し、総量の増加とともに銀の価値が下がるとする一般的な見方に影響されていたからだろう。だが、この見方はまったく根拠のないものだとみられる。

どの国でも貴金属の総量は二つの要因によって増加しうる。第一は、貴金属を供給する鉱山の産出量の増加である。第二は、年間の労働の生産物が増加することによる国民の富の増大である。第一の要因で貴金属の量が増えた場合には疑いもなく、貴金属の価値がかならず低下する。第二の要因で貴金属の量が増えた場合にはそうならない。

これまでより豊かな鉱山が発見された場合には、市場に供給される貴金属の総量が増加し、この総量との交換に必要な生活必需品や利便品の総量は変わらないので、一定量の貴金属と交換される商品の量は少なくなる。このため、ある国で貴金属の量が増加したとき、鉱山の豊かさが増したからである場合には、貴金属の価値はかならず低下する。

これに対して、ある国で年間の労働の生産物が増加を続け、国の富が増加している場合には、増加した商品の流通のために必要な硬貨の量が増えていく。また、資力のある人が増え、貴金属との交換のために使える商品を大量にもつ人が増えるので、金や銀の食器の購入量が増えていく。硬貨の量は必要によって増加する。金や銀の食器の量は虚栄や虚飾によって、つまり彫刻、絵画などの贅沢品や骨董品が増えるのと同じ理由で増加する。そして、貧しく停滞している時代より、豊かで繁栄している時代の方が、彫刻家や画家の報酬が少なくなるとは考えにくいように、金や銀の価格が低くなるとは考えにくい。

金や銀の価格は、豊かな鉱山がたまたま発見されて低下するのでないかぎり、どの国でも富の増加とともに自然に上昇するので、どの時期にも鉱山の状態がどうであれ、貧しい国でより豊かな国での方が自然に高くなる。どの商品でもそうであるように、金や銀でも当然に、売り手はもっとも高い価格で売れる市場を求める。そして、どの商品でも、もっとも高い価格で売れるのは支払い能力がもっとも高い国である。労働こそがすべてのものの購入にあたって支払われる最終的な代価であることを思い起こすべきであり、労働の報酬の高さが同じ二つの国では、労働の金銭価格は労働者の食料の価格に比例する。だが、一定量の金や銀と交換される食料の量は当然、豊かな国の方が貧しい国より多く、食料が十分にある国の方が食料の供給が不足している国より多い。二つの国が遠く離れていれば、この違いはきわめて大きい場合もある。貴金属は安くしか売れない市場から高く売れる市場に自然に流れていくが、両国の価格がほぼ変わらなくなるほどの量を輸送するのは難しい場合もあるからだ。二つの国が近くにあれば価格差は小さく、ほとんどないと思えるほどの場合もある。距離が近ければ輸送が容易だからだ。中国はヨーロッパのどの国よりもはるかに豊かであり、中国とヨーロッパでは食料品価格の違いがきわめて大きい。中国での米の価格とくらべると、ヨーロッパの小麦価格はどの地域でもはるかに高い。イングランドはスコットランドより豊かだ。しかし、穀物の金銭価格の違いは小さく、わずかに認められる程度にすぎない。スコットランド産の穀物は一般に、量、つまり容積ではかったとき、イングランド産の穀物よりもかなり安いとみえる。しかし品質の割には、スコットランド産の方が確かに若干高い。スコットランドは毎年、イングランドから大量の穀物を買っている。そしてどの商品も、生産地でよりも輸送先での方が価格が一般にいくらか高いはずである。したがってイングランド産の穀物は、スコットランドでの価格の方がイングランドでの価格より高いはずである。そしてスコットランドの市場で、品質の割に、つまり穀物から生産できる粉や碾割《ひきわり》の量と品質の割に、同じ市場に供給されて競合する地元のスコットランド産の穀物とくらべて、イングランド産の穀物が高く売られることは通常ありえない。

中国とヨーロッパの間では、労働の金銭価格の差は、食料の金銭価格の差よりもさらに大きい。これは労働の真の報酬が中国よりもヨーロッパの方が高いからである。ヨーロッパの大部分で社会が発展しているのに対し、中国では停滞しているとみられる点がその背景になっている。スコットランドでは、イングランドと比較して労働の金銭価格が低く、これは労働の真の報酬が低いからである。スコットランドは富の獲得に向けて発展しているが、その足取りはイングランドにくらべてかなり遅い。スコットランドから海外への移住は多いが、イングランドからの移住がめったにない点をみれば、労働の需要に大きな違いがあることが十分に分かる。国による労働の真の報酬の違いは、それぞれの国が実際にどこまで豊かか貧しいかではなく、それぞれの国が発展しているか停滞しているか衰退しているかによって自然に決まることを思い起こすべきだ。

金や銀は当然のこととして、豊かな国では価値が高く、貧しい国では価値が低い。とくに貧しい未開の国では、金や銀はほとんど価値をもたない。

大都市ではつねに、同じ国の遠隔地と比較して穀物価格が高い。しかしこれは、大都市で銀の真の価格が低いためではなく、穀物の真の価格が高いためである。銀を大都市まで運ぶとき、遠隔地に運ぶときより労働が少なくてすむわけではない。しかし穀物の場合には、大都市に運ぶときにははるかに多くの労働が必要になる。

きわめて豊かで、商業が盛んな国、たとえばオランダやジェノバでは、穀物価格は大都市で高いのと同じ理由で高くなっている。国内では住民の食料を賄えるだけの穀物を生産していない。手工業や製造業で働く人は勤勉で熟練しており、労働を容易にし省力化する各種の機器が大量にあり、海運などの商業と輸送の手段を十分に保有している。だが、穀物は不足しており、遠い国から輸入しているので、輸出国での価格に加えて、輸出国から自国までの輸送費を支払わなければならない。銀であれば、オランダのアムステルダムまでの輸送費とバルト海沿岸のダンツィヒまでの輸送費に違いはない。だが、穀物では輸送費に大きな違いがある。このためこの二つの都市で、銀の真の価格はほとんど変わらないはずだが、穀物の真の価格は大きく違うはずである。オランダかジェノバが今後、いまほど豊かではなくなり、住民の数が現在と変わらなかった場合、遠い国から穀物を購入する力は衰える。国力が衰退した場合、その原因としてでも結果としてでも、保有する銀の総量はかならず減少するはずだが、それとともに穀物価格が下がるのではなく、飢饉の際の価格にまで上昇するだろう。生活必需品が不足すれば、贅沢品をすべて手放すしかなく、贅沢品の価格は豊かで繁栄しているときに上昇するように、貧しく衰退しているときには下落する。必需品の価格はそうはならない。生活必需品の真の価格は、つまりそれで購入・支配できる労働の量は、貧しく衰退しているときに上昇・増加し、豊かで繁栄しているときに下落・減少する。豊かで繁栄しているときにはかならず、必需品が豊富にある。そうでなければ、豊かだとも繁栄しているともいえない。穀物は生活必需品であり、銀は贅沢品にすぎない。

このため、十四世紀半ばから十六世紀半ばにかけて、富の増大と社会の発達によって貴金属の総量がどれだけ増加したとしても、現在のイギリスでもヨーロッパのどの部分でも、銀の価値の低下をもたらす要因になったはずがない。したがって、古い時代の商品価格を調べた著者がこの時期について、穀物の価格に関する事実からでも、他の商品の価格に関する事実からでも、銀の価値が低下したと考える根拠を示せないのだから、まして、富の増大と社会の発達によって銀の価値が低下したと考える根拠はない。

❖第二期

以上の第一期に関して、銀の価値の動向について各著者の意見にどれほどの違いがあったとしても、第二期に関しては全員の意見が一致している。

一五七〇年ごろから一六四〇年ごろまでのほぼ七十年にわたって、銀価格と穀物価格の関係はそれまでとまったく逆の方向に動いた。銀の真の価値は低下し、交換できる労働の量が以前よりも減少した。穀物は金銭価格が上昇し、一クォーター当たり銀二オンス、現在の通貨で約十シリング（〇・五ポンド）だった価格が、同六オンスから八オンス、現在の通貨で約三十シリングから四十シリング（一・五〜二ポンド）になった。

アメリカ大陸で豊かな鉱山が発見されたことが、穀物に対する銀の価値の低下をもたらした唯一の要因だったとみられる。この点はすべての著者によって同じように論じられている。事実に関しても、原因に関しても、意見の対立はまったくない。この時期、ヨーロッパの大部分で産業の進歩と社会の発展が続いていたので、銀の需要は増加していたはずである。しかし、供給の方が需要よりもはるかに急速に増加したために、銀の価値が大幅に低下したようだ。アメリカ大陸での鉱山の発見がイギリスの物価に目に見える影響を与えるようになったのは、一五七〇年以降だとみられる点を確認しておくべきである。ポトシ銀山が発見されたのは、それより二十年以上前であった。

イートン校の記録によれば（三〇八～三〇九ページの図三を参照）、一五九五年から一六二〇年までの平均で、ウィンザー市場での最上の小麦の価格は、一クォーター当たり二ポンド一シリング六・六九ペンスであった。ただし、この場合の一クォーターは八ブッシエルではなく、九ブッシエルである。そこで、小数点以下を切り捨て、九分の一にあたる四シリング七・三三ペンスを差し引くと、八ブッシエル当たりでは一ポンド十六シリング十・六七ペンスになる。やはり小数点以下を切り捨て、最上の小麦と中級小麦の価格差として、九分の一にあたる四シリング一・一一ペンスを差し引くと、中級小麦の平均価格は一クォーター（八ブッシェル）当たり一ポンド十二シリング八・八九ペンス（一・六三七ポンド）になり、銀では約六・三三オンスになる。

一六二一年から一六三六年までの平均を同じ記録、同じ市場でみると、最上の小麦の価格は二ポンド十シリングであった。同様の計算をすると、中級小麦の平均価格は一クォー

小麦価格の動向（1595〜1764年）

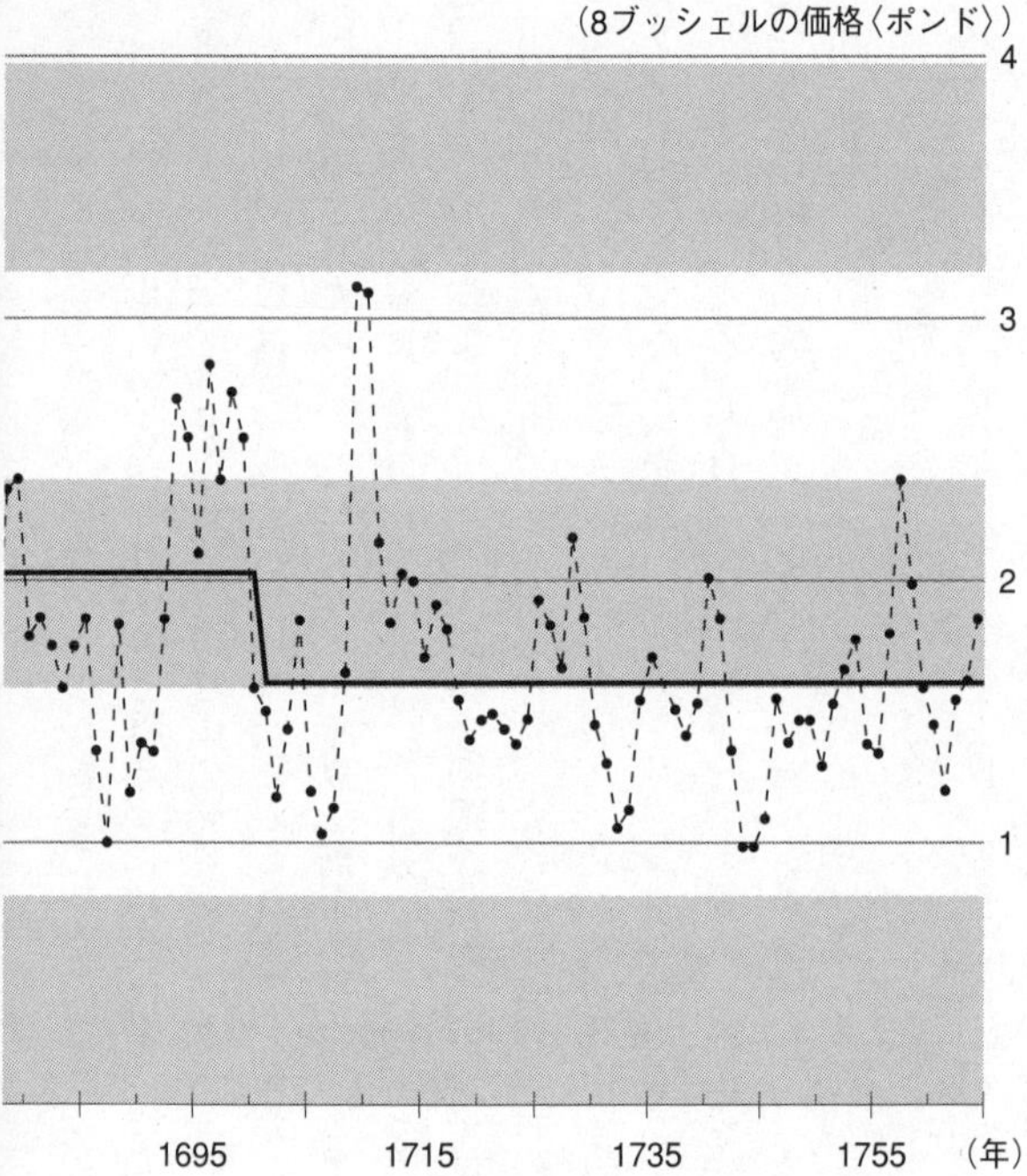

図3 ウィンザー市場における

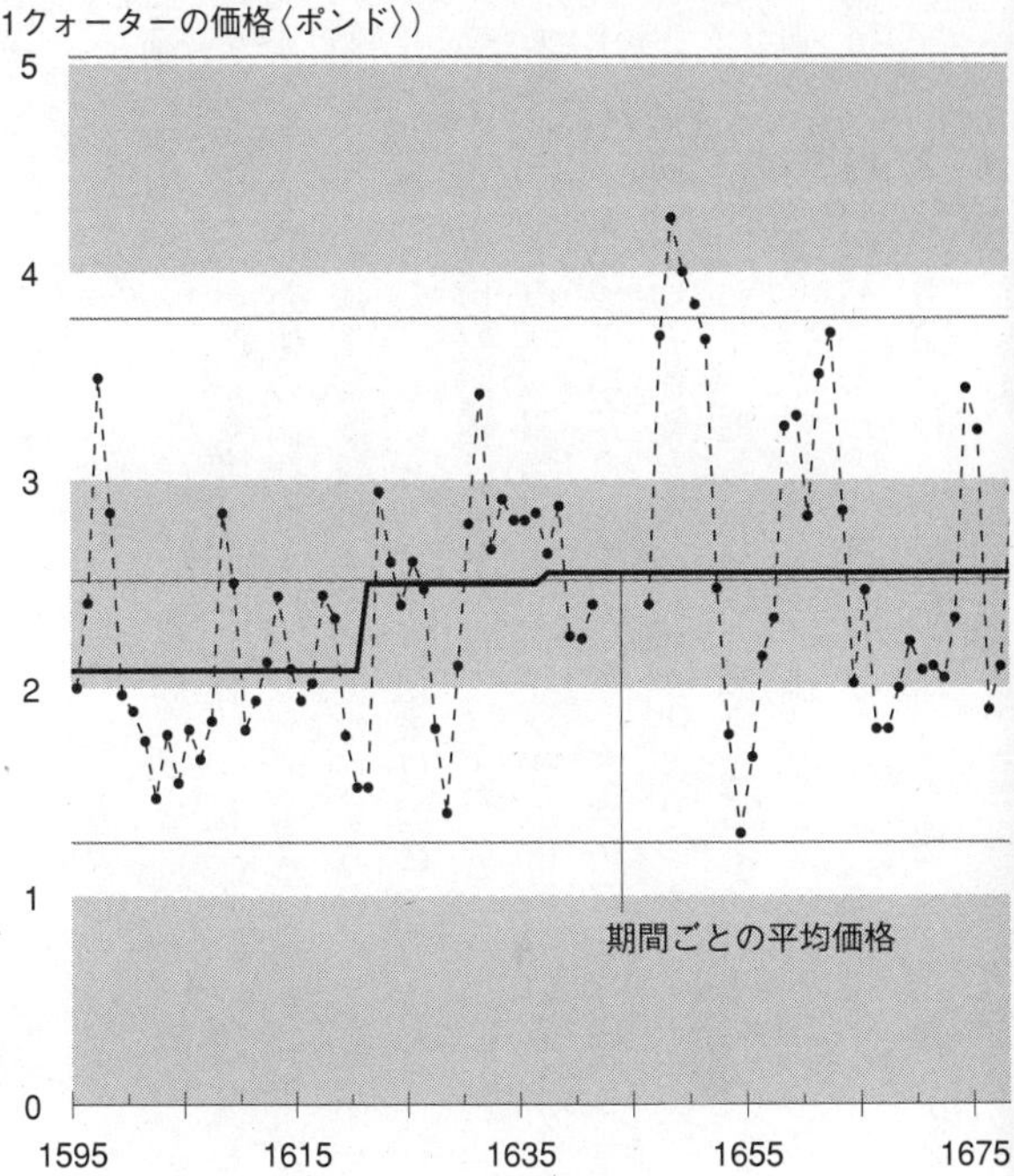

※1 左軸は最上級品1クォーター（9ブッシェル）当たりの価格。
各年の価格は春期相場と秋期相場の最高価格の平均。

※2 右軸は中級小麦8ブッシェルに換算した場合の価格。

ター（八ブッシェル）当たり一ポンド十九シリング六ペンス（一・九七五ポンド）になり、銀では約七・六七オンスになる。

❖第三期

一六三〇年から一六四〇年の間、具体的には一六三六年ごろに、アメリカ大陸での鉱山の発見がもたらした銀の価値低下は一巡したようであり、銀の価値はほぼこのころから、穀物価格に対する比率でみて低下していないようだ。十八世紀には逆に、銀の価値が若干上昇しているようで、おそらく十七世紀末以前にこの上昇がはじまったとみられる。

やはりイートン校の記録によれば（図三を参照）、一六三七年から一七〇〇年まで、つまり十七世紀末までの六十四年間に、ウィンザー市場での最上の小麦の平均価格は、一クォーター（九ブッシェル）当たりでみて二ポンド十一シリング〇・三三ペンスであり、それ以前の十六年間の平均と比較して、わずか一シリング〇・三三ペンス高いだけである。そしてこの六十四年間には、通常の気候変動によるもの以上に穀物の不足をもたらしたとみられる動きが二つあり、このため、銀の価値がさらに低下したと想定しなくても、小麦の平均価格の小幅上昇を十二分に説明できる。

二つの動きのうち第一は、清教徒革命（一六四二年）に伴う内乱である。これによって耕作と商業が妨げられ、気候の変動がもたらしたものをはるかに越えて、小麦価格が上昇したはずである。イングランド各地にあるすべての市場の価格が多かれ少なかれ影響を受けたはずだが、ロンドン近辺の市場では、とくに遠距離から供給を受けているので、影響が大きかったはずだ。イートン校の記録によれば、ウィンザー市場での最上の小麦の価格は、一六四八年に一クォーター（九ブッシェル）当たり四ポンド五シリング、一六四九年に四ポンドになっている。一六二一～三六年の十六年間の平均は二ポンド十シリングなので、この二年だけで平均を合計三ポンド五シリング上回る。これだけで六十四年間の平均を一シリング強押し上げており、平均価格の上昇の大部分を説明できる。そして、この二年は小麦価格がとくに高かったが、おそらく内戦のために、清教徒革命の時期には他の年にも価格が高かった。

　第二の動きは、一六八八年に作られた穀物輸出奨励金制度である。輸出奨励金によって耕作が奨励され、長期間でみれば穀物が豊富になり、国内で穀物価格が低下すると考えた人が多かった。輸出奨励金がいつどれだけの影響を与えるかについては、後に論じる。ここでは、一六八八年から一七〇〇年までには、価格低下の効果があらわれるほどの期間が経過していなかったとだけ指摘しておく。この短期間にあらわれた影響は、毎年に余った穀物の輸出が奨励された結果、ある年の余剰で別の年の不足を補うことができなくなり、国内市場での価格を上昇させた点だけだったはずである。一六九三年から一六九九年までイングランドで穀物が不足したのは疑いもなく、主に天候不順によるものであり、したがってヨーロッパのかなりの地域でも穀物が不作になったが、輸出奨励金によっても、イングランドでの不足がある程度厳しくなったはずだ。このため一六九九年に、穀物の輸出が九か月にわたって禁止された。

この期間には第三の動きが起こっており、穀物の不足をもたらしたわけではなく、おそらくは穀物の対価として通常支払われる銀の実際の量を増加させる要因にもならなかったが、穀物の金銭価格をある程度上昇させたはずである。削り取りや磨耗によって、銀貨の価値が大幅に低下していたのだ。この現象はチャールズ二世の時代（一六六〇～八五年）にはじまり、一六九五年まで悪化を続けていた。ウィリアム・ラウンズによれば、一六九五年には流通している銀貨が、標準より平均二十五パーセント近くも軽くなっていた。そして、ものの市場価格、つまり金銭価格は、銀貨に含まれているべき標準の銀の量よりも、その時点で実際に流通している銀貨に含まれる銀の量によって決まるはずである。このため、銀貨が標準に近い重量のときより、削り取りや磨耗によって価値が大幅に低下しているときの方が、金銭価格はかならず高くなる。

十八世紀には、銀貨の重量が現在ほど標準を下回っている時期はなかった。しかし、現在では磨耗した銀貨も、それと交換できる金貨の価値によって価値が維持されている。最近の一七七四年に実施された金貨改鋳の前には、金貨もかなり磨耗していたが、銀貨ほどではなかった。ところが一六九五年には、銀貨の価値が金貨の価値によって維持される状況にはなかった。当時、一ギニー金貨は標準の二十一シリング（一・〇五ポンド）ではなく、削り取られ磨耗した銀貨三十シリング（一・五ポンド）と交換されるのが通常であった。最近の金貨改鋳の前に、銀地金の価格は銀の鋳造価格を五ペンス上回るだけの一オンス当たり五シリング七ペンス（〇・二七九ポンド）が通常であった。ところが一六九五年には六シリング五ペンス（〇・三二一ポンド）、つまり銀の鋳造価格を十五ペンス上回る価格が通常であった。したがって最近の金貨改鋳の前ですら、金貨、銀貨の価値は銀地金と比較したとき、標準よりも八パーセント以上低下しているとは考えられていなかった。ところが一六九五年には、金貨と銀貨の価値は、標準より二十五パーセント近く低下していると考えられていたことになる。しかし十八世紀の初め、つまりウィリアム三世の時代（一六八九〜一七〇二年）の大改鋳の直後には、流通している銀貨の大部分が現在より標準重量に近かったとみられる。そのうえ、十八世紀には内戦などの大きな社会的混乱がなく、耕作が妨げられたり、国内の商業が混乱したりすることがなかった。十八世紀の大部分にわたって支給されてきた輸出奨励金によって、その時点での耕作の状況から予想される水準より穀物価格がつねに若干高くなったはずだ。だが、十八世紀には、輸出奨励金がもたらすと通常考えられている好影響、つまり耕作が奨励され、国内市場に供給される穀物の量が増加するといった好影響があらわれるのに十分な期間が経過してきた。このため、後に第四編で説明し検討する原理によって、穀物の価格が低下し、他の商品の価格が上昇する効果があらわれてきたともみられる。影響がもっと大きいと考える人も多い。イートン校の記録によれば、今世紀初めの一七〇一年から一七六四年までの六十四年間を平均すると、ウィンザー市場での最上の小麦の価格は一クォーター（九ブッシェル）当たり二ポンド〇シリング六・五九ペンスであり、十七世紀の一六三七年から一七〇〇年までの六十四年間の平均と比較して、約十シリング六ペンス、二十五パーセント以上低い。そして、アメリカ大陸で豊かな鉱山が発見されたことの影響が一巡したとみられる一六三六年まで、一六二一～三六年の十六年間の平均と比較すると、九シリング六ペンス低い。また、アメリカ大陸での鉱山の発見による影響が出尽くす以前の一六二〇年まで、一五九五～一六二〇年の二十六年間の平均と比較すると、約一シリング低い。この記録によれば、今世紀の一七〇一～六四年の六十四年間の平均では、中級の小麦の価格は一クォーター（八ブッシェル）当たり約三十二シリング（一・六ポンド）である。

　したがって銀の価値は小麦の価値と比較して、十八世紀に若干上昇してきたようであり、おそらくは十七世紀末よりいくらか前にすら上昇がはじまっていたようだ。

一六八七年には、ウィンザー市場での最上の小麦の価格は一クォーター（九ブッシェル）当たり一ポンド五シリング二ペンスになり、一五九五年以来の低水準になった。

一六八八年に、この種の事項に精通していることで有名なグレゴリー・キングが、平年作の年には小麦の生産者価格が一ブッシェル当たり三シリング六ペンス、一クォーター（八ブッシェル）当たり二十八シリング（一・四ポンド）だと推定している。生産者価格とは、契約価格とも呼ばれるものだとみられる。つまり、複数年にわたって一定量の穀物を供給する契約を商人と結ぶときに取り決める価格である。この種の契約を結べば農業経営者は商品を販売する手間と経費を節約できるので、契約価格は一般に、市場での平均価格と考えられるものより低い。キングは当時、平年作の年には一クォーター当たり二十八シリングが通常の契約価格だと判断したわけだ。その後に異例の天候不順によって穀物が不足するようになるまで、この価格が通常の年には契約価格として一般的だったという。

一六八八年に、議会は穀物の輸出奨励金制度を作った。当時の議会では、農村の大地主が現在よりも高い比率を占めていて、穀物の金銭価格が低下していると感じていた。輸出奨励金は、チャールズ一世の時代（一六二五～四九年）、チャールズ二世の時代（一六六〇～八五年）に何度かつけた高価格まで、穀物価格を人為的に引き上げることを狙った政策であった。このため、小麦価格が一クォーター当たり四十八シリング（二・四ポンド）もの高値になるまで支給されることになっていた。この価格は、グレゴリー・キングが平年作の年の生産者価格とした水準より二十シリング、七十パーセント以上も高い。キングは統計の専門家としてきわめて高い評価を受けており、この世評にふさわしい仕事をしているとするなら、一クォーター当たり四十八シリングという価格は、輸出奨励金がないかぎり、当時、よほどの不作の年にしか予想できなかった水準である。しかし、名誉革命で成立したウィリアム三世の政権は当時、しっかりと確立しているとはいえなかった。それに、土地税を毎年徴収する制度を設けようとしていたので、農村の地主からの要求を退けられる状況にはなかった。

したがって銀の価値は穀物の価値に対する比率でみて、十七世紀末近くにおそらく若干上昇していたとみられる。そして十八世紀の大部分にわたっても上昇が続いたようだ。ただし、輸出奨励金の必然的な影響によって、耕作の状況だけを考えればもっと鮮明になっていたはずの銀の価値の上昇が抑えられたのである。

豊作の年には、輸出奨励金によって輸出が極端に増加し、奨励金がなかった場合よりも穀物価格がかならず上昇する。耕作を奨励するために大豊作の年にも穀物価格を高めに維持することが、奨励金制度の本来の目的である。

不作の年には、輸出奨励金が一時停止されるのが一般的だ。しかし、不作の年にすら多くの場合、奨励金制度が価格にある程度の影響を与えたはずである。豊作の年に極端な量の穀物が輸出されるので、豊作の年に余った穀物で不作の年の不足を補うわけにいかない場合が多いはずである。

つまり豊作の年にも不作の年にも、穀物の価格は輸出奨励金制度のために、耕作の状況によって自然に決まる水準より高くなる。ところが十八世紀初めから六十四年間には、十七世紀末までの六十四年間よりも穀物の平均価格が低かったのだから、輸出奨励金の影響がなく、耕作の状況が変わらなければ、平均価格はさらに低くなっていたはずである。

しかし、輸出奨励金がなければ、耕作の状況は違っていたとする主張もあるだろう。この制度がイギリスの農業に与えた影響に関しては後に第四編の輸出奨励金の章で説明するが、ここでは穀物の価値に対する銀の価値の上昇がイングランドだけの現象ではなかったことを指摘しておく。フランスでも、同じ期間にほぼ同じ率で同じ現象が起こっていることが、穀物価格の動向を正確に、熱心に、手間をかけて調査したデュプレ・ド・サン・モールとルイ・メサンスによって、そして『穀物政策論』の著者によって確認されている。ところがフランスでは一七六四年まで、穀物の輸出は法律で禁止されていた。フランスではこのように、輸出が禁止されているなかで穀物価格が低下しているのだから、イギリスでほぼ同じ率で穀物価格が低下した原因が、異例なほどの輸出奨励にあったとは考えにくい。

おそらく、穀物の金銭価格のこの低下は、ヨーロッパ市場で銀の真の価値が小幅ながら上昇してきた結果だと考える方が、穀物の真の価値が平均して低下した結果だと考えるより適切であろう。前述のように、長い年数を隔てて比較する場合には、穀物は銀よりも、そしておそらくどの商品よりも、真の価値をはかる正確な尺度になる。アメリカ大陸で豊かな鉱山が発見されて以来、穀物の金銭価格がそれ以前の三倍から四倍に上昇したとき、これは穀物の真の価値が上昇した結果ではなく、銀の真の価値が低下した結果だとする見方が一般的であった。十八世紀初めからの六十四年間には、穀物の平均金銭価格が十七世紀末までの六十四年間より若干低くなったのだから、これも同じように、穀物の真の価値が低下したためではなく、ヨーロッパ市場で、銀の真の価値がある程度上昇した結果だと考えるべきである。

この十年から十二年に穀物価格が高くなったために、ヨーロッパ市場で銀価格が下落を続けているのではないかとの見方がでている。しかし、この穀物価格上昇は明らかに異例の天候不順によるものだとみられ、したがって長期的なものではなく、一時的で偶然のもののはずである。過去十年から十二年、ヨーロッパの大部分にわたって天候不順が続いており、そのうえポーランドが第一次分割（一七七二年）などによって混乱したため、不作の年にポーランド産穀物の輸入に頼っていた国で穀物不足が一層深刻になった。天候不順がこれほど長く続くのは頻繁にあることではないが、過去に例がなかったわけではない。穀物価格の動向を長期にわたって調べたものなら誰でも、同様の時期が何度もあったことを苦もなく指摘できるだろう。また、十年にわたる不作は、十年にわたる豊作より珍しいわけでもない。一七四一年から一七五〇年までの十年間に穀物価格が低かったのは、最近八年から十年に穀物価格が高かったのと好対照だといえよう。一七四一年から一七五〇年までの十年間には、イートン校の資料によれば、ウィンザー市場での最上の小麦の平均価格は、一クォーター（九ブッシェル）当たり一ポンド十三シリング九・八ペンス（一・六九一ポンド）にすぎず、十八世紀初めからの六十四年間の平均より六シリング三ペンス近く低い。一クォーター（八ブッシェル）当たりの中級小麦価格は、この十年の平均で一ポンド六シリング八ペンス（一・三三三ポンド）にすぎない。

しかし一七四一年から一七五〇年までの十年間には、輸出奨励金制度によって、穀物の国内価格が自然な水準まで低下するのが妨げられたはずである。税関の記録によれば、この十年間に輸出された穀物の総量は、すべての種類を合計して八〇二万九一五六クォーター一ブッシェルである。輸出奨励金の総額は一五一万四九六二ポンド一七シリング四・五ペンスにのぼる。このため一七四九年に、ヘンリー・ペラム首相が下院で、過去三年に穀物の輸出奨励金として異常なほどの巨額が支出されたと論じた。そう論じる理由は十分にあったのであり、翌年であればさらに強い理由があった。一七五〇年にはわずか一年に、少なくとも三二万四一七六ポンド一〇シリング六ペンスが奨励金として支出されている。これほどの奨励金による輸出の結果、国内の穀物価格が自然な水準からどれほど上昇したのかを論じる必要はないだろう。

イートン校の記録に基づいて、一七四一年から一七五〇年までの十年間について、小麦価格の推移を示した（三二二〜三二三ページの図四を参照）。その前の一七三一年から一七四〇年までの十年間についても示してあり、一七五〇年までの十年間ほどではないにしろ、やはり十八世紀初めから六十四年間の総平均より価格が低くなっていることが分かる。しかし一七四〇年は異例の不作であった。一七五〇年までの二十年間は、一七七〇年までの二十年間とは対照的だといえる。一七五〇年までの二十年間には、一年か二年、価格が高い年があったが、それでも平均価格が十八世紀の総平均よりかなり低かった。これに対して一七七〇年までの二十年間には、一七五九年のように価格が低い年もあったが、平均価格が総平均よりかなり高くなっている。一七五〇年までの二十年間の平均価格が総平均を下回る程度が、一七七〇年までの二十年間の平均価格が総平均を上回る程度より小さければ、おそらく、輸出奨励金のためだと考えるべきだろう。この価格の変化は突然すぎるので、銀の価値の変動によるものだと言えないことは明らかである。銀の価値の変動はつねに、もっとゆっくりとしている。変動が突然であることから、それをもたらした要因も突然に起こりうるもの、つまり天候の偶然の変化によるものとしか考えられない。

イギリスでは労働の金銭価格は確かに、十八世紀に上昇を続けてきた。しかしこれは、ヨーロッパ市場で銀の価値が低下したためではなく、イギリスが全体的に大いに繁栄し、労働に対する需要が増加したためだとみられる。フランスはイギリスほどには繁栄しておらず、労働の金銭価格は十七世紀半ば以降、穀物の平均金銭価格の低下とともに徐々に低下してきた。十七世紀にも、十八世紀後半の現時点でも、単純労働の日当は小麦一セティエの平均価格のほぼ二十分の一でほとんど変わっていないといわれている。一セティエは容積の単位であり、四ウィンチェスター・ブッシェル強（約百四十リットル）にあたる。イギリスでは前述のように、労働の真の報酬、つまり労働者に与えられる生活必需品と利便品の量が、十八世紀初め以降に大幅に増加してきた。労働の金銭価格の上昇は、ヨーロッパ市場全体で銀の価値が低下した結果ではなく、イギリスの状況がとくによいために、労働の真の価格が上昇した結果だと思える。

アメリカ大陸が発見されてからしばらくの間、銀はそれ以前と同じか、わずかに下回る

小麦価格の動向（1731～1750年）

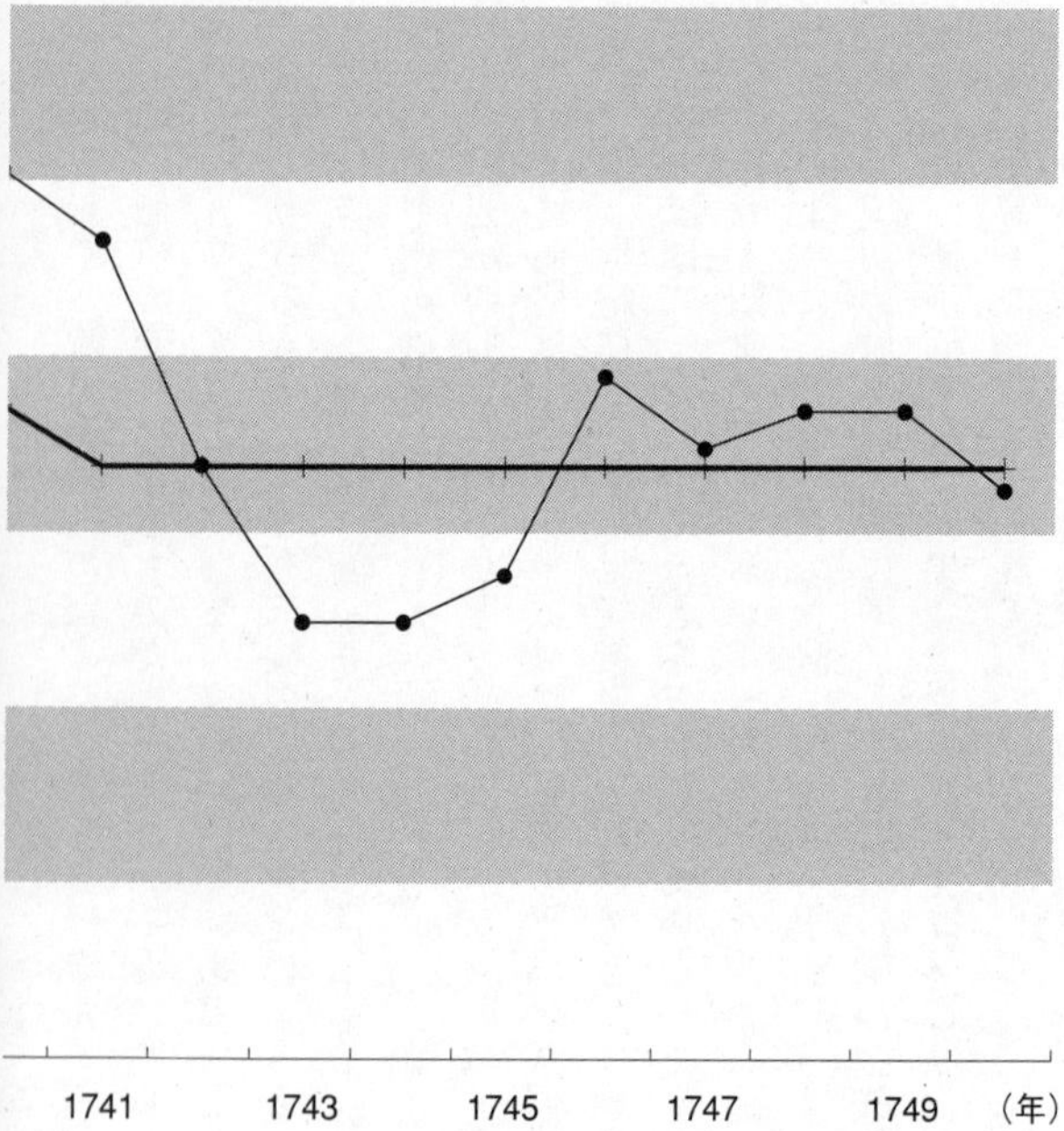

図4 ウィンザー市場における

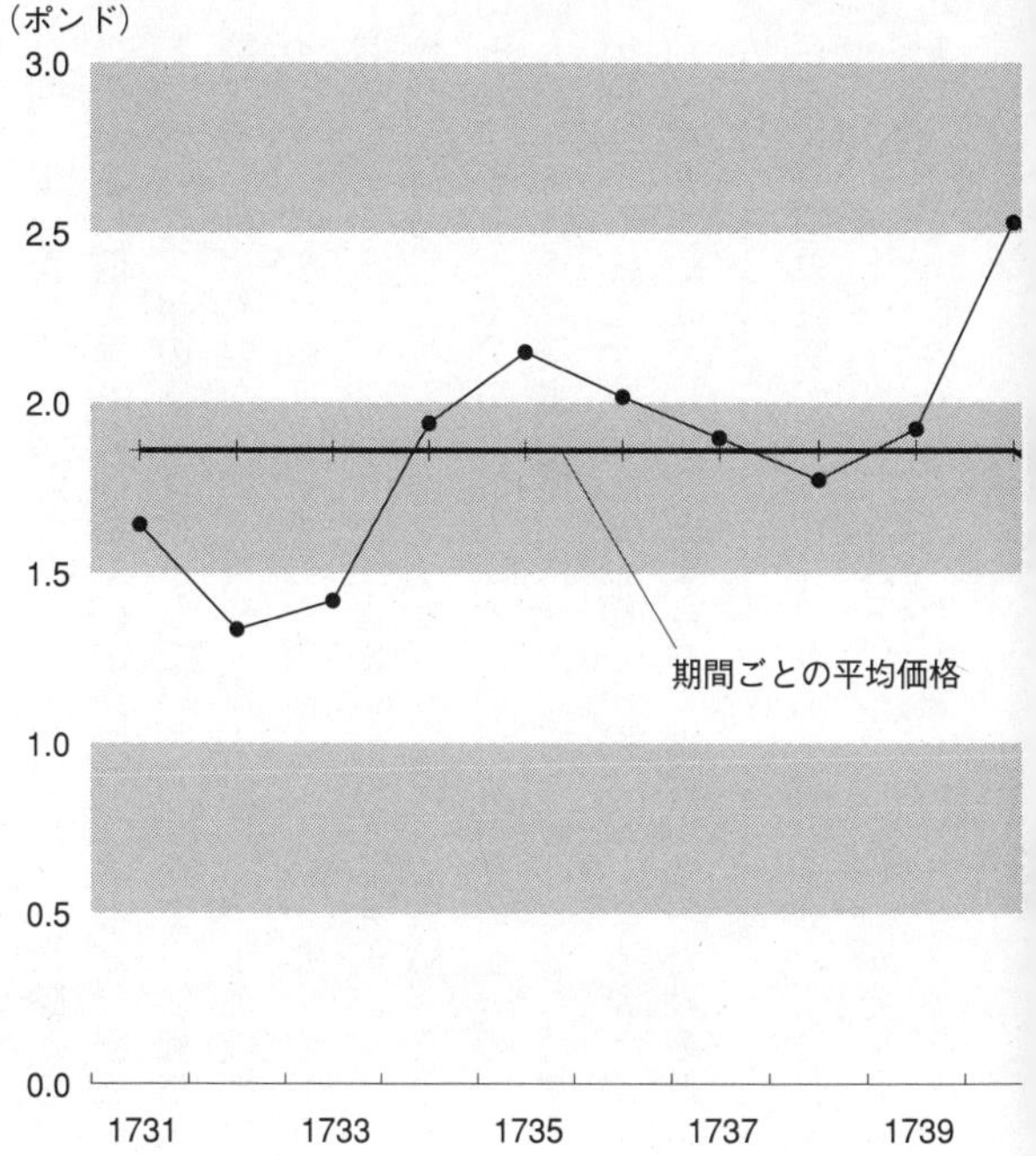

※最上級品1クォーター(9ブッシェル)当たりの価格。
各年の価格は春期相場と秋期相場の最高価格の平均。

価格になっていたようだ。銀鉱山の利益率はしばらくの間、きわめて高く、自然水準を大幅に上回っていたはずだ。しかしやがて、アメリカ大陸からヨーロッパに年間に輸入される銀の全量を以前と同じ高価格では販売できなくなる。銀と交換して得られる商品の量は減少しつづけた。銀の価格は低下していき、やがて自然価格まで、銀を鉱山で採掘し市場に供給するために必要な労働の賃金、資本の利益、土地の地代をそれぞれの自然水準にしたがって支払うのにちょうど十分な価格まで下がったとみられる。ペルーの銀鉱山の大部分では前述のように、スペイン王国が徴収する総生産高の十分の一の税金によって、土地の地代がまったく支払えなくなっている。税率は当初、二分の一であった。だがすぐに三分の一に下がり、五分の一に下がり、ついに現在の十分の一まで下がった。ペルーの銀鉱山の大部分では、事業主が操業に使った資本を回収し、通常の利益を確保した後に、十分の一の税金をなんとか支払える金額しか残らないようだ。かつてはきわめて高かった銀鉱山の利益率が、いまでは事業をようやく継続できるだけの低水準になったというのが、常識になっているようだ。

スペイン王国の税率が登録された銀生産高の五分の一に引き下げられたのは一五〇四年であり、その四十一年後の一五四五年にポトシ銀山が発見された。一六三六年にはそれから九十年たっているので、アメリカ大陸でもっとも豊かなポトシ銀山の影響がすべてあらわれるのに十分な期間が経過している。つまり、ヨーロッパ市場での銀の価値が、スペイン王国のこの税金を負担しながら低下できる最低水準まで低下するのに十分な期間が経過している。九十年という期間は、どの商品の価格でも、独占がない状態で自然価格まで、つまりその商品に課された税金を負担しながらかなりの長期にわたって販売を続けられる最低の価格まで低下するのに十分な期間である。

ヨーロッパ市場での銀の価格は、自然価格以下にまで下がる可能性もあった。一七三六年に十分の一に引き下げられた税率を金と同じ二十分の一にまで引き下げるか、そうでなければ、アメリカ大陸で現在操業されている鉱山の大部分で操業をあきらめるしかない状態になっても不思議ではなかったのだ。そのような事態に陥るのが避けられているのはおそらく、銀の需要が徐々に増加し、アメリカの銀鉱山の生産物にとっての市場が徐々に拡大しているからだろう。そのために、ヨーロッパ市場で銀の価値が維持されているうえ、おそらく十七世紀半ばごろよりも若干高くすらなっている。

アメリカ大陸の発見以降、その銀鉱山で生産される銀の市場は、拡大してきている。

第一に、ヨーロッパの市場が拡大を続けてきた。アメリカ大陸発見の後、ヨーロッパの大部分が大幅に発達してきた。イングランド、オランダ、フランス、ドイツはもちろん、スウェーデン、デンマーク、ロシアですら、農業と製造業がともに大幅に発達した。イタリアも衰退しているとは思えない。イタリアが衰退したのは、ペルーが征服されるより前の時代のことだ。それ以降は逆に、若干ながら回復しているようだ。スペインとポルトガルは衰退しているとみられている。だが、ポルトガルはヨーロッパのなかでごく小さな部分を占めるにすぎないし、スペインの衰退もおそらく、一般に考えられているほどではない。十六世紀初めにも、スペインはきわめて貧しい国だった。フランスと比較しても貧しかったが、フランスはそれ以降、大幅に発展している。両国を頻繁に行き来した神聖ローマ帝国のカール五世（在位一五一九～五六年）が、フランスではすべてのものが豊富にあるが、スペインではすべてのものが不足していると語ったのは有名な話だ。ヨーロッパで農業と製造業の生産が増加しているので、生産物の流通のために必要な銀貨の量が増加してきた。そして金持ちが増えているので、銀の食器などの装飾品の必要量も増えているはずだ。

　第二に、アメリカ大陸自体が、大陸内の鉱山で生産される銀の新市場になっている。ヨーロッパのとくに繁栄している国よりもはるかに急速に農業と製造業が発達し、人口が増加しているので、銀に対する需要もはるかに急速に増加しているはずである。イギリスの植民地はまったく新しい市場であり、以前には需要がなかった大陸全体で、一部は硬貨のために一部は食器のために、銀の供給増を必要としている。スペインとポルトガルの植民地も大部分は新たな市場である。南アメリカ北西部のニュー・グラナダ、中央アメリカのユカタン、南アメリカのパラグアイとブラジルは、ヨーロッパ人が発見する前には未開の民族が住んでいて、製造業も農業もなかった。これらの植民地では現在、製造業と農業がかなり普及するようになっている。メキシコとペルーすら、まったく新しい市場だとはいえないものの、以前より市場がはるかに拡大した。両国については、古い時代に繁栄していたとする不思議な物語が多数刊行されているが、両国の発見と征服の歴史をある程度冷静に読めば、商工農業について、これらの国の住民が現在のウクライナに住むタタール人よりもはるかに遅れていたとの結論に達するはずである。メキシコより文明が発達していたペルーですら、金や銀を装飾品として使っていたが、硬貨はまったく使っていなかった。商業はすべて物々交換で行われ、そのために分業はほとんどなかった。土地を耕す人は、自分で家を建て、自分で家具や衣服、靴、農業用具を作るしかなかった。手工業者が少数いたが、全員が国王や貴族、祭司によって養われていたといわれており、おそらく使用人か奴隷だったのだろう。メキシコやペルーの伝統産業の製品がヨーロッパに輸入されたことはない。スペインの軍隊は五百人を超えることがまずないほどの少人数であり、その半分にも満たないことも多かったが、ほとんどどこに行っても、食料の調達に苦労した。行く先々で食料不足を引き起こしたといわれているが、その一方で、これらの国は人口が多く、耕作が進んでいたとも伝えられている。だが、食料不足の事実をみれば、人口や耕作に関して伝えられている話が荒唐無稽な作り話であることが分かる。スペインの植民地ではさまざまな点で、イギリスの植民地にくらべて農業や社会の発展、人口の増加に不利な政策がとられている。それでも、ヨーロッパのどの国よりもはるかに急速に産業が発達し、人口が増加しているようだ。土壌が肥沃で、気象条件が良く、土地が大量に余っていて安い点が、新しい植民地のすべてに共通する特徴であり、政策の多数の欠陥を補えるほど大きな利点であるようだ。一七一三年にペルーを訪れたA・F・フレジエによれば、リマの人口は二万五千人から二万八千人の間だったという。一七四〇年から四六年にかけてペルーに滞在したアントニオ・デ・ウリョアによれば、リマの人口は五万人を超えていたという。チリやペルーの他の主要都市に関しても、人口に関する二人の記述の違いはほぼ似通っている。そして二人の情報の質を疑う理由はないと思えるので、スペインの植民地でもイギリスの植民地とあまり変わらないほど人口が増加しているといえる。したがってアメリカ大陸が、大陸内の鉱山で生産される銀の新市場になっており、ヨーロッパのとくに繁栄している国より急速に需要が増加しているはずだ。

第三に、アジアが、アメリカ大陸の鉱山で産出される銀のもう一つの市場になっており、これらの鉱山が発見された後、アジア市場に輸出される銀の量が増えつづけている。その当時以降、メキシコのアカプルコから出航する船によって、アメリカ大陸とアジアの直接貿易が増加を続けているし、ヨーロッパを経由する間接の貿易はさらに急速に増加してきた。十六世紀には、ヨーロッパ各国のうちアジアとの貿易を頻繁に行っていたのは、ポルトガルだけである。十六世紀末に、オランダがポルトガルの独占を侵食するようになり、何年かのうちにアジアの主要な居留地からポルトガル人を追い出すようになった。十七世紀の大部分の期間、オランダとポルトガルがアジア貿易の大部分を分け合っている。ポルトガルの貿易量は減少したが、それ以上の率でオランダの貿易量が増加してきた。イングランドとフランスも十七世紀にアジアとの貿易をある程度行うようになり、十八世紀になって大幅に増やすようになった。スウェーデンとデンマークも、十八世紀にアジア貿易をはじめている。モスクワの商人すら、中国との貿易を頻繁に行うようになり、隊商を組んでシベリアとモンゴルを経由し、陸路で北京に入っている。フランスだけは最近の七年戦争(一七五六〜六三年)の結果、アジア貿易が壊滅したが、その他の国ではほぼ拡大の一途をたどっている。ヨーロッパではアジアからの輸入品の消費が増加しており、各国が貿易を増やしつづける余地ができているようだ。たとえば茶は十七世紀半ばまで、ヨーロッパでは薬としてごく少量使われているだけであった。現在ではイギリスの東インド会社が自国での消費のために輸入する額が、年に百五十万ポンドにものぼっている。そしてこれですら、需要を賄いきれない。大量の茶がオランダの港から、スウェーデンのイエーテボリから、そしてフランスの東インド会社が健在だったときにはフランスの港から、密輸入されている。中国の磁器、モルッカ諸島の香料、ベンガルの織物など、無数の商品の消費が同様の率で増加している。このため、十七世紀の最盛期にヨーロッパ全体がアジア貿易に使っていた船舶の総トン数と比較してもおそらく、それほど遜色のないほど大量の船舶を、イギリスの東インド会社だけでも最近の削減前に使っていたはずだ。

ところがアジア、とくに中国とインドでは、ヨーロッパがこれらの国と貿易をはじめたころ、貴金属の価値がヨーロッパでよりもはるかに高かったし、いまでも高い。これらの国では米が主要な食料であり、通常は二期作だし、三期作の場合もあるうえ、一期当たりの収穫量が麦類の通常の収穫量より多く、小麦生産国とくらべて面積の割に食料がはるかに豊富なはずである。このため、米を主要な食料とする国では人口がはるかに多い。これらの国の金持ちは、自分が消費できるもの以外に、自由に使える食料をきわめて大量にもっているので、他人の労働をはるかに大量に購入する手段をもっている。このためどの記録をみても、中国やインドの高官や富豪はヨーロッパの大金持ちよりも使用人の数が多く、華美だという。自由に使える食料がきわめて多いことから、ごく少量しか産出されない珍しい生産物、たとえば貴金属や宝石など、金持ちの競争の対象になるものを入手する際に提供できる食料の量も多い。このため、アジア市場に貴金属や宝石を供給する鉱山が、ヨーロッパに供給する鉱山と同程度に豊かだとしても、ヨーロッパとくらべて貴金属や宝石と交換される食料品の量は多いのが当然である。実際には、アジア市場にこれらを供給する鉱山はヨーロッパ市場に供給する鉱山と比較して、貴金属の場合はかなり貧しく、宝石の場合はかなり豊かなようだ。このためアジアではヨーロッパと比較して、貴金属と交換して得られる宝石の量は若干多く、食料の量ははるかに多いのが当然である。贅沢品の筆頭にあげられるダイヤモンドの金銭価格は若干低く、必需品の筆頭にあげられる食料の価格ははるかに低い。そして前述のように、労働の真の価格、つまり労働者に与えられる生活必需品の実際の量は、アジアの二大市場である中国とインドのどちらでも、ヨーロッパの大部分より少ない。アジアではヨーロッパとくらべて、労働者の賃金で購入できる食料の量が少ない。そのうえ食料の金銭価格がかなり低いので、労働の金銭価格は二重に低くなっている。それによって購入できる食料の量が少ないうえ、食料の価格が低いからだ。だが、産業が同じ程度に発達している国の間では、製造業製品の大部分の金銭価格は労働の金銭価格に比例する。そして製造業では中国とインドはヨーロッパより劣っているが、その差はヨーロッパのどの国と比較しても大きくはないようだ。このため、ヨーロッパとくらべて中国とインドでは当然、製品の大部分で金銭価格がかなり低い。ヨーロッパの大部分ではさらに、陸運の経費によって、製品のほとんどで真の価格、名目価格ともにかなり高くなっている。まずは原材料の輸送のために、つぎに完成した製品の市場への輸送のために、かなりの労働が必要であり、経費がかかる。中国とインドでは、内陸航行がさまざまな形で発達しているので、輸送に必要な労働を、したがって経費を節減でき、製品の大部分で真の価格と名目価格がさらに低くなっている。以上の理由から、貴金属はこれまでつねに、ヨーロッパからアジアへの輸出がきわめて有利な商品だったし、いまでもそうだ。アジアに輸出するとき、貴金属ほど有利な価格で売れる商品はない。言い換えれば、ヨーロッパで購入する際に必要な労働と商品の量と比較して、アジアで購入・支配できる労働と商品の量が貴金属ほど多い商品はない。そして、アジアにもっていくのであれば、金より銀の方が有利でもある。中国など、アジアのほとんどの市場で、純銀と純金の価格の比率は一対十から最大でも一対十二だが、ヨーロッパでは一対十四から十五だからである。中国など、アジアのほとんどの市場では、一オンスの金を買うのに必要な銀の量は十オンスから十二オンスだが、ヨーロッパでは十四オンスから十五オンスである。そこで、アジアに向かうヨーロッパの貿易船の大部分で、銀が一般にとくに価値の高い積み荷の一つになっている。アカプルコからマニラに向かう船でも、銀がもっとも価値の高い積み荷である。このように、新大陸のアメリカで生産される銀は、ヨーロッパとアジアという旧大陸の両端の間の貿易で主要な商品の一つになっており、世界のなかで遠く離れた二つの地域が結び付けられているのはかなりの程度まで、銀によってである。

このように大幅に拡大した市場に十分に供給するには、鉱山の年間の銀産出量が、繁栄しているすべての国で増加を続けている硬貨と食器の需要を満たせるだけでなく、銀を使うすべての国でつねに起こる消耗と消費を補えなければならない。

硬貨の磨耗、食器の磨耗と手入れによって不断に消費される貴金属はかなりの量になる。銀は広範囲に使われているので、これだけでも毎年大量の供給を必要とする。いくつかの製造業に使われる貴金属の量は全体として、磨耗によって徐々に消費される量よりおそらく多くはないだろうが、はるかに目立つし、はるかに急速である。バーミンガムの製造業だけでも、金箔や金銀のメッキとして使われ、したがって後に金属の形で回収できなくなる金と銀の総額が、年に五万ポンド以上にのぼるといわれている。この金額から、世界各地でバーミンガムと同じ種類の製造業で、あるいはモール、刺繡《ししゅう》、金銀の織物、書籍の装丁、家具などに消費される貴金属の総額がいかに多いはずか、ある程度まで想像できるだろう。また、海路と陸路で輸送中に失われる貴金属も、年間にかなりの量になるはずである。それに、アジアの多くの国では財宝を地中に埋めて隠す習慣がほぼ一般的になっているので、隠した人が死んだ後にどこに埋められたかが分からなくなり、大量の貴金属が失われているはずである。

スペインのカディスとポルトガルのリスボンに輸入される金と銀は、信頼できる資料によれば、登録されたものと密輸されたと推定されるものとの合計金額が年に約六百万ポンドである。

ニコラス・マゲンスによれば、貴金属の年間輸入額は、スペインに関しては一七四八年から一七五三年までの六年間の平均、ポルトガルに関しては一七四七年から一七五三年までの七年間の平均でみて、銀が重量一一〇万一一〇七ポンド、金が重量四万九九四〇ポンドであった。これを金額になおすと、銀は一トロイ・ポンド当たり六十二シリング（三・一ポンド）の鋳造価格で換算して、三四一万三四三一ポンド一〇シリングである。金は一トロイ・ポンド当たり四十四・五ギニー（四十六・七二五ポンド）の鋳造価格で換算して、二三三万三四四六ポンド一四シリングである。合計すると五七四万六八七八ポンド四シリングになる。これが登録された輸入量の正確な数値だとマゲンスは記している。金と銀それぞれの輸出地の詳細と、輸出地ごとの量も、輸入登録に基づいて示している。さらに金と銀の推定密貿易量を加えている。マゲンスは豊富な経験をもつ賢明な商人であり、以上の見解の信頼性は高い。

『両インドにおけるヨーロッパ人の植民と商業の哲学的・政治的歴史』の雄弁でときに十分な情報をもつ著者によれば、スペインの金と銀の登録輸入総額は、一七五四年から一七六四年までの十一年間の平均で、一三九八万四一八五・七五ピアストルであった（一ピアストルは十レアルとする）。これに密貿易分を加えれば、一千七百万ピアストルになると推定されている。一ピアストルを四シリング六ペンス（〇・二二五ポンド）で換算すると、三百八十二万五千ポンドである。金と銀それぞれの輸出地の詳細と、輸出地ごとの量も輸入登録に基づいて示されている。また、ブラジルからリスボンに輸入される金の総額をポルトガル王国に支払われる税金（標準金の五分の一）から一千八百万クルザードと推定しており、これは四千五百万フランス・フラン、約二百万ポンドにあたる。これ以外に密貿易が少なくとも八分の一、つまり二十五万ポンドあると推定され、合計二百二十五万ポンドになるという。この資料によれば、スペインとポルトガルに輸入される貴金属の総額は、年に約六百七万五千ポンドになる。

　これら以外に、草稿ではあるが十分に信頼できる資料をみても、年間の総輸入額を平均約六百万ポンドとし、年によって多少の変動があるとする見方で一致している。

　カディスとリスボンに年間に輸入される貴金属の総量は、アメリカ大陸の鉱山で年間に生産される総量とは一致しない。一部は毎年、アカプルコからマニラに輸送されている。一部はスペインの植民地とヨーロッパの他国の間で行われている密貿易に使われる。また、一部が生産国の国内に残ることも疑う余地がない。それに、アメリカ大陸は、世界で金や銀を産出している唯一の地域ではない。もっとも、アメリカ大陸の鉱山は飛び抜けて豊かである。他の地域にある既知の鉱山の生産量が合計でも、これにくらべればとるにたりないことはよく知られている。それに、アメリカ大陸の鉱山で産出される貴金属の大部分がカディスとリスボンに輸入されていることも、よく知られている。しかしバーミンガムだけでも年に五万ポンドと、年に六百万ポンドの総輸入額の百二十分の一が消費されている。このため、世界のうち貴金属を使用する国全体で年間に消費する金と銀の総額はおそらく、年間産出額にほぼ近いだろう。残り部分も、繁栄している国のすべてで増加する需要を賄って余りがあるほどではないともみられる。需要を満たすにはかなり不足していて、ヨーロッパ市場で貴金属の価格が上昇している可能性がある。

　年間に鉱山から市場に供給される真鍮や鉄の量は、金や銀とは比較にならないほど多い。しかし、だからといってこれらの卑金属の量が需要以上に増加して、価格が低下していくとは誰も考えていない。であれば、貴金属でそうなると考える理由があるのだろうか。確かに、卑金属は貴金属より硬いものの、硬さが要求される用途に使われており、価値が低いので、保存のためにそれほど注意が払われていない。だが、貴金属も卑金属以上に長持ちするとはかぎらず、やはりさまざまな形で失われ、消耗し、消費されていく。

　あらゆる種類の金属は、価格がゆっくりと徐々に変化していくが、土地生産物の大部分と比較して、年ごとの価格変動が少ない。そして貴金属の場合には卑金属以上に、急激な価格変動が起こりにくい。金属に耐久性があることが、異例なほどの価格の安定をもたらす基礎になっている。ある年に市場に供給された穀物は、ほぼすべて翌年末のはるか以前に消費される。だが鉄であれば、二百年から三百年前に鉱山から供給されたものの一部が使われつづけているだろうし、金であればおそらく、二千年から三千年前に供給されたものの一部が使われつづけているだろう。ある年と別の年に世界全体の消費のために供給される穀物の量の比率は、それぞれの年に生産される穀物の量の比率につねにほぼ等しいはずである。しかし、ある年と別の年に使用される鉄の量の比率は、それぞれの年に鉱山で生産される鉄の量が偶然に変動しても、ほとんど影響を受けない。金の場合、金鉱山の産出量の違いが使用量に与える影響は、さらに小さい。このため、金属を産出する鉱山の大部分で、生産量の年ごとの違いは穀物の生産量の違い以上に大きいかもしれないが、生産量の違いが価格に与える影響は、穀物と金属で同じではない。

金と銀の比価の変動

アメリカ大陸の鉱山が発見される前、純銀に対する純金の価値の比率は、ヨーロッパ各国の造幣局によって、一対十から十二の間で規定されていた。つまり、一オンスの純金は、十オンスから十二オンスの純銀に値するとされていた。十七世紀半ばには、一対十四から十五の間で規定されるようになった。つまり、一オンスの純金は、十四オンスから十五オンスの純銀に値するとされるようになった。金の名目価値は、金と交換される銀の量でみて上昇したのである。金も銀も真の価値、つまり購入できる労働の量でみた価値は低下した。だが、銀は金より低下幅が大きかった。アメリカ大陸の鉱山は、金鉱山も銀鉱山もそれ以前に知られていたものより豊かだったが、銀鉱山は金鉱山より、以前に知られていた鉱山との豊かさの差が大きかったようだ。

ヨーロッパからアジアに毎年大量の銀が輸出されているため、いくつかのイギリス植民地では、金に対する銀の価値が低下してきた。カルカッタの造幣局ではヨーロッパと同様に、一オンスの純金は純銀十五オンスと同じ価値があるとされている。だがこれは、ベンガル市場での金の価値を考えればおそらく高すぎである。中国では金と銀の価値の比率はいまでも一対十か十二である。日本では一対八だといわれている。

ヨーロッパに輸入される金と銀の数量の比率は、ニコラス・マゲンスによれば一対二十二近くだという。つまり、銀は重量でみて、金の二十二倍強が輸入されているという。だが大量の銀がアジアに輸出されているので、ヨーロッパに残る数量の比率は一対十四から十五であり、価値の比率にほぼ等しいと推定する。金と銀の価値の比率は数量の比率とかならず等しくなり、アジアへの大量の輸出がなければ、価値の比率は一対二十二になるとマゲンスは考えているようだ。

しかし、二種類の商品の間にみられる価値の通常の比率は、市場に通常ある数量の比率と等しいとはかぎらない。雄牛一頭の価格は十ギニー（十・五ポンド）とされており、羊一頭の三シリング六ペンス（〇・一七五ポンド）の六十倍にあたる。しかしこの価格の比率から、市場で普通、雄牛の六十倍の頭数の羊が売られていると考えるのは馬鹿げている。これと同じように、一オンスの金で通常、十四オンスから十五オンスの銀を購入できることから、市場にある銀の数量が金の数量の十四倍から十五倍にすぎないと考えるのも馬鹿げている。

市場に通常ある金と銀の数量の比率はおそらく、同じ重量の金と銀の価値の比率よりもはるかに高い。価格が低い商品は通常、価格が高い商品とくらべて、市場に供給される数量が多いだけでなく、総額も多い。パンは食肉とくらべて、年間に供給される数量が多いだけでなく、総額も多い。食肉は家禽とくらべて、家禽は野鳥とくらべて、年間に供給される数量が多いだけでなく、総額も多い。安価な商品は高価な商品とくらべて買い手がはるかに多いので、市場で売買される数量が多いだけでなく、総額も多いのが一般的だ。このため、高価な商品に対する安価な商品の数量の比率は、一定量の安価な商品に対する高価な商品の価値の比率よりも一般に高いはずである。貴金属の場合、金と銀を比較すると、銀は安価な商品、金は高価な商品である。このため、銀は金よりもつねに、市場にある数量が多いだけでなく、総額も多いと予想するのが当然である。金器と銀器を少しずつ持っている人がそれぞれの量を比較すると、おそらくは数量だけでなく総額でも、銀の方がはるかに多いはずだ。銀器しか持っていない人も多いし、金器を持っている人でも、普通は懐中時計や嗅烟草《かぎタバコ》用の箱などの小物しか持っておらず、総額が多いことはめったにない。イギリスでは硬貨の総額に占める金貨の比率が圧倒的に高いが、他国ではそうなっていない。金貨と銀貨で総額がほぼ等しい国もある。スコットランドではイングランドとの合併前に金貨の方が多かったが、造幣局の記録によれば、その差はごく小さかった。そして、銀貨の方が比率がはるかに高い国が多い。フランスでは巨額の支払いには銀貨を使うのが普通であり、必要上ポケットに入れて持ち歩くもの以上の金貨を手に入れるのは難しい。このように銀貨より金貨の比率が高い国もいくつかあるが、すべての国で金器より銀器の方が総額が多いことで埋め合わせて余りあるだろう。

ある意味で、銀はいつも金よりはるかに安かったし、今後もおそらく安いだろう。だが別の意味では、スペイン市場の現状で金はおそらく、銀より若干安いともいえる。商品は通常の価格という観点で高いか安いといえるが、長期にわたって市場に供給できる最低価格をどれほど超過しているかという観点でも、高いか安いということができる。この最低価格は、商品を市場に供給するために必要な資本を回収し、適度の利益を得られるぎりぎりの価格である。地主に地代を支払えない価格であり、地代が構成要素にならず、賃金と利益だけにあてられる価格である。そしてスペイン市場の現状では、金は銀よりもこの最低価格に若干近い。スペイン王国の税金は、金の場合には標準金の二十分の一、五パーセントにすぎない。銀の場合には十分の一、十パーセントである。この税金が前述のように、アメリカ大陸のスペイン植民地にある金鉱山と銀鉱山の大部分で地代の全額になっており、また、銀より金の方が納税状態が悪い。さらに、金鉱山の事業主には財をなした人がめったにいないというのだから、銀鉱山の事業主にくらべて、利益率が全般に低いはずである。スペインの金は、地代も利益も低い率にしかならないのだから、スペインの銀にくらべて、市場に供給できる最低価格に若干近い価格になっているはずだ。経費をすべて計算すると、スペイン市場の金は全体として、銀よりも不利な価格でしか売れないようだ。ポルトガル王国がブラジルの金に課している税金は、スペイン王国が以前にメキシコとペルーの銀に課していたのと同じく、標準金の五分の一である。この点を考えると、ヨーロッパ市場全体でみた場合に、アメリカ大陸の銀と比較して、市場に供給できる最低価格に近いかどうかははっきりしない。

ダイヤモンドなどの宝石はおそらく、金とくらべてすら、市場に供給できる最低価格に近い価格になっている。

銀に対する税金は、贅沢品にすぎない点で課税対象としてとくに適切な商品に対するものだし、歳入源としても重要なので、課税が可能なかぎり、撤廃されるとは考えにくい。しかし、一七三六年に五分の一から十分の一への引き下げが必要になった際と同様に、現在の税率を負担しきれない状況になれば、さらに税率の引き下げが必要になる可能性がある。金の税率が二十分の一に引き下げられたのもそのためだ。アメリカ大陸のスペイン植民地の銀鉱山でも他の鉱山と同様に、深くまで掘削しなければならなくなり、深い地底の排水と換気に必要な経費がかさむために操業費が上昇してきていることは、鉱山の現状を調べた人が全員認めている。

ある商品の一定量を集めるのが難しくなり、経費がかかるようになれば、稀少性が高まったといえるので、こうした要因は、銀の稀少性が高まっていることを意味し、いずれ、以下の三つのうちどれかが起こるはずである。操業経費の上昇が、第一に銀の価格が同じ比率で上昇して吸収されるか、第二に、銀に対する税金がそれに見合った率で引き下げられて吸収されるか、第三にこの二つが組み合わされて吸収されるはずである。第三の動きが起こる可能性がもっとも高い。金は、税率が大幅に引き下げられたにもかかわらず、銀に対する価格の比率が上昇した。したがって銀も、税率が同様に引き下げられても、労働や他の商品に対する価格の比率が上昇する可能性がある。

しかし税率が引き下げられていけば、ヨーロッパ市場での銀の価値の上昇を完全に食い止めることはできないとしても、多かれ少なかれ遅らせるはずである。税率の引き下げによって、税金を支払えないために操業できなくなっていた多数の鉱山が操業を再開する可能性がある。年間に市場に供給される銀の量はかならず増加する。このため、一定量の銀の価値は若干押し下げられる。一七三六年の税率引き下げの結果、ヨーロッパ市場での銀の価値はいまのところ、引き下げ以前より下がってはいないとみられるが、スペイン王国が以前と同じ率で課税していた場合と比較すれば、おそらくは十パーセント低くなったとみられる。

これまでに述べてきた事実と主張に基づけば、この税率引き下げにもかかわらず、銀の価値は十八世紀初めから現在までに、ヨーロッパ市場である程度上昇をはじめたと考えられる。もっと正確にいうなら、そう憶測される。この点に関する最上の見解でも、そう確信するといえるほど確実なものではないからである。銀の価値が上昇してきたとしても、いまのところはごく小幅にすぎず、以上の説明からもおそらく、上昇したのかどうかは確信できないし、逆の動きになっていないとも、銀の価値がヨーロッパ市場で下落を続けていないとも確信できない人が多いだろう。

しかし、金と銀の年間の輸入量がどのように推定されようと、年間の消費量が年間の輸入量に等しくなる時期がかならずくることは認識しておくべきだ。金と銀の総量が増えるとともに、消費量は増加するはずだし、総量の増加を上回る率で消費が増えるはずだ。総量が増えれば、価値は下がる。その結果、使用量が増加し、保存のための注意が以前ほど払われなくなるので、総量の増加を上回る率で消費が増える。このため、ある期間がすぎれば、金と銀の年間消費量は年間輸入量に等しくなるはずである。輸入量が増えつづければそうはならないが、現在のところ、輸入量が増えつづけているとは思えない。

年間の消費量が年間の輸入量に等しくなったときに年間輸入量が徐々に減少していれば、年間消費量がしばらくの間、年間の輸入量を上回る可能性がある。金、銀の総量が少しずつ、そうとは気づかれないまま減少し、それぞれの価値が少しずつ、そうとは気づかれないまま上昇する。やがて年間の輸入量が横ばいに戻って、年間の消費量が少しずつ、そうとは気づかれないまま年間の輸入量で維持できる水準に戻ることになる。

銀の価値が低下を続けているのではないかとする見方の根拠

ヨーロッパの富が増加していること、そして、富が増加するとともに貴金属の総量が増え、総量の増加とともに価値が下がるとする見方が一般的なことがおそらく理由になって、ヨーロッパ市場で貴金属の価値が下がりつづけていると信じる人が多いのだろう。土地生産物のうちかなりの部分で、いまでも価格が上昇を続けていることからも、この見方が正しいと考える人が多いとみられる。

すでに説明したように、どの国でも、富の増加によって貴金属の総量が増加した場合には、貴金属の価値が低下する要因にはならない。金と銀は自然に豊かな国に集まる。これはあらゆる種類の贅沢品や稀少な品が豊かな国に集まるのと同じ理由によるものである。豊かな国での方が貧しい国でよりもこれらが安価だからではなく、逆にこれらが高価で、高く売れるからである。価格が高いからこそ、これらの商品が集まってくるのであって、高くなくなれば当然ながら、豊かな国に集まることもなくなる。

穀物など、人間の労働によってのみ生産される植物性食品を除けば、家畜、家禽、狩猟でとれる動物、有益な化石燃料や鉱物などの土地生産物は、社会が発達し、富が増えれば、自然に高価になっていくのであり、この点もすでに論じてきた。したがって、これらの商品の一定量と交換される銀の量が以前より増えていくが、この点から、銀の真の価値が低下し、購入できる労働の量が以前より減ったと解釈することはできない。これらの商品の真の価値が上昇し、購入できる労働の量が以前より増えたのである。これら商品は金銭価格だけでなく、真の価格も社会の発達とともに上昇する。これら商品の金銭価格の上昇は銀の価値が低下した結果ではなく、これら商品の真の価値が上昇した結果である。

社会の発達が三種類の土地生産物の真の価格に与える影響の違い

上記のさまざまな土地生産物は三つの種類に分類できる。第一の種類は、人間の労働によって増やすことがまずできないものである。第二の種類は、需要に応じて数量を増やせるものである。第三の種類は、労働の力が限られているか、不確実なものである。富が増加し、社会が発達するとともに、第一の種類の商品では、真の価格が法外な水準まで上昇することがあり、確かな限界はないように思える。第二の種類の商品では、真の価格が大幅に上昇することがあるが、ある限界があって、かなりの期間にわたってそれ以上の価格に上昇することはできない。第三の種類の商品では、自然な傾向としては、社会が発達するとともに真の価格が上昇していくが、発達の程度が同じでも、真の価格が下がることもあるし、横ばいを続けることもあるし、程度の差はあれ上昇することもある。さまざまな偶然のために、この種の生産物の数量を労働によって増やそうとする努力の成果が変わってくるからである。

❖第一の種類

土地の生産物のうち第一の種類は、社会の発達とともに価格が上昇するものであり、人間の労働によって増やすことがまずできないものである。自然に産出される量が限られているし、腐敗しやすいために、何年にもわたって蓄積していくことができないものだ。珍しい種類の鳥や魚、さまざまな野生動物、大部分の野鳥（とくに渡り鳥）など多数のものがここに入る。富が増加し、それに伴って贅沢さが増してくれば、これらの商品に対する需要が増えるだろうが、人間の労働によっては、需要が増える以前とくらべて供給を大幅に増やすことはできない。このため、商品の量は変わらないか、わずかに増えるだけであり、商品を買おうとする人の間の競争が激しくなっていくので、価格が法外な水準まで上昇し、確かな限界はないように思える。山鴫《やましぎ》が人気を集めて一羽当たりの価格が二十ギニー（二十一ポンド）を超えるほどになっても、人間の労働によって市場への供給量を現在より大幅に増やすことはできない。ローマの全盛期に珍しい鳥や魚が高価格になったのは、この点を考えれば容易に説明がつくとみられる。価格が極端に高かったのは当時、銀の価値が低かったためではなく、人間の労働によって思い通りに増やすことができないので、こうした稀少な商品の価値が高かったためである。ローマ時代には、共和制崩壊の前後のかなりの期間、現在のヨーロッパの大部分と比較して銀の真の価値は高かった。三セステルティウス、現在の通貨で約六ペンス（〇・〇二五ポンド）が、シチリアが十分の一税としてローマ共和国に小麦を売る際の一モディウス（一ペック、約九リットル）当たりの公定価格であった。しかしこれは平均市場価格よりも低く、この価格で小麦を売る義務が、シチリア農民に対する税金として課されていた。このため、十分の一税で義務づけた量以上の小麦をローマが注文する際には、超過部分には一ペック当たり四セステルティウス、現在の通貨で八ペンス（〇・〇三三ポンド）を支払う契約になっていた。これがおそらくは適切で妥当な金額、つまり当時の通常で平均的な契約価格だとみられていたのだろう。これを現在の価格に換算すると一クォーター当たり二十一シリング（一・〇五ポンド）になる。最近の不作の前には、一クォーター当たり二十八シリング（一・四ポンド）がイングランドの小麦で通常の契約価格であった。イングランドの小麦はシチリア産の小麦より質が低く、ヨーロッパ市場で一般に低い価格で売られている。したがって銀の価値は、古代には現在の三分の四倍であったはずである。つまり、当時、三オンスの銀で、現在の四オンスの銀で買えるのと同じ量の労働と商品を買えたはずである。このため、西暦一世紀の博物学者、プリニウスの『博物誌』で、皇帝クラウディウス（在位四一～五四年）の妃アグリッピナに贈られた白いナイチンゲールが六千セステルティウス、現在の通貨で五十ポンドで購入され、アシニウス・ケレルが紅魚《ひめじ》一尾に八千セステルティウス、現在の通貨で六十六ポンド十三シリング四ペンス（六十六・六六七ポンド）を支払ったと書かれているのを読むと法外な価格に驚くが、それでも真の価格は、この価格より三分の一高いのである。真の価格、つまりこれらに支払われた労働と食料の量は、現在の通貨で示した金銭価格が示すものより約三分の一多い。現在、それで購入・支配できる労働と食料の量でみて、ナイチンゲールに支払われた価格は六十六ポンド十三シリング四ペンス（六十六・六六七ポンド）にあたり、紅魚の価格は八十八ポンド十七シリング九・三三ペンス（八十八・八八九ポンド）にあたる。ここまで法外な価格になったのは、古代ローマ人が銀を大量に持っていたからではなく、自分たちが必要とするもの以外に、自由に処分できる労働と食料を大量に持っていたからである。古代ローマ人が持っていた銀の量は、現在、同じ量の労働と食料を持っていれば購入できる銀の量よりかなり少なかったのである。

❖第二の種類

第二の種類は、社会の発達とともに価格が上昇する土地生産物であり、需要に応じて数量を増やせるものである。ここに入る生産物は、有益な植物や動物のうち、耕作が進んでいない国では自然にきわめて大量に産出されるのではとんど価値がなく、耕作が進むとともにもっと有利な商品の生産に土地が使われるようになって、生産量が減っていくものである。社会の発展とともに長期にわたって、これら動植物の量は減りつづけていくが、同時に需要は増えつづけていく。このため、真の価値、つまりこれらの商品によって購入・支配できる労働の実際の量でみた価値は上昇しつづけ、最終的には、とくに肥沃でとくに丹念に耕作されている土地で人間の労働によって生産した場合に、どの生産物と比較しても変わらないほど有利になる。そこまで価値が高まると、それ以上に上昇することはできなくなる。それ以上に価値が上昇すれば、これら商品の供給を増やすために使われる土地と労働がすぐに増える。

たとえば家畜の価格が上昇し、土地の耕作による飼料の生産が食料の生産と変わらないほど有利になれば、家畜の価格はそれ以上に上昇できなくなる。上昇すれば、穀物から牧草に転作される畑がすぐに増えるだろう。耕地が増えると野生の牧草地が減っていくので、労働や耕作を行わなくても自然に産出される食肉の量が減っていく一方、穀物かその対価で食肉を入手できる人が増えるので、需要が増えていく。この結果、食肉の価格、したがって家畜の価格が上昇していき、やがて、とくに肥沃でとくに丹念に耕作されている土地で飼料を生産すれば、穀物を生産するのと変わらないほど有利になる。しかし、耕地が増えて家畜の価格がここまで高くなるのはかならず、社会の発達がかなり進んでからである。そして家畜の価格がこの水準に達するまでは、国の発達が続いているかぎり、家畜の価格は上昇しつづけるはずである。ヨーロッパにも、家畜価格がここまで上昇していない地域があるとみられる。イングランドと合併する前のスコットランドは、どの地域でも家畜価格がここまで上昇していなかった。スコットランドでは、家畜の市場が国内だけに限られていれば、家畜の放牧にしか使えない土地が、それ以外の目的に使える土地よりもはるかに多いので、飼料生産のための耕作で採算が合うようになるまで家畜の価格が上昇するのは、おそらく不可能だっただろう。イングランドでは前述のように、ロンドン周辺の家畜価格が十七世紀初めごろにすでにこの高さに達していたようだ。しかし、ロンドンから遠く離れた州の大部分でも家畜価格がこの水準に上昇したのは、かなり後になってからだとみられる。おそらく一部の州では、現在でもこの水準に達していない。しかし、この第二の種類に入るさまざまな商品のうち、社会の発展とともに最初にこの水準の価格に達するのはおそらく、家畜だとみられる。

家畜の価格がこの高さに達するまで、とくに高度な耕作に適した土地すら、大部分が完全に耕作されるようになることはまずありえないと思える。遠隔地にあって都会から肥料を運べない農場では、つまり広大な国の大部分の地域では、高度に耕作される土地の量は、農場内で生産される肥料の量で決まるはずである。そして、肥料の量はその農場で飼育されている家畜の頭数で決まるはずである。土地の施肥には家畜を放牧するか、畜舎で飼育して厩肥《きゆうひ》を畑に運ぶしかない。しかし、耕地の地代と利益を負担できるほど家畜の価格が高くないかぎり、耕地で家畜を放牧することはできないし、まして畜舎で飼育することはできない。畜舎で飼育できるのは、耕地で生産された飼料を使った場合だけである。未開の原野に散在するわずかな牧草を集めるには大量の労働が必要であり、経費がかかりすぎる。このため、耕地に放牧したときに、耕地の生産物に対する支払いを負担できるほど家畜の価格が高くないのであれば、まして、土地の生産物を集めて畜舎まで運ぶためにかなりの労力をかけなければならないときに、その費用を負担ができるはずがない。したがってこうした状況では、耕作に必要な頭数以上の家畜を畜舎で飼育して利益をあげることはできない。だがこれでは、耕作できる土地のすべてを良好な状態に保てるほどの肥料は得られない。農場全体には不足するので当然、とくに有利かとくに便利な耕地に、つまりとくに肥沃な耕地か、住居に近い耕地に肥料が使われることになる。このため、これらの耕地はつねに良好な状態、耕作に適した状態に保たれる。それ以外の大部分の土地は放置され、ごく少数の家畜がいつも腹を空かせてようやく生き残れる程度の牧草しか産出しない。こうした農場は、全体を耕作するには家畜が大幅に不足しているが、実際の生産量と比較すれば、家畜が多すぎることが少なくない。しかし、放置された土地の一部は、六年間から七年間にわたって粗放な放牧に使われた後に耕されることがある。その場合、一年か二年、質の低い燕麦《えんばく》などの雑穀を収穫するだけで地力《ちりょく》がつきてしまい、休耕にして放牧に使うしかなくなる。そして、他の部分が耕作され、同じように地力がつきて休耕にされる。イングランドとの合併の前には、これがスコットランドの低地地方で一般的な農業経営の方式であった。いつも十分な肥料を施され、良好な状態を保っているのは、農場全体のうち三分の一から四分の一を超えることがめったになかった。ときには五分の一から六分の一にも達しなかった。残りは肥料を施されず、それでも一部は順番に耕作され、地力が枯渇する状況を繰り返していた。この方式では明らかに、スコットランドの土地のうち高度な耕作に適した土地ですら、十分に耕作すれば可能な生産量にくらべてごくわずかしか生産できない。しかし、この方式はいかに不利なように思えても、イングランドとの合併の前には家畜の価格が低かったことから、ほとんど避けがたいものだったように思える。家畜の価格が大幅に上昇した後にも、スコットランドのかなりの部分でこの方式が一般的に使われているのは、いくつかの地域では疑いもなく、無知と古い習慣への執着のためである。だが、ほとんどの地域では避けがたい障害のためであり、ものごとの自然の成り行きから、もっと良い経営方式を短期間にとりいれるのが難しいためである。第一に、借地農家が貧乏で、土地をもっと完全に耕作できるだけの頭数の家畜を入手するには時間がかかる。家畜価格が上昇して、家畜を増やすのが有利になったのだが、価格が上昇したという同じ理由で、家畜を入手するのが難しくなっているのだ。第二に、家畜を入手できるとしても、増えた家畜を適切に維持できる状態に土地を整えるのにもっと時間がかかる。家畜の増加と土地の改良は同時に進めるしかなく、どちらか一方を大幅に早く進めることはできない。家畜がある程度増えなければ、土地改良はほとんどできない。だが、土地改良が大幅に進んだ結果としてでなければ、家畜を大幅に増やすことはできない。土地改良が進んでいないかぎり、家畜を養えないからだ。以前より良い経営方式を採用する際にはこのような自然の障害があり、長年にわたる節約と勤勉によってしか克服できない。旧来の経営方式は徐々にすたれてきているが、あと半世紀から一世紀を経過しなければ、スコットランドのすべての地域で完全に姿を消すまでにはならないはずだ。しかし、スコットランドがイギリスとの合併によって得られたさまざまな商業上の利点のなかで、家畜の価格の上昇がおそらく最大の利点であろう。それによって高地地方で土地の価値が高ま

った だけでなく、おそらく低地地方で社会が発展した主因になっている。

新しい植民地ではどこでも、原野が大量にあり、長年にわたって家畜の放牧以外の用途に使えないことから、すぐに家畜がきわめて豊富になり、どの商品もきわめて豊富になればかならずきわめて安くなる。アメリカ大陸のヨーロッパ植民地では家畜はすべて当初、ヨーロッパから運ばれたものだが、すぐに繁殖して激増したため、ほとんど価値をもたなくなった。馬ですら森林に放し飼いにされ、所有権を主張する価値もないとみられるようになった。植民地が開かれてから、耕地で生産される飼料を使った飼育で採算がとれるようになるまでには、長い期間がかかるはずである。このため、肥料の不足、耕作に使われる家畜の量と耕作に適した土地との不釣り合いという同じ要因から、アメリカ大陸の植民地でも、スコットランドの多くの地域でいまだに続いているのとそれほど変わらない農業経営方法が使われるようになるようだ。スウェーデン人のペーテル・カルムが一七四九年に北アメリカにあるイギリス植民地のいくつかを旅行して、農業についての見聞を書き残しているが、イギリス人らしく農業のさまざまな部門に熟達している様子はほとんど探し出せなかったという。穀物畑にはほとんど施肥を行っておらず、連作によって一つの土地の地力が低下すれば、別の原野を開拓して耕し、そこの地力が低下すれば、また別の原野を開拓する。家畜は森や原野に放し飼いされており、飢えかけている。春の早い時期に家畜が食べてしまうので、花をつけて種ができるまでにならなくなり、一年草がはるか以前に根絶されているからだという。一年草は北アメリカのこの地域で最高の牧草だったようで、ヨーロッパ人がはじめて入植したころには三フィートから四フィート（約一メートル）の草が大量に生えていたという。牛一頭すら飼えない土地で、以前には四頭を飼育でき、一頭当たりの牛乳の量も四倍だったという話をカルムが伝えている。牧草が不足しているため家畜の体格が悪くなり、一代ごとに目に見えて劣化していると述べている。おそらく、三十年から四十年前にスコットランドのどこでもみられた発育不全の家畜に似ていたのだろう。いまでは低地地方のほとんどで家畜の体格が良くなっており、一部では品種改良も行われているが、それ以上に、飼料を十分に与えるようになったことが原因になっている。

したがって、社会の発展のかなり後期にならなければ、耕地で飼料を生産して採算がとれるほど家畜の価格が上昇することはない。それでも、第二の種類の生産物のうち、家畜はおそらく、真っ先に価格がこの水準に達するとみられる。家畜の価格がこの水準に達しなければ、ヨーロッパの多くの地域で到達した段階に近づくまで、社会が発展できるとは思えないからである。

家畜が真っ先にこの価格に達するとすれば、鹿肉はおそらくこの価格水準に達するのがとくに遅いだろう。イギリスでの鹿肉の価格は法外だと思えるとしても、鹿の飼育に必要な経費を賄える水準にほど遠く、この点は鹿を飼育したことがある人の間でよく知られている。そうでなければ、鹿の飼育がすぐに農業の一品目として確立するだろう。たとえば古代ローマでは鶫《つぐみ》という小鳥の飼育が農業の一品目として確立していた。当時の農学者、マルクス・テレンティウス・ウァロとコルメラは、鶫の飼育がとくに有利な品目だと論じている。フランスの一部では、やせ細って渡ってくる渡り鳥の蒿雀《あおじ》の肥育がやはり農業の一品目として確立しているという。鹿肉が今後も人気を集め、これまでがそうであったようにイギリスの富が増加を続け、贅沢さがさらに増していけば、鹿肉の価格は現在の水準よりさらに上昇する可能性が高い。

社会の発展のなかで、家畜のような必需品の価格が上限に達してから、鹿肉のような贅沢品の価格が上限に達するまでには、きめて長い期間があり、その間に他の生産物の多くが徐々に上限価格に達していく。それぞれの状況の違いに応じて、上限に達するのが早い商品もあれば、遅い商品もある。

どの農場でも、納屋や畜舎からでる屑で、ある程度の数までなら鶏などの家禽を飼育できる。本来なら捨てるもので飼うので、廃物利用策にすぎない。経費はほとんどかからないので、きわめて低い価格で売ることができる。それで得られる代金はほぼすべて純粋な利益になる。だから、価格がどれほど低くても、ある程度の数までなら飼育を止める理由にならない。耕作が進んでおらず、したがって人口が少ない国では、このように経費をかけずに飼育した家禽だけで需要を満たせることが少なくない。したがってこのような状況では、家禽は食肉などの動物性食品のどれとくらべても変わらないほど安くなる。だが、このように農場で経費をかけずに飼育できる家禽の総量はつねに、農場で肥育される家畜の総量よりかなり少ないはずである。そして豊かになり贅沢になった時代には、利点があまり変わらなければ、ごく普通にあるものより珍しいものがつねに好まれる。このため社会が発展し耕作が進んで、富が増加し、贅沢さが増していけば、家禽の価格が食肉価格よりも高くなり、やがて、耕地を使って飼料を生産しても採算がとれるほどの高価格になる。価格がここまで高くなれば、それ以上は上昇できなくなる。さらに高くなれば、家禽の飼料を生産するために使われる耕地がすぐに増えるからだ。フランスのいくつかの地域では、家禽の飼育が地域経済で重要な部門になっており、利益率が高いので、家禽の飼育のためにトウモロコシと蕎麦《そば》がかなり栽培されている。中規模の農業経営者が庭先で四百羽の鶏を飼っていることも少なくない。イングランドでは、家禽の飼育は一般にそこまで重要な部門だとは考えられていない。しかし、家禽はフランスより価格が高く、かなりの量をフランスから輸入している。社会が発展するなかで、ある種類の動物性食品の価格がもっとも高くなるのは、飼料を生産するために土地を耕作する方法が一般的になる時期の直前であるのが自然だ。この方法が一般的になる以前にはかなりの期間にわたって、商品の不足によって価格が上昇してきていなければならない。そしてこの方法が一般的になると、その種類の動物の新しい飼育法が開発され、一定面積の土地で飼育できる数が大幅に増加するのが通常である。これによって商品が豊富になり、農業経営者は価格を引き下げざるをえなくなるが、この改良の結果、安く売る余裕もできる。安く売れないのであれば、商品が豊富な状態が長くは続かないからだ。おそらくはこうした点から、クローバー、蕪、人参、キャベツなどが飼料用に栽培されるようになって、ロンドン市場で食肉の一般的な価格が十七世紀初めより若干下がったのだろう。

豚は汚物のなかから餌を見つけ、他の有用な動物なら見向きもしないものを貪欲に食べるので、家禽と同様に、もともと廃物利用策として飼われていた。このように費用をほとんどかけることなく飼育できる頭数で需要を十分に賄えるのであれば、豚肉は食肉のなかでもとくに安い価格で市場に供給される。しかし、需要が増加してこの方法では供給が追いつかなくなり、他の家畜を飼育し肥育するのと同じように、豚を飼育し肥育するために飼料を生産しなければならなくなれば、豚肉の価格はかならず上昇する。そして、他の食肉と比較したときの豚肉の価格がどれほど高いか安いかは、それぞれの国の自然と農業の状態から、他の家畜と豚とで飼育に要する費用がどれほど多いか少ないかによって決まるようになる。G・L・ビュフォンによれば、フランスでは豚肉は牛肉とほぼ同価格である。イギリスの大部分の地域では現在、豚肉は牛肉よりわずかに高い。

イギリスで豚と家禽の価格が大幅に上昇したのは、小屋住みなど、小規模な借地農の数が減少したためだとされることが多い。小規模農家の減少はヨーロッパのどの地域でも、社会と農業の発展の直前に起こる現象だが、同時に、豚や家禽の価格の上昇を時期、速度ともに若干はやめる要因になったとみられる。どれほど貧しい家でも犬や猫なら経費をかけずに飼えることが多いように、極貧の借地農でもふつう、家禽を何羽か、豚を何頭か最小限の経費で飼うことができる。食事の余りもの、チーズを作ったときに残る乳漿《にゅうしょう》、クリームを作ったときに残る脱脂乳、バターを作ったときに残るバターミルクなどが飼料の一部になり、それで不足する餌は、近くの畑で放し飼いにすれば、誰にも迷惑をかけることなく勝手に探す。こうした小規模な借地農の数が減ったために、経費をほとんどかけることなく生産される種類の食料の供給量が大幅に減少したはずであり、その結果、価格の上昇の時期と速度がはやくなったはずである。だが、社会の発展とともに時期と速度に違いはあっても、これら商品の価格は上昇できる上限の価格まで上昇する。つまり、豚や家禽の飼料を生産するために土地を耕作する労働と経費を、他の耕地の大部分と変わらない水準で支払える価格まで上昇する。

酪農も豚や家禽の飼育と同様に、当初は廃物利用策として行われていた。農場では牛を飼う必要があり、子牛を育て、農家で消費するのに必要な量以上に牛乳を生産することがある。そして、一つの季節にとくに大量に生産する。ところが土地生産物のうち、牛乳はとくに腐りやすい。生産量が多いのは気温が高い季節だが、この季節には二十四時間はまずもたない。そこで、無塩バターを作って、その一部を一週間保存する。塩バターを作って、一年間保存する。チーズを作って、かなりの部分を何年にもわたって保存する。これらの一部は自家用に保存する。残りはできるかぎり高い価格で売るために市場に供給する。そして、自家用として使い切れない部分を市場に供給する意欲をもてなくなるほど価格が低くなることは、まずありえない。価格がきわめて低ければ、農家は乳製品を丁寧に清潔に扱おうとはせず、乳製品の製造だけに使う部屋や建物を作ろうとはまず考えず、煙と塵がある不潔な台所を使って製造するので、乳製品の質が悪くなる可能性が高い。スコットランドでは三十年から四十年前にはほぼどこでもそういう状態だったし、いまでもそういう状態の農家が多い。食肉価格の上昇をもたらすのと同じ要因、つまり需要が増加する一方、社会の発展の結果としてほとんど経費をかけずに飼育できる頭数が減少することによって、乳製品価格も上昇する。乳製品の価格は当然ながら、食肉の価格、つまり牛の飼育にかかる経費に関連するからである。価格が上昇すれば、労働を増やし、もっと世話をし、もっと清潔にすることができる。農家にとって酪農はもっと関心をもつに値するようになり、乳製品の質が高まる。最終的に乳製品の価格が上昇して、とくに肥沃でとくに良く耕作されている土地の一部を酪農のためだけに乳牛を飼育する目的に使えるほどになる。価格がこの水準に達すれば、それ以上は上昇できない。上昇すれば、すぐに酪農に使われる土地が増えることになろう。イングランドの大部分では、乳製品の価格がこの水準に達しているようで、大量の良好な土地がごく普通に酪農のために使われている。スコットランドではいくつかの大都市の周辺以外では、乳製品の価格がまだこの水準に達していないようで、普通の農業経営者が酪農のためだけに乳牛を飼育する目的で、良好な土地を大量に使うことはめったにない。乳製品の価格は過去何年かに大幅に上昇したが、それでもおそらく、酪農のために良好な土地を使えるほどにはなっていない。イングランドと比較して、スコットランドでは乳製品は価格の低さに見合って質が低い。しかし質の低さは価格の低さの原因ではなく、結果だとみられる。質がはるかに良くなっても、スコットランドの現状では、市場に供給される乳製品の大部分はそれほど高くは売れないだろう。そして現在の価格ではおそらく、もっと質を高めるのに必要な土地と労働の費用を賄えない。イングランドの大部分では、乳製品の価格は高いが、それでも農業の二大部門である穀物の生産、牛の肥育とくらべて、土地の利用方法として利益率が高いとは考えられていない。したがってスコットランドの大部分で、酪農がそれほど有利になっているはずがない。

どの国でも、土地の改良と耕作が完全に進むには明らかに、労働によって土地で生産する必要のある生産物のすべてで、完全な改良と耕作の費用を賄えるほど価格が高くなる段階に達していなければならない。この段階に達するには、個々の生産物の価格が、二つの条件を満たすほど高くなっていなければならない。第一に、良好な穀物畑で一般に支払われている地代を支払えるほどにならなければならない。耕地の大部分の地代は、穀物畑の地代によって決まるからである。第二に、農業経営者が投じる労働と経費に対して、良好な穀物畑で一般的な水準で支払いができるほどにならなければならない。言い換えれば、農業経営者が投じる資本を回収し、通常の利益を得られるほどにならなければならない。個々の生産物の価格は明らかに、それぞれの生産のために土地が改良され耕作される前に、この水準まで上昇していなければならない。すべての土地改良の目的は利益を得ることにあり、かならず損失がでるようなものは、改良の名に値しない。そして、価格が経費を賄える水準に達していない生産物のために土地を改良すれば、かならず損失を被る。国内の土地の改良と耕作が完全に進むことは公共の利益のなかで最大のものだとまず確実にいえるはずなので、各種の土地生産物で起こる価格上昇は、公共の利益を損なうのではなく、公共の利益のなかで最大のものが実現する前にかならず必要なことであり、その実現に伴うものだとみるべきである。

また、さまざまな土地生産物でみられた名目価格、金銭価格の上昇は、銀の価値が低下したことの結果ではなく、これら生産物の真の価格が上昇したことの結果である。土地生産物と交換できる銀の数量が以前より増えただけでなく、交換できる労働と食料の数量が増えたのである。市場に供給するために必要な労働と食料の量が増えたために、市場に供給されたときに交換できる労働と食料の量が増えたのである。

❖第三の種類

土地の生産物のうち第三の種類は、自然な傾向としては社会の発達とともに価格が上昇していくが、数量を増やすうえで労働の力が限られているか、不確実なものである。こうした生産物では、社会が発達するとともに真の価格が上昇するのが自然な動きではあるが、さまざまな偶然のために、生産量を労働で増やそうとする努力の成果が変わってくるので、真の価格が下がることもあるし、発達の段階が大きく離れていても価格が変わらないこともあるし、同じ時期に多かれ少なかれ上昇することもある。

土地生産物のなかには、他の種類の生産物に付随して自然に生産されるために、ある国で生産できる量が、他の種類の生産物の生産量によって決まるものがある。たとえばある国で生産できる羊毛や生皮の量は、その国で飼われている大小の家畜、つまり牛や羊の量によって必然的に決まってくる。そしてその国の発達の状態や農業の性格によって、家畜の量が必然的に決まってくる。

社会の発達とともに食肉価格はしだいに上昇していくが、この上昇をもたらす要因が、羊毛と生皮の価格にも同じ影響を与え、価格がほぼ同じ率で上昇していくと考える人もいるだろう。ごく初期の未開の時代に、羊毛と生皮の市場が食肉の市場と変わらないほど狭い範囲に止まっていたのであれば、おそらくそうなる。だが、それぞれの市場の範囲は極端に違っているのが普通だ。

食肉の市場はほぼどこでも、生産国の国内に限定されている。アイルランドと、イギリス領アメリカの一部地域では、塩漬け食肉の貿易が盛んだ。しかし商業世界のなかで、こうした貿易を行っている国、食肉をかなりの部分、他国に輸出している国は、他にないとみられる。

これに対して羊毛と生皮の市場は、ごく初期の未開の段階にも国内に限られていることはまずない。簡単に遠い国に輸送でき、羊毛の場合には準備がいらないし、生皮の場合も少し加工すれば輸送できる。そして羊毛と生皮は数多くの製品の材料になるので、生産国の産業に需要がなくても、他国の産業に需要がある場合もある。

耕作が進んでおらず、したがって人口が少ない国では、社会が発展して人口が多く、食肉の需要が多い国より、家畜一頭の価格に占める羊毛と生皮の価格の比率がつねに大幅に高い。哲学者のデービッド・ヒュームによれば、ノルマン人の征服（一〇六六年）以前のサクソン時代には、羊毛が羊一頭の価値のうち五分の二を占めていたと推定され、現在の比率よりかなり高かったという。スペインの一部では、羊毛と脂をとるためだけに羊を殺すことが少なくないと聞いている。残りは腐るに任せるか、肉食の動物や鳥が食うに任せることもあるという。スペインですらときにはこうなのだから、アルゼンチンのブエノスアイレスなど、アメリカ大陸のスペイン植民地の多くではほぼいつもこういう状況にあり、生皮と脂をとるためだけに牛や羊を殺すのが普通になっている。西インド諸島のイスパニューラ島でも、海賊にたえず荒らされていたころには、ほぼいつもこういう状況にあった。状況が変わったのは、フランスの入植地で入植、土地の改良、人口の増加が進み、スペイン人が飼育する牛にある程度の価値がでたからだ。いまではイスパニューラ島の西半分で沿岸地帯のほぼすべてにフランスの入植地が拡大し、スペインは島の東半分の沿岸地域と、内陸地域、山岳地域のすべてを引き続き保有している。

社会が発展し、人口が増えれば、動物の価格が全体としてかならず上昇するが、羊毛や生皮と比較して、食肉部分の方が価格の上昇がはるかに大幅になる可能性が高い。食肉の市場は、未開の社会ではつねに国内に限られており、その国が発展し人口が増加するのに比例してしか拡大しない。ところが羊毛と生皮の市場は、未開の国にとってすら商業世界全体に広がっていることが少なくなく、食肉の市場と同じ比率で拡大しうることはめったにない。商業世界全体の状況は、一つの国の発展によって大きな影響を受けることはまずない。このため生産国が発展しても、羊毛や生皮の市場は以前とほとんど変わらない。しかし自然の成り行きとして、生産国の発展の結果、市場は全体としてある程度は拡大するはずである。とくに、羊毛や生皮を材料とする製造業がその国で繁栄すれば、市場は全体として大幅に拡大しているわけではなくても、少なくとも以前より生産地にはるかに近くなる。そして少なくとも、以前なら遠い国までの輸送費に食われていた部分だけ、羊毛や生皮の価格が上昇する可能性がある。このため、羊毛や生皮の価格は食肉と同じ比率で上昇するわけではないにしても、少なくとも自然に上昇するはずであり、下落することは確かにありえない。

しかしイングランドでは、毛織物産業が繁栄しているにもかかわらず、国内産の羊毛の価格はエドワード三世の時代（一三二七〜七七年）から大幅に下がっている。さまざまな信頼できる記録によって、エドワード三世の時代、十四世紀半ばの一三三九年ごろにイングランド産羊毛の適切で妥当な価格とされていたのが、一トッド（二十八ポンド、十二・七キロ）当たり十シリング以下でなかったことが分かっている。当時の通貨には銀が二十ペンス当たり一タワー・オンス含まれており、十シリング（百二十ペンス）は銀六タワー・オンスなので、現在の通貨で約三十シリング（一・五ポンド）にあたる。現在では一トッド当たり二十一シリングが、イングランド産の最高級の羊毛の価格として適切だとみていいだろう。したがって、エドワード三世の時代とくらべて、現在では羊毛の金銭価格が十分の七になった。真の価格の差はもっと大きい。エドワード三世の時代には、小麦は前述のように一クオーター（八ブッシェル）当たり六シリング八ペンス（六・六七シリング）が適切な価格とされていたので、十シリングで小麦を十二ブッシェル買えた。現在では小麦は一クォーター当たり二十八シリングなので、二十一シリングで買える小麦は六ブッシェルにすぎない。したがって、現在では真の価格が当時の十二分の六、つまり半分になっている。エドワード三世の時代には現在とくらべて、一トッドの羊毛で購入できる食料が二倍の量であり、労働の真の報酬が同じであれば、購入できる労働の量が二倍であった。

　羊毛の真の価値と名目価値がともに下落する現象は、ものごとの自然の成り行きの結果としては起こりえない。したがって、これは暴力と策略の結果である。第一に、イングランドからの羊毛の輸出が完全に禁止された。第二に、スペインから羊毛を無税で輸入できるようになった。第三に、アイルランドに対して、イングランド以外への羊毛の輸出を禁止した。これらの法規によって、イングランド産羊毛の市場は、イングランドの発展の結果としてある程度拡大するのではなく、国内だけに限定された。しかも国内市場ではいくつかの国からの輸入が許可されて競争になっており、アイルランド産の羊毛はイングランド市場で競争するように強制されている。そのうえアイルランドでは、正義と公正な取引の原則で許されるぎりぎりのところまで、毛織物産業が抑制されているので、生産される羊毛のうちごく一部しか加工できず、大部分は許可された唯一の市場であるイングランドに送るしかなくなっている。

古い時代の生皮の価格については、信頼できる記録をまだ探し出せていない。羊毛は国王への税金として普通に使われていたので、税金の評価額から少なくともある程度は通常価格を確認できる。しかし、生皮についてはそういうことはなかったようだ。しかし、ウイリアム・フリートウッドは、一四二五年にオックスフォードシアのバースターの小修道院長と聖職者の一人との間でかわされた文書から、少なくともその場合に表示された価格を紹介している。雄牛の生皮が五枚で十二シリング、雌牛の生皮が五枚で七シリング三ペンス、二歳の羊の生皮が三十六枚で九シリング、子牛の生皮が十六枚で二シリングである。一四二五年の十二シリングには現在の通貨で二十四シリング（一・二ポンド）と同じ量の銀が含まれていた。したがって、雄牛の生皮一枚は、銀の量で換算して現在の通貨で四・八シリング（〇・二四ポンド）にあたる。生皮の金銭価格は現在よりかなり低い。しかし、小麦は当時の適切な価格が一クォーター（八ブッシェル）当たり六シリング八ペンスだったので、十二シリングでは当時、十四・八ブッシェルの小麦が買えた。つまり、当時の雄牛の生皮五枚の価格は、現在の小麦価格である一ブッシェル当たり三シリング六ペンスで換算すると、五十一シリング四ペンス（二・五六七ポンド）にあたる。したがって雄牛の生皮一枚で当時、現在の十シリング三ペンス（〇・五一三ポンド）で買えるのと同じ量の小麦が買えたことになる。当時の真の価格は現在の通貨で十シリング三ペンスに等しいのだ。当時、家畜は冬の大部分、なかば飢えた状態だったので、体格がきわめて大きかったとは考えられない。現在では雄牛の生皮は重量十六ポンド（七・二六キロ）を一ストーンとして、四ストーンあれば悪くはないとみられているが、当時はこれだけの重量があればおそらく、きわめて上質だとみられたはずである。ところが現在（一七七三年二月）、雄牛の生皮は一ストーン当たり二・五シリング（〇・一二五ポンド）が通常の価格だとみられ、四ストーンの生皮の価格はちょうど十シリング（〇・五ポンド）である。つまり、現在では当時とくらべて名目価格は高くなったが、真の価格、つまり購入・支配できる食料の量でみると、わずかに低くなっている。雌牛の生皮の価格は、上記の記録では雄牛の生皮に対する比率が現在とほぼ変わらない。羊の生皮はかなり高い。おそらく羊毛付きで売られていたのだろう。子牛の生皮は逆にかなり低い。牛の価格が低い国では、家畜の数を維持するために育てるもの以外の子牛は一般に、ごく小さい時期に殺される。スコットランドでも二十年から三十年前にはそうであった。牛乳の価格を賄える価格にならないので、牛乳を節約するのだ。このため、子牛の生皮は一般にあまり役に立たない。

生皮の価格は現在、数年前よりかなり低くなっている。おそらくは海豹《あざらし》の毛皮の関税が撤廃され、一七六九年に期限付きながらアイルランドと植民地からの生皮の輸入関税が撤廃されたからであろう。十八世紀初めからの平均でみれば、生皮の真の価格はおそらく昔の時代より若干高くなっている。生皮は性質上、羊毛ほど長距離の輸送に適しているわけではない。貯蔵すると傷みやすい。塩漬けにすると質が落ちるとみられており、生皮よりも価格が下がる。この点がある程度まで、加工を行わず、輸出するしかない国で生産される生皮の価格を押し下げ、それに見合って、国内で加工する国で生産される生皮の価格を押し上げる要因になるはずである。ある程度まで、未開の国で価格を押し下げ、社会が発展し、製造業が盛んな国で価格を押し上げる要因になるはずである。古い時代に価格を押し下げ、現代に価格を押し上げる要因になるはずである。また、イギリスの皮革加工業界は織物業界とくらべて、業界の繁栄が国の繁栄に不可欠だと国民を説得する点で成功を収めていない。このため、皮革加工業界はあまり優遇されていない。確かに生皮の輸出は禁止され、不法とされた。だが、輸入に際しては関税がかけられている。アイルランドと植民地からの輸入については関税が撤廃されたが、それも五年間の期限がついており、アイルランドは余った生皮、つまり島内で加工されない生皮の市場をイギリスだけに制限されてはいない。普通の家畜の生皮が植民地から本国以外への輸出を禁止する列挙項目に入ったのはほんの数年前である。イギリスの製造業を振興するためにアイルランドの貿易を抑制する政策も、いまのところとられていない。

羊毛か生皮の価格を自然に決まる水準より低下させる要因になる法規は、社会が発展し耕作が進んだ国ではかならず、食肉価格をある程度押し上げる要因になるはずである。改良された耕地を使って飼育される牛や羊の価格は、改良された耕地について地主が当然に予想する地代と、農業経営者が当然に予想する利益を支払えるものでなければならない。そうでなければ、すぐに飼育のために耕地が使われなくなるからだ。そして、この価格のうち羊毛と生皮で支払われない部分は、食肉で支払われなければならない。羊毛と生皮で支払われる部分が少ないほど、食肉で支払われる部分が多くなければならない。地主と農業経営者にとっては、全額が支払われさえすれば、この価格が家畜の各部分にどのように配分されるかはどうでもいいことである。このため社会が発展し、耕作が進んだ国では、地主や農業経営者の立場での利害には、このような法規の影響はあまりない。ただし、地主や農業経営者にとっても消費者の立場での利害には、食料品価格の上昇によって影響が及ぶ可能性がある。だが、社会が発展しておらず、耕作が進んでいない国では事情が違う。土地の大部分は家畜の飼育以外の目的には使えず、羊毛と生皮は、飼育される家畜の価値のうちかなりの部分を占めている。地主や農業経営者の立場での利害には、このような法規によってきわめて大きな影響が及ぶが、消費者の立場での利害にはほとんど影響はない。この場合、羊毛や生皮の価格が下落しても、食肉価格は上昇しない。国内の土地の大部分は家畜の飼育以外の目的には使えないので、飼育される頭数は変化しないからだ。市場に供給される食肉の量は変わらない。食肉の需要も変わらない。このため、食肉の価格はそれ以前と変わらない。羊毛や生皮と食肉を合計した家畜全体の価格は下がり、それとともに家畜を主な生産物とする土地、つまり国内の大部分の土地の地代と利益が下落する。エドワード三世の時代の羊毛輸出禁止が無期限のものだったとする常識は間違いだが、それでもこの禁止は、当時のイングランドの状況では考えられるかぎりもっとも破壊的な規制だっただろう。国内の土地の大部分で実際の価値を低下させただけでなく、小型の家畜のなかでもとくに重要な羊の価格を低下させ、その後の社会の発展を大きく阻害したはずである。

スコットランド産羊毛は、イングランドとの合併によってヨーロッパの大市場を失い、イギリス国内だけに市場を限定されたために、価格が大幅に低下した。スコットランド南部のいくつかの州は、羊の飼育が主要な産業なので、食肉価格の上昇で羊毛価格の下落の影響を十分に吸収できていなければ、大部分の土地の価値が深刻な影響を受けたはずである。

労働によって羊毛や生皮の供給量を増やそうとするとき、どこまで増やせるかはその国の生産の状況に左右されるので、労働の力には限度があるといえるが、他の国の生産の状況にも左右される点でも、労働の力は不確かだといえる。他国の生産量よりも、他国が加工しない生産物の量に左右され、また、この種類の生産物の輸出を制限することが適切だと他国が考えるかどうかにも左右される。これらの条件は自国の労働とは無関係なので、供給量を増やそうとする努力の効果はかならず、多かれ少なかれ不確かになる。したがってこの種の土地生産物を増やそうとするとき、労働の力は限度があるし、不確かである。

自然の生産物のうち、もう一つのきわめて重要な種類である魚でも、市場への供給量を増やそうとする労働の力は限度があるし、不確かである。労働の力に限度があるのは、その国の地理的条件に、国内の各地域が海から近いか遠いか、湖や河川がどれだけあるか、海、湖、河川に魚が豊富か乏しいかに生産量が左右されるからだ。人口が増え、国内の土地と労働による年間の生産量が増えるとともに、魚の買い手が増えるし、買い手は数量、種類ともに豊富な商品かその対価を、魚を買うために使えるようになる。しかし一般には、拡大した大規模な市場に魚を供給するには、狭く限定された市場に供給するために必要な労働量に比例したもの以上の労働量を投入しなければならない。年に一千トン必要としていた市場で年に一万トンが必要になると、以前に十分だった量の十倍を超える労働量を投入しなければ、供給が追いつかなくなる。以前より遠くまで漁に行かなければならないし、大きな漁船が必要になるし、もっと高価な機器をすべての種類にわたって揃えなければならない。このため、魚の真の価格は社会が発展するとともに自然に上昇する。どの国でも程度に差はあっても、そうなってきたとみられる。

ある日の漁獲量はきわめて不確実だが、ある国の地理的な条件が変わらないとすると、一定量の魚を市場に供給するために必要な労働の全体的な効率は、一年間を通じてみれば、あるいは数年にわたってみれば、十分に確実だとする見方がある。確かに、このような観点でみれば疑う余地なく確実である。だがこの場合、労働の力は、国の富と産業の状態よりも、国の地理的条件に左右されるので、さまざまな国を比較したとき、社会の発展の段階が大きく違っていても等しいこともあれば、発展の段階が同じでも大きく違う場合もある。発展の状態との関連は不確実であり、ここで論じているのはこの種類の不確実さについてである。

地中から掘り出される鉱物や金属の保有量を増やそうとするとき、とくに宝石や貴金属の場合には、労働の力は限度があるとは思えないが、まったく不確実である。ある国が保有する貴金属の総量は、国内の鉱山の豊かさや貧しさなど、その国の地理的条件によっては限定されない。国内に鉱山がない国に貴金属が大量にあることも少なくない。個々の国にある貴金属の総量は、二つの要因に左右されるようだ。第一がその国の購買力、産業の状態、土地と労働が生み出す年間の生産量であり、これらによって、自国内の鉱山からであれ他国の鉱山からであれ、金や銀などの贅沢品を供給または購入するために使える労働と食料の量が決まる。第二がその時点にたまたま商業世界に貴金属を供給する役割を担った鉱山の豊かさか貧しさである。そうした鉱山からとくに遠く離れた国でも、保有する貴金属の総量はその鉱山の豊かさや貧しさから、多かれ少なかれ影響を受けるはずである。貴金属は容積の割に価値が高いので、輸送が簡単だし輸送費が低いからである。中国やインドが保有する貴金属の総量も、アメリカ大陸の鉱山の豊かさによって多かれ少なかれ影響を受けているはずだ。

個々の国が保有する貴金属の総量が、この二つの要因のうち購買力だけに左右されている場合、貴金属も贅沢品の例にもれず、真の価格はその国が豊かになり発展すれば上昇し、その国が貧しくなり低迷すれば下落するだろう。労働と食料の余裕が多い国は、余裕が乏しい国よりも、貴金属の一定量を購入するために使える労働と食料の量が多い。

個々の国が保有する貴金属の総量が、この二つの要因のうち、その時点で商業世界に供給している鉱山の豊かさや貧しさだけに左右されている場合、貴金属の真の価値、つまり貴金属の購入やそれとの交換に必要な労働と食料の量は疑いもなく、それら鉱山の豊かさにほぼ比例して減少し、それら鉱山の貧しさにほぼ比例して増加するだろう。

しかし、その時点にたまたま商業世界に貴金属を供給する役割を担った鉱山の豊かさや貧しさは明らかに、個々の国の産業の状態とまったく関係がないことがありうる。世界全体の産業の状態とすらも、必然的な関連をもたないように思える。技術と商業が地球上の各地に広がっていくにしたがって、探鉱の対象地域が広がっていき、狭い範囲を対象にしていた時期より成功の確率が若干高まったとも思える。しかし、以前からの鉱山が枯渇してきた時期に新しい鉱山が発見できるかどうかはきわめて不確実であり、技術や努力で確実性を高められるものではない。よく知られているように、探鉱にあたって使われる手掛かりはすべてあてにならず、実際に新鉱山を発見し、操業で成功を収めないかぎり、新鉱山の真の価値は分からないし、新鉱山が確かにあるのかどうかすら確認できない。探鉱にあたっては、努力によって収めうる成功には限度がないし、失望にも限度がないように思える。一世紀か二世紀の後には、過去に知られていたどの鉱山よりも豊かな新鉱山が発見されている可能性があるが、同時に、そのときの鉱山がすべて、アメリカ大陸の鉱山が発見される以前に採掘されていたものより貧しい可能性もある。この二つの可能性のうちどちらが実現するのかは、世界の富と繁栄には、つまり世界全体の土地と労働によって年間に生産される生産物の真の価値には、ほとんど何の影響も与えない。年間生産物の名目価値、つまり、年間生産物の価値として表示される金と銀の量は疑いもなく、大きく違ってくる。しかし、真の価値、つまり購入・支配できる労働の実際の量はまったく変わらない。豊かな鉱山が発見されれば、一シリングで購入できる労働の量が、現在の一ペニーで購入できる労働の量より多くはないかもしれない。貧しい鉱山しか発見されなければ、一ペニーで購入できる労働の量が現在の一シリングで購入できる労働の量と変わらないかもしれない。しかし、前者の場合、一シリングがポケットに入っていても、現在、一ペニーを持っている人より豊かなわけではない。後者の場合、一ペニーを持っていれば、現在、一シリングを持っている人と変わらないほど豊かである。金や銀の食器が安くなり豊富になることだけが、豊かな鉱山が発見されたときに世界が得られる利益であり、こうしたつまらない贅沢品が高くなり稀少になることだけが、貧しい鉱山しか発見できなかった場合に世界が被る不都合になろう。

銀の価値の変動に関する余論の結論

古い時代の商品価格を収集した著者の多くは、穀物価格が低く、物価が全体的に低かったこと、言い換えれば金と銀の価値が高かったことを、貴金属が稀少だった証拠だと考えただけでなく、当時、その国が貧しく未開だった証拠だとも考えたようだ。この見方は、国富とは金と銀が豊富にあることを意味し、国の貧しさとは金と銀が稀少であることを意味するとする経済学説に関連している。この学説については、本書第四編で詳しく説明し検討する。ここでは、貴金属の価値が高くても、その国がその時点で貧しいことの証拠にも、未開であることの証拠にもならないとだけ指摘しておく。それはその時点で商業世界に貴金属を供給していた鉱山が貧しいものであったことの証拠になるにすぎない。貧しい国は豊かな国とくらべて、金と銀を大量に買う余裕がなく、金と銀に高い価格を支払う余裕もない。したがって、貴金属の価値が豊かな国より貧しい国の方が高いとは考えにくい。中国はヨーロッパのどの地域よりもはるかに豊かだが、貴金属の価値はヨーロッパのどの地域よりもはるかに高い。ヨーロッパの富はアメリカ大陸の鉱山が発見されて以来、大幅に増加しており、その間に確かに、金と銀の価値は低下しつづけてきた。しかし貴金属の価値がこのように低下したのは、ヨーロッパの真の富、つまり土地と労働による年間の生産量が増加したためではなく、過去に知られていたものより豊かな鉱山がたまたま発見されたためである。ヨーロッパが保有する金と銀の総量の増加と、製造業と農業の発達という二つの事柄は、ほぼ同じ時期に起こりはしたが、大きく違った要因によるものであって、自然な関連はほとんどない。金と銀の総量の増加は偶然によるものであって、賢明な思索や政策とは何の関係もなかったし、また、関係するはずがない。製造業と農業の発達は封建制度の崩壊によるものであり、そして、産業が必要とする唯一の奨励策、つまり、各人が自分の労働の成果を得られるように、最低限度の保証を与える政府が確立したことによるものだ。ポーランドはいまでも封建制度が続いていて、アメリカ発見以前と変わらないほど貧しい国だが、穀物の金銭価格は上昇してきた。貴金属の真の価値が、ヨーロッパの他の地域と同じように下がってきたのだ。したがって、ポーランドが保有する貴金属の総量は、他の地域と同様に増えているはずであり、土地と労働による年間生産物に対する比率でみて、他の地域とほぼ同じ程度に増えたはずである。しかし、貴金属の総量が増えても、年間の生産量は増えていないようだし、国内の製造業と農業は発展していないようだし、住民の状況は良くなっていないようだ。スペインとポルトガルは鉱山を所有しているが、ヨーロッパではポーランドについで、とくに貧しい国である。しかし、両国では貴金属の価値がヨーロッパの他の地域より低いはずである。貴金属は両国からヨーロッパ各地に送られており、その際には輸送費と保険料が上乗せされるだけでなく、貴金属の輸出が禁止されているか輸出関税が課されているので、密貿易の経費もかかるからだ。このため、両国にある貴金属の総量は、土地と労働の年間生産物に対する比率でみて、ヨーロッパの他の地域よりも多いはずである。ところが両国は、ヨーロッパの大部分よりも貧しい。スペインとポルトガルでは封建制度は廃止されたが、それに代わる優れた制度がまだ確立していない。

したがって、ある国で金と銀の価値が低いからといって、その国が富み栄えていることの証拠にはならない。逆に、金と銀の価値が高く、商品全般、とくに穀物の金銭価格が低くても、その国が貧しく未開であることの証拠にはならない。

商品全般、とくに穀物の金銭価格が低くても、その時代が貧しく未開であったことを示す証拠にはならないが、家畜、家禽、狩猟でとれる動物など、ある種の商品の金銭価格が穀物の金銭価格に対する比率でみて低ければ、その時代が貧しく未開であったことを示すはっきりした証拠になる。これは二つの点を明確に示している。第一に、これら商品が穀物とくらべて大幅に過剰になっており、したがって、家畜、家禽、狩猟でとれる動物などが使っている土地が、穀物に使われている土地にくらべてはるかに多いこと、第二に、穀地の大部分が改良も耕作もされていないことである。そして、文明国に一般的な水準と比較して、領土の面積の割に資本と人口が少なく、その時期にその国の社会がまだ未熟な状態にあることも明確に示している。商品全般、とくに穀物の金銭価格が低い点や高い点からは、その時点でたまたま商業世界に金と銀を供給する役割を担っている鉱山が豊かか貧しいかを推測できるだけであり、その国が豊かか貧しいかは判断できない。しかし、ある種の商品と他の商品との金銭価格の比率が高いか低いかからは、ほぼ確実といえるほど、その国が豊かか貧しいか、その国の土地の大部分が開発され改良されているかいないか、多かれ少なかれ未開の状態なのか文明が発達しているのかを正しく判断できる。

ある商品の金銭価格の上昇がすべて銀の価値の低下によるのであれば、すべての種類の商品で金銭価格が同じように影響を受け、銀の価値が以前より四分の一、五分の一、六分の一低下すれば、物価が全体に三分の一、四分の一、五分の一上昇する。食料品価格の上昇が論争や議論の的になっているが、すべての種類の食料品が同じ率で上昇しているわけではない。銀の価値の低下によって穀物価格が上昇していると主張する論者も認めているように、十八世紀ここまでを平均すれば、穀物は他のいくつかの食料と比較して価格の上昇幅がかなり小さい。したがって、穀物以外の食料品で価格が上昇しているのは、銀の価値の低下だけによるものではありえない。他の要因が関係しているはずであり、ここまでに説明してきた要因によっておそらく、銀の価値が低下していると想定しなくても、これらの食料で穀物に対する価格の比率が上昇してきた理由を十分に説明できるだろう。

穀物価格は、十八世紀初めから最近の天候不順の前までの六十四年間には、十七世紀末までの六十四年間とくらべてわずかに低くなっていた。この事実は、ウィンザー市場での価格で確認されるだけでなく、スコットランドの各州の公定価格でも、フランス各地の市場での価格についてルイ・メサンスとデュプレ・ド・サン・モールが熱心に正確に収集した価格でも確認される。穀物価格の動向のように調査と確認がきわめて難しいものにしては、予想以上に十分な資料によって確認されているのだ。

過去十年から十二年に穀物価格が高くなっている点については、天候不順によって十分に説明がつき、銀の価値が低下したと想定する必要はないようだ。

したがって、銀の価値が低下を続けているとの見方は、穀物価格に関するしっかりした事実にも、他の食料の価格に関するしっかりした事実にも、裏付けられていないと思える。一定量の銀によって購入できる各種食料品の量は、本書に示された事実に基づいても、十七世紀の一部の期間よりも現在の方がかなり少なくなっているという反論があるかもしれない。また、この変化がこれら食料の価値が上がったためなのか、それとも銀の価値が下がったためなのかを確認しても、何の意味もない区別であり、ある量の銀を持って市場に行く人、ある金額の収入しかない人にとって何の役にも立たないではないかという意見もあるだろう。確かに、この区別を知っていれば、ものを安く買えるなどと主張するつもりはない。しかしだからといって、この知識がまったく役立たないというわけではない。

この知識があれば、国の繁栄の程度が簡単に分かる点で、ある程度まで公共の役に立つだろう。ある種の食料品の価格上昇が銀の価値の低下だけによるものであれば、この価格上昇から推測できる点は、アメリカ大陸の鉱山が豊かであることだけである。国の真の富、つまり土地と労働の年間生産物はこのような状況があっても、ポルトガルやポーランドのように減少しつづけている場合もあれば、ヨーロッパの大部分のように増加を続けている場合もある。しかし、ある種の食料品の価格上昇が、それを生産する土地が肥沃になって価値が高まったためであれば、つまり、土地の改良と耕作が進んで、その土地で穀物を生産できるようになったためであれば、その国が繁栄し前進していることがはっきりと示されている。国土の広い国であればどの国にとっても、土地はその国の富のうち飛び抜けて大きな部分、もっとも重要な部分、もっとも耐久性のある部分である。だから、自国の富のうち飛び抜けて大きな部分、もっとも重要な部分、もっとも耐久性のある部分の価値が上昇していることを示す決定的な事実があれば、何らかの役に立つだろうし、少なくとも、ある程度の満足感を社会が得られるだろう。

また、一部の下層労働者の金銭報酬を決めるうえでも、社会にとって何らかの役に立つだろう。ある種の食料品の価格上昇が銀の価値の低下によるのであれば、労働者の金銭報酬も、それ以前に高すぎになっていないかぎり、銀の価値の低下幅に比例して引き上げるべきである。引き上げなければ、真の報酬は明らかにその分、低下する。だが、食料品の価格上昇が、それを生産する土地が肥沃になって価値が高まったためであれば、金銭報酬をどのような率で引き上げるべきか、あるいはそもそも引き上げるべきなのかどうかは、はるかに難しい問題になる。土地の改良と耕作が進めば、各種の動物性食料の価格が穀物価格に対する比率でみて、多かれ少なかれかならず上昇するが、同時に各種の植物性食料の価格がかならず低下するとみられる。動物性食料の価格が上昇するのは、飼料を生産する土地の多くが穀物の生産にも適したものになるので、地主と農業経営者が穀物畑と同じ地代と利益を得られなければならないからである。植物性食料の価格が下がるのは、土地が肥沃になれば、植物性食料が豊富になるからである。農業の発展によって、穀物より土地が少なくてすみ、労働を増やす必要はない植物性食料が多数導入され、市場に安く供給される。たとえばジャガ芋とトウモロコシがそうであり、商業と航海が大きく拡大したためにヨーロッパの農業が、おそらくは農業にかぎらずヨーロッパ全体が達成した進歩のなかで、もっとも重要なものであった。また、植物性食料の多くは、農業が未発達だった時期には菜園で人手で耕して栽培されていたが、いまでは家畜にひかせた犂《すき》で耕した畑で栽培されている。蕪、人参、キャベツなどがそうだ。このため、社会の進歩とともにある種の食料では真の価格がかならず上昇するが、別の種類の食料では逆に真の価格が低下するので、一方の価格上昇が他方の価格低下でどこまで吸収されているのかを判断するのが難しくなる。食肉の真の価格が上限まで上昇すれば（豚肉を除くすべての種類の食肉では、イングランドの大部分で一世紀以上前に上限に達したとみられるが）、その後に他の種類の動物性食料の価格が上昇しても、下層労働者の生活には大きな影響は及ぼしえない。イングランドのかなりの部分では、家禽、魚、野生の鳥、鹿肉の価格が上昇しても、貧しい人の生活が大幅に苦しくなることはありえない。ジャガ芋価格の低下で生活が楽になっているはずだからだ。

現在は天候不順で穀物価格が上昇しているので、貧困層の生活が苦しくなったのは疑う余地がない。しかし、平年作になって穀物が通常価格、平均価格になれば、他の種類の土地生産物で価格が自然に上昇しても、貧困層の生活にはそれほどの影響を与えることはない。おそらくそれより影響が大きいのは、塩、石鹼、皮革、蠟燭、麦芽、ビールなどの製品に対する税金によって、これら製品の価格が人為的に押し上げられていることだろう。

社会の発展が製品の真の価格に与える影響

製造業の製品では土地生産物と違って、ほとんどすべての種類で、社会の発展の自然な結果として真の価格が低下していく。おそらく、製品価格のうち加工費は、どの種類の製品でも例外なく低下する。機器の改良が進み、技能や技術が向上し、分業と仕事の配分がもっと適切になるなど、社会の発展がもたらす自然な結果によって、ある製品を生産するために必要な労働の量がはるかに少なくなる。社会の繁栄によって労働の真の価格は大幅に上昇するが、労働量が大幅に減少するため、労働価格が極端に上昇することがあっても、通常は十分に吸収して余りがある状態になる。

なかには、原材料の真の価格が必然的に上昇して、社会の発展が加工作業にもたらしうる利点によっても吸収しきれない場合がある。大工や建具師の仕事では、そして安価な家具の製造では、土地の改良が進むとかならず木材の真の価格が上昇するので、最良の機器、優秀な技能、適切な分業と仕事の配分による利点をすべて活かしても、吸収しきれない。

しかし、原材料の真の価格が上昇しないか、大きくは上昇しない場合にはかならず、製品の真の価格は大幅に低下する。

こうした価格の低下は、十七世紀と十八世紀には、卑金属を原材料とする製品でとくに目立っている。優れた懐中時計の駆動部分は十七世紀半ばには約二十ポンドだったが、いまではたぶん二十シリング（一ポンド）で買える。刃物師や錠前師が作る製品、各種の金物、バーミンガムやシェフィールドで製造される金属製品も同じ時期に大幅に下がっている。時計ほど下がってはいないが、それでも、ヨーロッパの他国の同業者はこれら製品の価格の低さに驚いており、数多くの製品について、二倍から三倍の価格でも、自国では同じ品質のものをとても作れないと認めている。金属加工業ほど、分業を進めることができ、仕事に使う機器をさまざまに改良できる製造業はおそらくないだろう。

織物では同じ期間に、価格が目立つほど下がってはいない。最高級の毛織物の価格は逆に、過去二十五年から三十年に品質の割に若干上昇してきたという。これは材料のスペイン産羊毛の価格が大幅に上昇したためだといわれている。ヨークシア製の毛織物はすべて国内産の羊毛で作られており、十八世紀初めから現在までに、品質の割に価格がかなり低下したという。だが、品質の高さは意見が対立しやすい点なので、この種の情報はある程度不確かだと考えている。織物製造業では分業は現在も一世紀前とあまり変わらないし、使われている機器もそう違っていない。しかし、分業でも機器でもある程度の小幅な進歩があったとみられ、価格が小幅低下する要因になったとみられる。だが、織物価格の低下は、現在ともっと昔の十五世紀末とを比較すれば、はるかに明確であり、否定できないように思える。当時はおそらく、現在とくらべて分業が進んでいなかったし、機器も不完全であった。

ヘンリー七世治世の一四八七年の法律で、「緋色に染めた最高級の毛織物、または他の色に染めた最高級の毛織物を広幅一ヤード当たり十六シリング以上で小売り販売したものには、かかる価格で販売した一ヤード当たり四十シリングの罰金を科す」と規定された。ここから、十六シリング、銀の量で現在の通貨に換算して二十四シリング（一・二ポンド）が当時、最高級の毛織物一ヤード当たりの価格として不当に高いとはみられていなかったことが分かる。これは贅沢禁止法の規定なので、この種の毛織物は当時、もう少し高い価格で売られるのが通常だったとみられるからだ。現在では一ギニー（一・〇五ポンド）が最高価格だといえよう。毛織物の品質が変わらないと想定しても（実際には現在の方がまず確実に質が高いはずだが）、最高級の毛織物の金銭価格は十五世紀末近くより下がったようだ。そして、真の価格はさらに下がっている。前述のように、当時も、その後かなり長期にわたっても、一クォーター（八ブッシェル）当たりの小麦の平均価格は六シリング八ペンス（六・六七シリング）だとみられてきた。したがって当時の十六シリングは、二クォータ一三ブッシェル強（二・四クォーター）の小麦を買える価格であった。現在の小麦価格を一クォーター当たり二十八シリング（一・四ポンド）とすると、当時、最高級毛織物の真の価格は、小麦価格で現在の通貨に換算すると、少なくとも三ポンド六シリング六ペンス（三・三二五ポンド）にあたっている。十五世紀末近くの当時、最高級の毛織物を一ヤード購入するにあたっては、現在、三ポンド六シリング六ペンスで購入できる量の労働と食料に対する支配を手放したことになる。

低価格製品でも、真の価格はかなり下がっているが、高級品ほど下落幅が大きくはない。

エドワード四世治世の一四六三年の法律で、「農業労働者、単純労働者、都市または自治都市以外に居住する手工業者の使用人は、広幅一ヤード当たり二シリングを超える価格の衣服を使用または着用してはならない」と規定された。当時の二シリングは、銀の量で現在の通貨に換算して四シリング弱にあたる。しかし、現在、一ヤード当たり四シリングで売られているヨークシア製の毛織物はおそらく、当時、きわめて貧しい下層の労働者のために製造されていたものより、はるかに質が高いとみられる。したがって、低価格織物は金銭価格でみて、三百年前の当時とくらべて品質の割に若干安くなっているとみられる。真の価格はかなり下がっている。当時、一ブッシェル当たり十ペンスが小麦の適切で妥当な価格だとみられていた。したがって当時の二シリング（二十四ペンス）は二ブッシェル二ペック（二・五ブッシェル）弱の小麦を買える価格であった。現在の小麦価格を一ブッシェル当たり三シリング六ペンス（三・五シリング）とすると、当時の低価格毛織物の真の価格は、小麦価格で現在の通貨に換算すると、八シリング九ペンス（八・七五シリング）にあたる。十五世紀半ばの当時、低価格毛織物を一ヤード購入するにあたっては、現在なら八シリング九ペンスで購入できる量の労働と食料に対する支配を手放したことになる。これも贅沢禁止法の規定であり、貧しい庶民の贅沢と浪費を抑制するためのものなので、当時、毛織物はもっと価格が高いのが通常であった。

同じ階層の労働者が同じ法律によって、一足十四ペンス以上の長靴下をはくことを禁止されている。これは現在の通貨で約二十八ペンス（二・三三三シリング）にあたる。だが、当時の十四ペンスは一ブッシェル二ペック（一・五ブッシェル）弱の小麦を買える価格だった。現在の小麦価格、一ブッシェル当たり三シリング六ペンスで換算すると、当時の十四ペンスは現在の五シリング三ペンス（五・二五シリング）にあたる。これは現在なら、最下層の貧しい労働者が買う長靴下にしては極端に高い価格である。だが当時は、この水準にあたる金額を支払わなければならなかった。

この法律が制定されたエドワード四世の時代には、絹のストッキングを編む方法はおそらく、ヨーロッパのどの地域でも知られていなかった。毛織物で作られた長靴下が一般に使われており、価格が高かった一因はここにあるのだろう。イングランドではじめてストッキングを使ったのはエリザベス一世（治世一五五八～一六〇三年）だといわれている。スペイン大使からの贈り物だった。

高級毛織物でも低価格毛織物でも、十五世紀には現在とくらべて、加工に使われる機器がはるかに不完全であった。それ以降、機器に三つの大きな改良が加えられた。それ以外にもおそらく、小さな改良がたくさん加えられているが、その数や重要性を確認するのは難しい。大きな改良は以下の三点である。第一に、糸巻棒と紡錘《ぼうすい》を使っていた糸紡《つむ》ぎの仕事に紡ぎ車《ぐるま》が使われるようになり、同じ量の労働で二倍以上の仕事ができるようになった。第二に、長短の羊毛糸を巻き取り、織り機にかける前に縦糸と横糸を適切に整える作業のために、精巧な機器がいくつも使われるようになり、作業が容易になって、さらに効率が向上した。これらの機器が発明される以前には、この作業は単調で面倒だったにちがいない。第三に、生地の目を詰めるために縮絨機《しゆくじゆうき》が使われるようになり、水中で踏む必要がなくなった。これに使われる水車や風車は、十六世紀初めにはまだ、どのような種類のものもイングランドで知られておらず、ヨーロッパ大陸でもアルプスより北の地域では知られていなかったとみられる。イタリアでは、この時点の少し前に導入されていた。

これらの点を考慮すればおそらく、十五世紀には低価格の製品も高級な製品も真の価格が現在よりかなり高かった理由をある程度まで説明できるだろう。製品を市場に供給するために使われる労働の量が多かった。このため、市場に供給された製品は、現在より多い量の労働の価格で購入・交換されたのである。

当時、低価格の製品はイングランドでおそらく、手工業や製造業がまだ初期の段階にある国でつねに行われてきたのと同じ方法で生産されていたとみられる。おそらくは家内工業であり、どの家庭でも家族の全員が作業の各部分を折にふれて行っていた。仕事をするのは他の仕事がないときだけであり、生活を支える仕事ではなく、生活費の大部分をこれで稼ぐわけではなかった。第十章で指摘したように、このようにして生産される商品はかならず、生活費を稼ぐ主要な手段や唯一の手段として生産される商品にくらべて、安い価格で市場に供給される。一方、高級な製品は当時、イングランドではなく、豊かで商業が発達していたフランドル地方で生産されていた。現在もそうだが、当時もおそらく、生活費の大部分かすべてをこの仕事で得ている人が生産していた。それに外国の製品なので、何らかの関税、少なくとも古くからの慣習であるトン税、ポンド税を支払う必要があった。税率はおそらく、極端に高くはなかった。当時のヨーロッパでは、高率の関税で外国からの製品輸入を抑制する政策はとられておらず、逆にできるだけ関税率を低くして、上流階級が求めているが国内の産業では生産できない利便品や贅沢品を、商人が供給しやすくする政策がとられていたからだ。

これらの点からおそらく、古い時代に高級品に対する低価格品の真の価格の比率が現在よりはるかに低かった理由をある程度まで説明できるだろう。

本章の結論

きわめて長い本章の結論として、社会の状況がどの分野で発展しても、直接にか間接にか土地の真の地代の上昇をもたらし、地主の真の富の増加、つまり他人の労働かその生産物に対する地主の購買力の増加をもたらすことを指摘しておきたい。

改良され耕作される土地が増えれば、土地の地代が直接の結果として上昇する。土地の生産物が増加するとともに、生産物のうち地主の取り分の比率がかならず上昇する。

土地生産物の真の価格の上昇のうち、たとえば家畜価格の上昇のように、まずは改良され耕作される土地が増加したことの結果であり、後には耕地がさらに増加する原因になるものは、土地の地代を直接に上昇させ、しかも生産量に対する比率を上昇させる要因になる。地主が得る部分の真の価値、つまり他人の労働を支配する力は二重に上昇する。生産物の真の価値が上昇すると同時に、生産量に対する取り分の比率が上昇するからである。生産物は、真の価格が上昇しても、生産に要する労働量が以前より増えるわけではない。このため、労働者を雇用するのに使った資本を回収し、通常の利益を得るのに要する部分は、生産量に対する比率が以前より低下する。この結果、地主に帰属する部分の比率はかならず上昇する。

労働の生産性の上昇のうち、直接には製造業製品の真の価格を引き下げる要因になる部分は、土地の真の地代を間接的に上昇させる要因になる。地主は土地の生産物のうち、自分で消費するものを超える部分かその対価を使って、製造業の製品を入手する。製品の真の価格が下がれば、土地の生産物の真の価格が上昇する。土地の生産物の量が同じでも、それと交換できる製品の量が増加する。地主は自分が必要とする利便品、装飾品、贅沢品を以前より大量に購入できるようになる。

社会全体の真の富が増加すれば、つまり、社会全体で有用な労働の量が増加すれば、土地の真の地代を間接的に上昇させる要因になる。有用な労働のうちある部分は当然、土地の生産物の生産に使われる。土地の耕作に使われる労働者と家畜が増え、生産に使われる資本が増加するとともに生産物が増加し、この増加に伴って地代が上昇する。

逆の状況になり、土地の耕作と改良が減るか、土地の生産物の一部で真の価格が低下するか、製造業が衰退して製品の真の価格が上昇するか、社会全体の真の富が減少すれば、どの場合にも土地の真の地代が下がり、地主の真の富が減少し、他人の労働かその生産物に対する地主の購買力が低下する。

どの国でも、土地と労働による年間の生産物、言い換えれば年間の総生産高は、前述のように、土地の地代、労働の賃金、資本の利益という三つの部分に自然に分配される。そして、地代で収入を得る地主、賃金で収入を得る労働者、利益で収入を得る資本家という三大階級の収入になる。これらがすべての文明社会で、基本的な構成要素になる三大階級であり、他の階級の収入はすべて、突きつめていけばこの三大階級の収入に由来している。

三大階級のうち地主階級の利害は、本章の結論としてここまで述べてきた点から明らかなように、社会全体の利害としっかりと分かちがたく結びついているとみられる。一方の利害に好影響か悪影響を与える要因はかならず、他方の利害に好影響か悪影響を与える。社会が商業や政策に関する法規を検討するとき、土地の所有者は自分の階級に有利になるようにするために社会全体を誤った方向に導くことはありえない。少なくとも、自分の階級の利害について、そこそこに知識をもっていればそういえる。もっとも地主は、そこまでの知識をもっていないことが少なくない。地主階級は三大階級のなかで唯一、収入を得るために労働も監督も必要としない。いうならば自然に収入が入ってくるのであり、何の計画も企画も必要としない。この状況の安易さと安全とから生まれる自然な結果として、地主は怠惰になり、無知であるばかりか、ある法規を制定したときの結果を予想し判断するために必要な理解力を欠くようになることが多い。

　三大階級のうち賃金で収入を得る階級の利害は、地主階級の場合と同じように、社会全体の利害としっかりと分かちがたく結びついている。前述のように、労働者の賃金は、労働の需要が増えつづけているとき、つまり、雇用者数が毎年増えつづけているときにもっとも高くなる。社会の真の富である年間の労働量が横ばいになれば、賃金がすぐに子供をようやく育てられる水準、労働者の数をようやく維持できるだけの水準まで低下する。社会が衰退しているときには、この水準以下にまで賃金が下がる。地主階級はおそらく、社会が繁栄しているときに得るものが労働者階級より大きいとみられるが、社会が衰退しているときにとくに厳しい打撃を受けるのは労働者階級である。このように労働者の利害は社会全体の利害としっかりと分かちがたく結びついているが、労働者は社会全体の利害を理解することができないし、社会全体の利害と自分の利害との結びつきを理解することもできない。生活が厳しいことから、必要な情報を受け取る時間がないし、教育や習慣によって、十分な情報があっても正しい判断をくだすことができないのが通常だ。このため、社会が法規を検討するとき、労働者の主張はほとんど聞かれることがなく、尊重されることもない。雇い主が労働者のためではなく、自分たちの目的のために労働者を鼓舞し、そそのかし、支援して主張させた場合だけは例外である。

雇い主は利益で収入を得る階級である。利益を獲得するために使われるのは資本であり、資本によって、どの社会でも有用な労働の大部分が動かされている。資本を使う人の計画と企画によって、労働のとくに重要な作業のすべてが管理され、指示される。そしてこれらの計画や企画のすべてで、利益が目標になっている。だが、資本の利益率は地代や賃金とは違って、社会が繁栄すれば上昇するわけでも、社会が衰退すれば低下するわけでもない。逆に、豊かな国では低く、貧しい国では高く、急速に衰退している国ではとくに高くなるのが自然である。このため、雇い主の階級の利害は、他の二つの階級の利害とは違って、社会全体の利害と結びついてはいない。一般に、使用している資本がとくに多いのは商人、つぎに多いのは製造業の雇い主であり、この二つの階層は富の力によって社会からとくに敬意を払われている。生涯にわたって計画と企画にたずさわっているので、農村の大地主の大部分とくらべて理解力が優れていることが多い。だが、通常は社会全体の利害ではなく、各自の業種の利害について考えているので、雇い主の判断は、とくに公平にくだされた場合でも（いつも公平だとはいえないが）、社会全体の利害に関するものより、自分の業種の利害に関するものの方がはるかに信頼できるのである。農村の大地主より優れているのは、社会全体の利害に関する知識の点よりも、自分たちの利害に関する知識の点である。雇い主は自分たちの利害に関する優れた知識を活用して、相手の寛大さに乗じて、地主の利害と社会全体の利害を無視するよう地主を説得して成功することが少なくない。このように説得するのは、地主の利害ではなく、自分たちの利害こそが社会全体の利害に一致しているのだと単純にではあるが、本心から信じているためである。しかし商業と製造業のどの業種でも、雇い主の利害はつねに、社会全体の利害とは何らかの面で違っており、正反対ですらある。雇い主にとってはつねに、市場を拡大し、競争を制限すれば有利になる。市場の拡大は社会全体にとっても有利になる場合が少なくない。だが、競争の制限はつねに社会全体の利害と対立し、雇い主が利益率を自然な水準より高めることによって、自分たちの利益のために他のすべての人に不合理な税を課せるようにする結果になる。雇い主の階級が商業に関する新しい法律や規則を提案した場合には、かならず十分に注意すべきであり、時間をかけて注意深く検討した後でなければ、それも細かい検討にとどまらず、最大限疑い深く検討した後でなければ、採用すべきではない。こうした提案は、社会全体とは利害が一致することがない階級からだされたものであり、この階級は一般に、社会全体をあざむき、ときには抑圧することにすら関心をもっていて、このため、実際に何度も社会全体をあざむき、抑圧してきたのだから。

第二編

資本の性格、蓄積、利用

はじめに

未開の社会では分業はなく、交換はめったに行われず、全員が自分の必要とするものを自分で獲得している。このような社会では、仕事をするために資本や資財をあらかじめ蓄積し貯蔵しておく必要はない。各人がそのときどきに必要とするものを、自分の労働によって獲得しようと努力する。空腹になれば狩りをするために森に行く。衣服がすりきれれば、大型の動物を仕止めたときにその皮で衣服を作る。小屋が壊れてくれば、手近にある木や草を使ってできるかぎり修理する。

だが、分業が確立すると、自分が働いて生産したものでは、そのときどきの必要のごく一部しか満たせなくなる。はるかに多くの部分は他人が働いて生産しており、それを自分が生産したものかその対価によって購入する。ところが購入できるのは、自分の労働による生産物が完成するだけでなく、それが売れた後である。このため、さまざまな種類の資財をあらかじめどこかに蓄積しておき、少なくとも生産物が完成し売れるまでの間、自分の生活を支え、仕事に使う原材料と道具を確保できるようにしておかなければならない。たとえば織工が織布の仕事に専念するには、織物が完成するだけでなく、売れるまでの間、生活を支え、仕事に使う原材料と道具を確保できるだけの資財を、自分か他人が所有して、どこかにあらかじめ蓄積していなければならない。この蓄積は明らかに、織工が織布の仕事に長期間にわたって専念する以前に行われていなければならない。

資財の蓄積はその性格上、分業に先行しなければならないので、分業は資財の蓄積の進展に応じてしか深化していかない。同じ人数が働いているとき、加工できる原材料の量は、分業が進むとともに大幅に増加していく。各人の仕事が単純になっていくとともに、それぞれの仕事を容易にし、節減するためにさまざまな機器が発明される。このため、分業が進むとともに、同じ人数の労働者がいつも働けるようにするために蓄積しておかなければならない資財の量は、分業がそれほど進んでいなかったときとくらべて、生活を支える食料の点では変わらないが、原材料と道具の点では増加していく。もっとも、各部門で働く労働者の数は、その部門で分業が深化するとともに増えるのが通常である。というより、一つの部門で働く労働者の数が増えた結果、分業を深化させて労働者の仕事を細分化できるようになるのだ。

このように、資財の蓄積は分業によって労働の生産性を大幅に向上させる前に必要であり、蓄積が進めば自然に生産性が向上する。蓄積した資財を資本として使い、労働者の生活を支える人はかならず、生産量ができるかぎり多くなる方法で資本を使いたいと考える。

このため、雇った労働者に仕事をもっとも適切に配分し、最高の機器や道具を発明するか購入して支給しようと努力する。事業主がこの二つの点でどこまでのことができるかは、蓄積した資本の量、言い換えれば雇用できる労働者の数に比例するのが通常である。したがってどの国でも、労働者を雇うために使われる資本の総量が増加するとともに労働の総量が増加するだけでなく、資本の増加の結果として、同じ量の労働による生産量が大幅に増加する。

　蓄積した資財の量が増加したときに労働とその生産性に与える影響は一般に、以上のようにまとめられる。

　この第二編では、資財の性格、資財が蓄積されて各種の資本になることの影響、資本のさまざまな利用の影響を説明していく。第二編は五つの章に分かれる。第一章では、個々人が所有する資財、あるいは社会全体の資財が自然にどのような部分に分かれるかを説明する。第二章では、社会全体の総資本のうち特殊な部分である通貨の性質と作用を説明する。資財が蓄積されて資本として使われるようになったとき、資本はその所有者が使うこともあれば、誰かに貸し出されることもある。第三章と第四章では、この二つの状況のそれぞれについて説明する。最後の第五章では、資本の用途が国の労働量と、土地と労働の年間生産物に直接に与える影響について説明する。

第一章　資財の分類

蓄えた資財が数日から数週間にわたって自分の生活を維持できる量を超えていない場合、資財を使って収入を得ようと考える人はまずいない。なるべく節約して使い、使いきる前に自分の労働によって蓄えを補充するものを獲得しようと努力する。この場合、収入はすべて自分の労働だけから得ることになる。どの国でも、下層労働者の大部分はこの状態にある。

しかし、何か月、何年にもわたって生活を維持できる量の資財を蓄えていれば、その資財のうちかなりの部分を使って収入を得ようとし、直接の消費のためには、収入が入ってくるまでの間の生活を支える部分だけを残すのが当然である。この場合、資財は二つの部分に分かれる。第一はそれを使って収入を得ようとする部分であり、資本と呼ばれる。第二は直接の消費にあてる部分であり、三つに分かれる。その一は、蓄えた資財のうち、直接の消費用に残した部分である。その二は、さまざまな源泉からそのときどきに入ってくる収入である。その三は、以上の二つのうちどちらかを使って前年までに購入し、まだ完全に消費しきっていないものであり、衣料や家具などの家財がここに入る。人が一般に直接の消費にあてる資財は、以上三つのうち一つか二つか三つすべてで構成されている。収入、つまり利益を得られるように資本を使う方法には、以下の二つがある。

第一は、財貨を生産するか、加工するか、購入し、それを売って利益を獲得する方法である。この方法で使われる資本は、その財貨を所有しつづけている間、つまり財貨の形態が変わらない間は、資本の使用者に収入や利益を生み出さない。商人が所有する商品は、それを売って金銭を得るまでは、収入や利益を生まないし、金銭も、それと交換してふたたび商品を入手するまでは、やはり収入や利益を生まない。商人の資本は一つの形態で商人の手から離れていき、別の形態で戻ってくる。そしてこのような交換の流れ、つまり回転、流動によってのみ利益を生み出すことができる。したがって、こうした資本は流動資本と名付けるのが適切だと思える。

第二は、土地の改良、事業に役立つ機器や道具の購入など、所有者が変わらないまま、その後の回転、流動がないまま収入と利益を得られるものに使う方法である。こうした資本は固定資本と名付けるのが適切だと思える。

業種によって、事業に使われる流動資本と固定資本の比率に大きな違いがある。

たとえば商人の資本はほぼすべて流動資本である。機器や道具を商売に使うことはない。もっとも、店舗や倉庫も機器や道具の一種だと考えるのであれば、事情が違ってくる。

手工業や製造業の事業主の場合、資本の一部は固定資本として、事業に使う機器や道具に投じなければならない。しかし、固定資本は、きわめて少ない場合もきわめて多い場合もある。仕立て業なら、少量の縫い針があれば、それ以外の道具は必要としない。靴屋の道具はもう少し高価だが、ごくわずかに高いだけである。織布業では、靴屋の場合よりもはるかに高価な機器が必要だ。これらの事業主の場合、資本に占める流動資本の比率はきわめて高い。流動資本は労働者への賃金支払いや原材料の購入にあてており、生産物の対価によって回収し、利益を確保する。

なかには、巨額の固定資本を必要とする事業もある。たとえば大型の製鉄所では、鉱石を溶解する溶鉱炉、鍛造用の炉、剪断機《せんだんき》といった装置が事業に必要であり、巨額の資金を投じなければ建設できない。炭鉱などの鉱山では、排水などに使う装置にさらに巨額の資金が必要なことが少なくない。

農業経営者が使う資本のうち、農機具に投じられる部分は固定資本である。労働者の賃金と生活の維持にあてる部分は流動資本である。農機具は所有しつづけることによって、賃金などは手放すことによって利益が得られる。役畜《えきちく》の価格、価値は、農器具と同じように固定資本である。役畜の飼育にあてられる資本は、労働者の維持に使われる資本と同じように流動資本である。役畜は所有しつづけることによって、飼料は手放すことによって利益が得られる。役畜としてではなく、販売用に購入し肥育している家畜の場合は、購入にあてる部分も飼育にあてる部分も流動資本である。家畜を手放すことによって利益が得られる。畜産地域で、役畜としてではなく、販売用でもなく、羊毛や牛乳や繁殖によって利益を得るために羊や牛などの家畜を購入するのに使われる資本は、固定資本である。これらの家畜は所有しつづけることによって利益が得られる。これらの家畜の飼育に使われる資本は流動資本であり、手放すことによって利益が得られる。羊毛や牛乳、繁殖した家畜の対価によって、家畜の飼育と購入に使った資本を回収し、利益を獲得する。種子の全価値も固定資本だと考えるべきだ。地中と倉庫の間を行き来するが、その間に所有者が変わるわけではないので、流動するとはいえない。種子は売却して利益を得るのではなく、増やすことによって利益を得ている。

国や社会の総資財も、居住者が所有する資財と同じであり、当然ながら三つの部分に分かれ、それぞれが違った機能や役割を果たしている。

第一は直接の消費にあてる部分であり、その性格上、収入や利益を生み出さない。ここに入るのは最終的な消費者が購入した食料、衣料、家具などのうち、まだ完全には消費されていないものである。住宅としてだけ使われる家屋も、そのときその国にある全量が、この第一の部分に入る。所有者が住むためだけに使う住宅であれば、それに投じられた資財はその瞬間から資本としての機能、所有者に収入をもたらす機能をもたなくなる。住宅そのものは居住者の収入に寄与しない。もちろん、居住者にとってきわめて役立つものではあるが、衣料や家具が役立つものの、所有者にとって経費の一部であって収入の一部ではないのと同じである。住宅が賃貸された場合、住宅が何かを生産するわけではないので、借り手は労働、資本、土地のいずれかで得た収入によって、賃借料を支払いつづけなければならない。この場合、住宅は所有者に収入をもたらし、したがって資本の機能を果たすことになるが、社会全体でみれば何も生み出さず、資本の機能を果たすこともなく、国民全体の収入はまったく増加しない。衣料や家具も同じように収入をもたらすことがあり、したがって所有者にとって資本の機能を果たすことがある。仮装舞踏会が頻繁に開かれている国では、仮装用の衣装を一晩貸す商売がある。家具屋は月極めや年極めで家具を貸す。葬儀屋は一日か一週間を単位に葬儀用具を貸す。家具付きの住宅を貸して、住宅の賃貸料とともに家具の賃貸料を得ている人も多い。しかし、これらの賃貸によって得られる収入はすべて、最終的に他の源泉からの収入によって支払われている。個人が所有する資財や社会全体の資財のうち、直接に消費にあてるもののなかで、住宅に投じた部分はとくにゆっくりと消費される。衣料は数年にわたって使える。家具であれば半世紀から一世紀使える。これに対して住宅は、しっかりと建て、手入れしていれば、何世紀にもわたって使える。消費の期間はきわめて長いが、それでも衣料や家具と同じように、直接の消費にあてる資財である。

第二は固定資本であり、これが社会の総資財を構成する三つの部分のうちの一つになっている。流通せず、所有者が変わらないまま、収入と利益を生む性格をもっている。固定資本には主に以下の四つがある。

その一は事業に使う機器や道具であり、労働を容易にし、節減するものである。

その二は利益を生む建物であり、賃貸する所有者にとってだけではなく、借りて賃借料を支払う人にとっても収入を得る手段になるものである。店舗、倉庫、作業場、そして農場の家屋と農業に必要な厩舎、倉庫などがある。これらは住宅としてだけ使われる家屋とは大きく違っている。事業に使う設備の一つであり、設備と同様に考えることができる。

その三は土地の改良であり、原野の開拓、排水設備の整備、囲い込み、施肥によって耕作と栽培に適切な条件を整えるために使われ、採算がとれている資本である。改良された農場は、労働を容易にし節減できる有用な機器と同様に考えるのが適切であり、事業主が同じ量の流動資本を使って、はるかに多くの収入を得られるようにするものである。どの機器と比較しても有利さは変わらず、しかも機器より長期にわたって利用でき、農業経営者が資本を使って、収益性がとくに高くなるように耕作する以外には、何の手入れもいらないことが少なくない。

その四は社会の構成員である居住者が取得した有用な能力である。役立つ能力を獲得するには、教育を受け、学習し、徒弟として修業する間の生活を支えるために、かならずかなりの費用がかかっており、いうならば、資本が個人に固定され、実現している。こうした能力は本人にとって資産の一つなので、その人が属する社会にとってもやはり、資産の一つである。労働者の技能や技術の向上も、労働を容易にし節減できる事業用の機器や設備で、取得に経費がかかるが、経費を回収して利益が得られるものと同様に考えることができる。

第三は流動資本であり、これが社会の総資財を構成する三つの部分のうち最後の部分になっている。これは、流通し、所有者が変わることで収入と利益を生む性格をもった部分だ。流動資本もやはり、以下の四つに分かれる。

その一は通貨であり、これによって他の三つの部分が流通し、適切な消費者に分配される。

その二は肉屋、牧場主、農業経営者、穀物商、醸造者らが販売して利益を得るために所有する食料品の在庫である。

その三は衣料、家具、建物の原材料である。これには未加工のものがあり、また多少とも加工されているが、まだ製品になっておらず、農業経営者、製造者、織物商、材木商、大工や建具職人、煉瓦製造者らが所有しているものがある。

その四は加工され、完成した製品のうち、商人や製造者が所有していて、まだ売れておらず、本来の消費者にわたっていないものである。たとえば、鍛冶屋、家具屋、金細工師、宝石商、陶磁器商人らの店先に商品が並んでいるのを見かけることが少なくないが、こうした完成品がここに入る。流動資本はこのように、あらゆる種類の食料、原材料、完成品のうち、それぞれの売り手が所有しているものと、これらを流通させ、最終的な消費者に分配するために必要な通貨とによって構成されている。

この四つの部分のうち、食料、原材料、完成品の三つは、一年間に、あるいはそれより短期間または長期間に、流動資本からたえず取り出されていき、固定資本か直接の消費にあてる資財の一部になる。

固定資本はすべて、もとは流動資本に由来しているし、つねに流動資本によって支えられる必要がある。事業に使われる有用な機器や道具はすべて、流動資本に由来しており、製作に使われる原材料を提供し、製作にあたる労働者を維持するために流動資本が使われている。機器や道具をたえず修理していくにも、やはり流動資本が必要だ。

固定資本によって収入を得るには、流動資本が不可欠だ。事業に使われる機器や道具はどれほど役立つものであっても、それで加工する原材料を提供し、それを使う労働者を維持する流動資本がなければ、何も生産できない。土地がどれほど改良されていても、耕作し収穫する労働者を維持する流動資本がなければ、収入を生み出さない。

直接の消費にあてる資財を維持し、増やすことが、固定資本と流動資本の唯一の目標であり、目的である。衣食住に使われるのは、資財のうち直接の消費用の部分である。国民が豊かなのか貧しいのかは、固定資本と流動資本によって、直接の消費用の資財を豊富に供給できるのか、それともわずかしか供給できないのかに左右される。

流動資本はたえずかなりの部分が取り去られて、社会の総資財のうち他の二つの部分に振り向けられていく。このため、たえず補給されていなければならず、補給が止まればすぐになくなる。補給は主に土地の生産物、鉱山の生産物、漁場の生産物の三つの源泉によっている。これらの源泉から食料と原料がたえず供給されており、その一部が後に加工されて完成品になるし、それによって流動資本からたえず取り去られていく食料、原材料、完成品が補充されている。鉱山からは、流動資本のうち通貨として使われる部分の補充と追加に必要な金属も供給される。通貨として使われる部分は他の三つの部分とは違い、事業の通常の過程では、社会の総資財のうち他の二つの部分に振り向けるためにかならず取り去られていくわけではないが、どのようなものでもそうであるように、やがて磨滅し消耗するし、ときには紛失したり海外に送られたりするので、たえず補給していく必要がある。ただし、補給の必要量はもちろん、はるかに少ない。

　土地、鉱山、漁場のいずれでも、生産のためには固定資本と流動資本がどちらも必要である。そしてその生産物によって、生産に使われた資本を回収し利益を獲得するだけでなく、社会全体の資本を回収している。こうして農業経営者は毎年、それまで一年に製造業者が消費した食料と加工した原材料を補充し、製造業者はその一年に農業経営者が使用して磨耗し消耗した製品を補充する。これが、農業経営者と製造業者という二つの階層の間で行われる交換の実態である。もっとも、農業の生産物と製造業の製品とが直接に交換されることはめったにない。農業経営者が穀物や家畜、亜麻や羊毛を売るとき、同じ相手から自分が必要とする衣服や家具、農業用の機器を買おうとすることはめったにないからである。そこで、生産物を売って金銭を手に入れ、必要な製品を別の相手から購入できるようにする。土地の生産物によって、漁業と鉱業に使われる資本も少なくとも一部が補充される。土地の生産物は魚をとるためにも使われるし、地中から鉱物を掘り出すためにも使われる。

土地、鉱山、漁場で生産される生産物の量は、それぞれの自然の産出力が同じであれば、生産に使われる資本の大きさと使い方の適切さに比例する。資本の大きさと使い方の適切さが同じであれば、自然の産出力に比例する。

どの国でも最低限度の安全が保証されていれば、常識的な理解力のある人は誰でも、自分が支配できる資財を使って、現在の楽しみか将来の利益を獲得しようとする。現在の楽しみを獲得するために使う場合には、資財は直接の消費にあてられる。将来の利益を獲得するために使う場合には、資財を所有しつづけることによってか、手放すことによって利益を得る。所有しつづけるものは固定資本であり、手放すものは流動資本である。最低限度の安全が保証されているのに、自分が所有しているか他人から借りて支配している資財をすべて、以上の三つのうちどれかに使おうとしないのであれば、その人はまともだとはいえない。

しかし、住民がいつも権力者の暴力を恐れている不幸な国では、自分の資財のかなりの部分を地中に隠して、いつも危惧している災難が迫ってきた場合に、それを持って安全なところに逃げられるようにしている人が少なくない。これはトルコやインドではごく普通だとされており、アジアのほとんどの国で普通のことなのではないかと思われる。ヨーロッパでも暴力的な封建制の時代には、ごく普通のことだったとみられる。当時、埋蔵物がヨーロッパの大国の君主にとって、無視できない収入源だとされていた。地中に隠されていた財宝が発見され、所有権を証明できる人がいない場合、埋蔵物とされる。当時、埋蔵物はきわめて重要だとみられていて、君主が特許状に明記した条項によって土地所有者にその権利を譲渡していないかぎり、かならず君主に帰属するとみなされ、発見者も土地の所有者も権利を認められていなかった。埋蔵物は金や銀の鉱山と同様に扱われていたのだ。金や銀の鉱山は特許状の特別条項で規定されていないかぎり、土地の一般的な権利に含まれるとはみなされていなかった。もっとも鉛、銅、錫、石炭の鉱山は重要性が低いので、土地の一般的な権利に含まれていた。

第二章　社会の総資本のうち特殊部門としての通貨、すなわち国民資本の維持費

第一編で論じたように、大部分の商品の価格は三つの部分にあてられる。第一が商品を生産し市場に運ぶために使われた労働の賃金、第二がそのために使われた資本の利益、第三がそのために使われた土地の地代である。なかには、労働の賃金と資本の利益だけにあてられる商品もある。そしてごく少数の商品では労働の賃金だけにあてられる。だがどの商品でもかならず、その価格はこの三つの部分のうち一つか二つか三つにあてられる。地代にも賃金にもあてられない部分はかならず、誰かの利益になる。

どの商品でも個々にみた場合にこうなるのだから、一つの国について土地と労働による年間の生産物を全体としてみた場合にもやはり、同じことがいえるはずである。年間の生産物全体の価格、その交換価値はかならず三つの部分にあてられ、労働の賃金、資本の利益、土地の地代のいずれかとして、国内の住民に分配される。

どの国でも、土地と労働による年間の生産物の総額はこのように、住民の間に分配され、住民の収入になるのだが、個人の所有地で得られる地代で総地代と純地代を区別するように、国の全住民の収入についても、総収入と純収入を区別することができる。個人の所有地で得られる総地代は、農業経営者から支払われる地代の総額である。純地代は、総地代から管理費、修繕費などの必要経費をすべて差し引いた後に残った部分であり、地主が自由に使える部分である。つまり、直接の消費にあてる資財の一部にしても、食物や馬車、自宅や家具の装飾、個人の楽しみや娯楽に使っても、所有地に損害を与えない部分だ。地主の実際の富は、総地代ではなく純地代に比例する。

国の全住民の総収入は、国内の土地と労働による年間の生産物の全体である。これに対して純収入は、総収入から第一に固定資本の維持費、第二に流動資本の維持費を差し引いた後に残った部分である。つまり、直接の消費にあてる資財の一部にしても、食料、利便品、娯楽品として使っても、資本を食いつぶさない部分である。国の実際の富も、総収入ではなく純収入に比例する。

固定資本の維持に必要な全経費は明らかに、社会の純収入を算出する際に差し引かなければならない。事業に使われる有用な機器や設備、利益を生む建物などの維持に必要な材料も、それらの材料を適切に加工するために必要な労働の生産物も、社会の純収入には入らない。もっとも労働の対価は、社会の純収入の一部になりうる。固定資本の維持のために雇われた労働者は、受け取った賃金の全額を直接の消費にあてることができるからだ。しかし他の種類の労働では、労働の対価と生産物がともに直接の消費用の資財になる。労働の対価は労働者本人の消費用の資財になるし、労働の生産物は他の人の消費用の資財になり、生活の必需品、利便品、娯楽品がその労働によって増加する。

　固定資本は労働生産性を高めることを目的としている。つまり、同じ数の労働者でこなせる仕事の量を大幅に増やせるようにすることが目的である。農業では広さと地味《ちみ》が同じでも、必要な建物、囲い、排水路、道路などが完璧に整っている農場の方が、これらの施設が整っていない農場より、労働者と役畜の数が同じ場合の生産量がはるかに多くなる。製造業では労働者の数が同じでも、最高の機器が整っている場合の方が事業用の機器が不完全な場合より、生産量がはるかに多くなる。各種の固定資本に適切に資金を投じれば、かならず資金を回収して大きな利益を得られ、固定資本に必要な維持費以上に年間の生産物の価値を増やすことができる。それでも、固定資本の維持には生産物のうちある部分が必要になる。ある量の材料と、ある人数の労働者の労働を、生活の必需品と利便品である食料や衣料、住宅を直接に増やす用途にではなく、確かにきわめて役立つものではあるが、違った用途に振り向けることになる。このため、機器が改良されてそれまでのものより安く、単純になり、同じ数の労働者で同じ量の仕事をこなせるようになれば、どの社会でもかならず有益な改良だと考えられる。このような改良があれば、それまでもっと複雑で高価な機器を維持するために使われてきた材料と労働者の労働のうちある部分が、その後はその機器や別の機器の本来の目的である仕事の量を増やすのに使えるようになる。大きな製造所を経営する事業主が、それまで年に一千ポンドかかっていた機器の維持費を年五百ポンドに節減できれば、当然ながらこの五百ポンドを使って、加工する材料の購入量を増やし、労働者の数を増やすことになる。このため、機器を使った生産量が当然に増加し、その仕事から社会が得られる利点と利便も増加する。

一つの国で固定資本の維持に使われる費用は、個人の所有地で必要になる修繕費によく似ていると考えるのが適切だろう。修繕費は所有地での生産を支えるために必要になることが多く、したがって、地主にとって総地代と純地代を維持するために必要になることが多い。しかし、使い方を適切にすれば、生産量を減らすことなく修繕費を節減できる。その結果、総地代は少なくとも以前と同じ水準に維持され、純地代はかならず増加する。

このように、固定資本の維持に使われる費用はすべて、社会の純収入を算出する際に差し引かなければならないが、流動資本の維持費では事情が違っている。流動資本は通貨、食料、材料、完成品の四つの部分からなるが、このうち食料、材料、完成品の三つは前述のように、流動資本からたえず取り出され、社会の固定資本か直接の消費用の資財に組み入れられていく。これらの消費財のうち固定資本に使われるもの以外はすべて、直接の消費にあてられ、社会の純収入の一部になる。このため流動資本のうち三つの部分の維持費は、固定資本の維持に必要な部分を除いて、社会の純収入を算出する際に年間の生産物から差し引く対象にならない。

社会全体の流動資本はこの点で個人の流動資本とは違っている。個人の流動資本は、個人の純収入に入らず、純収入になるのは利益だけである。個人が保有する流動資本は、その個人が所属する社会の流動資本の一部だが、社会全体の純収入を算出する際に差し引かれるわけではない。商人の店にある商品はすべて、商人自身にとっては直接の消費用の資財になることはないが、他の人にとっては直接の消費用の資財になりうるものである。他の人が他の原資から得た収入によって購入するので、商人は商品の価値を回収して利益を得ることができ、その過程で、商人の資本も買い手の資本も減少することはない。

このため、社会の流動資本のうち、純収入の算出にあたって維持に要する経費を差し引く必要があるのは、通貨の部分だけである。

このように、固定資本と、流動資本のうち通貨部分とは、社会の収入への影響という点できわめてよく似ている。

第一に、事業に使われる機器や設備の場合、まずは製作に、その後には維持に経費がかかり、どちらの経費も社会の総収入の一部にはなるが、純収入には入らない。これと同様に、一つの国に流通する通貨も、まずは必要な量を確保するために、その後はそれを維持するために経費がかかるはずであり、どちらの経費も社会の総収入の一部にはなるが、やはり、純収入には入らない。金と銀というきわめて貴重な材料の一定量と、きわめて精巧な労働の一定量が、直接に消費にあてられる資財である生活の必需品、利便品、娯楽品を増やすためではなく、重要ではあるが高価な商業の手段を支えるのに使われる。この手段があるから、社会を構成する各人に生活の必需品、利便品、娯楽品が適切な比率でつねに配分されるのである。

第二に、事業用の機器や設備などは個人と社会の固定資本の一部だが、それ自体は個人にとっても社会全体でみても、総収入、純収入の一部にならない。これと同様に、通貨は社会全体の収入を各人にたえず分配する手段だが、それ自体は収入の一部にならない。通貨は流通の大車輪であり、それによって流通される財貨とはまったく違ったものである。社会の総収入や純収入を算出するにあたっては、通貨と財の年間の流通総額からかならず、通貨の全価値を差し引かなければならない。通貨は一銭たりとも総収入や純収入の一部にならない。

以上の点が疑わしいか疑問だと思えるとすれば、それは言葉に曖昧さがあるからにすぎない。適切に説明されて理解できれば、ほとんど自明だと思えるはずだ。

ある金額について語るとき、その金額の通貨として使われる金属片だけを意味している場合もあるが、それとの交換で得られる財貨という意味を暗に含めている場合もあり、この場合にはその金額の通貨を保有していることで得られる購買力を意味に含めている。たとえば、イングランドに流通している通貨の総額が一千八百万ポンドだというときには、何人かの著者が算出した硬貨の量、もっと正確にいえば、何人かの著者がイングランドに流通していると考えた硬貨の量を意味するにすぎない。だが、ある人物の年収が五十ポンドだとか百ポンドだとかいうときには、年間にその人が受け取る硬貨の量だけではなく、年間に購入し消費できる財貨の価値も意味している。通常、その人の生活水準がどうであるか、あるいはどうであるべきかを意味しており、その人が問題なく消費できる生活必需品と利便品の質と量を意味している。

ある金額について語るときにその金額の硬貨の量だけではなく、それとの交換で得られる財貨という意味を暗に含めている場合には、その金額が意味する富や収入は、一つの言葉で曖昧な形で示されている二つの価値のうち一方だけに等しく、その金額の硬貨そのものよりも、その金額の価値に等しいとするのが適切である。

たとえば、ある人物の給与が週に一ギニーであれば、その人は一週間にある量の生活の必需品、利便品、娯楽品を購入できる。その量が多いか少ないかで、その人の富、その人の一週間の真の収入が多いか少ないかが決まる。一週間の収入はもちろん、一ギニーとそれで購入できるものの合計に等しいわけではなく、この同じ価値の二つのうち一方だけに等しく、一ギニー金貨そのものより、一ギニーの価値に等しいとするのが適切である。

この人が毎週の給与を金貨によってではなく、額面一ギニーの手形によって受け取っている場合、毎週の収入はもちろん、手形という紙片ではなく、その手形で購入できるものだとするのが適切である。この点から明らかなように、一ギニー金貨は、近隣の商店で、ある量の必需品・利便品と交換できる手形のようなものだと考えられる。一ギニーを受け取る人の収入は、一片の金貨ではなく、それによって得られるもの、それとの交換で得られるものとするのが適切である。交換で得られるものがなければ、不渡りになった手形と同様に、まったく役に立たない一枚の紙ほどの価値しかない。

これと同様に、ある国の居住者全員の年間収入や週間収入が実際には硬貨で支払われているとしても、居住者全員の真の富、真の年間収入や週間収入はつねに、その硬貨で購入できる消費財の総量の多寡に比例するはずである。居住者全員の収入総額は硬貨と消費財の合計に等しいわけではなく、この二つの価値のうち一方だけに等しく、硬貨の量よりも消費財の量に等しいとするのが適切である。

したがって、ある人物の収入はその人が年間に受け取る硬貨の量で表現することが多いが、これは硬貨の量によってその人の購買力、つまりその人が一年間に消費できる財貨の価値が決まるからである。収入を硬貨の量で表現していても、その人の収入をこの購買力、消費力で考えているのであって、購買力を伝える金属片で考えているわけではない。

以上の点が個人に関して十分に明らかであれば、社会に関しては一層明らかである。個人に支払われる硬貨の量はその人の年間収入に正確に一致することが多く、そのために年間の収入をもっとも簡単に正確に示している。しかし、社会に流通する硬貨の量が社会の全構成員の収入に等しいことはありえない。一枚の一ギニー金貨がある日にある人の一週間の給与として支払われ、翌日に別の人の給与として支払われ、その翌日にまた別の人の給与として支払われることがありうるので、国内に流通する硬貨の総量は、それによって年間に支払われる現金給与の総額よりもはるかに少ないはずである。だが、その購買力、つまり、つぎつぎに支払われていく現金給与の総額によってつぎつぎに購入されていく財貨の総額はつねに、現金給与の総額に正確に一致するはずであり、給与を受け取る人全員の収入に一致するはずである。したがって、収入は支払いに使われる硬貨という金属片にあるのではなく、その購買力、つまり、総額ははるかに少ないが、人から人へと流通していく硬貨によってつぎつぎに購入できる財貨の総額にあるはずだ。

このように、通貨は流通の大車輪であり、商業の重要な手段だが、やはり事業の手段である機器や道具と同様に、資本の一部、それもきわめて価値の高い一部であっても、それを保有する社会にとって収入の一部にはならない。通貨として使われる硬貨という金属片は、年間に流通する間に、社会の各人に当然帰属する収入をそれぞれに分配する役割を果たすが、硬貨自体はその収入の一部になるわけではない。

第三に最後の点として、事業用の機器や設備などは固定資本だが、もう一つ、流動資本の一部の通貨に似ている点がある。ある機器を使う労働の生産性を低下させることなく、その機器の製作と維持に必要な経費を節減できれば、社会の純収入を増やせるように、流動資本のうちの通貨でも、必要な量の確保と維持にかかる経費を節減できれば、同じように社会の純収入を増やせる。

固定資本の製作と維持に必要な経費を節減できたときに社会の純収入を増やせる理由は自明であり、すでにある程度説明してきた。どの事業でも、事業主の全資本はかならず、固定資本と流動資本に分かれる。資本の総額が変わらない場合、一方が少なくなればかならず他方が多くなる。原材料の購入と労働の賃金の支払いに使われ、生産的労働を可能にするのは流動資本である。このため、労働の生産性を低下させることなく固定資本の維持費を節減できれば、労働を可能にする資金が増え、その結果、土地と労働の年間生産物が増加する。そして、土地と労働の年間生産物はどの社会にとっても、真の収入である。

金貨と銀貨の代わりに紙幣を使えば、商業に使われるきわめて高価な手段を、はるかに安価だがときには同様に便利なものに置き換えることができる。流通が新しい車輪によって遂行されるようになり、しかも古い車輪とくらべて、作り維持するのに要する経費が低くなる。しかし、紙幣がどのように機能し、どのようにして社会の総収入と純収入の増加をもたらすのかは明白だとはいえず、したがってさらに説明を加える必要があるだろう。

紙幣にはさまざまな種類があるが、銀行や銀行家が発行する手形である銀行券がもっともよく知られており、紙幣の目的にもっとも適していると思える。

ある国の国民がある銀行家の資産状態、誠実さ、慎重さを信頼していて、その人の約束手形ならいつ提示してもただちに支払ってもらえると信じていれば、そうした手形はいつでも金貨や銀貨と交換できるとの信頼感から、金貨や銀貨と変わらないほど通用するようになる。

そうした銀行家が、たとえば総額十万ポンドの約束手形を顧客に貸し出したとしよう。この約束手形は硬貨と同じ機能をすべて果たすので、借り手は銀行家に対して同額を硬貨で借りた場合と同じ利子を支払う。この利子が銀行家にとって利益の源泉になる。貸し出した手形の一部は支払いを求めて少しずつ銀行家に戻ってくるが、一部は何か月、何年にもわたって流通しつづける。そこで、流通する手形の総額は十万ポンドでも、ときおり求められる支払いにあてるために、二万ポンドの金貨と銀貨を準備しておけば十分であることが多い。このためこの場合には、合計二万ポンドの金貨と銀貨が、十万ポンドの硬貨と同じ機能を果たすことになる。総額十万ポンドの約束手形によって、十万ポンドの金貨・銀貨が流通したときと同じ量の交換が行われ、同じ量の消費財が流通して、適切な消費者に分配される。このようにして、総額八万ポンドの金貨と銀貨が国内で流通しなくてもよくなる。同様のことを同じ時期に、多数の銀行と銀行家が実行すれば、本来の必要量の五分の一にあたる金貨と銀貨で国全体の流通が遂行できることになる。

たとえば、ある国にある時期に流通している通貨の総額が百万ポンドであり、土地と労働の年間生産物をすべて流通させるのに十分な額になっていると想定しよう。さらに、その後にいくつもの銀行と銀行家が持参人払いの約束手形を総額百万ポンド発行し、ときおり求められる支払いにあてるために、合計二十万ポンドの金貨と銀貨を金庫に準備したと想定しよう。この場合、総額八十万ポンドの金貨・銀貨と総額百万ポンドの銀行券、硬貨と紙幣を合計して百八十万ポンドが流通することになる。しかし、土地と労働の年間生産物をすべて流通させ、適切な消費者に分配するのに必要な額は百万ポンドであり、銀行のこの業務によって年間生産物がすぐに増えることはない。したがって銀行券が発行された後でも、年間生産物の流通には百万ポンドの通貨で十分である。売買される商品の量は以前と変わらず、同じ量の通貨があれば、商品の売買に十分である。このような表現を使ってもいいのであれば、流通の水路は以前とまったく変わっていない。水路を満たすのに必要な通貨の総額は当初の想定通り、百万ポンドである。この総額を超えて流し込まれた部分は、水路に収まりきれず、あふれだす。この水路に百八十万ポンドが流し込まれる。この結果、国内の流通に必要な量を上回る部分の八十万ポンドがあふれる。この部分は国内で使い道がないが、貴重なものなので遊ばせておくわけにはいかない。そこで海外に送られて、国内では見つからない有利な利用機会を求める。しかし紙幣は海外では使えない。発行した銀行から遠く離れ、法律によって支払いを求められる国から離れることになるので、通常の支払いに通用しなくなる。このため総額八十万ポンドの金貨と銀貨が海外に送られ、総額百万ポンドの紙幣が国内の流通の必要を満たすようになって、それまでの硬貨に代わって使われるようになる。

　これだけ巨額の金貨と銀貨が海外に送られるとき、所有者が見返りを受け取らないまま、外国に贈与するとは考えられない。何らかの外国の財貨と交換され、他の外国か自国での消費に使われるはずである。

外国で商品を購入し、別の外国での消費用に供給するために硬貨が使われた場合、いわゆる中継貿易であり、それによる利益が自国の純収入に加わる。新しい事業のために新たな基金が作られたようなものである。国内事業では紙幣を使い、金貨と銀貨が新しい中継貿易の基金に転換されたようなものである。

国内で消費する商品の購入のために硬貨が使われた場合、第一に、外国産のワインや外国産の絹織物など、何も生産しない怠惰な人がほとんどを消費する品物を購入するために使われるか、第二に、毎年の消費額を再生産し利益を生み出す仕事をする勤勉な労働者をそれまで以上に維持し雇用するために、原材料、機器、食料品を買い増すために使われる。

第一の種類の商品に使われる部分は、浪費を促し、支出と消費を増やすだけで生産を増やすことはないし、その支出をいつまでも支えられる原資を作りだすこともなく、あらゆる面で社会に害を与える。

第二の種類の商品に使われる部分は、産業を刺激する。社会の消費は増加するが、増加した消費をいつまでも支えられる原資を作りだす。それを消費する人は、毎年の消費額を回収し利益を生み出す仕事をする。社会の総収入、年間の土地と労働の生産物は、これらの人の労働によって原材料に付加された価値の総額だけ増加する。そして社会の純収入は、これらの事業に使われる道具や機器の維持費をこの価値の総額から差し引いて残った額だけ増加する。

上記の銀行の業務によって海外に送られ、国内消費用の外国商品の購入に使われる金貨と銀貨の大部分は、第二の種類の商品を購入するために現に使われているし、今後もそう使われるとみられるだけでなく、そうなるのはほとんど避けがたいと思える。収入がまったく増えていないのに、ときとして支出を大幅に増やす人がいないわけではないが、一つの階級や階層がそうすることはないと確信できる。常識的な思慮分別は、個々人の行動を律するとはかぎらないが、それぞれの階級や階層のうち大多数の行動にかならず影響を与えるからである。そして、一つの階級・階層としてみた場合、怠惰な人の収入は上記の銀行の業務によってわずかでも増えるわけではない。このため、怠惰な階層のなかに支出を増やす人がいても不思議ではないし、ときおり支出を増やす人がいるのは事実だが、全体として支出が大きく増えるわけではない。外国製品に対する怠惰な階層の需要は、以前と同じかわずかしか変わらないので、銀行の業務によって海外に送るしかなくなって国内消費用の商品の輸入に使われる金貨と銀貨のうちごく一部が、怠惰な階層が消費する商品の購入に使われるだけになるだろう。大部分は当然、怠惰な人の消費にではなく、勤勉な労働者の雇用に使われる。

ある社会の流動資本によって動かせる労働の量を算出するにあたっては、流動資本のうち、食料、原材料、完成品の部分だけを考慮すべきである。もう一つの部分である通貨は、他の三つの部分を流通させる役割を担うだけであり、かならず差し引かなければならない。労働のために必要なものは、労働対象の原材料、労働手段の機器、労働目的の賃金や報酬の三つである。通貨は労働対象の原材料ではないし、労働手段の機器でもない。労働者の賃金は一般に通貨によって支払われるが、誰にとってもそうであるように労働者にとっても、真の収入は通貨ではなく、通貨の価値である。硬貨という金属片ではなく、硬貨で買えるものである。

ある資本で動かせる労働の量は明らかに、仕事の性格にふさわしい原材料、機器、生活必需品を支給して雇用できる労働者の数に等しい。仕事に必要な原材料と機器を購入するにも、労働者の食料を購入するにも通貨が必要だろう。だが当然ながら、ある資本で動かせる労働量は、これらの購入に使う通貨と、通貨で購入される原材料、機器、生活必需品との合計で決まるのではなく、この二つの価値のうち片方だけに、通貨よりも原材料、機器、生活必需品の合計で決まるとする方が適切である。

金貨と銀貨が紙幣に置き換えられると、社会全体の流動資本で支給できる原材料、機器、生活必需品の総量は、以前にこれらの購入に使われていた金銀の全価値だけ増加しうる。流通と分配の大車輪の全価値だけ、大車輪によって流通され分配される商品が増加する。この作用はある意味で、大規模な事業の事業主が技術の進歩の結果、古い機器を取り外し、その費用と新しい機器の費用の差額を流動資本にまわして、労働者に支給する原材料と賃金の原資を増やしたのに似ている。

ある国に流通している通貨の総額が、通貨によって流通される年間生産物の総価値に対してどのような比率になっているかを算出するのは、おそらく不可能だ。さまざまな論者が五分の一、十分の一、二十分の一、三十分の一などと推計してきた。しかし、年間生産物の総価値に対する通貨流通量の比率がどれほど低くても、年間生産物のうち労働の維持にあてられるのは一部、それも往々にして小さな部分にすぎないので、この部分に対する通貨流通量の比率はかならずかなり高いはずである。このため、紙幣に置き換えられて流通に必要な金貨と銀貨の量が以前の五分の一に減り、残りの五分の四のうち大部分が労働の維持にあてられる資金に振り向けられれば、労働量は大幅に増加するはずであり、したがって、土地と労働の年間生産物の総価値が大幅に増加するはずである。

この種の銀行業務が過去二十五年から三十年にスコットランドで行われてきており、銀行がほぼすべての重要な都市に設立され、農村の村のいくつかにすら設立された。その影響は、まさに上記の通りである。スコットランド内の取引はほぼすべて、多数の銀行が発行する紙幣によって行われており、あらゆる種類の売買と支払いにごく普通に紙幣が使われている。銀貨は二十シリング銀行券に満たない金額の支払い以外には、めったに使われない。金貨が使われることはさらに少ない。これらの銀行がすべて非の打ちどころのない行動をとっているわけではなく、規制のための法律を議会が制定しなければならなくなったほどだが、それでもスコットランドは銀行の営業によって明らかに、大きな利益を得てきた。グラスゴー市の商業はこの市にはじめての銀行が設立されてから十五年間に二倍になり、スコットランド全体の商業はエディンバラに二つの公的銀行が設立されてから四倍以上になったとする主張もある（二つの公的銀行とは、一六九五年に法律によって設立されたスコットランド銀行と一七二七年に国王の特許状で設立されたロイヤル銀行である）。スコットランド全体の商業、そのうちグラスゴー市の商業が実際にこれほど短い期間にこれほどのペースで拡大したかどうかは確認できない。どちらかが確かにこれほどのペースで拡大したとするなら、銀行の事業だけによるものと考えるには規模が大きすぎると思える。だが、この期間にスコットランドの商業と産業が大幅に拡大し、この拡大に銀行がかなりの程度貢献したことは、疑う余地がない。

一七〇七年のイングランドとの合併以前にスコットランドに流通していて、合併直後に改鋳のためにスコットランド銀行に持ち込まれた銀貨の総額は、四一万一一一七ポンド一〇シリング九ペンスであった。金貨については記録がないが、スコットランド造幣局の古い記録によると、金貨は年間の鋳造額が銀貨よりも少し多かったようだ。改鋳に際して、払い戻しを受けられるかどうか疑問だと考えて銀貨をスコットランド銀行に持ち込まなかった人もかなり多かった。また、イングランドの硬貨もある程度使われていて、改鋳の対象になっていない。このため、合併前にスコットランドに流通していた金貨と銀貨の総額が百万ポンド以下だとは考えられない。そして、これが当時のスコットランドで流通していた通貨のほぼ全額だとみられる。唯一の銀行であったスコットランド銀行の銀行券はかなりの額にのぼっていたが、それでも通貨の総額のなかでごく一部を占めていたにすぎないとみられるからである。それから七十年近くたった現在では、スコットランドに流通する通貨の総額は二百万ポンド以下だとは考えられないが、そのうち金貨と銀貨の総額はまず確実に五十万ポンドに満たないだろう。この間にスコットランドに流通する金貨と銀貨の総額は大幅に減少したわけだが、真の富と繁栄には何の悪影響も与えていないようだ。それどころか、スコットランドの農工商業は明らかに拡大し、土地と労働の年間生産物は明らかに増加している。

大部分の銀行と銀行家は、主に為替手形を割り引く方法で、つまり期日前の為替手形に対して資金を前払いする方法で、約束手形を発行している。その際にはかならず、前払いする金額から、手形の満期までの間の法定金利を差し引く。満期に為替手形の支払いを受けて前払いした金額を回収し、純利益としての利子を確保する。銀行家が商人の持ち込んだ手形を割り引く際に金貨や銀貨ではなく、自行の約束手形を使えば、自行の約束手形が通常、流通している総額は経験上、分かっているので、その上限まで手形割引の総額を増やせる利点がある。銀行家は増えた総額について、純利益としての利子を得ることができる。

スコットランドの商業は現在でもきわめて大規模だとはいえないが、当初の二つの銀行が設立される以前にはもっと小規模だった。このため、この二つの銀行は為替手形の割引に事業を限定していれば、わずかな業務しか行えなかった。そこで両行は約束手形を発行する別の方法を作り上げた。現金口座と呼ぶ方法である。この口座を開設した顧客に、ある金額（たとえば二千ポンド、三千ポンドなど）を限度とする信用を与える。与信の条件として、確実な信用と優良な不動産をもつ二人の保証人が、与信限度の範囲内で本人に貸し出した金額とその法定金利を要求がありしだい支払うと保証するよう求める。この種の信用は世界のどの地域でも、銀行と銀行家が普通に与えているとみられる。だが、スコットランドの銀行は知りえたかぎり、返済条件をとくに緩く設定しており、おそらくこの点が主因になって、銀行の事業が拡大し、スコットランドは大きな利益を得ている。

銀行からこの種の信用を供与され、たとえば一千ポンドを借りた人は、一回に二十ポンド、三十ポンドなどの少額ずつ返済できる。銀行は、全額に対する利子のうちこうして返済された部分の利子を当日から差し引き、全額が返済されるまでこれを続ける。この条件なら、商人の全員、事業主のほとんど全員が銀行に現金口座をもっていると便利だと考えるので、すべての支払いで銀行券を喜んで受け入れるとともに、自分が影響力をもつ相手にも銀行券を受け入れるよう説得して、銀行の事業拡大に協力するようになる。銀行は顧客から資金の貸し出しを求められると、通常、自行の約束手形である銀行券で貸し出す。商人は製造業者から商品を仕入れて、銀行券で支払う。製造業者は農業経営者から原材料と食料を仕入れて、銀行券で支払う。農業経営者は地主への地代を銀行券で支払う。地主は利便品や贅沢品を供給する商人に、銀行券で支払う。商人は現金口座の残高を減らすために、つまり借り入れを返済するために銀行券を銀行に持ち込む。こうして、スコットランドでは資金のやりとりのほとんどが銀行券を使って行われており、銀行の事業が拡大している。

　現金口座があるために、どの商人もこの口座がない場合より事業を無理なく拡大できる。ロンドンの商人とエディンバラの商人が同じ資本を同じ業種に投じている場合、エディンバラの商人の方が無理なく行える事業の規模が大きいし、無理なく雇用できる人数も多い。ロンドンの商人はいつも、かなりの金額の通貨を自分の金庫に遊ばせておくか、無利子で銀行家の金庫に預けておき、信用で買った商品の支払いを請求されるのに備えておかなければならない。通常、五百ポンドをこのために用意すると想定しよう。この場合、倉庫にある商品の価値はいつも、これだけの金額を遊ばせておく必要がなかった場合よりも五百ポンド少なくなる。また、この商人が通常、在庫の商品の全量を一年間に売り、在庫の総額が年間の売上高に等しいと想定しよう。この商人は多額の資金を遊ばせておかなければならないために、その必要がなかった場合よりも年間の売上高が五百ポンド少なくなる。年間の利益も、あと五百ポンドの商品を販売できなかった分だけ少なくなる。商品を市場で販売できるようにするために雇う人の数も、五百ポンドの資本を遊ばせた分だけ少なくなる。これに対してエディンバラの商人は、当面の支払いのために資金を遊ばせておく必要がない。実際に請求を受けたときには、銀行の現金口座を使って支払い、商品を販売してそのときどきに入ってくる硬貨か紙幣で、借りた資金を徐々に返済していけばいい。このため同じ資本でも、ロンドンの商人より多くの商品を無理なく倉庫に在庫できる。この結果、利益が多くなるとともに、商品を市場で販売できるようにするためにつねに雇う人の数も多くなる。こうして、スコットランドはこの種の取引から大きな利益を得ている。

イングランドの商人も為替手形の割引によって、スコットランドの商人にとっての現金口座と変わらない便宜を受けているとする見方もあるだろう。しかしスコットランドの商人も、イングランドの商人と同じように簡単に為替手形の割引を受けられるのであり、そのうえ、現金口座を利用できることを忘れてはならない。

ある国で容易に流通できる各種紙幣の総額は、紙幣に取って代わられる金貨と銀貨の価値、つまり取引量が変わらないと想定した場合に、紙幣がなければ流通するはずの金貨と銀貨の価値を超えることができない。たとえばスコットランドで流通している紙幣のうちもっとも小額のものが二十シリングの銀行券だとすると、スコットランドで容易に流通する紙幣の総額は、そこで年間に通常行われる二十シリング以上の取引に必要な金貨と銀貨の総額を超えることができない。ある時期に紙幣の流通量がこの額を超えた場合、超過部分は海外に送ることも国内の流通に使うこともできないので、すぐに銀行に戻って金貨や銀貨と交換されるはずである。手元にある紙幣が国内取引に必要な額を超えていることにすぐに気づく人が多く、紙幣を海外に送ることはできないので、すぐに銀行に硬貨と交換するよう求めるだろう。余った紙幣を金貨や銀貨と交換すれば、海外に送って使うことができる。だが、紙幣のままでは使い道がない。このため、紙幣のうち余った部分のすべてについて交換を求める動きがすぐに起こり、銀行が支払いを渋るか遅らせるようなら、この動きがはるかに大規模になる。銀行の姿勢によって警戒感が高まり、取り付け騒ぎに発展する。

銀行の経費には、どのような事業でも必要な事務所の賃借料と、使用人、事務員、会計係などの賃金以外に、銀行業務に特有なものが主に二つある。第一は、自行が発行した銀行券の保有者からときおり求められる支払いに備えて巨額の硬貨をつねに金庫に用意し、その分の利子を失うことで負担する経費である。第二は、ときおり求められる支払いに応じて減った硬貨を補充するために必要な経費である。

ある銀行が国内の流通に使われる額を超える紙幣を発行し、超過部分が硬貨との交換のためにたえず還流してくる場合、その銀行は金庫につねに用意しておく金貨と銀貨の総額を、流通量の過剰に見合った比率ではなく、もっと高い比率で増やさなければならない。発行した紙幣は、流通量の過剰に見合った比率よりもはるかに急速に還流してくるからである。このため、銀行が負担する第一の経費は、事業を無理に拡大した比率ではなく、もっと高い比率で膨れ上がる。

こうした銀行では、事業をもっと適切な範囲にかぎっている場合よりも、金庫に大量の硬貨を用意しておく必要があるだけでなく、金庫にある硬貨がはるかに速く流出していくので、硬貨を補充するための経費が多くなり、しかもこの経費をつねに負担していかなければならない。こうした銀行からたえず大量に引き出されていく硬貨も、国内の流通には使えない。国内の流通に使える額を超える部分の紙幣が硬貨に交換されるので、交換された硬貨も国内の流通に使える額を超える部分のものである。だが、硬貨を遊ばせておくわけにはいかないので、何らかの形で海外に流出し、国内では見つからない有利な使い道を探すことになる。こうして金と銀がたえず輸出されていけば、銀行は金庫から急速に流出する金貨や銀貨を補充するのがさらに難しくなるうえ、そのための経費がかならず膨らんでいく。このため、こうした銀行では、事業の無理な拡大に見合って、第二の経費が第一の経費以上に膨れ上がる。

たとえば、ある銀行が発行する紙幣について、国内の流通のために容易に吸収され使われうる額がちょうど四万ポンドであり、ときおり求められる支払いにあてるために、いつも一万ポンドの金貨と銀貨を金庫に用意しておかなければならないと想定しよう。この銀行が四万四千ポンドの紙幣を流通させようとすると、流通のために容易に吸収され使われうる額を超える部分の四千ポンドは、ほとんど発行した直後に戻ってくる。この結果、銀行がときおり求められる支払いにあてるために金庫につねに用意しておくべき硬貨は、一万一千ポンドではなく、一万四千ポンドになる。そのため、流通に使われる額を超えて発行した四千ポンドでは金利収入は得られず、しかも、金庫に持ち込んでもすぐにでていく金貨と銀貨、四千ポンドを集めつづけるためにかかる経費を負担する結果になる。

すべての銀行がつねに自行の利害を理解し、それに注意を払っていれば、流通する紙幣が過剰になることはないだろう。しかしすべての銀行がつねに自行の利害を理解しているわけでも、それに注意を払っているわけでもないので、流通する紙幣が頻繁に過剰になっている。

イングランド銀行は、紙幣の発行額を多くしすぎ、過剰な部分が金貨や銀貨との交換のためにたえず還流してくるので、何年にもわたって年に八十万ポンドから百万ポンド、平均八十五万ポンドの金貨の鋳造を求めざるをえなくなっている。数年前には金貨の磨耗が極端になっていたために、これほど巨額の金貨を鋳造するのに使う金地金を、一オンス当たり四ポンドもの高価格で購入しなければならないことも少なくなかった。購入した金はその直後に一オンス当たり三ポンド十七シリング十・五ペンス（三・八九三七五ポンド）の金貨として発行されるので、これほど巨額の硬貨鋳造で二・五パーセントから三パーセントもの損失を被った。イングランド銀行は鋳造手数料を支払っておらず、政府が鋳造の経費を負担する適切な政策をとっているが、この寛大な政策によってもイングランド銀行の負担はなくなっていない。

スコットランドの銀行はやはり紙幣の発行が過剰なことから、どの銀行も硬貨を集めるためにロンドンに代理人をいつも抱えておかなければならなくなっており、その経費が一・

五パーセントから二パーセントを下回ることはまずない。代理人が集めた硬貨は馬車で運ばれ、その際には運送人がかける〇・七五パーセントの保険料が追加経費になる。ロンドンの代理人が、雇い主の銀行の金庫から流出する硬貨を素早く補充できるとはかぎらない。補充に必要な資金は、ロンドンの取引先銀行を支払人として、必要金額の為替手形を振り出して賄う。取引先銀行がその後に、手形の総額に利子と手数料を加えた金額の支払いを受けるために、当初の銀行を支払人とする手形を振り出すと、スコットランドの銀行の一部は紙幣の発行が過剰で苦境に陥っているために、同じ取引先銀行か、ロンドンの他の取引先銀行を支払人とする二組目の手形を振り出す以外に支払いに応じる手段がない場合がある。こうして同じ金額が、正確にいうなら同じ金額の手形が二回、三回かそれ以上も往復することがある。そして債務者の銀行が、こうして積み重なっていく金額に対する利子と手数料を支払いつづける。スコットランドの銀行のうちとくに無謀な事業を行っているわけではない銀行ですら、ときにはこの自殺行為のような資金調達方法をとらなければならなくなった。

発行された紙幣のうち国内の流通に使える額を超える部分との交換でイングランド銀行かスコットランドの銀行が支払った金貨は、やはり国内の流通に使える額を超える部分のものなので、ときには金貨のままで海外に送られ、ときには溶解されて地金の形で海外に送られ、ときには溶解され地金の形で一オンス当たり四ポンドの高値でイングランド銀行に売却された。海外に送られるか溶解されるのはとくに新しく、とくに重い最高品質の硬貨だけであり、流通する硬貨のなかからこうした硬貨が慎重に選ばれる。国内では硬貨の形を維持しているかぎり、重い硬貨も軽い硬貨より価値が高いわけではない。だが海外に送るか、国内でも溶解して地金にすれば、軽い硬貨より価値が高くなる。イングランド銀行にとっては意外なことだが、巨額の硬貨を鋳造しているのに、何年たっても硬貨不足が前年より緩和されず、質の高い新しい硬貨を大量に発行しても、流通している硬貨の質が高くなるどころか、毎年低くなっていった。毎年、前年と変わらないほどの金貨を鋳造する必要に迫られ、硬貨が削り取られて磨耗していく結果、金地金の価格が上昇を続け、金貨鋳造にかかる経費が年をおうごとに上昇していった。イングランド銀行は自行の金庫に硬貨を補充することで、間接的にイギリス全体に硬貨を供給せざるをえず、同行の金庫から硬貨がさまざまな方法でつねに流出していく点に注意すべきだ。スコットランドとイングランドで紙幣が過剰に発行される結果、どれだけの硬貨が必要になっても、この紙幣の過剰によって国内で必要な硬貨がどれほど不足しても、イングランド銀行は硬貨を供給する義務を負っているのである。スコットランドの銀行は疑いもなく、自行の無謀と不注意に対してきわめて高い対価を支払ってきた。だがイングランド銀行は、自行の無謀な行動に対してだけではなく、スコットランドのほとんどの銀行がはるかに無謀な行動をとっていることに対しても、きわめて高い対価を支払ってきたのだ。大胆な起業家がイングランドでもスコットランドでも事業を拡大しすぎたことが、紙幣流通の過剰をもたらした根本原因であった。

銀行が健全性を維持しながらさまざまな種類の商人や事業主に貸し出せるのは、借り手が事業に投じる資本の総額ではないし、資本のかなりの部分ですらない。資本の一部だけであり、当面の支払い用に本来なら現金で用意しておくべき部分だけである。銀行が貸し出しに使う紙幣の総額は、この部分の価値を超えない範囲に抑えられていれば、紙幣がなかった場合に国内にかならず流通する金貨と銀貨の総額を超えることはなく、国内の流通用に容易に吸収され使われうる額を超えることがない。

銀行が商人の持ち込んだ為替手形を割り引く際に、真の債権者が真の債務者を支払人として振り出し、満期に債務者によって実際に支払われるものだけを対象にしているのであれば、その商人が当面の支払い用に現金で用意しておくべき資金の一部だけを貸し出していることになる。手形が満期になったときの支払いによって、貸し出した額とその利子を銀行は回収できる。銀行がこのような顧客だけを対象に事業を行っていれば、金庫はちょうどある種の池のようになる。つまり、水がいつも流れ出しているが、流出するのと同じ量の水がたえず流れ込んでいる池である。このような池ではとくに手入れをしたり注意をしたりしなくても、いつも水量が一杯に近い状態になっている。このような銀行なら、金庫の硬貨を補充するための経費はほとんど不要である。

商人は事業を無理に拡大していなくても、現金が必要なときに銀行で割り引ける手形が手元にない場合がある。銀行が手形を割り引くだけでなく、このような場合にスコットランドの銀行が認めているような緩い条件で必要な資金を現金口座で貸し付け、商品を販売してそのときどきに入ってくる現金で少しずつ返済できるようにしていれば、商人は当面の支払い用に資本の一部を現金の形で遊ばせておく必要がまったくなくなる。実際に支払いを求められれば、現金口座を使って十分に応じられる。しかし銀行は、このような顧客と取引するにあたって、たとえば四か月、五か月、六か月、八か月といった短期間に顧客から通常受け取る返済額が通常の貸出額に等しくなっているかどうか、十分に注意しておくべきである。このような短期間にほとんどの場合、貸し出した全額が返済されているのであれば、そうした顧客との取引は安全なものとして継続できる。この場合、銀行の金庫から流出する現金がいつも巨額であっても、流入する現金もやはりいつも巨額のはずであり、補充のために特別の経費が必要になることはまずない。逆に、顧客からの返済額がいつも貸出額より大幅に少ない場合には、そうした顧客との取引は安全なものとして継続することはできない。少なくとも、それまでと同じように続けるのであれば、安全とはいえない。この場合には銀行の金庫から流出していく現金がかならず、流入してくる現金を大きく上回っているはずであり、かなりの経費をかけつづけて補充しなければ、金庫がすぐに空になるはずである。

このため、スコットランドの銀行はかなり以前から、すべての顧客に対して頻繁で規則正しい返済を要求し、資産や信用がどれほどあっても、これら銀行の言葉を使うなら「頻繁で規則正しい取引」を行わない人を相手にしないよう、細心の注意を払ってきた。このように注意することで、金庫の硬貨を補充するために必要な特別の経費をほぼすべて節減するとともに、二つの大きな利点を確保した。

第一に、このように注意することで、銀行は自行の帳簿をみれば分かる点以外の事実を調べる必要もなく、貸出先の事業が順調なのか不調なのかをそこそこ正しく判断できる。貸出先はたいていの場合、事業が順調なら規則正しく債務を返済するし、不調なら返済が不規則になるからである。せいぜい数人から十数人に金を貸している個人なら、自分自身で、または代理人を雇って、貸した相手の行動と状態をつねに注意深く見守り、調べることもできるかもしれない。しかし銀行はたぶん貸出先が五百人にものぼるし、まったく違った種類の事項にいつも注意を向けているので、貸出先の大部分については、自行の帳簿から得られるもの以外に行動と事業の状態に関する情報をたえず集めるわけにはいかない。顧客に頻繁で規則正しい返済を要求するとき、スコットランドの銀行はおそらく、この利点を考慮してきた。

第二に、このように注意することで、銀行は国内の流通のために容易に吸収され使われうる額を超えて紙幣を発行する可能性を抑えてきた。それほど長くない期間でみて、ある顧客の返済額がほとんどの場合に貸出額に等しくなっていることが確認できれば、貸し出した紙幣がいつも、その顧客が当面の支払い用に用意しておくべき金貨と銀貨の総額を超えていないと確信できるだろうし、したがって自行が発行した紙幣がいつも、紙幣がなかった場合に国内で流通する金貨と銀貨の総額を超える部分のものではないと確信できるだろう。顧客がどこまで頻繁に規則正しく、どれだけの額を返済するかをみていけば、自行の貸出額がいつも、顧客の資本のうち、当面の支払い用に、つまり、資本の残り部分をつねに使うようにするために、現金で用意しておくべき部分を超えていないことを十分に確認できる。どの事業主の資本でも、それほど長くない期間でみて、紙幣か硬貨の通貨の形でたえず戻ってくるし、通貨の形でたえずでていくのは、この部分だけである。銀行の貸出額が資本のこの部分を超えているのが通常であれば、顧客の通常の返済額もそれほど長くない期間でみて、通常の貸出額に等しくなりえない。このような取引によって銀行の金庫に流入しつづける額は、同じ取引によって金庫から流出しつづける額に等しくなりえない。銀行券による貸出額は、顧客が本来なら当面の支払い用に用意しておくべき金貨と銀貨の総額を超えるので、取引量が変わらないときに、紙幣がなければその国に流通する金貨と銀貨の総額をすぐに超え、したがってその国の流通で容易に吸収され使われうる量を超えるだろう。そして紙幣のこの超過部分は、すぐに銀行に戻って金貨や銀貨と交換されるだろう。この第二の利点は、第一の利点と同様に現実的なものだが、当初はおそらく、スコットランドの多数の銀行に十分に理解されていなかった。

どの国でも、信用力のある事業主にとって、一つには手形割引の利便性によって、もう一つには現金口座の利便性によって、当面の支払い用に資本の一部を現金の形で遊ばせておく必要がなくなれば、銀行や銀行家からそれ以上の支援を期待するのは適切だとはいえない。銀行や銀行家は自分の利害と安全を考えれば、そこまでの貸し出しを行っているとき、それ以上に貸し出すことはできない。銀行は自分の利害を考えれば、事業主が事業で使う流動資本の全額はもちろん、半ば以上ですら貸し出すことはできない。流動資本は通貨の形でつねに戻ってくるし、やはり通貨の形でつねにでていくが、全額が支出されてから全額が戻ってくるまでの期間がかかりすぎ、銀行の便宜を考えたときに適切な短期間のうちに、返済額が貸出額に等しくなることはありえないからだ。銀行はまして、固定資本のかなりの部分を貸すことはできない。固定資本とはたとえば、鍛造工場の事業主が鍛造・精錬所、作業場、倉庫、労働者の住宅などを建設するのに使う資本、鉱山の事業主が立坑を掘り、排水用の蒸気機関を作り、通行用と馬車用の道路を建設することなどに使う資本、土地を改良する事業主が未開の原野の開墾、排水、囲い込み、施肥、耕作に使い、農場の家屋と農業に必要な厩舎、倉庫の建設などに使う資本である。固定資本はほとんどの場合、流動資本よりも回収に時間がかかる。そして、固定資本に投じられた資金は、とくに慎重な判断によるものであっても、ほとんどの場合、回収するまでに何年もかかり、銀行の便宜を考えたときに適切な期間をはるかに超えている。もちろん商人などの事業主が事業のかなりの部分を借り入れた資金で適切に遂行する場合があるのは、疑う余地がない。しかし、債権者の立場を考えれば、その場合には事業主に資本が十分にあって、いうならば債権者の資本に保証を与えられなければならない。言い換えれば、事業の成功の度合いが事業主の期待に遠く及ばなくても、債権者が損失を被る可能性がきわめて低くなっていなければならない。だがそのように配慮しても、返済までに何年もかかるものであれば、銀行から借りるべきではなく、借用証書か抵当証書を作って個人から借りるべきである。自分で資本を使う手間をかけずに利子で生活しようとしており、そのために、信用力があり、何年にもわたって資金を借りるとみられる人に自分の資本を貸そうと考えている個人から借りるべきなのだ。銀行は印紙税を負担せず、借用証書や抵当証書を作成するための弁護士費用を負担することもなく資金を貸し出し、スコットランドの銀行のように緩い条件での返済を受け入れるので、このような商人や事業主にとってきわめて便利な貸し手であるはずだ。しかし銀行にとっては間違いなく、このような商人や事業主はまったく不都合な借り手である。

いまでは、スコットランドの多数の銀行が発行する紙幣の総額が、国内の流通で容易に吸収され使われうる額に等しくなるか、それを上回るようになって二十五年以上が経過している。したがってこれらの銀行はすでにかなり以前から、スコットランドの商人や事業主に、自分の利害を損なうことなく提供できる支援を上限まで提供してきている。上限を若干上回る支援すら提供してきた。銀行は取引を拡大しすぎており、そのために、銀行という事業でごくわずかでも取引が過大になったときにかならず発生する損失を被ってきた。少なくとも利益が減少してきた。商人や事業主は銀行と銀行家からここまでの支援を受けてきたが、それでもさらに支援を望んでいる。銀行はいくらでも信用を供与でき、その際には紙代以外には何の経費もいらないと、これらの商人や事業主は考えているようだ。銀行の経営者は視野が狭く、小心翼々としていて、国内の取引の拡大に合わせて信用を供与しようとしないと非難する。この場合、国内の取引の拡大とは間違いなく、自分の資本を使うか、借用証書や抵当証書による通常の方法で個人から借り入れた資金を使って可能な範囲を超えて事業を拡大することを意味している。銀行には資金のこの不足を埋める義務があり、借り手が希望するだけの資本を提供する義務があると商人や事業主は考えているようだ。しかし銀行の意見は違っている。そして銀行が信用の供与を断ったことから、事業主の一部は他の方法を使うようになった。経費がかなりかかるが、少なくとも当面の間、銀行が最大限に信用を供与したのと変わらないほど、事業主の目的を達成するのに役立つ方法、あの有名な手形の振出と逆振出である。倒産寸前になった不運な事業主がときとして苦し紛れに使う方法に頼るようになったのだ。この資金調達方法は、イングランドではかなり以前から知られていたが、最近の七年戦争（一七五六～六三年）の際には商業の利益率が高くなって、無理しても事業を拡大しようという誘惑が強くなり、大規模に使われるようになったという。この方法がスコットランドに持ち込まれ、商業の規模の小ささと、資本の総額の少なさの割には、イングランドよりもはるかに広範囲に使われるようになった。

　手形の振出と逆振出は事業者の間ではよく知られているので、説明は不要だと思えるかもしれない。だが、本書の読者には事業者ではない人も多いと思うし、この方法が銀行事業に与える影響はおそらく、事業者にも通常理解されていないので、以下でできるかぎり詳しく説明していく。

手形に関する商業慣行は、ヨーロッパの法律がまだ未開の状態にあって、契約の履行を強制しなかった時期に確立し、過去二世紀にヨーロッパ各国の法律に組み込まれるようになっており、為替手形に特別な地位を与えている。このため、為替手形を使えば、他のどの方法を使った場合よりも容易に資金を借りることができる。発行日から二か月か三か月という短期間に支払われる場合にはとくに容易だ。引受人は手形の支払い期日に提示された手形に対する支払いをただちに行わない場合、その瞬間に破産者になる。拒絶証書が作られ、振出人に戻される。振出人は手形に対する支払いをただちに行わない場合、やはり破産者になる。その手形が引受人にそれを提示した人物の手にわたる前に何人かを経ていて、手形に記載された金額の資金か財をつぎつぎに貸し付け、その金額を受け取ったことを表明するために順に裏書きをしていた場合、つまり、それぞれが手形の裏面に氏名を記していた場合、裏書人は順に手形の所有者にその金額を支払う義務を負い、支払いができなければ、やはりその瞬間に破産者になる。振出人、引受人、裏書人がいずれも信用力の疑わしい人物だとしても、期間が短いために、手形の所有者はある程度まで安全を保証される。どの人物もいずれ破産する可能性が高いかもしれない。だが、それほどの短期間に全員が破産するとは考えにくい。疲れ切った旅人はこう考える。この宿屋はいかにもひどい、長くはもたないはずだ、でも、まさか今夜崩れることはないだろう、だから今夜はここに泊まることにしよう。

たとえばこう想定しよう。エディンバラの商人AがロンドンのBを支払人とし、期間二か月の手形を振り出す。実際にはロンドンのBはエディンバラのAに対して何の債務もない。それでもAの手形を引き受けることに同意し、支払い期日がくる前に、エディンバラのAを支払人とし、同じ金額に利子と手数料を上乗せして、同じく期間二か月の手形を振り出すことを条件にする。こうして、Bは最初の二か月の期間が終わる前に、エディンバラのAを支払人とし、やはり期間二か月の手形を振り出す。Aは第二の二か月の期間が終わる前に、ロンドンのBを支払人とし、同じく期間二か月の第二の手形を振り出す。ロンドンのBは第三の二か月の期間が終わる前に、エディンバラのAを支払人とし、やはり期間二か月の手形をふたたび振り出す。この方法が数か月どころか、数年にわたって続けられることもあり、手形はそのたびに、それまでの手形の利子と手数料を上乗せした金額で、エディンバラのAに戻ってくる。金利は年に五パーセントであり、手数料は振出一回当たり〇・五パーセントを下回ることはない。年に六回以上の手数料が発生するので、Aはこの方法で調達する資金で最低でも年に八パーセントの経費を負担する。手数料率が上昇するか、手形の利子と手数料を複利で支払わなければならない場合には、年八パーセントを大きく上回る経費がかかることもある。この方法は融通手形による資金調達と呼ばれている。

大部分の事業で資本の利益率が通常六パーセントから十パーセントだとされている国で、事業に投じる資金を借りるためにこれほどの経費を負担でき、そのうえ起業家がかなりの利益を確保できるのは、投機的な事業できわめて大きな幸運に恵まれたときだけだろう。だが、いくつもの大がかりな計画が、経費がかかるこの方法で調達されたもの以外にはまったく資金をもたないまま、何年にもわたって実行されてきた。起業家はもちろん、巨額の利益が得られるという見通しを黄金色の夢のなかでたてていた。だが、計画した事業が終わるか、計画をそれ以上実行できなくなって目が覚めたときに、巨額の利益を獲得できていることはめったになかったと思われる*。

* 以上に説明した方法は、起業家が融通手形で事業資金を調達する方法として、もっとも一般的なもの、あるいはもっとも経費がかかるものというわけではない。頻繁に使われる方法をあげてみよう。エディンバラのＡはロンドンのＢが当初の為替手形に対する支払いを行えるように、満期の数日前にやはりロンドンのＢを支払人として、期間三か月の第二の手形を振り出す。この手形はＡが指定した指図人に支払われるものであり、Ａはこれをエディンバラで売却する。売却で得た資金でロンドンを支払地としＢの指図人に支払われる一覧払いの手形を購入し、この手形をＢに郵送する。最

近の七年戦争（一七五六～六三年）の終わりにかけて、エディンバラとロンドンの間の為替では、エディンバラ側が三パーセント不利になることが多かったので、この一覧払い手形でAはこのプレミアムを負担することが多かったはずである。この取引が少なくとも年に四回繰り返され、毎回、少なくとも〇・五パーセントの手数料がかかるので、当時、Aにとって最低でも十四パーセントの経費がかかったはずである。別の方法もある。Bが当初の為替手形に対する支払いを行えるように、Aは満期の数日前に期間二か月の第二の手形を振り出す。ただし支払人はBではなく、第三の人物、たとえばロンドンのCにする。第二の手形はBの指図人に支払われるものであり、Cが引き受ければ、Bがロンドンの銀行家に持ち込んで割り引く。つぎに、Cが第二の手形に対する支払いを行えるように、Aは満期の数日前にやはり期間二か月の第三の手形を振り出す。支払人は当初の支払人であるBの場合もあるし、第四、第五の人物であるDやEの場合もある。第三の手形はCの指図人に支払われるものであり、引き受けられれば、すぐにロンドンの銀行家に持ち込んで割り引く。この取引は年に少なくとも六回繰り返され、毎回少なくとも〇・五パーセントの手数料がかかり、法定金利の年五パーセントがかかるので、本文に記したのと同じくAにとって少なくとも年に八パーセントの経費がかかる。しかしエディンバラとロンドンの間の為替を利用しないので、前述の方法よりも経費が低い。ただし、ロンドンで取引に応じる商人が何人も必要なことから、起業家の多くにとって簡単に使える方法ではなかった。エディンバラのAはロンドンのBを支払人に振り出す手形をいつも、満期の二か月前にエディンバラの銀行や銀行家に持ち込んで割り引く。そしてBはエディンバラのAを支払人に振り出す手形をいつも、満期の二か月前にロンドンのイングランド銀行か銀行家に持ち込んで割り引く。こうした融通手形を裏付けにする資金は、エディンバラではスコットランドの銀行の紙幣によって、ロンドンではイングランド銀行で割り引いた場合には同行の紙幣によって貸し出される。これらの紙幣を発行する際に裏付けになった手形は満期がくれば順に支払われる。しかし、最初の手形によって貸し出された金額は、貸し出した銀行にほんとうの意味で返済されることはない。それぞれの手形が満期になる直前に、新たな手形が若干大きい金額で振り出され、この新たな手形の割引が、すぐに満期がくる手形の支払いに不可欠だからである。したがって、この支払いはまったく形だけのものである。融通手形によって銀行の金庫から流出した資金の流れが、実際に流入してくる資金の流れによって補充されることはない。

こうした融通手形によって発行された紙幣が、農工商業の大がかりな計画を実行するために使われた資金の全額であることも多かった。紙幣がなかった場合に、起業家が当面の支払い用に現金で用意しておかなければならない部分だけではなかったのだ。このため、発行された紙幣の大部分は、紙幣がなかった場合に国内で流通する金貨と銀貨の総額を超える部分のものであった。国内の流通で容易に吸収され使われうる総額を超える部分であり、金貨や銀貨と交換するためにすぐに銀行に戻ってくるので、銀行は金貨や銀貨を集めるために全力を尽くすしかなくなった。これらの資本は起業家が巧みな工夫によって銀行から引き出したものであり、銀行はそうとは知らなかったし、了承もしなかっただけでなく、そのような資金を貸し出す結果になるとはまったく疑ってもいなかった。

二人の人物が手形の振出と逆振出を繰り返し、その手形をいつも同じ銀行で割り引いていれば、銀行はすぐにその行動に気づき、二人が自分の資本によってではなく、銀行が貸し出した資本で取引を行っていることを見抜くはずである。しかし、手形をあるときは一つの銀行で割り引き、つぎには別の銀行で割り引くようにしているか、二人の間で手形の振出と逆振出を繰り返すのではなく、ときおり多数の起業家の間を迂回させていれば、そう簡単には見抜けない。こうした起業家はこの方法での資金調達で互いに助け合うことが自分たちの利益になることを知っている。まともな為替手形と商取引の実態のない為替手形との区別、つまり、真の債権者が真の債務者を支払人として発行する手形と、それを割り引いた銀行以外には真の債権者がおらず、資金を利用している起業家以外には真の債務者がいない手形との区別をできるかぎり難しくすれば、自分たちの利益になることを知っているのだ。銀行家がこの事実をつかんだときには、すでに手遅れになっていることもある。これら起業家の手形の割引が巨額にのぼっているため、今後の割引を拒否すれば全員を破産させることになり、そして全員を破滅させる結果、おそらく自分も破滅しかねない事実に気づかされるのだ。自分の利害と安全を考え、解決を先送りしてきわめて危険な状態をしばらく続け、その間に少しずつ手を引いていくしかないと考える場合もあろう。そこで、割引を渋って少しずつ条件を厳しくしていき、これらの起業家が徐々に他の銀行か他の資金調達方法に依存せざるを得なくなるように仕向けて、自分だけはこの集団からなるべく早く抜け出せるようにする。こうして、イングランド銀行が、ロンドンの主要な銀行家が、さらにはスコットランドですら慎重な銀行が、ある程度の期間が経過し、かなり深入りした段階で割引を渋るようになったことから、起業家は驚いただけでなく、大いに憤慨した。起業家の窮状は疑いもなく、銀行が賢明で当然の慎重な姿勢をとるようになったことが直接の原因になって引き起こされたものだが、起業家はこれを国全体の窮状だと主張した。そして国全体が窮状に陥ったのはすべて、銀行が無知で、小心で、不当な行動をとっているからであり、国を美しくし、改良し、豊かにするために努力している起業家の活気あふれる活動に対して、十分な支援を提供していないと非難した。起業家が望むだけの期間にわたって、望むだけの金額を貸し出すのが銀行の義務だと起業家は考えているようであった。しかし銀行にとっては、すでに限度をはるかに超えて貸し出している顧客への一層の信用供与をこのような形で拒否する以外に、自行の信用を維持し、ひいては国全体の信用秩序を維持するためにとりうる方法がなかったのである。

このような喧騒と窮迫のなかで、スコットランドの窮状を解消することを目的に掲げた銀行が設立された。同行の構想は素晴らしかったが、実行に慎重さを欠いており、おそらくは解消しようとした窮状の性質と原因をよく理解できていなかった。現金口座の設定でも為替手形の割引でも、それまでのどの銀行よりも条件を緩くした。為替手形の割引に関しては、取引実態のある手形と融通手形をほとんど区別せず、同じように割り引いたようだ。土地の改良のように、資金の回収までにとくに時間がかかる事業であっても、適切な担保があれば資本の全額を貸すことを経営の原則として掲げていた。このような事業の振興こそが、公益のために同行を設立した主要目的だとされていた。現金口座の設定と為替手形の割引の条件が緩かったため、発行した銀行券が巨額にのぼったことは間違いない。しかし発行した銀行券の大部分は、国内の流通で容易に吸収され使われうる総額を超える部分のものであったため、発行するとすぐに金貨や銀貨との交換を求めて同行に戻ってきた。同行の金庫に十分な金貨と銀貨が用意されていることはなかった。同行の資本は二回にわたる募集で総額十六万ポンドが引き受けられたが、払い込まれたのはその八十パーセントである。資本は何度かに分けて払い込まれるものだった。第一回の払い込みの後、出資者の多くが同行に現金口座を開設している。経営陣は自行の出資者にも他の顧客と同じ緩い条件を認める義務があると考えて、出資者の多くに、第二回以降のすべての分割払い込みに現金口座で借りた資金をあてることを許容した。このため、資本の分割払い込みは自行の金庫から引き出した現金を、すぐに自行の別の金庫におさめるだけにすぎないものになった。しかし、同行の金庫が十分に満たされていたとしても、銀行券の発行が過剰であったためにすぐに硬貨が流出し、補充のためには、ロンドンを支払地とする為替手形を振り出し、その手形が満期になったときに、同じくロンドンを支払地とする新たな手形で、利子と手数料を加えた金額を支払う破滅的な方法に頼るしかなかったはずだ。同行の金庫は当初から空に近かったため、事業開始からわずか数か月でこの方法に依存するしかなくなったといわれている。同行の出資者が所有する資産は合計して数百万ポンドの価値があり、出資者が署名した銀行設立契約に基づいて、同行のすべての債務に対する事実上の担保になっていた。これほど巨額の資産を裏付けにすればかならず得られる強い信用力のために、同行は取引条件が緩すぎたにもかかわらず、二年以上にわたって事業を継続できた。営業を停止するしかなくなったとき、同行の銀行券は約二十万ポンド流通していた。発行するとすぐに戻ってくる銀行券の流通を支えるために、ロンドンを支払地とする為替手形の振出を続けてきており、その枚数と総額が増えつづけて、営業停止の時点には六十万ポンドを上回っていた。したがって同行は、営業開始から二年と少したった時点で、多数の顧客に総額八十万ポンド以上を五パーセントの金利で貸し出していたことになる。このうち銀行券が流通していた二十万ポンドについては、おそらく五パーセントの金利は営業費以外に経費を差し引く必要のない純利益になったとみてもいいだろう。しかし、ロンドンを支払地とする為替手形の振出を続けていた六十万ポンド強については、金利と手数料で八パーセント以上を支払っており、その結果、貸し出しの四分の三の部分では年に三パーセント以上の損失をだしていた。

　この銀行の事業は、同行を計画し指揮した人の意図とは正反対の結果を生み出したと思える。当時、スコットランドの各地で進められていた起業家の事業を活気あるものと考え、それらを支援することを意図していたようだ。同時に、銀行業務をすべて自行に引き寄せて、スコットランドの既存の銀行をすべて駆逐することを意図していたようだ。とくに、為替手形の割引を渋ったために非難をあびていたエディンバラの銀行に取って代わることを意図していたようだ。同行は疑いもなく、起業家の窮状を一時的にある程度緩和し、事業をあと二年間続けられるようにした。しかしそれによって、起業家がさらに借金の深みにはまりこんでいくだけになり、破滅の時期がきたとき、起業家も債権者も一層大きな打撃を受けるだけになった。このため長期的にみれば、同行の事業によって起業家が自分たちとスコットランドにもたらした窮状が解消されるどころか、逆に増幅されたことになる。起業家の大部分が実際より二年早く事業を中止せざるを得なくなっていれば、起業家にとっても、債権者にとっても、スコットランドにとっても、はるかによかっただろう。しかし、同行が起業家の窮状を一時的に緩和した結果、スコットランドの他の銀行は窮状から実際に最終的に脱出できた。融通手形に頼っていた人は、他の銀行が割引を渋るようになっていたので、この新しい銀行に頼るようになり、同行はこうした顧客を心から歓迎した。このため他の銀行は破滅的な悪循環から楽々と脱出できた。同行がなければ、脱出に際してかなりの損失を被っただろうし、おそらくはある程度まで信用が失われる事態にもなっただろう。

こうして長期的にみれば、同行は解消を目指したスコットランドの窮状を逆に深めることになった。そして、駆逐しようとした既存の銀行を逆に、極端な窮状から事実上救い出すことになった。

同行が設立された当初、その金庫からどれほど速く硬貨が流出しても、紙幣の貸出先である顧客の担保を裏付けにすれば、容易に資金を調達して金庫を満たせるとする意見もあった。しかし実際には、この方法は時間がかかりすぎて金庫を満たすためには使えないことに気づかされたのだと思われる。そして、当初から中身が不十分だった金庫が急速に空になっていくため、ロンドンを支払地とする手形を振り出し、満期になれば利子と手数料を上乗せした別の手形を同じ支払地で振り出す破滅的なもの以外に補充の方法がないことにも。この方法であれば望む通りに急速に資金を調達できたが、この方法を使うたびに利益をあげるどころか、損失を被ったはずである。このため、長期的にみて営利企業としては自滅する結果になったはずだが、おそらく、手形の振出と逆振出というもっと経費のかかる方法をとった場合ほど急速に破綻することはなかったとみられる。それでも、紙幣を発行しても利子で利益をあげることはできなかった。国内の流通で容易に吸収され使われうる総額を超える部分のものであったので、発行すると間もなく、金貨や銀貨との交換のために同行に戻ってきて、その支払いのためにつねに借り入れを余儀なくされたからだ。この部分については借り入れや、貸し出せる資金をもつ人を探す代理人の雇用や、貸し手との交渉や、適切な借用証書・譲渡証書の作成にかかる経費をすべて負担することになり、同行にとってすべて損失になった。このような方法で自行の金庫を満たそうとするのは、たとえていうなら、水がいつも流出しているのに、たえず流入する流れがない池で、たくさんの人を雇い、何マイルも遠くにある泉からバケツで水を運んで、池をいつも満杯にしておこうとするようなものである。

しかし、この方法が営利企業としての同行にとって現実的だし、採算がとれるものであったとしても、スコットランドはそれによって利益を得ることはなかっただろう。それどころか大きな損失を被ったはずである。この方法では、貸し出しに使える国内の資金をわずかでも増やすことはできない。同行がスコットランドでの融資をすべて引き受けられるようになるだけだ。個人の貸し手は同行に資金を貸すようになり、融資を受けたい人はみな、個人に依頼するのではなく、同行に申し込まなければならなくなったはずだ。だが銀行は、おそらく五百人もの人たちに貸し出すし、その大部分は経営陣がほとんど知らない人物になるので、個人の貸し手よりも貸出先を賢明に選択できるとは考えにくい。個人の貸し手の場合はごく少数の知り合いに貸すだけであり、真面目な倹約家なので信頼できると考える相手にしか貸さない。銀行の貸出先はその行動を以上に説明してきたように、たいていは誇大妄想ぎみの起業家、融通手形の振出と逆振出で資金を調達してきた起業家であり、派手な事業に資金を投じていて、最大限の支援を受けてもおそらくは事業を完成させることができず、完成したとしても、それに費やした経費を回収できず、事業に使われたのと同じ量の労働を維持できる資金を生み出すことは決してできないだろう。これに対して個人の貸し手の貸出先は真面目な倹約家であり、借り入れた資金は、自分の資本にふさわしい着実な事業に投じる可能性が高い。こうした事業は壮大でも派手でもないかもしれないが、もっと堅実で収益性が高く、事業に使われたもの以上の量の労働を維持できる資金を生み出せるだろう。したがってこの方法で銀行が成功を収めても、スコットランドの資本をごくわずかでも増やすわけではなく、資本のかなりの部分を賢明で収益性の高い事業から、無謀で採算のとれない事業に移すだけになっただろう。

　スコットランドの産業はそれを動かす通貨が不足しているために衰退しているというのが、有名なジョン・ローの意見であった。ある種の銀行なら国内のすべての土地の価値に等しい金額の紙幣を発行できると考えたようで、そうした銀行を設立して通貨不足を解消するよう提案した。ローがはじめてこの提案を行ったとき、スコットランド議会はそれを採用すべきだとは考えなかった。後にいくつかの修正を加えた案が、フランスの摂政であったオルレアン公フィリップに採用された。紙幣の発行量をほぼ無限に増やせるという考え方が基礎になって、いわゆるミシシッピー計画が生まれた。おそらく、銀行業と株式売買の両面で、これほど途方もない計画は世界にかつてなかっただろう。この計画のさまざまな活動に関しては、J・パリス・デュベルネがデュ・トーの著作について論じた『「財政と商業に関する政治的考察」の検討』で詳細で鮮明に、組織的に明瞭に説明しているので、ここであらためて論じようとは思わない。この計画の基礎になった理論は、ジョン・ロー自身がはじめて計画を提案したときに執筆しスコットランドで出版した『通貨・貿易論』で説明している。素晴らしくはあるが非現実的な考え方が、この本や、同じ理論に基づく他の本で主張され、いまでも数多くの人を魅了している。おそらくこれが、スコットランドでも他の地域でも問題になっている銀行業務の行き過ぎの一因になったとみられる。

イングランド銀行はヨーロッパ最大の紙幣発行銀行である。一六九四年七月二十七日に特別法に基づき、政府発行の特許状のもとで設立された。当初、政府に百二十万ポンドを貸し付け、八パーセントの金利で、年に九万六千ポンドの利子と四千ポンドの管理費、合計して十万ポンドを受け取ることになった。一六八八年の名誉革命で成立した新政府はこれほど高い金利で借り入れなければならなかったのだから、信用度がよほど低かったと考えていいだろう。

一六九七年、同行は一〇〇万一一七一ポンド一〇シリングの増資を認められ、資本金が二二〇万一一七一ポンド一〇シリングになった。この増資は政府の信用を支えるためのものだったといわれている。一六九六年には、政府債務証書の一種である割符が四十パーセント、五十パーセント、六十パーセントも割り引いた価格で、銀行券が二十パーセント割り引いた価格で取引されていた。当時、銀貨の大改鋳が行われていて、イングランド銀行は紙幣の兌換を停止するのが適切だと考えた。この結果、当然ながら紙幣の信用が低下したのだ。
　アン女王の時代（一七〇二～一四年）の一七〇八年の法律によって、イングランド銀行は政府に四十万ポンドを追加融資し、総額が百六十万ポンドになった。年に九万六千ポンドの利子と四千ポンドの管理費、合計して十万ポンドの受取額は変わらなかった。つまり一七〇八年には、政府の信用度が個人と変わらぬほど高くなっていたことになる。当時の法定上限金利であり、通常の市場金利である六パーセントで借り入れられるようになったからだ。同じ法律に基づいて、同行は利率六パーセント、総額一七七万五〇二七ポンド一七シリング一〇・五ペンスの政府証券を市場から買い入れた。同時に百パーセント増資の許可を受けた。この結果、資本金は四四〇万二三四三ポンドになり、政府への貸し出しは総額三三七万五〇二七ポンド一七シリング一〇・五ペンスになった。

一七〇九年には十五パーセント、六五万六二〇四ポンド一シリング九ペンスの株主割当発行増資を実施し、一七一〇年にも十パーセント、五〇万一四四八ポンド一二シリング一一ペンスの株主割当発行増資を実施した。資本金は五五五万九九九五ポンド一四シリング八ペンスになった。

　ジョージ一世治世（一七一四～二七年）の一七一六年の法律に基づき、イングランド銀行は総額二百万ポンドの政府証券を市場から買い入れた。この結果、政府への貸し出し総額は五三七万五〇二七ポンド一七シリング一〇・五ペンスになった。一七二一年の法律に基づいて、四百万ポンドの南海会社の株式を購入した。一七二二年にはこの株式購入の資金を賄うために三百四十万ポンドの公募増資を行った。したがってこの時点で公共部門への投融資総額は九三七万五〇二七ポンド一七シリング一〇・五ペンスになった。一方、資本金は八九五万九九九五ポンド一四シリング八ペンスになった。このときから、公共部門に提供し利子を受け取る資金の総額がはじめて、株主に配当を支払う資本金を上回るようになった。言い換えれば、配当対象の資本を超える部分として、配当対象外の資本をもつようになった。これ以降、同行は配当対象外の資本をもちつづけている。一七四六年には、それまで何回かに分けて実施した公共部門向け投融資の総額が一一六八万六八〇〇ポンドになり、株主割当発行増資と公募増資によって、配当対象の資本金が一〇七八万ポンドに増加した。それ以降、この二つの金額は変わっていない。ジョージ三世治世（一七六〇～一八二〇年）の一七六四年、同行は特許状の更新にあたって、十一万ポンドを政府に支払った。これは利子がつかず、返済もされない資金なので、投融資総額と資本金は増加していない。

　イングランド銀行の配当率は、公共部門に対する貸し出しの金利とその他の状況がときとともに変化するのに伴って変動してきた。貸し出し金利は八パーセントから三パーセントに低下してきた。過去何年かにわたって、配当率は五・五パーセントになっている。

イングランド銀行は安全性の点でイギリス政府と同等である。政府向けの貸し出しがすべて失われないかぎり、同行の債権者が損失を被ることはない。イングランドでは同行以外の銀行を法律によって設立することはできず、また、出資者が六人を超える銀行を設立することもできない。同行は通常の銀行として営業しているだけでなく、国の一大機関としても活動している。政府から債権者への元利支払いの大部分を扱っており、政府証券を流通させ、徴収に数年かかることが多い土地税と麦芽《モルト》税の年額を政府に貸し付ける。これらの活動にあたって過剰な紙幣を流通させたこともあったとみられるが、これは経営陣の判断に誤りがあったためではなく、政府に対する義務のためである。同行はさらに商業手形の割引を行い、イングランドの主要企業はもちろんハンブルクやオランダの主要企業に対しても、何度かの危機で信用を維持するための支援を提供している。一七六三年にはこの目的のために、一週間に約百六十万ポンドを、それもかなりの部分は金地金で貸し出したといわれている。しかし、これだけの金額をこれほどの短期間に貸し出したかどうかは確認できていない。逆に、偉大なイングランド銀行が時間稼ぎのために六ペンス銀貨で支払いを行うまでに追い込まれたこともある。

銀行が賢明な活動によって国の産業を振興できるのは、国内の資本を増やすことによってではなく、国内の資本のうち生産的に使われる部分を増やすことによってである。事業主の資本のうち、当面の支払い用に現金で用意しておかなければならない部分はまさに遊休資本であり、その状態にとどまっているかぎり、事業主にも国にも何も生み出さない。銀行の賢明な活動によって、事業主はこの遊休資本を生産的に使われる資本に転換できる。労働対象の原材料、労働手段の機器や道具、労働目的の食料に、つまり事業主と国にとって何かを生み出す資財に転換できる。金貨と銀貨も、国内に流通していて、土地と労働の生産物を毎年流通させ、適切な消費者に配分するために使われているかぎり、事業主が遊ばせている現金と同じように、すべて遊休資本である。国の資本のうちきわめて貴重な部分ではあるが、国には何も生み出さない。銀行が賢明な活動によって金貨と銀貨のうちかなりの部分を紙幣に置き換えれば、国の遊休資本のうちかなりの部分を生産的に使われる資本に、国にとって何かを生み出す資財に転換できる。国内に流通している金貨と銀貨は、いってみれば幹線道路のようなものである。道路は国内で生産された牧草や穀物を市場に運搬して流通させるのに使われるが、それ自体では牧草や穀物はまったく生産されない。突飛な比喩にはなるが、銀行の賢明な事業は、馬車の通る街道を空中に作り、幹線道路のうちかなりの部分を牧草地と穀物畑に転換し、労働と土地の年間生産量を大幅に増やすようなものだといえる。しかしイカロスの翼のような紙幣の力で、いわば空中を飛ぶようになると、金貨と銀貨という堅固な道を歩んでいる場合とくらべて、国の商業と産業はある程度盛んになるだろうが、まったく安全だとはいえなくなることを認識しておくべきだ。銀行による紙幣の管理が未熟なことによって問題が起こりかねないうえ、銀行が紙幣をどれほど賢明に巧みに管理しても避けられない問題にもぶつかりかねない。

たとえば戦争で劣勢になって首都を占領され、紙幣の信用を支えている金銀を押さえられた場合、国内取引の大部分が金貨と銀貨によって行われている国と比較して、紙幣だけを使っている国では混乱がはるかに大きくなる。商業に使われている通常の手段が価値を失い、物々交換か信用によるもの以外では取引ができなくなる。税金はすべて紙幣で支払われてきたので、国王は軍隊に給与を支払うことも、武器弾薬を支給することもできなくなる。そして、国内取引の大部分が金貨と銀貨によって行われている国と比較して、国内の混乱を収拾するのがはるかに難しい。国王は領土をいつももっとも防衛しやすい状態にしておきたいのであれば、以上の点を考えて、紙幣発行の行き過ぎによってそれを発行した銀行が破綻する事態を防ぐだけでなく、国内通貨の大部分を占めるまでに紙幣発行量が増える事態も防ぐべきである。

どの国でも、国内の取引は二つの部門に分かれていると考えることができる。事業者間の取引と、事業者と消費者の間の取引である。紙幣も硬貨も、同じ通貨がそのときどきにどちらの取引にも使われることがあるが、両方の種類の取引がつねに同時に行われているので、それぞれの種類の取引のために紙幣か硬貨がある量必要になる。事業者間で取引される商品の総価値は、事業者と消費者の間で取引される商品の総価値を上回ることはない。事業者が購入する商品は最終的に消費者に販売されるからだ。事業者間の取引は卸売り取引なので、個々の取引にかなりの通貨が必要になるのが一般的である。これに対して事業者と消費者の間の取引は一般に小売り取引なので、ごく小額の通貨しか使われず、一シリングかときには〇・五ペンスの通貨で十分である場合も多い。だが、小額の通貨の方が大きな額の通貨よりもはるかに速く回転する。一ギニー通貨よりも一シリング通貨は速く回転し、一シリング通貨よりも〇・五ペンス通貨は速く回転する。このため、消費者全体の年間購入額は、事業者全体の年間購入額と少なくとも変わらないが、消費者の取引に必要な通貨の総額は通常はるかに少ない。小額の通貨の方が回転が速いため、同じ額でもはるかに大量の取引の手段として使われる。

紙幣は規制によって、ほぼ事業者間の取引だけに使われるようにすることもできるし、事業者と消費者の間の取引の大部分にも使われるようにすることもできる。ロンドンのように額面十ポンド以上の銀行券しか流通していない地域では、紙幣の利用はほぼ、事業者間の取引だけにかぎられている。十ポンド札を消費者が受け取った場合、せいぜい五シリングの買い物をするために立ち寄った最初の店でくずすしかなく、四十分の一も使わないうちに事業者の手に戻ることが多い。スコットランドのように、二十シリング（一ポンド）札という小額の銀行券が発行されている地域では、事業者と消費者の間の取引にもかなりの程度まで紙幣が使われている。法律によって十シリング札と五シリング札が流通しなくなるまでは、事業者と消費者の間の取引で紙幣がもっと使われていた。北アメリカでは一シリング札という小額の紙幣も一般に発行されており、取引の大部分が紙幣によって行われている。イングランドのヨークシアでは、六ペンス札が発行されたこともある。

ここまで小額の銀行券の発行が許され、ごく普通に流通していると、資力の乏しい人でも銀行家になれるし、銀行家になろうと考える人が多くなる。五ポンドの約束手形を振り出しても誰も受け取らないし、二十シリングの約束手形を振り出した場合ですら、誰も受け取らないほど信用度の低い人でも、六ペンスの小額の約束手形を振り出した場合には、とくに問題にされることもなく受け取ってもらえる。しかしそこまで資力の乏しい銀行家なら倒産する場合も多くなり、極端に不都合な事態も起こるだろうし、倒産した銀行家が発行した銀行券で支払いを受けていた多数の貧乏人にとっては、悲惨な事態にすらなりかねない。

おそらく、イギリス国内のどの地域でも、五ポンド以下の銀行券の発行を禁止する方がいい。そうすれば、十ポンド以下の銀行券が発行されていないロンドンで現在、そうなっているように、紙幣はイギリスのどの地域でも事業者間の取引だけに使われるようになるだろう。五ポンドではイギリス国内のほとんどの地域で、金遣いが荒いロンドンでの十ポンドと比較したとき、おそらく購入できる財貨の量は半分をわずかに上回る程度だろうが、この金額の価値に関する見方の点でも、一度に支出されることがめったにない点でも、同等だといえる。

ロンドンのように、紙幣の利用が事業者間の取引だけにほぼかぎられている地域では、金貨や銀貨が大量に使われていることに注意すべきである。スコットランドや、それ以上に北アメリカのように、事業者と消費者の間の取引でもかなりの程度まで紙幣が使われている地域では、金貨と銀貨がほとんど使われなくなっている。国内の通常の商取引はほぼすべて、紙幣を使って行われている。スコットランドでは十シリングと五シリングの銀行券が禁止されて、金貨と銀貨の不足がある程度解消された。二十シリング札も禁止すれば、金貨と銀貨の流通量がさらに増えるだろう。アメリカでも紙幣の一部を禁止した後、金貨と銀貨が増えたという。また、紙幣が使われるようになる以前には、もっと大量の金貨と銀貨が流通していたといわれている。

紙幣の利用がほぼ、事業者間の取引にかぎられていても、銀行と銀行家は紙幣がほとんどすべての取引に使われている場合と変わらないほどの支援を、国内の産業と商業に提供できるだろう。当面の支払い用に保有しておかなければならない現金はすべて、事業者が商品の仕入れ先である他の事業者との取引に使うものである。消費者は支払いが必要になる相手ではなく、現金を支払ってくれる顧客なので、消費者との取引のために現金を用意しておく必要はない。このため、ほぼ事業者間の取引にしか使われない額面のもの以外の紙幣の発行が禁止されても、一部は為替手形の割引によって、また一部は現金口座での貸し出しによって、銀行と銀行家は、事業者が当面の支払い用に、資本のうちかなりの部分を現金の形で遊ばせておく必要を大部分なくすことができる。小額紙幣の発行が禁止されても、銀行と銀行家は健全性を維持しながら、さまざまな種類の事業者に最大限の支援を提供できるのである。

　個人が巨額であれ少額であれ、銀行家が発行した約束手形による支払いを受け取る意思があるのに、その受け取りを禁止するのは、また、地域の人がみな受け取る意思があるのに、銀行家に小額の約束手形の発行を禁止するのは、自然な自由をあからさまに侵害する行為であり、法律は本来、自由を侵害するのではなく、自由を守るためのものではないかという意見もあるだろう。こうした規制は確かに、ある点で自然な自由を侵害するものだといえる。しかし、少数の個人による自然な自由の行使が社会全体の安全を危険にさらしかねない場合には、どの国の政府の法律でも自由に制限を加えているし、加えるべきである。とくに専制的な政府でも、とくに自由を大切にする政府でも、この点に変わりはない。火災の拡大を防ぐために防火壁を作るよう義務づけるのは、自然な自由を侵害する行為であり、ここで提案した銀行業務に関する規則も、自然な自由の侵害という点でまったく同じ種類のものである。

紙幣は、疑う必要がないほど信用度が高い人物によって発行された銀行券であれば、そして、要求がありしだい無条件に支払われるもので、実際にも提示されしだいすぐに支払われているのであれば、あらゆる面で金貨や銀貨と同じ価値をもつ。いつでも金貨や銀貨と交換できるからである。そうした紙幣で商品を売買する場合には、金貨や銀貨で売買する場合と価格が変わらないはずである。

紙幣が増えれば、通貨の流通量が増え、その結果、通貨の価値が下がって、商品の金銭価格がかならず上昇すると主張されている。しかし、通貨として使われなくなる金貨と銀貨の総額はつねに、通貨に加わる紙幣の総額に等しいので、紙幣のために通貨の流通量が増えるとはかぎらない。十七世紀初めから現在までみて、スコットランドでは一七五九年に食料品価格がもっとも低くなったが、当時は十シリングと五シリングの銀行券が使われていたので、現在よりも紙幣の流通量が多かった。スコットランドとイングランドでの食料品価格の比率は、スコットランドで銀行が大量に設立された後も、それ以前と変わっていない。イングランドとフランスでは、穀物価格はほとんどどの時期にも違わない。だが、イングランドでは大量の紙幣が使われているが、フランスでは紙幣はほとんど使われていない。一七五一年とデービッド・ヒュームの『政治経済論集』が刊行された一七五二年はスコットランドで紙幣が急増した直後にあたっており、食料品価格が大幅に上昇したが、これはおそらくは紙幣の急増のためではなく、天候不順のためであろう。

もっとも、紙幣が約束手形であって、ただちに支払われるかどうかが何らかの点で発行者の意向に左右される場合や、紙幣の保有者がいつも満たせるとはかぎらない条件が支払いにつけられている場合、何年かの後にならなければ支払われず、その間の利子がつかない場合には、事情が違ってくる。そうした紙幣は疑いもなく、多かれ少なかれ金貨や銀貨より価値が低くなる。どこまで低くなるかは、ただちに支払いを受けるのがどれほど困難か不確実だと感じられるか、支払いを要求できるようになるまでにどれほどの期間があるかで決まってくる。

何年か前に、スコットランドのいくつかの銀行が銀行券に、いわゆる選択条項を書き込むようにした。この条項のもとで、銀行券が提示されしだいただちに支払うか、六か月後にその間の法定金利を加えて支払うかの選択権を銀行の経営者がもつと規定された。これら銀行の経営者の一部は、ときにはこの選択条項を利用したし、ときには、大量の銀行券を金貨と銀貨と交換するよう要求された際に、要求の一部で満足しないのなら選択条項を適用すると脅すことすらあった。こうした銀行の約束手形は当時、スコットランドで流通する通貨の大部分を占めていて、支払いが不確実なことから当然ながら、金貨や銀貨より価値が低くなっていた。こうした悪習が続いていた時期（主に一七六二年、六三年、六四年）、イングランド北部のカーライルとロンドンの間の為替は平価であったが、カーライルから三十マイルも離れていないスコットランド南部のダムフリースとロンドンの間ではダムフリース側が四パーセントも不利になることがあった。カーライルでは手形は金貨と銀貨で支払われ、ダムフリースではスコットランドの銀行券で支払われるうえ、銀行券は金貨や銀貨と交換できるかどうかが不確実なために、金貨や銀貨より価値が四パーセント低くなっていたのだ。十シリング札と五シリング札の発行を禁止した法律によって、この選択条項も禁止され、イングランドとスコットランドの間の為替相場が自然な水準、つまり商業と送金の状況によって決まる水準に戻った。

　ヨークシアの紙幣は、六ペンスという小額のものでも、発行した銀行に一ギニー分の紙幣を持ち込むことが兌換の条件になっていることがあった。紙幣の保有者がこの条件を満たすのはきわめて難しい場合が多く、その結果、この紙幣は金貨や銀貨よりも価値が低くなったはずである。このため法律によって、こうした条項はすべて不法とされ、スコットランドの場合と同様に、二十シリング以下の持参人払いの約束手形がすべて禁止された。

北アメリカの紙幣は、持参人一覧払いの銀行券ではなく、発行後何年かが経過しなければ支払いを要求できない政府紙幣である。植民地政府は政府紙幣の保有者に利子を支払わないが、額面に等しい金額の支払いにあたって法貨とすると宣言し、実際に法貨として扱っている。しかし、植民地政府の保証が完全なものだとしても、たとえば十五年後に支払われる百ポンドは、金利が六パーセントの場合には現金で四十ポンド強の価値しかない。このため、現金で貸し出した百ポンドの債権について、額面百ポンドの政府紙幣による返済を全額の返済として受け入れるよう債権者に義務づけるのは乱暴で不公正な行為であり、おそらくは自由を標榜するどの国の政府もまず試みたことがないほどのものである。誠実で率直なウィリアム・ダグラス博士が論じているように、植民地政府のこの制度は、もともと詐欺的な債務者が債権者をだますために考えたものであることが歴然としている。ペンシルベニア植民地政府は一七二二年にはじめての紙幣を発行したとき、政府紙幣が金貨や銀貨と同じ価値のものであると主張し、商品を売る際に代金が紙幣で支払われるか金貨や銀貨で支払われるかで価格に差をつけた人物に対する罰則を設けた。この規定も紙幣と金貨や銀貨を等価とする制度と変わらぬほど抑圧的だが、その効果ははるかに劣っている。法律によって一シリングを一ギニーの法貨とすることは可能だ。裁判所がこの法律にしたがって、法貨によって返済したとする債務者の主張を認めるからである。だが、どのような法律によっても、商品を販売する者に対して、みずからの意思で商品を売ることも売らないこともできる者に対して、一シリングに一ギニーの価値があるものとして代金を受け取るよう強制することはできない。この種の規則はあっても、イギリスの商取引では、イギリスの百ポンドが北アメリカのある植民地の通貨では百三十ポンドにあたり、別の植民地の通貨では一千百ポンドにもあたるとされることがある。この違いは、植民地によって紙幣の発行量に違いがあり、最終的な支払いと償還の時期と確実性に違いがあることに起因している。

したがって、植民地からは根拠のない抗議がよせられたが、将来、植民地で発行される紙幣は支払いにあたっての法貨にならないとしたイギリスの法律はまったく公正である。

ペンシルベニアはつねに、他の植民地より紙幣の発行量を少なくしている。このため、植民地紙幣はそれが発行されるようになる前に使われていた金貨や銀貨よりも価値が下がったことはないといわれている。紙幣を発行する前に、ペンシルベニア政府は硬貨の額面を変更し、五シリング硬貨の額面を当初は六シリング三ペンスに、後に六シリング八ペンスに変更する法律を制定した。この結果、同植民地の一ポンドは金貨や銀貨であっても、イギリスの一ポンドより価値が三十パーセント以上低くなっていたが、紙幣が発行されるようになってからは、三十パーセントを大幅に上回るほどの率で低くなることはめったにない。硬貨の額面を引き上げたのは、金と銀が同じ量でも、植民地の方が本国より金額が多くなるようにして、金と銀の輸出を防ぐためであった。しかし、本国からの輸入品の価格が硬貨の額面を引き上げたのとまったく同じ率で上昇しただけになり、金と銀はそれまでと同じペースで輸出された。

各植民地の紙幣は地方税の支払いにあてた場合、額面通りの価値を認められるため、最終的な支払いと償還までの実際の期間かその期間に関する見方によって決まる価値を超えて、この用途による追加価値が必然的に発生した。この追加価値の大小は、発行された紙幣の総額がそれぞれの植民地での税金の支払いに使える総額をどこまで上回っているかによって決まる。どの植民地でも、紙幣の発行総額は納税に使える総額を大幅に上回っていた。

国王がある種の紙幣について、最終的な支払いと償還の時期をまったく自由に決められるようにしたとしても、税金のうちある部分をその紙幣で支払うよう義務づける法律を制定すれば、紙幣に価値をもたせることができる。その紙幣を発行する銀行が発行量をうまく管理して、納税に容易に使える総額をつねに若干下回るようにすれば、紙幣に対する需要が供給を上回ってプレミアムがつき、額面が同じ金貨や銀貨よりも若干高い価格で市場で取引されることすらありうる。アムステルダム銀行のプレミアムと呼ばれているものがあり、通常の通貨より同行の銀行通貨の方が割高になっている理由を、以上のように説明する人もいる。この銀行通貨は所有者が随意に銀行外に持ち出せるものではないと説明されている。外国の為替手形の大部分は、銀行通貨によって、つまり同行の口座間の振替によって支払われなければならない。そして、同行の経営者が銀行通貨の総額をつねに振替のために必要な総額より少なく保っていると主張されている。このために銀行通貨にプレミアムがつき、額面が等しいオランダの金貨や銀貨より四パーセントから五パーセント高く取引されているのだという。しかし、第四編で明らかにするように、アムステルダム銀行に関するこの説明は大部分が根拠のないものである。

紙幣の価値が金貨や銀貨よりも下がった場合にも、そのために金銀の価値が下がるわけではなく、ある量の金銀と交換できる他の商品の量が少なくなるわけではない。金銀と他の商品の間の価値の比率はどのような場合にも、国内で流通している紙幣の性格や量によって決まるのではなく、その時点にたまたま商業世界の大規模な市場に貴金属を供給する役割を担った鉱山の豊かさや貧しさによって決まる。ある量の金銀を市場に供給するために必要な労働の量と、他の種類の商品を市場に供給するために必要な労働の量の比率によって決まる。

銀行家がある金額以下の額面で銀行券や持参人払い手形を発行することを禁止され、発行した銀行券について提示されしだい、ただちに無条件に支払いを行うよう義務づけられていれば、銀行業務のその他の面で完全な自由が認められていても、公共の安全を損なうことはない。イングランドとスコットランドでこのところ銀行が急増したことについて、危険な動きだと警鐘をならす人が多いが、公共の安全は危うくなるどころか、強化されている。銀行の数が増えたために、どの銀行もこれまで以上に慎重に行動しなければならなくなり、保有する金貨と銀貨に対する適切な比率を超えて銀行券を発行しないようにして、多数の競争相手が自行を蹴落とすためにいつ仕掛けてくるか分からない取り付けの動きに対抗できるようにしておかなければならなくなる。個々の銀行は取引が狭い範囲に限定され、銀行券の発行額が少なくなる。国全体に流通する銀行券が多数の銀行のものに分かれるので、ものごとの流れのなかで銀行が破綻する事態がときおり起こるのは避けられないことだが、その際に社会に与える影響が小さくなる。自由競争によって、どの銀行も競争相手に顧客を奪われないように、顧客を大切にしなければならなくなる。一般的にいって、ある種の事業、ある部門の労働が社会に利益をもたらすものであれば、競争が自由に行われ、広範囲に行われるほど、社会にとっての利益が大きくなる。

第三章　資本の蓄積と、生産的労働と非生産的労働

労働には、対象物の価値を高めるものと、そのような効果がないものとがある。前者は価値を生み出すので、生産的労働と呼べるだろう。後者は非生産的労働と呼べるだろう（豊富な学識と独創性があるフランスの著者の何人かが、この二つの言葉を違った意味で使っている。第四編でその使い方が不適切であることを示そうとつとめる）。製造工の労働は一般に、労働対象の原材料に、自分を維持する価値と、雇い主の利益になる価値とを付け加える。これに対して家事使用人の労働は、何にも価値を付け加えない。製造工は雇い主から賃金を支払われるが、実際には雇い主に何の負担もかけない。労働対象の価値が上昇して、雇い主は支払った賃金の価値を回収でき、利益が得られるのが通常だからだ。だが、家事使用人の維持に使われた資金が回収されることはない。多数の製造工を雇えば豊かになり、多数の家事使用人を維持すれば貧しくなるのだ。もちろん、家事使用人の労働には価値があり、製造工の労働と同じように報酬を受けるのが当然である。だが、製造工

の労働は具体的な物、販売できる商品になり、体現されているので、労働が終わった後も少なくとも当面は残っている。たとえていえば、ある量の労働が蓄積され、必要があれば、他の機会に利用できるようになっているのだ。そうした生産物かその対価によって、後に必要になったときに、生産に使われたのと同じ量の労働を雇用できる。これに対して家事使用人の労働は、具体的な物、販売できる商品の形になることがない。使われた瞬間に消えるのが通常であり、労働の結果や価値が残ることはめったになく、後に同じ量の労働を購入できる価値が残ることもめったにない。

社会のなかでとくに尊敬される地位にある人の労働にも、家事使用人の労働と同じく、何の価値も生み出さず、具体的な物や販売できる商品の形になることがなく、労働が終わったときに、後に同じ量の労働を購入するのに使える商品を残さないものがある。たとえば、国王や、国王に仕える裁判官と軍人、陸軍と海軍の将兵の労働はすべて非生産的である。全員が社会の使用人であり、他人の労働による年間生産物の一部によって維持されている。これらの人の勤務はどれほど名誉があり、役立ち、必要不可欠であっても、後に同じ量の勤務を購入するのに使える商品を生み出すわけではない。今年の労働によって国の安全と防衛が維持されても、翌年の国の安全と防衛を購入することはできない。これと同じ種類には、とくに権威がある重要な職業と、とくに地位が低い職業がどちらも入る。一方には聖職者、法律家、医者、各種の文人があり、もう一方には役者、芸人、音楽家、オペラ歌手、バレエ・ダンサーなどがある。これらのなかでとくに地位が低い職業の労働にも価値があり、すべての種類の労働の価値を決めているのと同じ原理によって価値が決まる。これらのなかでとくに地位が高くとくに役立つ職業の労働も、後に同じ量の労働を購入できる商品は何も生み出さない。役者の朗読、弁士の熱弁、音楽家の演奏がそうであるように、これらの職業では仕事の成果が、生み出された瞬間に消える。

　生産的労働者も非生産的労働者も、さらにはまったく労働しない人も、すべてその国の土地と労働の年間生産物で維持されていることに変わりはない。年間生産物はどれほど多くても無限ではなく、かならず限界がある。このため、ある年の生産物のうち、非生産的労働者の維持に使われる部分が少ないほど、生産的労働者の維持に使われる部分が多くなり、翌年の生産物の量が多くなる。逆に、非生産的労働者の維持に使われる部分が多いほど、生産的労働者の維持に使われる部分が少なくなり、翌年の生産物の量が少なくなる。年間の生産物は、土地で自然にできるものを除けば、すべて生産的労働によるものだからだ。

　どの国でも、土地と労働による年間の総生産物が最終的に住民の消費を満たすことになり、また住民の収入になるのだが、生産物が土地で生産されるか、生産的労働者によって生産されたとき、まずは自然に二つの部分に分けられる。第一の部分、たいていは半分を超える部分が、当初は資本の回収にあてられる。つまり、資本のなかから使われた食料、原材料、完成品の補充にあてられる。第二の部分は、資本の利益として資本の所有者の収入になるか、土地の地代として別の人の収入になる。こうして土地生産物は、まず農業経営者の資本の回収にあてられ、残りは農業経営者の利益と地主の地代にあてられて、資本の所有者にとって資本の利益として収入になり、別の人にとって土地の地代として収入になる。大規模な製造所の生産物も、つねに最大の部分が事業主の資本の回収にあてられ、残りが利益になって、資本の所有者にとっての収入になる。

どの国でも、土地と労働の年間生産物のうち、資本の回収にあてられる部分は直接には、生産的労働者以外の人の維持に使われることはない。ここから支払われる賃金は、生産的労働へのものだけである。資本の利益か土地の地代として収入に直接にあてられる部分は、生産的労働者、非生産的労働者のどちらを維持するためにも使える。

各人は所有する資財のうち資本として使う部分についてかならず、それを回収し利益を獲得しようとする。したがって、生産的労働者の維持だけに使う。資財のうちこの部分は資本として使われた後、生産的労働者にとっての収入になる。この部分の一部がある種の非生産的労働者を維持するために使われた場合には、そのように使われた部分はその瞬間に資本から引き揚げられ、直接消費用の資財になる。

非生産的労働者と労働をしない人はみな、収入によって維持されている。収入には二種類あり、第一は、年間生産物のうち、土地の地代か資本の利益として、当初から収入にあてられる部分である。第二は、当初は資本の回収と、生産的労働者だけの維持にあてられるが、生産的労働者の収入になった後に、生活に必要なものを超えていて、生産的労働者か非生産的労働者の維持に使われる部分である。大地主や裕福な商人にかぎらず、普通の労働者でも、賃金が高ければ、家事使用人を維持することがある。たまには演劇や人形劇を見に行って、ある種の非生産的労働者の維持に一役買う場合もある。また、ある程度の税金を支払って、もっと地位が高く有益ではあるが、やはり非生産的な人を維持する一助になることもある。しかし、年間生産物のうち、当初に資本の回収にあてられる部分は、それで雇用できる生産的労働をすべて雇用するまで、つまり、生産的労働を本来の目的に使うまで、非生産的労働者の維持にはあてられない。労働者は仕事をして賃金を得るまで、賃金の一部を非生産的労働者の維持に使うことはできない。そしてこの部分は通常、ごく少額にすぎない。収入のうち余った部分だけであり、生産的労働者の場合にこの部分が巨額であることはまずない（ただし、ある程度の余裕はあり、税金の場合には人数が多いので、各人の納税額の少なさをある程度まで補えるだろう）。このためどの社会でも、土地の地代と資本の利益が、非生産的労働者にとって生活を支える主な源泉になっている。一般にかなりの余裕があるのは、この二つの収入である。この余裕部分で、生産的労働者を維持することも、非生産的労働者を維持することもできる。だが、どちらかといえば非生産的労働者の維持に使われる傾向があるようだ。貴族の支出は通常、勤勉な人よりも怠惰な人を養うために使われている。裕福な商人は、資本では生産的労働者しか維持しないが、支出では、つまり収入を使う際には一般に、貴族と同じように怠惰な人を養っている。

このため、生産的労働者と非生産的労働者の比率はどの国でも、年間生産物のうち、土地で生産されるか、生産的労働者によって生産された直後に資本の回収にあてられる部分と、地代または利益として収入になる部分との比率に大きく左右される。この比率には豊かな国と貧しい国で大きな違いがある。

現在、ヨーロッパの豊かな国では、土地の生産物のうちかなり大きな部分、多くの場合に最大の部分が、豊かで独立した農業経営者の資本の回収にあてられている。残りが農業経営者の利益と地主の地代にあてられる。しかし昔、封建制が一般的だった時代には、生産物のごく一部で耕作に使われる資本を回収できた。当時、耕作に使われていた資本は普通、何頭かの痩せた役畜だけであり、それも耕作されていない土地の野生の生産物だけで飼育されていたので、野生の生産物の一種だと考えることもできた。役畜は一般に領主が所有していて、土地を使う人に貸していた。土地の生産物のうち、資本の回収にあてられるもの以外の部分も、土地の地代としてか、わずかな資本の利益として、すべて領主のものになった。土地を使っているのは一般に領主が所有する農奴であり、農奴の持ち物もすべて領主の所有物であった。農奴でない場合にはいつでも契約を打ち切れる任意終了借地人であり、その地代は名目上、賦役を金納する際の免除地代をわずかに上回る程度であったが、実際には土地の生産物のすべてにあたっていた。領主は平時にはいつでも借地人に賦役を課すことができ、戦時には軍務を命じることができた。農奴や借地人は領主の館から離れたところに住んでいるが、館に住む使用人と同じように領主に従属していたのだ。土地の生産物はすべて、疑う余地なく領主のものであり、領主はこれら生産物によって維持されるすべての人の労働と役務を自由に使うことができた。ヨーロッパの現状では、土地の生産物のうち地主の取り分は三分の一を超えることがめったになく、ときには四分の一に満たない。それでも、改良が進んだ地域では、土地の地代が昔の三倍から四倍になっている。年間の生産物の三分の一から四分の一が、昔の全生産物の三倍から四倍になっているようだ。改良が進むとともに、面積当たりの土地の地代は上昇してきたが、土地の生産物に対する比率は低下している。

ヨーロッパの豊かな国では現在、商業と製造業に巨額の資本が使われている。古い時代には、商業は小規模だったし、手工業も素朴で粗野な家内工業が細々と続けられていただけであり、ごく少額の資本しか必要としなかった。しかし、利益率はきわめて高かったはずだ。どの地域でも、金利が十パーセント以下ではなかったので、利益率はこの高金利を十分に負担できるほど高かったはずである。現在、ヨーロッパのうち社会が発達している地域では、金利が六パーセントを超えることはなく、とくに発達している地域では、四パーセント、三パーセント、二パーセントにすぎなくなっている。豊かな国では貧しい国とくらべて、住民の収入のうち資本の利益の部分がかならず、はるかに多いが、これは資本の総額がはるかに多いからであり、資本に対する利益の比率は一般にかなり低くなっている。

　このため、年間生産物のうち、土地で生産されるか生産的労働者によって生産された直後に資本の回収にあてられる部分は、豊かな国の方が貧しい国よりも総量がはるかに多いだけでなく、地代または利益として直接に収入にあてられる部分に対する比率もはるかに高い。生産的労働者の維持にあてられる資金は、豊かな国の方が貧しい国よりはるかに多いだけでなく、直接に収入にあてられる部分（生産的労働者の維持にも非生産的労働者の維持にも使えるが、非生産的労働者の維持に使われることが多い部分）に対する比率もはるかに高い。

この二種類の資金の比率がどの国でもかならず、勤勉か怠惰かという観点からみた住民の全体的な性格を決めている。近代人は祖先よりも勤勉である。いまでは二世紀から三世紀前と比較して、勤勉な人の維持にあてられる資金が、怠惰な人の維持にあてられる可能性の高い資金に対する比率でみて、はるかに多くなっているからである。祖先の時代には、労働を十分に刺激する要因が欠けていたために、一般に怠惰であった。只働《ただばたら》きするぐらいなら遊んでいた方がいいという諺もある。商工業都市では、下層階級は主に資本の使用によって維持されており、一般に勤勉で真面目で豊かである。イングランドの多くの都市や、オランダの大部分の都市がそうだ。宮廷があるか、ときおり宮廷として使われる宮殿があって、主にそれによって支えられている都市では、下層民は主に収入部分の支出によって維持されており、一般に怠惰で遊び好きで貧しい。ローマや、フランス王の宮殿のあるベルサイユ、コンピエーニュ、フォンテンブローがそうだ。フランスの高等裁判所の所在都市は、ルーアンとボルドーを除くと、どの都市にも商工業がほとんどない。下層民は主に、裁判所の関係者と裁判のために集まる人の消費によって維持されており、一般に怠惰で貧しい。ルーアンとボルドーで商業が盛んなのはもっぱら、地の利があるからだとみられる。ルーアンは外国からかフランス国内の沿海地域から、大都市のパリでの消費用に運ばれる商品のほとんどすべてを扱う物流拠点になる位置にある。ボルドーは、ガロンヌ川とその支流の川岸で生産されるワインの物流拠点である。この地域は世界有数のワイン生産地であり、輸出に最適なワイン、外国でもっとも好まれる味のワインを生産するようだ。このように有利な位置にあるので、資本の用途が十分にあり、巨額の資本がかならず引きつけられてくる。そして、資本が使われる結果、この二都市で産業が盛んになっている。フランスの他の高等裁判所所在地では、市内で消費される商品を供給するのに必要なもの以上の資本は、ほとんど使われていないようだ。つまり、それぞれの都市で必要な最少額の資本以外は、ほとんど使われていない。パリ、マドリッド、ウィーンについても、同じことがいえるだろう。この三都市のうちパリはもっとも産業が盛んだが、市内にある製造業はすべて、市内を主要な市場にしており、商業はすべて、市内で消費される商品を扱うことを主要な目的にしている。ヨーロッパではおそらくロンドン、リスボン、コペンハーゲンの三都市だけが、宮廷の所在地であると同時に商業都市でもあるといえるだろう。市内で消費される商品にかぎらず、他の都市や国で消費される商品も扱っているからだ。この三都市はいずれもきわめて有利な位置にあり、遠隔地で消費される大量の商品の物流拠点になるのに適した条件に恵まれている。収入部分の支出が巨額にのぼる都市では、市内で消費される商品を供給すること以外の目的で資本を有利に使うのはおそらく、資本の使用によるもの以外に下層民が生活を支える手段がない都市よりも難しいとみられる。収入部分の支出によって維持されている大部分の人が怠惰なことから、おそらくは資本の使用によって維持されるべき人の勤労意欲が低下し、他の都市とくらべて資本の使用が不利になるのだろう。スコットランドがイングランドと合併する前、エディンバラには商工業がほとんどなかった。スコットランド議会が開催されなくなり、スコットランドの主要な貴族や大地主が住む必要がなくなると、同市で商工業がある程度活発になった。しかし、エディンバラにはいまでもスコットランドの主要な裁判所、税関、税務署などがある。このため、収入部分の支出がかなり多い。商工業ではグラスゴーの方がはるかに発達しており、この市では住民が主に資本の使用によって維持されている。大きな村で、製造業がかなり発達していたのに、大貴族が近くに住むようになった結果、住民が怠惰で貧乏になった例がいくつかある。

　このように、資本と収入の比率がどこでも、勤勉な人と怠惰な人の比率を決めるようだ。資本が圧倒的な比率を占めるところではどこでも、勤勉な人が中心になる。収入が圧倒的な比率を占めるところではどこでも、怠惰な人が中心になる。このため、資本が増減すれば自然に、それに伴って生産的労働の実際の量、つまり生産的労働者の数が増減し、その結果、その国の土地と労働による生産物の交換価値、つまりその国の住民の真の富と収入が増減する。

資本は倹約によって増加し、浪費と無謀な経営によって減少する。

ある人が収入のうち貯蓄にあてた部分は資本に加えられ、その人が雇う生産的労働者の数を増やすのに使われるか、他人に貸して利益の一部を利子として得ることによって、借り手が生産的労働者の数を増やせるようにするのに使われる。個人の資本は、年間の収入、年間の利益のうち貯蓄にあてた額しか増加せず、社会の資本は、社会を構成する個人の資本の合計だから、同じ方法でしか増加しない。

生産的労働ではなく倹約が、資本の増加をもたらす直接の要因である。確かに倹約によって蓄積されるものを生み出すのは生産的労働である。しかし、生産的労働によって何が獲得されても、倹約によって貯蓄され蓄積されなければ、資本が増加することはない。

倹約によって、生産的労働者の維持に使われる資金が増え、生産的労働者が増加し、その労働によって、労働対象の価値が高まる。このため倹約は、その国で土地と労働による年間生産物の交換価値を増やす要因になる。生産的労働の量が増えるので、年間生産物の価値が高まる。

年間に貯蓄されたものは通常、年間に支出されたものと同様に消費され、それもほとんど同じ時期に消費される。しかし、消費するのは違う種類の人だ。金持ちの収入のうち年間に支出される部分はほとんどの場合、無為徒食の客人と家事使用人が消費し、消費の見返りは何も残さない。これに対して年間に貯蓄される部分は、利益を得るためにただちに資本として使われて同様に消費されるし、ほぼ同時に消費されるが、違った種類の人、つまり各種の生産的労働者が消費し、年間の消費の価値を再生産して利益を生み出す。金持ちの収入が金銭によるものだと想定しよう。この収入をすべて支出にまわした場合、買えるだけの食料や衣服や住宅を無為徒食の客人と家事使用人に分配することになる。収入の一部を貯蓄した場合、この部分は利益を得るために、本人か他人によってただちに資本として使われるので、それによって購入できる食料や衣服や住宅は、かならず生産的労働者のためのものになる。消費されることに変わりはないが、消費する人が違う。

倹約家は年間の貯蓄によって、その年と翌年に維持する生産的労働者の数を増やせるだけでなく、公共救貧施設の設立者と同様に、たとえていえば、その後いつも同じ数の生産的労働者を維持できる恒久的な基金を設けることになる。この資金は割当と使途が法律や信託証書、寄付証書によって決まっているとはかぎらない。しかし、きわめて強力な原理によって、つまり資金に対する権利をもつ人にとっての明白な利益という原理によって、つねに守られている。その後にその一部が生産的労働者以外の人を維持するために使われることがあれば、不適切な用途に流用した人にとって、明らかな損失になるからだ。

浪費家は、まさにそのような方法で資本を流用する。支出を収入の範囲内に止めるのではなく、自分の資本を食いつぶしていく。神を冒瀆《ぼうとく》する行いに宗教用基金の収入を使う人のように、祖先が倹約して、いうならば生産的労働者の維持という神聖な目的のために残した資金で、怠惰な人に賃金を支払う。生産的労働者を雇うための資金が減り、本人が雇用できる労働の量が減り、労働対象の価値を高められる労働の量が減る。その結果、国全体の土地と労働による年間生産物の価値、つまり、住民の真の富と収入が減ることになる。浪費家による浪費が他の人の倹約によって埋め合わせられなければ、勤勉な人の食料を怠惰な人にまわす浪費によって、浪費家自身が貧しくなるだけでなく、国全体が貧しくなる。

浪費の対象がすべて国産品であって、外国産の商品はまったく買わなかったとしても、その社会で生産に使われる資金に与える影響は変わらない。その場合にも、生産的労働者の維持に使われるべき食料や衣料のうちある量が毎年、非生産的労働者の維持に使われる。このため毎年、国内の労働と土地が生み出す年間生産物の価値が本来よりある程度減少する。

浪費による支出の対象が外国産の商品でなければ、金銀を輸出する結果にはならないので、国内の通貨の量も変わらないという意見もあるだろう。だが、非生産的労働者によって消費された食料や衣料が生産的労働者に分配されていれば、消費したものの価値をすべて再生産したうえ利益を生んでいたはずである。この場合には同じ量の通貨が国内に残り、そのうえ、同じ価値の消費財が再生産される。価値が二倍になっていたはずだ。

それに、年間の生産物の価値が減少していけば、同じ量の通貨が国内に長くとどまることはできない。消費財を流通させることが、通貨の唯一の用途である。通貨を使って、食料や原材料や完成品が売買され、適切な消費者に分配される。このため、ある国で年間に使われうる通貨の量は、その国で年間に取引される消費財の価値によって決まるはずである。消費財は、国内の土地と労働による直接の生産物と、国内生産物の一部を使って他国から購入されたもので構成されている。このため、土地と労働の生産物の価値が減少すれば、消費財の価値も減少し、それとともに、商品の流通に使える通貨の量も減少する。しかし、年間生産物の価値が減少したために国内の取引に使われなくなった通貨は、遊ばせておくわけにはいかない。通貨を所有する人はみな、自分の利害を考えて通貨を使おうとする。ところが国内では使えないのだから、法律や禁止令があっても海外に送られ、国内で使える消費財の購入にあてられる。こうして、年間の金と銀の輸出によってしばらくは、年間生産物の価値を超える部分が年間の消費に加わる。繁栄していた時代に年間生産物の一部を貯蓄して金と銀の購入にあてられていた部分が、低迷の時期にしばらくは消費を支える。この場合、金と銀の輸出は、国の衰退の原因ではなく結果であり、しばらくの間、国の衰退による困窮を和らげることすらできる。

逆に、年間生産物の価値が増加している国では、通貨の量が自然に増加する。年間に国内で取引される消費財の価値が増加を続けるので、取引に必要な通貨の量が増えていく。このため、増加した生産物の一部が、残り部分の取引に必要な通貨の不足を補うために、入手できるところから金と銀を購入するために自然に使われる。この場合、金と銀の輸入は、社会の繁栄の原因ではなく結果である。金と銀はどこでも、同じ方法で購入される。金や銀を鉱山から市場に供給するために労働か資本を提供した人の維持と収入に使われる食料、衣服、住宅が、金や銀を購入する際に支払われる対価であり、この点はペルーでもイングランドでも変わらない。この価格を支払える国は、金銀の保有量が長期にわたって必要量を下回ることはなく、また、どの国も必要量を超える金銀を長期にわたって保有しつづけることはない。

　したがって、国の真の富と収入がどのようなものだと考えるにしても、つまり、明白な理由を考えれば当然だと思えるように、国の労働と土地による年間生産物の価値だと考える場合にも、世間の思い込みで想定されているように、国内に流通する金と銀の量だと考える場合にも、浪費家はみな社会の敵であり、倹約家はみな社会の恩人だといえるだろう。

無謀な経営は往々にして、浪費と同じ結果をもたらす。農業、鉱業、漁業、商業、製造業の企画が無謀で不成功に終わった場合、浪費と同様に、生産的労働の維持にあてられる資金の減少をもたらす要因になる。このような企画では、資本は生産的労働者だけによって消費されるが、労働の使い方が無謀なために、消費した価値の全額を再生産することができず、その社会で生産に使われるはずの資金がかならずある程度減少する結果になる。

だが、大国の状況が民間人の浪費や無謀な経営によって大きな影響を受けるようなことは、めったに起こらない。一部の人の浪費や無謀な経営よりも、大多数の人の倹約や堅実経営の方が、いつも大きな影響を与える。

浪費についていうなら、支出を促すのは、たったいま楽しみたいという衝動である。この衝動はときにはきわめて激しくなり、抑えるのが難しくなるが、普通は一時的だし、ときおりしか起こらない。これに対して貯蓄を促すのは、生活をもっとよくしたいという欲求である。この欲求は一般に冷静で落ちついたものだが、母親の胎内にいるときに生まれ、墓場に入るまで決してなくならない。胎内から墓場までの全期間に、自分の生活に完全に満足して、変化や改善は何も望まなくなる瞬間はおそらくないのが普通だろう。生活をもっとよくしたいと思うとき、大部分の人が考え望む手段は、富を増やすことである。これがもっとも普通だし、すぐに思いつく手段でもある。そして、富を増やすためにもっともよく使われるのが、年々の通常の収入から、あるいは特別の機会に得られた収入から、一部を貯蓄して蓄積していく方法である。したがって、支出を促す衝動は、ほとんどの人にとってはときおり、一部の人にとってはほぼいつも、抑えきれなくなるものだが、大部分の人にとっては人生の全体を通して平均すれば、倹約しようという欲求の方が強いし、それも圧倒的に強いとみられる。

　無謀な経営についていうなら、どこでも、成功を収める堅実な事業の方が、不成功に終わる無謀な事業よりはるかに多い。破産する人が多いという主張をよく聞くが、実際に破産の憂き目をみる人は、商業などの各種事業にたずさわる人のうちごく一部にすぎず、おそらく一千人に一人をそれほど上回っていない。罪を犯していない人にとって、破産はおそらくもっとも大きく、もっとも屈辱的な災難だろう。このため、大部分の人は破産を避けるために十分に注意している。もちろん、なかにはそういう注意を払わない人もいるが、これは絞首刑になるのを避けようとしない人がいるのと同じである。

　大国が民間人の浪費や無謀な経営で貧しくなることはないが、政府の浪費や無謀な政策で貧しくなることはある。ほとんどの国で、政府は財政収入のすべてかほぼすべてを非生産的な人の維持に使っている。たとえば多数のきらびやかな宮殿、大きな教会、偉大な海軍と陸軍の将兵であり、海軍や陸軍は平時には何も生産しないし、戦時には戦争を続けている間すら、その維持費を賄えるものは何も獲得しない。自分では何も生産せず、他人の労働によって維持されている。したがって、こうした人が不必要なまでに増えると、年間生産物のうち非生産的な人の維持に使われる部分の比率がきわめて高くなり、翌年の再生産にあたる生産的労働者の維持に必要な生産物を残せない場合もある。このため、翌年には前年よりも生産物の量が少なくなり、同じ混乱が続けば、三年目には生産物の量がさらに少なくなる。非生産的な人は、住民の収入のうち余った部分の一部だけを使って維持されるべきだが、全収入のうちきわめて大きな部分を消費することがあり、そうなると、多数の住民が生産的労働者の維持に使われるべき資本を食いつぶすしかなくなる。多数の人の倹約や堅実経営によっても、暴力的で強制的な食いつぶしのために起こる生産物の浪費と減少を埋め合わせることができなくなりかねない。

しかし、倹約と堅実経営がほとんどの場合、民間人の浪費と無謀な経営だけでなく、政府による浪費も十分に埋め合わせることが事実によって示されていると思える。各人が生活をもっとよくするために一斉に、たえず、間断なく努力することが、社会と国の繁栄、そして個人の繁栄を生み出す根本原因であり、この努力はきわめて強力なため、政府が派手な浪費を重ね、とんでもなく間違った政策を実行しても、ものごとの自然な進歩が維持されることが少なくない。ちょうど、生命にはまだ知られていない力があって、病気になったうえ、医者が間違った薬を与えても、健康と元気を取り戻すことが少なくないように。

ある国の土地と労働による年間生産物の価値は、生産的労働者の数を増やすか、それまでと同じ数の労働者の生産性を高めるか、どちらかの方法以外によっては増やすことができない。生産的労働者の数は明らかに、資本が増えた結果としてでなければ、つまり、生産的労働者の維持にあてられる資金が増えた結果としてでなければ、大きく増やすことはできない。同じ数の労働者の生産性は明らかに、労働を容易にし節減する機器や道具を増やすか改良した結果か、労働の分割と配分をそれまでより適切にした結果でなければ、大きく高めることはできない。どちらの場合にも、追加資本がほぼかならず必要になる。資本が増加していなければ、どのような事業の事業主も、労働者にそれまでより優れた機器を提供することができないし、労働者の間で労働の分割をそれまでより適切にすることもできない。仕事がいくつかの作業に分かれているとき、一人が一つの作業だけを行うようにするには、各人がそのときどきにどの作業も行うようにするより、はるかに巨額の資本が必要である。このため、ある国の状態を二つの時期で比較したとき、後の時期の方が前の時期とくらべて、土地と労働による年間生産物が明らかに多くなっており、土地の耕作が進んでおり、製造業事業の数が増えて繁栄しており、商業が活発になっているのであれば、その間に資本が増加したはずだと確信でき、堅実な経営によって増加した資本が、民間人の無謀な経営や政府の浪費によって食いつぶされた資本より多かったはずだと確信できる。そして、そこそこ静かで平和な時期であれば、政府がとくに賢明で質素ではなくても、ほとんどの国でそうなっていることが分かるはずだ。もっとも、適切な判断をくだすには国の状態をかなり離れた時期で比較しなければならない。進歩はきわめてゆっくりとしていることが多いので、近い時期で比較すると目立つほどではないうえ、国全体が繁栄していても、ときには一部の産業や一部の地域が衰退していることがあり、国全体の富と産業が衰退しているのではないかという悲観論が巻き起こっている場合もある。

たとえば、イングランドの土地と労働による年間生産物は、一世紀少し前、王政復古でチャールズ二世が即位したとき（一六六〇年）とくらべて、明らかに大きく増えている。現在では、この事実を疑う人はほとんどいないとみられるが、この間に五年とおかずに、権威があるとされる本や小冊子が刊行されて、国富の急速な減少、人口の減少、農業の荒廃、製造業の衰退、商業の退歩といった点を明確に示したと主張されてきた。これらがすべて嘘と無節操な主張で塗り固められた党派的な宣伝であったわけではない。その多くは率直で聡明な人が書いたものであり、自らが確信していることだけを、そう確信しているという理由だけで書いたものである。

さらに、イングランドの土地と労働による年間生産物は、王政復古のときの方が、それよりほぼ百年前、エリザベス一世の即位のとき（一五五八年）について現時点で推定できるものより、明らかに大きく増えている。そしてエリザベス一世の即位のときの方が、それより約百年前、ヨーク家とランカスター家が戦ったバラ戦争（一四五五～八五年）の末期より、イングランドがはるかに発達していたと信じる理由が十分にある。おそらく当時ですら、ノルマン人の征服（一〇六六年）のころより発達していただろうし、ノルマン人の征服のころにはサクソン七王国（五～九世紀）の混乱の時代より発達していただろう。そして、この古い時代ですら、ユリウス・カエサルが侵攻した紀元前一世紀よりははるかに発達していた。カエサルの時代には、イングランドの住民は北アメリカの未開人とあまり変わらない状態だった。

しかし、これらのどの期間にも、民間人や政府の浪費があり、巨額の戦費がかかる不必要な戦争が数多くあり、年間の生産物のうち生産的労働者の維持にあてるべき部分が大量に非生産的労働者の維持に流用されてきた。そしてときには内戦の混乱のなかで、資本の完全な無駄と破壊によって、想像される通り、富の自然な蓄積が確かに妨げられただけでなく、ある期間の後に国が以前より貧しくなったこともあった。とくに幸せで幸運だった王政復古の後の時期にすら、予期されていれば、国が貧しくなるどころか、完全に破滅すると予想されても不思議ではないほどの混乱と災難がどれだけ起こったことだろう。ロンドンの大火（一六六六年）とペスト大流行（一六六五年）、二回にわたるイギリス・オランダ戦争（一六六五～六七年、一六七二～七四年）、名誉革命（一六八八年）による混乱、アイルランド反乱（一六九〇～九一年）、一六八八年、一七〇二年、一七四二年、一七五六年の四回にわたる巨費をかけた対仏戦争、一七一五年と一七四五年の二回のジャコバイト反乱があった。四回の対仏戦争では、政府は毎年、臨時費を支出した以外に、一億四千五百万ポンドを超える負債を負っており、戦費の総額が二億ポンド以下だったとは考えられない。名誉革命以降のさまざまな時期に、国の土地と労働による年間生産物のうち、きわめて大きな部分が、異例なほど多数の非生産的な人の維持に使われてきた。だが、これらの戦争にこれほど巨額の資本が流用されていなければ、その大部分は自然に生産的労働者の維持にあてられていたはずであり、労働者は労働によって自分が消費したものの価値をすべて回収し、利益を生み出していたはずである。そのため、国の土地と労働による生産物が毎年、大幅に増加したはずであり、それによって翌年の生産物がさらに増加したはずである。もっと多数の家が建てられ、もっと多くの土地が改良され、以前に改良されていた土地はもっとよく耕作され、もっと多数の製造業事業が生まれ、以前からの製造業事業はもっと成長していただろう。その場合に現時点で、イングランドの真の富と収入がどこまで増加していたかは、おそらく想像することすら簡単ではないほどだろう。

政府の浪費によって、富の増加と社会の発達に向けたイングランドの自然な進歩が阻害されたことは疑いをいれないが、自然な進歩が止まるまでにはならなかった。王政復古（一六六〇年）や名誉革命（一六八八年）のころより十八世紀末の現在の方が、土地と労働の年間生産物がはるかに多くなっているのは、疑う余地がない。したがって、土地の耕作に、労働の維持に年間に使われている資本がやはり、はるかに多くなっているはずだ。政府が重税を取り立てるなかでも、民間人の倹約と堅実な経営によって、そして、各人が生活をもっとよくするために一斉に、たえず努力していることによって、そうとは気づかれないまま、資本がゆっくりと蓄積されてきている。この努力が法律によって守られ、もっとも有利な道を選ぶ自由が各人に認められているからこそ、過去のほぼすべての時期にイングランドは繁栄と発達に向けた進歩を維持できてきたのであり、今後もすべての時期にそうできるはずである。だがイングランドは、とくに質素な政府に恵まれてきたわけではなく、このため、どの時代にも住民がとくに質素だったわけでもない。したがって国王や閣僚が民間人の家計を監視し、贅沢禁止法や贅沢品輸入の禁止によって民間人の支出を抑制しようとするのは、まったく不適切だし厚顔無恥である。国王と閣僚はつねに例外なく、社会のなかで最大の浪費家である。自分たちの支出に気をつけるべきなのであり、民間人の支出については民間人に任せておけばいい。国王や閣僚が派手な浪費を重ねて国を滅ぼさないかぎり、民間人の浪費で国が滅びることはない。

社会の総資本は倹約によって増え、浪費によって減るので、支出が収入にちょうど等しい人の行動では、資本を蓄積も食いつぶしもせず、資本は増えも減りもしない。だが、何に支出するかによって、社会の富を増やす効果が大きい場合と小さい場合があると思える。

個人の収入は、その場で消費されるものに支出される場合があり、この場合、ある日の支出は翌日の支出を減らすわけでも支えるわけでもない。また、耐久性があるので蓄積されうるものに支出される場合もあり、この場合には、本人が選択すれば、ある日の支出によって翌日の支出が減るか、翌日の支出の効果を支え高めることがある。たとえば、資産家が自分の収入を、大量の贅沢な食事や、多数の家事使用人の維持や、何頭もの犬や馬の飼育に支出する場合もある。また、食事は質素にし、使用人も少なくして、支出の大部分を自宅や別荘の装飾、実用的か装飾的な建物や家具、本や彫刻や絵画の収集、あるいはもっと軽薄に、さまざまな種類の宝石、安物の玩具や装身具にあてる場合もある。馬鹿馬鹿しいほど軽薄な例では、数年前に亡くなったが、偉大な国王の寵臣だった人物のように、高級な衣服の収集にあてる場合もある。同じ資産をもつ人が二人いて、一人は主にその場で消費されるものに、もう一人は耐久性のあるものに収入をつぎ込むとすると、主に耐久性のある商品に支出した人は、毎日の支出が翌日の支出の効果を支え高める役に立つので、生活が豪華になっていく。ところが、主にその場で消費されるものに支出した人は、ある期間を経ても生活が変わらない。ある期間を経たとき、主に耐久性のある商品に支出した人は、主にその場で消費されるものに支出した人より豊かになっている。何らかの種類の品物を蓄積しており、かかった経費を取り戻せるほどの価値はないにしても、かならずある程度の価値はある。主にその場で消費されるものに支出した人は、支出の結果が何も残っておらず、十年から二十年にわたる浪費の効果は、支出がまったくなかったかのように、完全に消えている。

何に支出するかによって、個人の富に与える影響が違っているように、国全体の富に与える影響も違っている。金持ちの家屋、家具、衣服はやがて、中流や下層の役に立つようになる。金持ちが飽きて使わなくなったものを購入できるので、資産家の間で主に耐久性のある商品に支出する傾向が一般的になれば、社会全体の生活が全般に少しずつよくなっていく。長く繁栄した国に行くと、中流や下層の人の家や家具がまったく素晴らしく完璧であるのを目にすることが多いが、どれも、居住者が自分で建てたり作ったりしたのではなく、居住者のために誰かが建てたり作ったりしたのでもない。シーモア家のかつての屋敷が現在、バース街道沿いの宿屋になっている。イングランド王ジェームズ一世（在位一六〇三〜二五年）が結婚したとき、妃がデンマークから持参した寝台は、国王から国王への贈り物にふさわしいものだが、数年前にスコットランド東部のダンファームリンの酒場で装飾品になっていた。長く停滞しているか、ある程度衰退してきた古い都市に行くと、現在の居住者のために建てられたはずの家は一軒も見つからない場合がある。そういう家に入ると、素晴らしい家具があって、古くなっていてもまだ十分に使えるが、やはりその家の居住者のために作られたはずがないものを目にすることが多い。豪華な宮殿、立派な邸宅、書籍や彫刻や絵画や骨董品のコレクションが地域はもちろん、国全体にとっても華になり誇りになっていることが少なくない。ベルサイユはフランスの華であり誇りである。イングランドでは、ストーとウィルトンという二つの大邸宅がやはり誇りになっている。イタリアはいまでも、この種の名所旧跡が多数あるために、一目置かれている。もっともこれらの旧跡を作った富は衰え、おそらく仕事がなくなったためだろうが、これらを設計した天才もいなくなった。

耐久性のある商品に対する支出は、富の蓄積の点で有利なだけでなく、倹約という点でも有利である。ある人がある時点に、耐久性のある商品への支出が行き過ぎになったとしても、世間の目を恐れることなく、簡単に行いを改めることができる。ところが、家事使用人の数を減らしたり、贅沢三昧だった食事を質素なものに変えたり、揃えていた馬車の供回りをやめたりすれば、隣人の目を逃れることはできず、それまでの行いが悪かったと認めたことになる。このため、この種の支出で贅沢をしすぎた人は、破滅し破産してやむをえなくならないかぎり、自ら行いを改める勇気をもてないのが普通だ。だが、家屋や家具や書籍や絵画に巨額を支出してきた場合、浪費をやめても、それまでの行いが悪かったと認めたことにはならない。耐久性のあるものの場合、それまでの支出でさらに支出を続ける理由がなくなることが少なくない。このため、支出を突然やめても、財産を使いすぎたためではなく、道楽をしつくしたからやめたとみえるのである。

それに、耐久性のある商品への支出は、贅沢をつくした祝宴への支出とくらべて、一般に多数の人を維持できる。大がかりな祝宴には、二〜三百ポンド（百〜百五十キログラム）もの食料が使われることがあるが、おそらくその半分は捨てられて堆肥になるので、いつも大量の無駄がでる。しかし、この祝宴に使われた支出が石工、大工、家具工、製造工の雇用に使われれば、同じ量、同じ価値の食料がもっと多くの人に分配される。これらの人は何ペンスずつ、何ポンドずつしか買わないので、無駄になったり捨てたりする部分はほとんどない。それにこの場合には同じ支出が生産的労働者の維持にあてられるが、祝宴に使う場合には非生産的な人の維持にあてられる。したがって、この場合には国の土地と労働による年間生産物の交換価値が増えるが、祝宴に使われた場合には、交換価値は増えない。

ただし、以上の点は、一方が他方より精神の寛大さを示すものであることを意味すると解釈してはならない。資産家が自分の収入を主に客のもてなしに使う場合、収入のうちかなりの部分を客人や仲間に分けることになる。だが、耐久性のある商品に使う場合には、収入のすべてを自分のために使い、同じ価値のものとの交換でないかぎり、誰にも与えようとしない場合が多い。このため、耐久性のある商品への支出は、とくに、ドレスや家具の装飾、宝石、装身具などのつまらないものに向けられている場合には、その人の軽薄さだけでなく、下劣さと身勝手さを示していることが多い。以上の点の意味は、支出のうちある種のものでは、価値のある商品がかならず蓄積されていくし、倹約しようとするときに有利なために社会全体の資本の増加に有利だし、非生産的労働者ではなく生産的労働者の維持に使われるので、その場で消費されるものへの支出とくらべて、社会の繁栄に寄与することだけである。

第四章　利付きで貸し出される資本

資財を貸し出して利子をとるとき、貸し手はかならず、その資財を資本として扱っている。返済期限には資本を回収でき、それまでの間、借り手から毎年、使用料として利子が支払われるとみている。借り手は、借り入れを資本として使うこともあれば、直接に消費にあてる資財として使うこともある。資本として使う場合には、生産的労働者の維持に使い、労働者の労働によってその価値が再生産され、利益が得られる。この場合、借り手は他の収入源を処分したり食いつぶしたりしなくても、資本を回収でき、利子を支払える。借り入れを直接に消費にあてる資財として使った場合、借り手は放蕩息子が道楽にふけってそうするように、勤勉な人の維持に使われるべき資本を怠惰な人の維持に流用することになる。この場合、借り手は財産や土地の地代など、他の収入源を処分するか食いつぶさなければ、元本を回収することも利子を支払うこともできない。

利付きで貸し出された資財はもちろん、どちらの用途にも使われることがあるが、消費に使われるより、資本として使われることの方が多い。消費するために借り入れる人はすぐに破滅し、そんな人物に貸した人はいずれ自分の愚かさを悔いる結果になるのが普通だ。このため、消費のための貸し借りは、暴利をむさぼる高利貸しは別にして、貸す側にとっても借りる側にとってもかならず自分の利害に反している。もちろん、消費のための貸し借りもかならずある程度行われるが、誰でも自分の利害を考えるので、想像されるほど頻繁に行われるはずがないと確信できるだろう。世間並みに慎重な金持ちに、資本を収益性の高い事業に使うと予想される人と、無駄に消費すると予想される人のうち、どちらに貸すことが多いかを聞いてみるといい。馬鹿げた質問だと笑われるはずである。資金の借り手は一般に倹約家だとは考えられていないが、それでも怠惰な浪費家より、勤勉な倹約家の方がはるかに多い。

　通常の借り手のなかで、借り入れを使って収益性の高い事業を行うと考えられていないのは、土地を担保に借りる地方の地主だけである。そして地主すらも、消費のためだけに借りることはまずない。借りるのは通常、それ以前に消費しているからだといえる。商店主や商人から付けで買った商品を大量に消費していて、代金を支払うには利子を払って借り入れるしかなくなる。土地の地代だけでは支払えないので、借り入れによって、商店主や商人が資本を回収できるようにする。だから、実際には消費するために借り入れるのではなく、以前に使われた資本を回収できるようにするために借り入れるのである。

利付きの融資はほぼすべて、紙幣か金貨や銀貨という通貨を使って行われる。しかし借り手がほんとうに望んでいるもの、貸し手が借り手にほんとうに供給するものは通貨ではなく、通貨の価値であり、通貨で買える商品である。借り手が直接に消費にあてる資財を望んでいるのであれば、そうした資財の一部にできるのは、借りた通貨そのものではなく、通貨で買える商品だけである。勤勉な労働者を雇うための資本を望んでいるのであれば、勤勉な人が仕事をするために必要な機器、原材料、生活必需品を供給できるのは、商品によってだけである。貸し手は融資によって、いうならば、国の土地と労働による年間生産物のうちある部分に対する権利を譲渡して、借り手が望む通りに使えるようにしているのである。

このため、一つの国で利子をとって貸し出されうる資財の総量（普通の表現を使えば金額）は、その国でのさまざまな融資の際に手段として使われる紙幣か硬貨という通貨の量によって決まるのではなく、年間の生産物のうち、土地で生産されるか、生産的労働者によって生産された直後に資本の回収にあてられる部分のなかで、所有者が自分で資本を使う手間をかけたくない部分の価値によって決まる。こうした資本は通常、通貨、つまり金銭で貸し出され、返済されるので、金融資本と呼ばれている。金融資本は農業資本と違っているし、商工業資本とも違っている。商工業資本の場合、所有者が自分で資本を使うからである。だが、金融資本の場合でも、通貨はいうならば、所有者が自分で使う手間をかけたくない資本を他人に譲渡する証書のようなものにすぎない。この資本の総額は、譲渡の手段として使われる通貨の総額よりも多く、通貨の総額の何倍にでもなりうる。同じ硬貨や紙幣が、つぎつぎにいくつもの融資や購入の手段として使われていくからだ。たとえば、AがWに一千ポンドを貸す。Wはこの資金をただちに使って、Bから一千ポンドの商品を買う。Bはこの通貨をすぐに使う予定がないので、Xに貸す。Xはこの資金をただちに使って、Cから一千ポンドの商品を買う。Cも同じ理由で、この通貨をYに貸す。YはDから一千ポンドの商品を買う。こうして、同じ硬貨か紙幣がわずか数日のうちに、三件の融資と三件の購入の手段として使われ、それぞれの金額が、使われた硬貨か紙幣の総額と同じ一千ポンドだということもある。この場合、A、B、Cの三人の金融家はW、X、Yの三人の借り手に、それぞれの購入に必要な力を譲渡している。この力こそが、融資の価値であり、用途である。三人の金融家が貸した資本は、それによって購入できた財貨の価値に等しく、購入に使われた通貨の価値の三倍である。通貨の三倍もの金額であっても、三件の融資がすべて、それぞれの借り手によって、やがて同じ価値の硬貨か紙幣を回収して利益を確保できる用途に使われていて、完全に安全な場合もある。そして、同じ硬貨や紙幣がその三倍の価値のある融資の手段になり、同じ理由で三十倍もの価値のある融資の手段にもなるように、同じ硬貨や紙幣がいくつもの融資の返済の手段として、つぎつぎに使われていくこともある。

このように、利付きで貸し出される資本は、貸し手から借り手に、年間生産物のうちある大きな部分を譲渡するものだと考えることができる。その条件として、借り手は融資の継続期間に毎年、小さな部分、利子と呼ばれる部分を譲渡し、融資期間が終わった時点で、当初に譲渡されたものと同じ大きな部分を融資の返済として譲渡しなければならない。通常、硬貨か紙幣という通貨が、小さな部分と大きな部分の両方の譲渡証書として使われるが、通貨によって譲渡されるものは、通貨自体とはまったく違っている。

年間生産物のうち、土地で生産されるか、生産的労働者によって生産された直後に資本の回収にあてられる部分の比率が上昇するとともに、どの国でも金融資本と呼ばれるものが自然に増加する。所有者が自分で使う手間をかけることなく収入を確保したいと望む種類の資本は、資本全体の増加に伴って自然に増加する。言い換えれば、資本が増加するとともに、利付きで貸し出される資本も増加傾向をたどっていく。

利付きで貸し出される資本が増加すれば、金利、つまり資本の使用に対して支払わなければならない価格はかならず低下する。その際には、数量が増加すれば市場価格が下がるという一般的な要因だけでなく、金利に特有の要因も影響する。どの国でも資本が増加すると、資本を使って得られる利益率がかならず低下する。国内で新規の資本によって利益をあげる方法を見つけるのが難しくなっていく。このため資本の所有者の間で競争が激しくなり、所有者は他の所有者から仕事を奪おうとする。だがほとんどの場合、他人を押し退けて仕事を奪うには、価格で勝負するしかない。扱っている商品の売り値を若干安くするだけでなく、ときには販売する商品を入手するために、買い値を高くしなければならないこともある。生産的労働の維持にあてられる資金が増えるので、生産的労働に対する需要が日々増えつづける。労働者は仕事を簡単に見つけられるようになるが、資本の所有者は労働者を雇うのが難しくなる。事業主の間の競争で労働の賃金が上昇し、資本の利益率が低下する。このように、資本を使って得られる利益率が、いうならばコストと販売価格の両面から低下していくのだから、資本の使用に対して支払える価格、つまり金利もそれとともにかならず低下する。

　ジョン・ロック、ジョン・ロー、モンテスキューら、多数の論者は、スペインが西インド諸島を発見して金と銀の量が増えたことが、ヨーロッパの大部分で起こった金利低下の真因だと考えたようだ。金と銀の価値が下がったので、金と銀のある量を使うことの価値も当然下がっており、その結果、その使用にあたって支払われる価格も下がったと論じている。この見方は一見確かなようにも思えるが、デービッド・ヒュームが『政治経済論集』で完璧に批判しているので、おそらく何も論じる必要はないだろう。だが、ごく短く簡単な以下の議論によって、これらの著者が誤解するもとになったとみられる誤りを、もっとはっきりと説明できるだろう。

スペインが西インド諸島を発見する以前、ヨーロッパの大部分では十パーセントが通常の金利であったようだ。その後、国によって通常の金利が六パーセント、五パーセント、四パーセント、三パーセントまで下がってきた。ある国で、銀価格の低下と金利の低下がまったく同じ率で起こったと想定しよう。たとえば金利が十パーセントから五パーセントに下がり、同じ量の銀で買える財貨の量が以前のちょうど半分になったと想定する。この想定はどの国でも現実とは一致していないとみられるが、ここで検討する見方にとっては理想的な状態である。そして、このように想定した場合ですら、銀の価値の低下が金利の低下をもたらす要因になったとはまったく考えられない。その国で、現在の百ポンドが以前の五十ポンドと同じ価値になったのであれば、現在の十ポンドは以前の五ポンドの価値しかないはずである。元本の価値の低下をもたらした要因が何であろうと、その要因によって利子の価値がまったく同じ比率で低下したはずである。だが、金利が変わらなければ、元本と利子の価値の比率は変わらないはずだ。これに対して金利が変われば、元本と利子の価値の比率が変わる。現在の百ポンドが以前の五十ポンドの価値しかないのであれば、現在の五ポンドは以前の二ポンド十シリング（二・五ポンド）の価値しかない。したがって、金利が十パーセントから五パーセントに低下すれば、以前の半分の価値になった元本の使用料として、以前の四分の一の価値しかない利子を支払うことになる。

　銀の量が増えても、銀を手段として国内で取引される商品の総量が変わらなければ、銀自体の価値が低下すること以外に何の影響も与えないはずだ。すべての種類の商品で名目価格が上昇するが、真の価値は以前とまったく変わらない。ある量の商品と交換して入手できる銀の量は多くなるが、それによって支配できる労働の量、それによって維持でき雇用できる労働者の数は、以前とまったく変わらない。国内の総資本は変わらず、同じ量の資本をある人から別の人に譲渡するのに必要な銀の量が増えるだけである。譲渡にあたっては、無理にも長く書こうとする弁護士が作成した証書のように、以前より面倒が多くなるが、譲渡されるものは以前とまったく同じであり、同じ結果が生まれるだけである。生産的労働の維持にあてられる資金の価値は変わらないので、生産的労働に対する需要も変わらない。このため、生産的労働の価格、つまり賃金は名目では多くなるが、真の賃金は変わらない。支払いに使われる銀の量は増えるが、それによって購入できる商品の量は変わらない。資本の利益率は名目でも実質でも変わらない。労働の賃金は通常、労働者に支払われる銀の量ではかられる。このため、支払われる銀の量が増えれば、賃金が上昇したように思えるが、実際には以前と変わらない場合もある。しかし資本の利益は、獲得した銀の量ではかるわけではなく、資本として使用した銀の量に対する獲得した銀の量の比率ではかる。このため、ある国の労働者の一般的な賃金は、たとえば週に五シリングというように金額で表示し、一般的な資本の利益は十パーセントというように率で表示する。ところが、国の総資本は以前と同じであり、国の総資本のうち一部を所有する個人の間の競争も以前と変わらない。これらの個人は、有利な点も不利な点も以前と変わらないまま、事業を行っている。したがって、資本に対する利益の一般的な比率は変わらず、その結果、一般的な金利も変わらない。資金の使用に対して一般的に支払われる価格である金利はかならず、資金の使用によって一般的に得られるものによって決まる。

　これに対して、ある国で年間に取引される商品の量が増加する一方、取引に使われる通貨の量が変わらない場合には、通貨の価値が上昇するだけでなく、それ以外にいくつもの重要な影響がでてくる。国内の総資本は名目では変わらないとしても、真の価値が高まる。通貨の量で表示した資本の総額は変わらないとしても、支配できる労働の量が多くなる。資本で維持でき雇用できる生産的労働の量が増え、その結果、労働に対する需要が増える。需要の増加とともに、賃金が自然に上昇するが、逆に下がったようにみえるかもしれない。賃金は、支払われる通貨の量でみれば下がるかもしれないが、もっと多くの通貨で支払われていたときより、賃金で購入できる商品の量は増えるだろう。資本の利益率は、真の価値、名目のどちらでも下がる。国内の総資本は真の価値が高まっており、その一部を所有する個人の間の競争がそれに伴って自然に激しくなる。資本の所有者は、各自の資本で雇用した労働による生産物のうち、自分の取り分の比率が以前より低くなることに満足するしかなくなる。金利はつねに資本の利益率に連動するので、やはり大幅に低下するだろう。ところがこのとき、通貨の価値は大幅に高まり、ある量の通貨で購入できる商品の量は大幅に増えている。

国によっては、金利が法律で禁止されている場合もある。だが、資金を使えばどの国でも何かが得られるのだから、どの国でも資金の使用に対して、何らかの支払いを行うのが当然である。金利を禁止する法律は、高利貸しの悪を防ぐどころか、逆に悪を増やすことが事実によって明らかになっている。借り手は資金の使用に対してだけでなく、貸し手が資金の使用料を受け取ることによるリスクに対しても支払いを行わなければならなくなる。いうならば、高利貸しに対する刑罰を受けるリスクについて、貸し手に保険料を支払わなければならなくなるのだ。

金利が許されている国では一般に、法外な高利を防ぐために、刑罰の対象にならない金利の上限が設定されている。この最高金利は法定金利と呼ばれており、市場の最低金利、つまり、とくに確実な担保を提供できる人が資金の使用に際して支払う金利をかならず、ある程度上回っていなければならない。法定金利が市場の最低金利を下回っていれば、金利を完全に禁止した場合とほとんど変わらない結果になる。貸し手は資金の使用の価値を下回る金利では貸そうとは思わないので、資金の使用料の全額を受け取ることによるリスクに対しても、借り手が支払いを行わなければならなくなる。法定金利が市場の最低金利とまったく同じであれば、誠実な人は自国の法律を尊重するので、とくに確実な担保を提供できる人以外の全員が合法的な借り入れができなくなり、法外な高利貸しに頼るしかなくなる。イギリスのように、政府が三パーセントで借り入れ、確実な担保のある民間人が四パーセントから四・五パーセントで借り入れている国では、現在の法定金利である五パーセントはおそらくきわめて適切であろう。

法定金利は市場の最低金利より若干高くなければならないが、大幅に高くすべきではないことに注意すべきだ。たとえばイギリスの法定上限金利が八パーセントから十パーセントもの高水準に設定されていれば、そこまで高い金利を受け入れようとするのは浪費家と投機的な起業家だけなので、貸し出し用の資金の大部分が浪費家と起業家に貸し出されることになろう。堅実な人は資金の使用料として、資金を使って得られると予想できる利益の一部だけしか支払おうとしないので、あえて競争に加わろうとはしない。この結果、国内の資本のうちかなりの部分が、利益を生む有利な用途に資本を使うとみられる人には貸し出されなくなり、資本を浪費し破壊する可能性がとくに高い人に貸し出されることになる。これに対して、法定金利が市場の最低金利をわずかに上回る水準に設定されていれば、浪費家や起業家よりも堅実な人の方が、どの貸し手にとっても借り手として好ましくなる。堅実な人に貸しても、浪費家や起業家に貸した場合と金利がほとんど変わらないし、堅実な人に貸す方が、浪費家や起業家に貸すよりはるかに安全である。この結果、国内の資本のうち大部分が、資本を有利に使う可能性が高い人に貸し出されることになる。

どのような法律によっても、法律が制定された時点に市場で通常だった最低金利を下回るまでに通常の金利を低下させることはできない。フランス国王は一七六六年の勅令によって、金利を五パーセントから四パーセントに引き下げようとしたが、この法律はさまざまな方法で迂回され、フランスでは引き続き、五パーセントで資金が貸し出されることになった。

土地の通常価格はどこでも、通常の市場金利によって決まることに注意すべきだ。資本をもっていて、自分で使う手間を省いて収入を得たいと望む人は、土地を買うべきか、それとも貸し出して金利収入を得るべきかを考える。土地の方がはるかに安全であり、どの国でも土地所有には他の資産の所有にない利点があるので、土地による収入では通常、資金を貸し出して得られる金利収入より少なくても満足する。土地所有に伴う利点によって、収入の差がある程度まで埋め合わされる。しかし、ある程度までだけである。土地の地代の収入が金利収入を大きく下回る場合には、誰も土地を買おうとせず、そのために土地の通常価格がすぐに下がる。逆に、土地所有に伴う利点が収入の違いよりも大きければ、みなが土地を買おうとするので、土地の通常価格がすぐに上がる。金利が十パーセントのとき、土地の価格は通常、年間地代の十倍から十二倍であった。金利が六パーセント、五パーセント、四パーセントに下がると、土地の通常価格は年間地代の二十倍、二十五倍、三十倍に上昇した。市場金利はイングランドよりフランスの方が高い。そして土地の通常価格はイングランドよりフランスの方が低い。イングランドでは通常、年間地代の三十倍である。フランスでは二十倍である。

第五章　資本のさまざまな用途

資本はすべて、生産的労働の維持だけにあてられるが、同じ量の資本で動かせる労働の量は、用途によって大きく違っている。そのため、同じ量の資本でその国の土地と労働による年間生産物に付加できる価値も、用途によって大きく違っている。

資本の用途は大きく四つに分かれる。第一は、社会が使い消費するために年間に必要とする土地生産物を獲得することである。第二は、直接に使い消費できるようにするために、土地生産物を加工することである。第三は、土地生産物か製造業の製品を、豊富にある場所から不足している場所に輸送することである。最後の第四は、土地生産物か製品を、それを求める人たちのそのときそのときの需要に合わせて、小さな部分に分割することである。第一の用途に入るのは、土地、鉱山、漁場を改良し利用する事業主の資本である。第二の用途に入るのは、製造業の事業主の資本である。第三の用途に入るのは、卸売り業の資本である。第四の用途に入るのは、小売り業の資本である。以上四つに分類できない資本の用途は考えにくい。

以上四つの資本の用途はそれぞれ、他の三つの用途が存続し拡大するために不可欠であり、社会の全体的な便宜のために不可欠である。

土地生産物をある程度まで豊富に供給するために資本が使われなければ、どのような種類の製造業も商業も成り立たない。

土地生産物のうち、使用と消費に適したものにするのにかなりの手間が不可欠な部分の加工のために資本が使われなければ、こうした土地生産物は需要がないので、生産されない。自生のものであっても交換価値をもたず、社会の富を増やすことはまったくできない。

土地生産物や製品を豊富にある場所から不足している場所に輸送するために資本が使われなければ、土地生産物も製品も近隣地域の消費に必要なものしか生産できない。商人の資本によって一つの地域で余っている商品と他の地域で余っている商品とが交換され、どちらの地域でも産業が刺激され生活が豊かになる。

土地生産物か製品を、それを求める人のそのときそのときの需要に合わせて小さな部分に分割するために資本が使われなければ、誰でも自分が必要とする商品を買うとき、すぐに必要とするもの以上の分量を買わなければならなくなる。たとえば肉屋という商売がなければ、誰でも雄牛を一頭、羊を一頭買うしかなくなる。これでは金持ちにとってもたいていは不都合だし、貧乏人にとってはまったく不都合である。貧しい自営の職人が一度に一か月分や半年分の食料を買うしかないのであれば、仕事用の機器や道具、店の設備に投じて収入を生む資本として使う資財のうちのかなりの部分を、直接消費用の資財にあてるしかなくなり、この部分では収入を得られなくなる。こうした人にとって、必要な食料をその日その日に、一日に何回ですらも購入できることほど便利な点はない。こうなっているために、資財をほぼすべて資本として使える。その結果、生産額が多くなり、それで獲得する利益によって、小売り店が利益を確保するために商品価格が高くなる点を十二分に吸収できる。一部の論者は商店主や商人に偏見をもっているが、この偏見はまったく根拠のないものである。商店主や商人に税金をかけるか、その人数を制限する必要があると主張されているが、実際には、社会に打撃を与えるほど人数が多くなることはありえない。人数が多くなりすぎて自分たちにとって打撃になる場合があるだけだ。たとえば、一つの町で販売できる食料雑貨の量は、その町と近隣地域の需要によって決まる。このため、食料雑貨店に使える資本は、その量を購入するのに十分な水準を超えることができない。この資本が二つの食料雑貨店で使われていれば、二つの店の競争によって、店が一つしかない場合より商品を安く売るようになる。店が二十あれば、競争がそれだけ激しくなるし、価格を引き上げるために団結するのがそれだけ難しくなる。競争によって経営が成り立たなくなる店もでてくるだろう。しかし、その処理は関係者の問題であり、安心して関係者に任せておけばいい。商店主の競争が激しくなったからといって、消費者や生産者に打撃が及ぶことはない。それどころか、一人か二人が商売を独占している場合より、商店主は安く売り、高く買うようになるはずだ。ときには弱い客をだまして、不必要なものを買わせる商店主もでてくるだろう。だが、これは社会が関心をもたなければならないほど重要な問題ではないし、商店の数を制限して防ぐ必要があるような問題でもない。とくに分かりやすい例をあげるなら、庶民に酒飲みが多いのは居酒屋が多いからではない。他の要因があって酒飲みが多いから、多数の居酒屋がにぎわっているのである。

この四種類のどれかに資本を使っている人もやはり、生産的労働者である。その労働が適切であれば、具体的な物、販売できる商品に体現され、一般に、労働対象に少なくとも自分の生活と消費を賄える価値を付け加える。農業経営者と製造業者の利益は生産した商品の価格から、商人と小売り店主の利益は売買した商品の価格から引き出される。だが、資本は量が同じでも、四種類の用途のどれに使われるかによって、直接に雇用する生産的労働の量が大きく違い、社会の土地と労働による年間生産物の価値を増やす割合も、大きく違う。

小売り商人が資本を投じると、商品の仕入れ先である商人が資本を回収して利益を得られるようになり、その結果、商人が事業を続けられるようになる。小売り店が直接に雇う生産的労働者は、店主だけである。社会の土地と労働による年間生産物に小売り業の資本が付け加える価値は、商店主の利益だけである。

卸売り商人が資本を投じると、売買する土地生産物と加工製品の仕入れ先である農業経営者と製造業者が資本を回収して利益を得られるようになり、その結果、農業経営者と製造業者が事業を続けられるようになる。主にこの点で、商人は間接的に社会の生産的労働を支え、年間生産物の価値を増やしている。商人はその資本でさらに、商品をある地域から別の地域に運ぶ船員と運送人を雇っており、商人の利益以外に、これらの人の賃金の分だけ、商品の価格を高めている。商人が資本によって直接に雇用する生産的労働はこれだけであり、年間の生産物に付け加える価値はこれだけである。だがこの二つの点のどちらでも、卸売り商人の資本は小売り商人の資本よりもはるかにまさっている。

製造業者は資本の一部を固定資本として事業用の機器や道具に投じ、その結果、これらの機器や道具の仕入れ先である他の製造業者が資本を回収して利益を得られるようになる。流動資本の一部は原材料の購入に投じ、その結果、原材料の仕入れ先である農業経営者や鉱山経営者が資本を回収して利益を得られるようになる。そして資本のうち最大の部分はつねに、年間にかもっと短い期間に、雇用する労働者に分配する。これによって原材料の価値が賃金と、事業に使われる賃金、原材料、機器・道具という資本の全体に対する事業主の利益の分だけ高まる。このため、卸売り商人がもつ同量の資本と比較して、はるかに多くの生産的労働を直接に雇用し、社会の土地と労働による年間生産物の価値をはるかに大きく直接に高める。

同じ量の資本で雇用する生産的労働の量は、農業経営者の場合がもっとも多い。農業労働者だけでなく、農耕に使われる家畜も、生産的な労働者である。そして農業では人間とともに自然も働く。自然の働きには経費がかからないが、自然の生産物には、とくに賃金が高い労働者の生産物と同様に価値がある。農業では、自然の産出力を高めるための作業よりも（高めてはいるのだが）、収益性の高い作物の生産に自然の産出力を振り向けることの方が重要だと思える。茨や灌木が生い茂る土地でも、とくによく耕されてきた葡萄園や穀物畑と変わらないほどの野菜がとれることが少なくない。栽培と耕作は、自然の産出力を高めるよりも、方向付けるものであることが多い。栽培と耕作の労働を行っても、仕事のうちかなりの部分はかならず自然の役割として残されている。このため、農業に使われる労働者と家畜は、製造業の労働者と同様に、それぞれが消費したもの、つまり雇用に使われた資本を回収し、事業主が利益を得られるようにする価値を再生産するが、それだけでなく、はるかに大きな価値を再生産する。農業経営者の資本とその利益以外に、通常、地主の地代にあてられる価値も再生産する。地代は自然の産出力によるものであり、地主は農業経営者にこの産出力を使う権利を貸しているのだと考えることもできる。地代が高いか低いかはこの産出力がどこまで高いと考えられているかによって決まる。言い換えれば、土地の本来の地味か耕作によって肥えた地味かに関する見方によって決まる。地代にあてられるのは、人間の仕事とみなせる部分をすべて差し引き、それに対する支払いを行った後に残る自然の仕事の部分である。そして地代は全生産物の四分の一以下であることはめったになく、三分の一以上の場合も少なくない。製造業では同じ量の生産的労働でこれほどの価値を再生産することはできない。製造業では自然は何もしない。仕事はすべて人間が行う。そして再生産の程度はかならず、再生産をもたらす要因の強さに比例するはずである。したがって、農業資本は製造業とくらべて、同じ量の資本で雇用する生産的労働の量が多いだけでなく、同じ量の生産的労働を雇用したときに、その国の土地と労働による年間生産物、つまり住民の真の富と収入に付け加える価値がはるかに高い。資本の四つの用途のなかで、社会にとってもっとも有利である。

ある社会の資本のうち、農業に使われる部分と小売り業に使われる部分はかならず、その社会にとどまっている。資本はほぼ一つの場所だけで、農場か小売り店だけで使われる。また、一部に例外はあるが、一般にはこの資本はその社会の居住者が所有していなければならない。

これに対して卸売り商人の資本はどこか一定の場所にとどまっている必要はなく、安く買えるか高く売れるところにどこにでも移動できるようだ。

製造業の資本はいうまでもなく、事業を行う場所にとどまっていなければならない。だが、どこで事業を行うべきかは、かならずしも決まっているわけではない。原料がとれる場所からも、完成品が消費される場所からも遠く離れていることが少なくない。絹織物で有名なフランスのリヨンは生糸の生産地からも、絹織物の消費地からもきわめて遠い。シチリア島の上流階級は、島内で生産された生糸を使って国外で生産された絹の服を着ている。スペイン産の羊毛の一部はイギリスで加工されており、生産された毛織物の一部はスペインに輸出されている。

ある社会の生産物のうち余った部分の輸出に資本を使う商人が自国民なのか外国人なのかは、ほとんど重要性をもたない。外国人であれば、自国民の場合とくらべて、生産的労働者の数が一人少なくなるだけである。その社会で年間生産物の価値が、一人の利益の分少なくなるだけである。商人が外国人でも自国民でも、商人が雇う船員や運送人は、自国民の場合もあれば、貿易相手国の国民である場合もあれば、第三国の国民である場合もある。外国人の資本によっても、自国民の資本による場合と同じように、余った生産物を国内に需要のある何かと交換するので、余った生産物が価値をもつようになる。余った生産物を生産した人が資本を回収できるようにする点でも、その人が事業を続けられるようにする点でも、外国人の資本は自国民の資本と変わらない役割を果たす。そして卸売り業の資本が生産的労働を支え、自国の社会で年間の生産物の価値を高めるのは主に、この役割によってである。

　製造業者の資本が国内にあることは、もっと大きな意味をもつ。この資本はつねに、雇用する生産的労働の量も、社会の土地と労働による年間生産物に付け加える価値も、卸売り業より多い。だが、国内になくても、国にとってきわめて有益になりうる。イギリスの製造業者の資本によってバルト海沿岸から毎年輸入される亜麻と大麻が加工されており、この資本が原料の生産国にとってきわめて有益であるのは確かだ。これらの原料は生産国にとって余った生産物であり、国内に需要があるものと毎年交換されるのでなければ価値がなくなり、すぐに生産されなくなるだろう。亜麻と大麻を輸出する商人は、生産者が資本を回収できるようにし、生産を続けるよう促している。そしてイギリスの製造業者は、これら商人が資本を回収できるようにしている。

　個人でもそういうことがあるように、国全体でも資本が不足していて、土地をすべて改良し耕作し、土地生産物のすべてを直接に使い消費できるように加工し、土地生産物か製品のうち余った部分を遠くの市場に運搬して地元に需要のある何かと交換することができない場合が少なくない。イギリスの多くの地域では、土地をすべて改良し耕作できるほどの資本を住民がもっていない。スコットランドの南部の州では、生産された羊毛の大部分が劣悪な道路を使った陸上輸送で、はるかに遠いヨークシアまで運ばれて加工されている。これは地域内で加工に必要な資本が不足しているからである。イギリスの小さな工業都市には、需要と消費がある遠くの市場まで、生産物を運搬する資本を居住者がもっていないところが多数ある。商人がいても、実際には大商業都市に住んでいる金持ちの商人の代理人にすぎない。

ある国の資本がこの三つの目的をすべて達成するには不十分な場合、資本のうち農業に使われる部分の比率が高いほど、国内で雇われる生産的労働の量が多くなり、社会の土地と労働による年間生産物に付け加える価値が多くなる。農業のつぎに製造業に使われる資本が、国内で雇われる生産的労働の量が多く、年間の生産物に付け加える価値が多い。輸出に使われる卸売り業の資本は、この三つのなかでは効果がもっとも少ない。

この三つの目的をすべて達成するには資本が不足している国は、本来であれば達成できると思える豊かさを達成できていない。だが、機が熟しておらず、資本が不十分な段階でこの三つの目的を同時に追求しようとするのは明らかに、十分な富を獲得する近道だとはいえない。個人にとってこれが近道にならないのと同じである。ある国の住民全体がもつ資本には、個々人の資本と同様に限度があり、それによって追求できる目的には限度がある。ある国の住民全体がもつ資本は、個人の資本と同様の方法でしか、つまり収入のなかから貯蓄したものをたえず蓄積し、追加していく方法でしか増えない。したがって、資本がとくに急速に増えるとみられるのは、国内の全住民の収入がとくに多くなり、貯蓄をとくに多くすることができる用途に資本を使ったときである。そして、国内の全住民の収入はかならず、土地と労働による年間生産物の価値に比例する。

イギリスのアメリカ植民地が豊かで強大な社会に向けて急速に進歩してきた主因は、資本のほぼすべてがこれまで、農業に投じられてきたことにある。製造業といえるものは素朴な家内工業しかなく、家内工業は農業の発達に伴ってかならず行われるものであり、どの農家でも女性や子供の仕事になっている。アメリカでは輸出業と沿岸地域の商業の大部分が、イギリスに住む商人の資本で行われている。バージニア、メリーランドなど、いくつかの植民地では小売りに使われる店舗や倉庫すら、本国に住む商人が所有しているものが多く、小売り業が住民ではない人の資本によって経営されている珍しい例の一つである。アメリカ植民地が団結やその他の暴力的な方法を使ってヨーロッパ製品の輸入を中止し、同様の製品を製造する地元の人間に独占権を与えて、資本のかなりの部分を製造業に振り向けた場合、年間の生産物の価値の増加を速めるどころか阻害することになり、真の富と強大さに向けた進歩を速めるのではなく、阻害することになるだろう。同様の方法で輸出業をすべて地元の人間が独占しようとした場合にも、同じ結果がもっと顕著にあらわれるだろう。

　各国の繁栄の歴史をみていくと、この三つの目的をすべて達成できるだけの資本を獲得できるほど、繁栄が長く続いた大国はほとんどないようだ。おそらく、中国、古代エジプト、古代インドの富と開発に関する驚くべき記録を信じるのでないかぎり、そういえる。この三国はどの記録をみても、世界の歴史のなかでとくに豊かになった国だが、それでも主に農業と手工業が発達していたことで知られている。貿易で卓越していたとは思えない。古代エジプトは海を嫌う迷信をもっていた。これに似た迷信が、インドでも一般的であった。そして中国が貿易で卓越していた時期はない。これら三国では、余った生産物がつねに外国人によって輸出されていたようで、外国人の商人がこれらの国で需要があるもの、多くの場合には金銀と交換していた。

　このように、どの国でも資本が農業、製造業、卸売り業のそれぞれにどのような比率で使われるかによって、ある量の資本で雇用される生産的労働の量が変わり、土地と労働の生産物に付け加える価値の大きさが違ってくる。また、卸売り業の各部分に資本がどのような比率で使われるかによっても、この違いがきわめて大きくなる。

卸売り業は買った商品を卸で売る事業であり、全体を三つに分けることができるだろう。国内取引、国内消費用の貿易、中継貿易である。国内取引では、国内のある地域で買ったものを国内の別の地域で売り、国内産業の生産物を扱う。国内取引には内陸取引と沿海取引がある。国内消費用の貿易では、自国での消費用に外国の商品を購入する。中継貿易では、外国と外国の間の取引を行い、ある国で余った生産物を別の国に運ぶ。

国内産業の生産物を国内のある地域で買い、別の地域で売るのに資本が使われると、一般に、一回の取引ごとに国内で農業か製造業に使われた二つの資本が回収され、事業に使いつづけられるようになる。商人が自分の住む地域からある価値の商品を運送するとき、通常、少なくとも同じ価値の別の商品をもちかえる。どちらの商品も国内産業の生産物であれば、一回の取引でかならず、生産的労働を支えるのに使われた二つの資本が回収されて生産的労働を支えつづけられるようになる。たとえば、スコットランドで生産された商品をロンドンに送り、イングランド産の穀物や製品をエディンバラにもちかえるために資本が使われた場合にはかならず、一回ごとにイギリス国内で農業か製造業に使われたイギリスの二つの資本が回収される。

国内消費用に外国の商品を購入するために資本が使われたとき、この購入にあたって国内産業の生産物を使えば、やはり一回ごとに二つの資本が回収される。しかし、国内産業を支えるのに使われるのは、二つの資本のうち片方だけである。たとえば、イギリスの商品をポルトガルに送り、ポルトガルの商品をイギリスにもちかえる貿易では、一回ごとにイギリスの一つの資本が回収されるだけであり、もう一方はポルトガルの資本である。国内消費用の貿易で資本の回転が国内取引と変わらない場合でも、この貿易に使われた資本は、国内取引に使われた資本と比較して、国内の産業と生産的労働を刺激する力が半分しかない。

　だが、国内消費用の貿易では、国内取引ほど速く資本を回収できることはめったにない。国内取引では通常、資本を少なくとも一年以内に回収でき、ときには三回から四回も資本が回転する。国内消費用の貿易では、一年以内に回収できることはまずない。ときには二年から三年もかかることがある。このため、国内消費用の貿易に使われた資本が一回転する前に、国内取引に使われた資本は十二回転することがある。つまり、商品を送り、別の商品をもちかえる仕事を十二回繰り返すことがある。このため、資本の量が同じでも、国内の産業を支え刺激する力は、国内取引の方が国内消費用の貿易よりも二十四倍も強い場合がある。

　国内消費用の外国製品が国内産業の生産物によってではなく、外国の商品によって購入入されたか、国内産業の生産物で購入したものを売って購入されている。戦争と征服によ る場合を除けば、外国の商品は国内で生産された商品と直接にか何回かの取引を経て交換しないかぎり入手できないからだ。このため、このような三角貿易などの多角貿易に使われる資本は、直接的な貿易に使われる資本と、すべての面で効果に違いはない。もっとも二回か三回の取引のそれぞれで資本を回収しなければならないので、最終的に資本を回収するまでの期間が一層長くなるだろう。たとえば、バルト海沿岸のリガで亜麻と大麻を購入する際に、バージニア産のタバコを使った場合、商人は二回の取引で資本を回収するまで、その資本をほぼ同じ量のイギリス製品の再購入に使うことができない。バージニアのタバコをイギリス製品を使って直接に購入するのではなく、まずジャマイカ産の砂糖とラム酒を購入し、それを使ってバージニア産のタバコを購入するのであれば、商人は三回の取引で資本を回収するまで待たなければならない。この二回か三回の取引がそれぞれ別の商人によって行われ、ある商人が輸入した商品を第二の商人が購入して再輸出し、第二の商人が輸入した商品を第三の商人が購入して再輸出するのであれば、それぞれの商人は資本をもっと速く回収できる。だが、この取引に使われた資本の全体が最終的に回収されるまでの期間は変わらない。こうした多角貿易に使われる資本がすべて一人の商人のものなのか、三人の商人のものなのかで、個々の商人にとって違いがあっても、国全体でみれば違いはない。どちらの場合にも、ある額のイギリス製品とある量の亜麻・大麻とを交換する際に、イギリス製品と亜麻・大麻を直接に交換する場合と比較して、三倍の資本が必要になる。このため、国内消費用の多角貿易の場合には、直接の貿易と比較して、それに使われる総資本が国内の生産的労働を支え刺激する力は通常弱くなる。

　国内消費用の外国商品を購入する際にどのような外国商品を使っても、貿易の性格は基本的に変わらないし、貿易を行う国の生産的労働を支え刺激する力も基本的に変わらない。たとえばブラジル産の金やペルー産の銀によって外国商品を購入しても、金や銀はかならず、バージニアのタバコと同様に、国内産業の生産物か、そうでなければ国内産業の生産物によって購入されたものを使って購入されている。このため、国内の生産的労働に対する影響という点では、国内消費用の貿易が金や銀を使って行われても、他の商品を使った同様の多角貿易と同じ利点、同じ不都合がすべてであり、生産的労働を支えるために直接に使われる資本の回収が同じように速くなるか同じように遅くなる。金や銀を使えば、同様の多角貿易とくらべて、はっきりした利点が一つあるとすら思える。金や銀は容積の割に価値が高いので、ほとんどどの外国商品と比較しても、同じ価値のものをある地域から別の地域に運送するのに要する経費が低い。運送費ははるかに安く、保険料も高くはない。そのうえ、運送による傷みがこれほど少ない財貨はない。このため、金や銀を使えば、他のどの外国商品を使った場合よりも、同じ量の外国商品を購入するのに必要な国内産業の生産物の量が少なくなることが多い。他の商品を使う場合より、国内の需要をもっと少ない支出でもっと完全に満たせることが多い。この種の貿易によって貴金属をたえず輸出した場合、それを行う国が他の面で貧しくなっていくのかどうかは、後に第四編で詳しく検討する。

　ある国の資本のうち中継貿易に使われる部分は、外国の生産的労働を支えるのに使われ、自国の生産的労働を支える役割はまったく果たさなくなる。取引を行うたびに二つの資本が回収されるが、どちらの資本も自国のものではない。たとえば、オランダの商人が資本を使って、ポーランドの小麦をポルトガルに運び、ポルトガルの果物とワインをポーランドに運んだ場合、一回ごとに二つの資本が回収されるが、どちらの資本もオランダの生産的労働を支えるためには使われていない。一方はポーランドの生産的労働を、他方はポルトガルの生産的労働を支えるために使われている。中継貿易では利益だけが毎回オランダに戻り、オランダの土地と労働による年間生産物にかならず付け加わるのはこの部分だけである。もちろん、ある国が行う中継貿易に自国の船と船員が使われた場合、資本のうち運送料の支払いに使われた部分は、その国の生産的労働者の雇用にあてられ、これらの労働者に分配される。中継貿易でかなりのシェアを占めている国はほぼすべて、自国の船と船員を使って運送している。そうした国では自国民が他国の貿易用に運送を行っているのであり、中継貿易が運送貿易とも呼ばれるのはおそらく、このためである。だが、運送を担うことは、中継貿易の性格を考えたときに不可欠なわけではない。たとえばオランダの商人が自分の資本を使ってポーランドとポルトガルの間の貿易を行い、それぞれの国の生産物のうち余った部分をもう一方の国に運送する場合、オランダの船ではなく、イギリスの船を使うこともできる。実際に場合によってはイギリスの船を使っていると考えていい。ところが通常は自国の船と船員を使う点から、イギリスのように国の防衛と安全にとって船員と船舶の数が重要な意味をもつ国では、中継貿易はとくに利点があるとみられてきた。だが、同じ資本を使えば、国内消費用の貿易でも、沿岸航路の船を使う国内取引でも、中継貿易と変わらない数の船員と船を使うことができる。ある量の資本で使える船員と船の数は、取引の性格によって決まるのではなく、第一に商品の価値に対する容積の比率によって、第二に貨物を運送する港と港の間の距離によって決まり、主に商品の価値に対する容積の比率で決まる。たとえばニューカッスルからロンドンまでの石炭輸送は、距離は短いが、イギリスの中継貿易のすべてよりも大量の船を使っている。このため、中継貿易を特別に奨励して、ある国の資本のうち、中継貿易にあてられる部分の比率を自然な水準より上昇させても、その国の船舶が増えるとはかぎらない。

以上のように、ある国で国内取引に使われる資本は一般に、国内消費用の貿易に使われる同じ量の資本とくらべて、国内の生産的労働を支え刺激する点、年間の生産物の価値を増やす点で利点が大きい。国内消費用の貿易に使われる資本も、中継貿易に使われる同じ量の資本とくらべれば、この二つの点で利点が大きい。ある国の富と、国力のうち富に依存する部分はつねに、年間生産物の価値に比例するはずであり、この価値がすべての税金の最終的な原資になっている。どの国でも、経済政策の最大の目標は国富と国力を高めることにある。したがって、国内消費用の貿易を国内取引より優遇したり、特別に奨励したりするべきではないし、また、中継貿易を国内消費用の貿易や国内取引より優遇したり、特別に奨励したりするべきではない。その国の資本のうち、国内消費用の貿易や中継貿易に流入する部分の比率が、自然に任せた場合より高くなるように強いるべきではないし、誘導するべきでもない。

とはいえ、卸売り業のうちこの二つの貿易部門はどちらも、制約や強制によることなく、ものごとの自然の成り行きのなかで生まれてくるのであれば、役立つし、必要不可欠でもある。

産業のある部門の生産物がその国の需要を満たすために必要な量を超えたとき、余った部分は外国に送られて、国内に需要があるものと交換されなければならない。こうした輸出がない場合、その国の生産的労働の一部は止めるしかなくなり、年間の生産物の価値がその分減少する。イギリスでは通常、土地と労働によって、国内市場の需要を満たすのに必要な量を超える穀物、羊毛、金物が生産される。このため、これらの商品のうち余った部分は外国に送られて、国内に需要があるものと交換されなければならない。こうした輸出によってのみ、この余った部分は、生産に必要な労働と経費を償うのに十分な価値を獲得できる。海岸や航行可能な河川の近くに位置していれば産業に有利なのは、もっぱら、この余った部分を輸出してその地域でもっと需要のある商品と交換するのが容易なためである。

　国内産業の生産物のうち余った部分を使って購入する外国製品の量が国内市場の需要を超える場合には、この余った部分は外国に再輸出し、国内で需要のある商品の購入にあてなければならない。毎年、イギリスの産業の生産物のうち余った部分を使って、バージニアとメリーランドから約九万六千樽のタバコが購入されている。しかしイギリス国内で必要なタバコはおそらく、一万四千樽ほどである。このため、余った八万二千樽が外国に送られて国内でもっと需要のある商品の購入にあてられなければ、この部分の輸入がただちに止まり、現在、年に八万二千樽のタバコを購入するのに使われる商品の生産のために雇用されているイギリス住民の生産的労働も、ただちに止まらざるをえない。これらの商品はイギリスの土地と労働による生産物の一部であり、国内には市場がないので、海外市場を取り上げられれば、生産を止めるしかなくなる。このように、きわめて迂回的な多角貿易も直接の貿易と同様に、国内の生産的労働と年間生産物の価値を支えるために必要な場合がある。

ある国の資本ストックが増加して、国内の消費を賄い、生産的労働を支えるためにすべてを使うことができなくなれば、資本のうち余った部分は自然に中継貿易に流れ込み、他国で同じ役割を果たすために使われるようになる。中継貿易は国富がきわめて大きくなったことの自然の結果であり現れであるが、国富の増加をもたらす自然な原因だとは思えない。中継貿易をとくに高く評価して特別の奨励を与えようとする政治家は、結果と現れを原因だと誤解しているのだろう。オランダは国土の面積と人口の割にはヨーロッパで飛び抜けて豊かな国であり、このため、ヨーロッパの中継貿易で最大のシェアを占めている。イングランドはおそらくヨーロッパで二番目に豊かな国であり、やはりヨーロッパの中継貿易でかなりのシェアを占めるとされている。もっともイングランドの中継貿易とされているもののなかには、おそらくは国内消費用の多角貿易にすぎないものもかなりあるだろう。西インド諸島産、インド産、アメリカ産の商品をヨーロッパ各国に供給する取引はかなりの部分が多角貿易である。これらの商品はイギリス産業の生産物によって直接に購入されているか、イギリス産の生産物で購入された外国産の商品によって購入されており、多角的な取引の最後は、通常、国内で使われ消費される商品をイギリスに輸入する取引である。イギリスの船を使って地中海のいくつもの港の間で行われている取引や、インドのいくつもの港の間で行われている取引がおそらく、中継貿易に確かに分類できる貿易の中心になっている。

国内取引の大きさとそれに使える資本の大きさはかならず、それぞれ離れた場所にある各地域でどれだけの生産物が余り、互いに交換する必要があるのかで上限が決まる。国内消費用の貿易の場合には、国全体で余った生産物の価値と、それによって購入できる商品の量で上限が決まる。中継貿易の場合には、世界各国で余った生産物の価値の合計で上限が決まる。したがって、中継貿易の上限は他の二つの上限と比較すれば無限ともいえるほどであり、とくに大きな資本を吸収できる。

資本の所有者は自分の資本を農業に使うのか、製造業に使うのか、卸売り業か小売り業のある分野に使うのかを決めるとき、自分が得られる利益のことだけを考える。これらの用途のうちどれに資本を使うかによって、雇用する生産的労働の量が違い、社会の土地と労働による年間生産物に付け加える価値が違う点は、まったく考えない。このため、すべての用途のなかで利益率がもっとも高いのが農業であり、農業と土地の改良が富を蓄積する最短の道である国では、個々人の資本が自然に、社会全体にとってもっとも有利な方法で使われる。だが、農業はヨーロッパのどの国でも、資本の他の用途とくらべて利益率が高くはなっていないようだ。ヨーロッパのどこでも、起業家がここ数年、土地の耕作と改良によって獲得できる利益を大げさにいいたてて、人びとをだましてきた。だが、これら起業家が示した計算を詳しく検討するまでもなく、単純な事実をみれば、計算の結果が事実に反することが納得できるだろう。商業や製造業の場合には、ごく少額の資本しかもたなかった人、ときにはまったく資本をもたなかった人が一代で巨額の富を築いた例を、毎日のようにみている。農業の場合には、少額の資本からはじめて一代で巨額の富を築いた人は、ヨーロッパ全体をみてもおそらく、今世紀に一人もいない。だが、ヨーロッパのどの大国でも、大量の良好な土地が耕作されないままの状態にあり、耕作されている土地の大部分も限界まで改良されている状態には程遠い。したがって農業はほとんどの地域でも、これまでよりはるかに大量の資本を吸収できる。ヨーロッパの政策のどの部分によって、農村の産業より都市の産業にきわめて有利な状況が作られてきたのか、個人が自分の資本を使うとき、すぐ近くにある肥沃な土地の改良と耕作に使うより、はるか遠くのアジアやアメリカで中継貿易に使う方が有利になったのかは、第三編と第四編で詳しく説明するよう努める。

本書は、二〇〇七年三月に日本経済新聞出版社から発行した同名書を上中下に分けて文庫化したものです。

本文中、今日では不適切、あるいは差別的と受け取られかねない表現が使われています。十八世紀のイギリスという歴史的な背景と制約、および本書の意義に鑑み、そのままの表現としました。

日経ビジネス人文庫

国富論《こくふろん》 ㊤《じょう》

国《くに》の豊《ゆた》かさの本質《ほんしつ》と原因《げんいん》についての研究《けんきゅう》

2023年4月3日 第1刷発行

著者
アダム・スミス

訳者
山岡洋一《やまおか・よういち》

発行者
國分正哉

発行
株式会社日経BP
日本経済新聞出版

発売
株式会社日経BPマーケティング
〒105-8308 東京都港区虎ノ門4-3-12

ブックデザイン
間村俊一

本文DTP
マーリンクレイン

印刷・製本
中央精版印刷

Printed in Japan ISBN978-4-296-11754-3